Christine Eichel

Der empfindsame Titan

Christine Eichel

Der empfindsame Titan

Ludwig van Beethoven im Spiegel seiner wichtigsten Werke

Blessing

MIX
Papier aus verantwortungsvollen Quellen
FSC® C014889

Verlagsgruppe Random House FSC® N001967

3. Auflage

Neumarkter Str. 28, 81673 München
Bildredaktion: Annette Baur
Umschlaggestaltung: Bauer+Möhring, Berlin
Umschlagabbildung: © AdobeStock/just83in
Satz: Leingärtner, Nabburg
Druck und Einband: Pustet, Regensburg
Printed in Germany
ISBN 978-3-89667-624-5
www.blessing-verlag.de

Inhaltsverzeichnis

Die Zitatbelege erfolgen in den Anmerkungen.
Die beiden folgenden Quellensammlungen werden jeweils im Text mit den folgenden Sigeln + Seitenzahlen zitiert.

KC – Klaus Martin Kopitz, Rainer Cadenbach, Beethoven aus der Sicht seiner Zeitgenossen, München 2009
BB – Beethoven Briefe, hrsg. von Leopold Schmidt, Hamburg 2014

Prolog

In der Arena

Um es gleich vorwegzunehmen: Abende wie diese kann er auf den Tod nicht ausstehen. Zaudernd steht er vor dem Palais Kinsky, einem prächtigen vierstöckigen Gebäude, dessen Dach weiß schimmernde Skulpturen krönen. Unaufhörlich rollen elegante Equipagen heran, Pferdegetrappel und Stimmengewirr erfüllen den Vorplatz des Palais. Durch das wuchtige Barockportal, flankiert von zwei monströsen Karyatiden, strömt die Crème der Wiener Gesellschaft, um dem mit Spannung erwarteten Klavierduell des heutigen Abends beizuwohnen. Das heißt, es wird wohl eher eine unterhaltsame Hinrichtung werden. In jedem Falle aber ein ungleicher Kampf. Der berühmte Abbé Joseph Gelinek, seines Zeichens Pianist, Komponist und Kaplan in fürstlichen Diensten, tritt an diesem 21. Juni 1798 gegen einen gewissen Ludwig van Beethoven an. Ludwig – wer? Genau. Keiner kennt ihn, niemand hält für möglich, irgendein Nobody könnte den gefeierten Gelinek übertrumpfen. »Diesen fremden Clavieristen wollen wir zusammenhauen«, hat der Abbé schon im Vorfeld getönt. Für den klavierspielenden Theologen steht das Ergebnis des Duells bereits fest.

Für Beethoven auch – falls er überhaupt teilnimmt. Noch immer verharrt er unschlüssig vor dem Palais Kinsky. Warum hat er sich bloß auf dieses unwürdige Schauspiel eingelassen? Die überaus beliebten Pianistenwettbewerbe sind eine Beleidigung für seine empfindsame Künstlerseele. Schließlich ist er Komponist und keine Zirkusattraktion. Ohnehin fühlt er sich fehl am

Platz. Das hier ist nicht seine Welt – der Wiener Hochadel mit all dem Prunk und dem gezierten Gehabe. Viel lieber würde er daheim am Klavier sitzen. Oder im Wirtshaus, bei Blutwurst mit Kartoffeln, einem seiner Leibgerichte (siehe KC, S. 537). Noch lieber wäre er jedoch in Paris, der Stadt der glorreichen Revolution. Dort hat man kurzen Prozess gemacht mit den Privilegien, die dem Adel qua Geburt, nicht etwa durch besondere Verdienste zufallen. Im Namen von Freiheit, Gleichheit, Brüderlichkeit wurde die Adelskaste liquidiert. Seitdem hallt die Marseillaise durch Europa, ein unüberhörbarer Abgesang auf die alten Herrschaftsverhältnisse. Nur in Wien tun mal wieder alle so, als sei nichts gewesen.

»Solange der Österreicher noch braun's Bier und Würstel hat, revoltiert er nicht«, murmelt Beethoven (BB, S. 8). Aber solange ich mir jeden Groschen sauer verdienen muss, fügt er innerlich hinzu, bleibt mir wohl nichts anderes übrig, als in die Arena zu steigen und mich entsprechend auszustaffieren, auch wenn es schade um das Geld ist. Allein die schwarzen Seidenstrümpfe haben ihn einen ganzen Dukaten gekostet.

Widerstrebend schließt er sich dem Gästestrom an, der sich gemessen in den Innenhof des Palais schiebt. Verflucht, das Leben in Wien ist kompliziert und teuer. Einer seiner Gönner, Fürst Lichnowsky, hat ihm vor Kurzem angeboten, mittags stets bei ihm zu speisen. Aber da müsste man ja jeden Morgen feine Kleidung anlegen und eigens den Barbier kommen lassen. Natürlich hat Beethoven abgelehnt.

Während er die Marmortreppe des üppig mit Stuck verzierten Stiegenhauses hochschreitet, vorbei an livrierten Dienern und mannshohen Kandelabern, ballt er unwillkürlich die Fäuste. Niemand ahnt, wie sehr er es verabscheut, sich in Gesellschaft am Klavier zu produzieren. Besonders wenn man ihn dazu drängt. So wie neulich bei einem Empfang des Fürsten Lichnowsky.[1]

Die Schwiegermutter des Fürsten, die alte Gräfin Thun hat sogar auf den Knien vor ihm gelegen und gefleht, er möge doch etwas spielen (siehe KC, S. 60). Gänzlich unbeeindruckt ist er in seiner Sofaecke sitzengeblieben und hat der untröstlichen Dame eine Abfuhr erteilt. In seiner Situation ist das in etwa so absurd, als würde sich ein Meisterkoch weigern, seine kulinarischen Kreationen zu servieren. Aber muss er sich deshalb gleich zum musikalischen Lakaien degradieren lassen?

Nein, er will nicht mehr vorgeführt werden wie ein dressiertes Äffchen. Von frühester Kindheit an wurde er vom Vater ans Klavier geprügelt, musste bis spät in die Nacht seine Exerzitien treiben und schon als Halbwüchsiger vor Publikum konzertieren. Dennoch hat es nicht geklappt mit dem Wunderkind-Coup. Ein Kinderstar wie Mozart ist er keineswegs geworden, dafür ein brillanter Pianist, der noch dazu glänzend improvisieren kann. Es war seine erste Revolte gegen den Vater. Statt das vorgegebene Repertoire zu üben, hat er eigene Melodien erfunden, mit neuen Klängen experimentiert. Und noch immer spürt er die väterlichen Ohrfeigen auf den Wangen, wenn er zu »fantasieren« wagte.

Paradox genug: Genau dieses »Fantasieren« könnte jetzt sein Ticket zum Erfolg werden. Er weiß es. Er hat es unzählige Male erprobt, schon damals in Bonn, als er noch in der Hofkapelle diente. Wenn er improvisiert, spielt er auf der Klaviatur der Gefühle, und sein Publikum liegt ihm zu Füßen: Weinen, Schluchzen, Jubel, alles ist möglich. Und er? Lacht sich heimlich ins Fäustchen.

In der Prunketage des Palais angekommen, späht er durch die geöffnete Tür des Musiksaals. Angeregtes Geplauder hallt durch den hohen ovalen Raum, nur leicht gedämpft durch rotseidene Tapeten und schwere Samtportieren. Das Rascheln kostbarer Roben mischt sich mit dem Klirren von Gläsern, es riecht nach

Puder, Parfums und nobler Herablassung. Letzteres wird sich gleich ändern: durch Ludwig van Beethoven, über dessen kometenhaften Aufstieg am Wiener Musikhimmel Gott und die Welt redet. Nun ja, reden würde, wenn da nicht die lästige Konkurrenz wäre.

»Die hiesigen Klaviermeister sind meine Todfeinde« (BB, S. 6f.), hat Beethoven unlängst einer Freundin aus Bonner Tagen geschrieben. Was ihn besonders wurmt: Wenn er bei solchen Wettbewerben eigene Werke zum Besten gibt, stehlen ihm seine Konkurrenten die besten musikalischen Ideen und brüsten sich am nächsten Tag damit. Verhindern kann er das nicht, denn die Duelle folgen einem festen Reglement: Zuerst spielen die Kontrahenten jeweils eine eigene Komposition, danach folgt ein frei improvisiertes Stück, in der dritten Runde muss man dann ein Werk des Gegners spielen. Aber Beethoven weiß schon, wie er seinen mediokren Mitbewerbern demnächst ein Schnippchen schlagen wird: mit seinen Variationen über »Se vuol ballare« aus Mozarts *Figaro*. Dafür braucht man nahezu aberwitzige virtuose Fähigkeiten, an denen seine Konkurrenten fraglos scheitern werden.

Verstohlen hält Beethoven Ausschau nach Abbé Gelinek, dem Musiklehrer und Hauskaplan des Gastgebers Fürst Kinsky.[2] Der Theologe gilt als kunstfertiger Klavierspieler, komponiert Gefälliges für den breiten Publikumsgeschmack und soll ein begabter Improvisateur sein. Aber gemach. Bisher hat Beethoven noch keinen Pianisten erlebt, der ihm das Wasser reichen könnte. Sicher, es gibt durchaus Kollegen, die es an Fingerfertigkeit mit ihm aufnehmen können, doch da ist dieses gewisse Etwas, das ihnen fehlt: die Gabe, ihre Zuhörer in den Bann zu schlagen, sie zu berühren, zu überwältigen. Man braucht ein gutes Gespür für effektvolle Kontraste, von donnernden Läufen bis zu zart beseelten Kantilenen, und man braucht einige Erfahrung mit den

Reaktionen des Publikums. Beethovens Talente als Don Juan mögen sich in Grenzen halten, aber wie man mit Musik verführt, das weiß er besser als jeder andere. Er gibt sich einen Ruck. Also schön, bring sie zum Weinen, bring sie zum Jubeln, begeistere sie.

Beethoven ist bereit. Falls alles läuft wie erhofft, wird ihm dieser Abend reiche Kompositionsaufträge einbringen, und er wird sich eine anständige Wohnung leisten können und ein besseres Klavier mieten und … In diesem Moment entdeckt er einen hochgewachsenen hageren Herrn mit etwas strengen Gesichtszügen, dessen enge schwarze Halsbinde ihn als Theologen ausweist. Das muss Gelinek sein. Fast aristokratisch wirkt er mit seiner Adlernase und dem forschen, selbstgewissen Blick. Für einen Mann Gottes sind seine Umgangsformen bemerkenswert geschmeidig. Beflissen verteilt er Handküsse an die Damen und begrüßt seine männlichen Fans mit formvollendeten Verbeugungen.

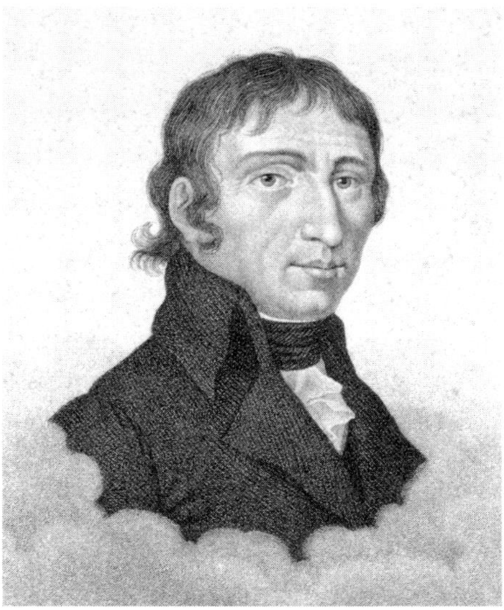

Abb. 1 Joseph Gelinek (1758–1825)

Auf der Stelle fühlt sich Beethoven unbehaglich. Verglichen mit diesem smarten Gelinek ist sein Auftreten linkisch, das weiß er nur zu gut, und sein Spiegel verrät wenig Schmeichelhaftes. Die kugelartig gewölbte Stirn, die vorspringende Kinnpartie mit den wulstigen Lippen und der pockennarbige dunkle Teint haben ihm als Kind manche Hänselei eingetragen. Einen Mohren nannten ihn die anderen Kinder. »O Gott, was ist man geplagt, wenn man ein so fatales Gesicht hat wie ich« (BB, S. 100), hat er vor Kurzem einem Freund gestanden.

Sei's drum. Im Grunde ist ihm sein äußeres Erscheinungsbild vollkommen gleichgültig. Unmittelbar nach seiner Ankunft in Wien hat er noch einen Termin beim Perückenmacher vereinbart, weil Perücken zum höfischen Style gehören und auch sein Lehrer Haydn so ein Ding trug. Mittlerweile pfeift Beethoven auf derartige habituelle Albernheiten. Sie passen einfach nicht zu seiner revolutionären Gesinnung. Wer trägt denn in Paris noch Perücken? Sollen sich die vornehmen Wiener Herrschaften doch das Maul zerreißen, weil er mit wirrem Haar auftritt, kaum gebändigt durch Kamm und Schere. Ein Beethoven passt sich nicht an. Ein Beethoven hat andere Qualitäten, und die wird er heute unter Beweis stellen.

Ein Raunen geht durch den Raum. Aha, da kommt er anmarschiert, Abbé Gelinek, der Herausforderer. Pass mal auf, du Jungspund, signalisiert seine angriffslustige Miene, das ist ein Heimspiel für mich, mit dir werde ich im Handumdrehen fertig.

Nicht nur Beethoven nimmt die unausgesprochene Kampfansage wahr. Nach und nach verstummt das Geplauder ringsum, es wird still im Saal. Neben dem geöffneten Flügel nimmt Fürst Ferdinand Johann Nepomuk Kinsky von Wchinitz und Tettau Platz, eine imposante Erscheinung in goldbetresster Galauniform. Wohlwollend nickt er Beethoven zu. Der weiß plötzlich nicht, wohin mit den Händen. Wenn er doch nur schon am Flügel säße, da würde alle Befangenheit von ihm abfallen. Doch dieser vermaledeite Abbé denkt gar nicht daran, ihn so rasch zu erlösen. Sehr von oben herab lässt er seinen jungen Kontrahenten wissen, dass das Reglement geändert wurde: Er wird als Erster spielen und ein Thema vorgeben, über das Beethoven anschließend improvisieren soll.

Ob der Abbé weiß, was er da tut? Offenbar hat dieser aufgeblasene Kerl keinen Schimmer. Es kostet Beethoven einige Mühe, seine klammheimliche Genugtuung zu verbergen. Die Improvisation ist sein Joker, diese Entfesselung aller musikalischen Kräfte. Nein, Gelinek hat keine Ahnung, was ihm blüht. Mit einem gönnerhaften Lächeln wendet er sich ab, nimmt am Flügel Platz und beginnt zu spielen. Beethoven kann es kaum erwarten, dass das kümmerliche Stückchen endet. Sein musikalisches Gedächtnis ist enorm; mit allergrößter Leichtigkeit kann er jede beliebige Musik memorieren und auf dem Klavier wiedergeben. Deshalb hat er alles im Kopf, als die Vorstellung endlich vorbei ist. Vor allem aber denkt er Gelineks Thema schon weiter, die Modulationen, die rhythmischen Varianten, als er zum Flügel schreitet. Dieser vorwitzige Kaplan kann sich auf etwas gefasst machen. Ohne zu zögern, legt Beethoven los.

Was anschließend passiert, ist dermaßen sensationell, dass es im Zeitalter von Facebook, Twitter, Instagram sofort viral gegangen wäre; und zweifellos hätte das Video mit Beethovens Performance unzählige Likes eingeheimst. Doch wir befinden uns in den Neunzigerjahren des 18. Jahrhunderts, Neuigkeiten verbreiten sich analog.

Am nächsten Tag erscheint Abbé Gelinek bei Familie Czerny. Der Vater ist ein stadtbekannter Virtuose, sein Sohn Carl ein hoffnungsvoller junger Pianist (er wird eine Klavierschule sowie Etüden schreiben, die noch manchem Klavierschüler heutiger Tage den Schweiß auf die Stirn treiben). Selbstverständlich brennen beide Czernys darauf, zu erfahren, wer den Sieg des Duells, davongetragen hat.

»Oh, an den gestrigen Tag werde ich denken!«, stöhnt Gelinek sichtlich niedergeschlagen. »In dem jungen Menschen steckt der Satan. Nie hab ich so spielen gehört! Er fantasierte auf ein von mir gegebenes Thema, wie ich selbst Mozart nie fantasieren gehört habe. Dann spielte er eigene Kompositionen, die im höchsten Grade wunderbar und großartig sind, und er bringt auf dem Klavier Schwierigkeiten und Effekte hervor, von denen wir uns nie haben etwas träumen lassen!«

Einigermaßen verwundert erkundigt sich Vater Czerny nach dem Namen des Musikers, und Gelinek knurrt: »Er ist ein kleiner, hässlicher, schwarz und störrisch aussehender Mann, den der Fürst Lichnowsky vor einigen Jahren aus Deutschland hierhergebracht, um ihn bei Haydn, Albrechtsberger und Salieri die Komposition lernen zu lassen, und er heißt Beethoven.«

Einleitung

Der Nonkonformist

Das Leben Ludwig van Beethovens gleicht mancher Rockstarexistenz heutiger Tage: schwierige Kindheit, rebellisches Künstlertum, provokatives Auftreten – dennoch reißen sich alle um ihn. Er ist das erste Enfant terrible der Musikgeschichte, das Zugang zu höchsten Kreisen hat. Ein Mann, der Freund und Feind düpiert, der die richtigen Leute kennt und die falschen Frauen liebt. Wohltemperiert ist so gar nichts an diesem Komponisten. Er führt ein Leben auf der Überholspur, leidenschaftlich, arbeitsbesessen, selbstzerstörerisch. Sogar sein trauriges Ende ähnelt dem mancher Rockstars: Ein körperliches Wrack und der Alkoholsucht tief erlegen, stirbt Beethoven mit gerade mal sechsundfünfzig Jahren.

Parkettgeschmeidigkeit war ihm nie zu eigen. Sein eruptives Wesen, seine Launen, auch der »grobkörnige Humor«[3] eignen sich wenig für die Sphäre adeliger Salons. Und doch findet er genau hier sein Karrieresprungbrett, als er 1792 nach Wien übersiedelt. Beethoven brilliert mit Improvisationen, die alles Dagewesene übertreffen. Großzügig sieht man über seine ruppigen Umgangsformen, sein nachlässiges Äußeres hinweg. Er wird weitergereicht, lernt wichtige Multiplikatoren und spendable Mäzene kennen. Innerhalb kurzer Zeit spielt sich der begnadete Pianist aus der rheinischen Provinz in die erlauchtesten Adelspaläste der Donaumetropole hoch.

Ein Außenseiter ist er von Anfang an. Früh fällt sein unbeherrschtes Wesen auf; die soziale Tugend der Höflichkeit bleibt ihm weitgehend fremd. Man habe ihn mit Gewalt über die Gepflogenheiten in Adelskreisen belehren wollen, erzählt sein Freund Ferdinand Ries. Welch fruchtloses Unterfangen. Warum soll er sich auch der Etikette fügen? Über sein ungehobeltes Auftreten wird nonchalant hinweggesehen, schließlich ist er so etwas wie eine Trophäe, mit der sich der Adel nur zu gern schmückt.

Ohnehin sind die überkommenen gesellschaftlichen Hierarchien ein Ärgernis für Beethoven. In seiner Geburtsstadt Bonn hatte er in Kreisen verkehrt, die sich für die Aufklärung begeisterten. Das Feudalsystem nimmt er im Hinblick auf erhofftes Mäzenatentum zähneknirschend hin. Seine Servilität aber, in Bittbriefen an Grafen, Fürsten und Könige zur Schau gestellt, ist nur noch Ornament, keine Frage klassenbedingten Respekts mehr. Die meisten dieser Adeligen betrachtet er als »bloße Instrumente, worauf ich, wenn's mir gefällt, spiele«. Oder, noch deutlicher: »Ich taxiere sie nur nach dem, was sie mir leisten« (BB, S. 17).

Woher nimmt er diese Chuzpe? Neben einem gut ausgeprägten Ego gibt es einen weiteren Grund: sein Sendungsbewusstsein. Der gesellschaftlichen Elite seiner Zeit setzt Beethoven die Kategorie des Geistesadels entgegen. Ihn beflügelt die Gewissheit, eine ethische Verantwortung zu tragen, die der in Dekadenz erstarrte Wiener Adel nicht einmal mehr ansatzweise für sich reklamiert. Pragmatisch betrachtet, komponiert er für Auftraggeber, in Wahrheit hat er Höheres im Sinn: »Nie von meiner ersten Kindheit an ließ sich mein Eifer, der armen leidenden Menschheit mit meiner Kunst zu dienen, mit etwas anderm abfinden.«[4] Er ist nicht nur ein musikalischer Dienstleister, er hat eine Mission.

Ohne seine an der Französischen Revolution geschulten Überzeugung einer grundsätzlichen Gleichheit aller Menschen wäre dieses Selbstverständnis unmöglich gewesen. Vor allem aber elektrisiert ihn die Idee der Freiheit, für die er hohe Risiken eingeht. Kein bedeutender Komponist vor ihm hat sich an einer frei flottierenden Existenz versucht. Als Musiker verdingte man sich in einer Hofkapelle, mit etwas Glück und solidem Können ergatterte man einen Kapellmeisterposten. Beethoven geht den schwierigeren Weg. In den zaghaften Anfängen eines bürgerlichen Musikbetriebs und sehr lange vor juristisch einklagbaren Urheberrechten ist das ein Wagnis, das ihn immer wieder in finanzielle Nöte stürzen wird.

Die hart errungene Unabhängigkeit korrespondiert mit einer nie da gewesenen künstlerischen Freiheit. Zwar adaptiert er mühelos die musikalischen Strömungen seiner Epoche und studiert fast ein Leben lang die Prinzipien des Kontrapunkts, dennoch setzt er sich immer wieder über gängige ästhetische Leitlinien hinweg. Mozarts Musik sei lediglich ein Versuch gewesen, die Konvention zu überlisten, erst Beethoven habe gewagt, so zu komponieren, wie er wollte, urteilt Adorno.[5] Alfred Brendel, der als erster Pianist Beethovens gesamtes Klavierwerk einspielte, formuliert es radikaler. Diderot paraphrasierend, attestiert er Beethoven die Verwandtschaft des großen Künstlers mit dem großen Verbrecher – beide missachteten Regeln und Gesetze.[6]

Heute fasziniert gerade das Unangepasste dieser Künstlerexistenz. Im Zeitalter gesellschaftlichen Anpassungsdrucks entfaltet Beethoven, der Nonkonformist, eine umso größere Anziehungskraft. Nicht als Held, vielmehr als Antiheld. Doch im Laufe der Zeit erstarrte er zum Monument, hinter dem der Mensch verschwand. Und damit, leider, auch die Neugier auf diesen unbequemen, unkonventionellen, teilverrückten Künstler. Kaum jemand spricht heute über Beethovens derbe Scherze, sein notorisches Querulantentum oder über die Schlitzohrigkeit, mit der er manche Werke gleich mehrfach verkaufte. Wer weiß schon, dass er selig verzweifelte Liebesbriefe im *Werther-*

Tonfall verfasste, aber nicht multiplizieren konnte? Dass er in Wien fast siebzigmal die Wohnung wechselte, aber von einem Leben als Bauer träumte? (Siehe BB, S. 21.) Dass er sich mit dem Hinduismus und der Überwindung jeglicher Leidenschaften beschäftigte, seine Köchin aber schon mal mit faulen Eiern bewarf? Er steht auf einem Sockel. Das hat er nicht verdient. So wenig wie das höfliche Desinteresse an einem sogenannten Klassiker, über den man alles zu wissen glaubt.

»Beethoven? Ernsthaft?« Diese Frage wurde mir in den vergangenen vier Jahren des Öfteren gestellt. Die guten Ratschläge reichten von der Mahnung, ein Buch über Beethoven dürfe auf keinen Fall kultische Denkmalspflege betreiben, bis zur dringend erbetenen Klärung der Schicksalsfrage, ob er homosexuell gewesen sei. Zwei Einlassungen, die wenig über Beethoven, einiges jedoch über den Zeitgeist verraten. In der Tat: Keinen anderen Komponisten hat man derart überhöht wie Beethoven, sei es als Mythos der tragisch gefärbten prometheischen Figur, sei es im Namen naiver oder politisch motivierter Heldenverehrung. Die Entstellungen des Mozartbildes bis in die jüngste Zeit hinein taten ein Übriges, um die Beethovenbüste umso kantiger zu modellieren: Mozart, der infantil-genialische Narr, Beethoven, der ernsthaft-düstere Kämpfer. Auch wenn es sich um Stereotype handelt, sonderlich gut ist Beethoven dieser konstruierte Gegensatz nicht bekommen. Gesellschaftliche Identität, stellt Nietzsche fest, lasse sich an der jeweiligen Form des kulturellen Gedächtnisses ablesen. So ist es denn kein Zufall, dass ein angeblich kindisch verspieltes Glückskind zurzeit höhere Sympathiewerte einfährt als ein angeblicher Misanthrop mit unangenehm heroischem Gestus. (Dementsprechend wird ein weltweit erfolgreicher Beethovenfilm, der auch nur annähernd mit Miloš Formans fulminanter *Amadeus*-Groteske konkurrieren könnte, wohl noch lange auf sich warten lassen.)

Der Vergleich zuungunsten Beethovens begleitet die gesamte Rezeptionsgeschichte. Denn die oft beschworene Dreifaltigkeit Wiener Klassik – Haydn, Mozart, Beethoven – täuscht. Mozart schien noch ein musikalisches Äquivalent der Aufklärung zu sein: ausgewogen, klar, proportioniert. Man lobte seine Musik für die elegant gezähmten Affekte und registrierte erleichtert, dass die genialische Einbildungskraft stets durch kompositorische Vernunft gezügelt blieb. Demgegenüber wirkte Beethoven wie ein Vertreter der Gegenaufklärung: ungezähmt, widerspruchsvoll, ja verworren. Die Leipziger *Allgemeine Musikalische Zeitung* nannte ihn unverständlich und finster. Bei Beethoven, unkte das Fachblatt, gingen Ebenmaß und Erhabenheit im »fortwährenden Tumult aller Instrumente« unter.[7]

So mancher fühlte sich durch Beethoven geradezu bedroht. Das dunkle Erbe der Musik, ihre Herkunft aus orphischer Magie, gefährlichem Sirenengesang, wenn nicht schamanischer Ekstase, schien durch die Zuchtmeister musikalischer Regelwerke längst in zivilisierte Bahnen gelenkt. Demgegenüber musste Beethoven wie ein Rückfall in unzivilisiertes Chaos wirken. Nach der Uraufführung der *Eroica* sprachen Kritiker von einer »wilden Phantasie«, die sich »ins Regellose« verliere. Daher lautete der wohlmeinende Rat eines Rezensenten: »Die Sinfonie würde unendlich gewinnen, wenn sich Beethoven entschließen wollte, sie abzukürzen und in das Ganze mehr Licht, Klarheit und Einheit zu bringen.«[8]

Die Lichtmetaphorik verweist auf das Jahrhundert des Enlightenments, der Aufklärung, die Kritik auf das, was viele Zeitgenossen empfanden: Man war von Beethovens hochemotionaler Musiksprache schlicht überfordert. Während sich das Publikum für die Gefühlskaskaden seiner Klavierimprovisationen begeistern konnte, ernteten seine Symphonien oft Unverständnis. Unübersehbar kollidierte das Ideal spätaufklärerischer

Klassizität mit der noch jungen Genieästhetik. Als der junge Mendelssohn Bartholdy dem Geheimen Rat von Goethe eine Klavierfassung der *Fünften Symphonie* vorspielte, entfuhr dem Dichter der halb begeisterte, halb erschrockene Ausruf: »Man möchte sich fürchten, das Haus fiele ein!«

Weit mehr als die atmende Stille langsamer Klaviersonatensätze oder die filigranen Konstrukte seiner späten Streichquartette stand von jeher das Vorwärtsdrängende, Machtvolle seiner Musik im Blickpunkt. Ein Reizthema. Die entrüsteten Reaktionen sind längst Legende. Mit Grausen wandte sich Berlioz von der *Eroica* ab, die er »haarsträubend« nannte, einen »furchtbaren Krach.« (Später verwandelte er sich in einen großen Verehrer und Propagator des Komponisten, was ihm den Titel »Lordsiegelbewahrer Beethovens« eintrug.) Heine sprach von einer »Vernichtung der Natur«, die ihn »mit Grauen« erfülle.[9] Ravel führte wiederum Mozart gegen Beethoven ins Feld: Ganz im Mozartschen Sinne solle Musik »leicht und brillant und nicht auf Tiefsinn und dramatische Wirkungen hin bedacht« sein[10]. Im Jahre 1913 schrieb der amerikanische Kritiker und Schriftsteller James Huneker: »Beethovens Musik ist nicht schön. Er ist dramatisch, mächtig, ein Sturmmacher, ein Gewitterbändiger; aber seine Sprache ist die eines ichbezogenen Egoisten. Er ist der Vater aller Größenwahnsinnigen.«[11]

Heute weckt Beethoven wohl kaum noch derartige Ablehnung, zuverlässig aber Vorbehalte. Die Leidensmetaphorik, mit der man sein Schaffen zunehmend verklärte, brachte der Musikschriftsteller Ludwig Rellstab 1824 auf die Formel: »Ich heiße Mozart den belvederischen Apoll, Beethoven den Laokoon der Musik.«[12] Doch die bis zum Überdruss wiederholten Floskeln von Leiden, Kampf und Sieg lösten spätestens nach dem Zweiten Weltkrieg massives Unbehagen aus. Waren Beethovens Symphonien, dirigiert von Furtwängler, nicht die Durchhaltemusik gebildeter Stände der Nazizeit gewesen, so wie Zarah Leanders »Davon geht die Welt nicht unter« fürs breite Kinopublikum? Warum eignete sich ausgerechnet Beethoven als »Nationalheld deutscher Tonkunst«, der ab 1934 qua Volksempfänger gleichsam flächendeckend unter die Leute gebracht wurde? Warum widmete ihm die Reichsmusikkammer zahllose Veranstaltungen wie 1938 das Beethovenfest in Bald Wildbad für ausgewählte Mitglieder von HJ und BDM? Und warum wünschte sich Hitler 1942 die *Neunte Symphonie* zum Geburtstag?

Da half es auch nichts, dass mehrfach angemerkt wurde, insbesondere Beethovens *Neunte* sei ein Passepartoutwerk. Sie erklang bei Stalins Verkündung einer neuen Verfassung im Jahre 1936, bei der Siegesfeier nach dem Sechstagekrieg 1967 in Tel Aviv, stieg bald darauf zur Europahymne auf, begleitete den Wiedervereinigungstaumel in Berlin und verlieh der Amtseinführung Macrons einen feierlichen Rahmen. Dennoch, die politische Instrumentalisierung im Dritten Reich wurde zum unauslöschlichen Makel. Missbrauch schützt vor übler Nachrede nicht.

Mozart hingegen blieb immer unverdächtig. Zu leicht, zu heiter, allzu dramafrei schien er zu sein, um ihn wie Beethoven zum »schwergeprüften Schicksalskünder« zu stilisieren. Diese Formulierung wählte 1939 der nationalsozialistische Musikforscher Erwin Wurm. Der hörte auch gleich die wehrertüchtigenden Nebenwirkungen heraus: Beethovens »amor fati« spreche zu Menschen, »die tapfer genug sind, Tod und Verderben ins Auge zu sehen«.[13]

Die Vereinnahmung Beethovens in den nationalen Diskurs begann bereits im 19. Jahrhundert, doch Mitte des 20. Jahrhunderts schien ihn diese Tatsache endgültig zu diskreditieren. Es existiert zwar kein vergleichbares Bonmot über Beethoven wie Woody Allens sarkastischer Quote, immer wenn er Wagner höre, habe er das Bedürfnis, in Polen einzumarschieren; gleichwohl hielt sich der Verdacht, es könne genuin ästhetische Gründe geben, warum sich Beethovens Symphonik eben auch für demagogische Zwecke eigne. Für kollektive Begeisterung, ein perfide erzwungenes Wir. Ist es das, was Martin Geck die »Darstellung von Größe, von Schöpferkraft und Raumeroberung« nennt?[14] Oder »die Erziehung zum heroischen Charakter im Menschen«, die Schostakowitsch 1952 anlässlich einer Beethovenrede in Ost-Berlin konstatierte?

Dass die Vorbehalte nicht allein musikalischer Natur sein könnten, geht Strawinsky auf, als er im Jahre 1924 die Klaviersonaten Beethovens neu für sich entdeckt. »In unserer frühen Jugend hatte man uns mit diesen Werken überfüttert, indem man uns gleichzeitig Beethovens berühmten ›Weltschmerz‹, seine ›Tragödie‹ und all jene Gemeinplätze aufdrängte, auf denen man sich seit einem Jahrhundert tummelt«, erzählt er rückblickend.[15] Erst von solch mythischen Schlacken befreit, konnte sich Strawinsky den Sonaten auf sachliche Weise nähern und Beethoven als »souveränen Herrn des Instruments« kennenlernen: »Die einen komponieren Musik für Klavier, die anderen Klaviermusik. Beethoven gehört entschieden zu dieser zweiten Kategorie.« Eine frühe Ehrenrettung.

In den Siebziger- und Achtzigerjahren des vergangenen Jahrhunderts nahm die Entmythologisierung Beethovens dann kräftig Fahrt auf. Allerdings warnte Hans Heinz Eggebrecht davor, seine Musik »von ihrer bisherigen Rezeption zu trennen und freizusprechen«. Rainer Cadenbach, wie Eggebrecht Musikwissenschaftler, pflichtete ihm bei: Musik sei »nur zur Hälfte Notentext, Werk und historisches Faktum – die Wirkungsgeschichte der Musik Beethovens gehört zu ihr selbst«.[16] Einig war man sich darüber, dass der Mythos Beethoven dekonstruiert werden müsse. Nur keine falsche Ehrfurcht.

Ich gehöre einer Generation an, die diese Ehrfurcht – ganz so falsch würde ich sie keineswegs nennen – noch kannte. In jungen Jahren empfand ich es als Tabubruch, wenn Charles M. Schulz, der Erfinder der *Peanuts*, eine Comicfigur namens Schroeder auftreten ließ, der sattsam bekannte Beethovenohrwürmer in seinen winzigen Flügel hämmerte. Vollends, als ich zum ersten Mal *Roll over Beethoven* hörte, Chuck Berrys ironische Abrechnung mit dem Klavierstundenrepertoire, packte mich ein gewisses Unbehagen. Kein Wunder. In einem musischen Pfarrhaus aufgewachsen, bedeutete klassische Musik für mich jene »holde Kunst«, der Schubert in seinem berühmten Lied dankt: beheimatet in einer höheren Sphäre, geschaffen, um sinnstiftend zu wirken. Im von Schubert vertonten Gedicht Franz von Schobers heißt es: »Oft hat ein Seufzer, deiner Harf' entflossen, / Ein süßer, heiliger Akkord von dir / Den Himmel bessrer Zeiten mir erschlossen.«

Für meine Eltern war das mehr als sentimentalische Poesie. Meine Mutter nahm klassische Gesangsstunden, als Bomben auf ihre Heimatstadt fielen. Mein Vater – er trug Goethes *Faust* in der Uniformjacke, als man ihn siebzehnjährig an die Ostfront schickte – wurde während seiner Dresdner Lazarettaufenthalte in klassische Konzerte geführt, bei denen vorzugsweise Beethoven erklang. Zu dieser Zeit wirkten Elly Neys markige Worte bereits wie purer Hohn, dass die Soldaten »durch das Erleben Beethovenscher Musik mitten im Kampfgeschehen stark berührt und gepackt werden von der unverletzten Darstellung des ewigen Gesetzes, welches ihren fanatischen Kampf- und Siegeswillen stärkt«.[17] Meine Eltern hofften nur noch »auf den Himmel bessrer Zeiten«, und die Musik schien ein Versprechen darauf zu sein.

Solche Erfahrungen prägen. Auch die Erziehung. Als mir meine Eltern in gut protestantischer Pfarrhaustradition Klavier-

und Geigenunterricht ermöglichten, taten sie dies, weil sie an das parareligiöse Erhobenwerden durch Musik glaubten. Ob ich die *Pathétique* auf dem Klavier spielte oder die *Frühlingssonate* auf der Geige, stets vermittelten sie mir den Eindruck, ich befände mich in einer sakralen Zone. Musik als Menschwerdung, Verwandlung, Erlösung, gerade dadurch, dass sie – Schopenhauerisch gesprochen – den »Urgrund des Leidens« auslotet.

Vielleicht klang damals auch noch die Sakralisierung Beethovens nach, die Wagner zu dem Bekenntnis »Ich glaube an Gott und an Beethoven« veranlasste, und im Hinblick auf die *Neunte Symphonie* zu dem Ausruf: »Wir glauben, Luther in seinem Zorne gegen den Papst vor uns zu sehen!«[18] Sogar Parallelen zur Christusfigur waren bis weit ins 20. Jahrhundert hinein gezogen worden. Besonders plakativ tat sich der Schriftsteller Hermann Stehr im Jahre 1927 hervor. Beethoven sei »ein Gefäß des Überirdischen«, einer, »der gelitten hat, sich kreuzigen ließ, hinabgefahren ist zu den Gräbern seiner Vergangenheit, zu den Toten und dann auferstand und den Gott in sich hell und strahlend fühlte«.[19] Bei Thomas Mann ergießt sich dann schon leise Ironie in diese Märtyrersymbolik. Im *Doktor Faustus* erzählt er eine Beethovenanekdote als Passionsspiel: Des Nachts findet der Komponist seine Hausangestellten schlafend vor und ruft, als sei's Gethsemane: »Könnt ihr denn nicht eine Stunde mit mir wachen?«

Ob Ehrfurcht, Entzauberung oder Analyse – in intellektuellen Milieus blieb eine reservierte Haltung zurück, wenn man nicht vorsichtshalber gleich auf Distanz ging. Sicher ist: Man wollte keine Heroen mehr. Seit den Gräueln des Dritten Reichs hatte man genug vom Heldentum. Ohnehin identifizierte man sich lieber mit Antihelden wie den Rolling Stones oder mit coolen amerikanischen Jazzstars. Musik war zum Politikum geworden. Der Konzertveranstalter Fritz Rau, Jahrgang 1930, sprach von Jazz als »Entnazifizierung an Leib und Seele«.[20] 1981, bei einer ersten Zwischenbilanz des *FAZ*-Fragebogens, ergaben die Antworten der klugen Köpfe – darunter Golo Mann, Rudolf Augstein, Hans Magnus Enzensberger – auf die Frage nach dem Lieblingskomponisten ein sprechendes Stimmungsbild. Dreiundzwanzigmal wurde Mozart genannt, vierzehnmal Bach. Beethoven musste sich den weit abgeschlagenen Platz von nur vier Nennungen mit Gershwin teilen.[21]

Anders als die Grazie eines Mozart oder die kristalline Architektonik eines Johann Sebastian Bach gerät das Verführerische von Musik leicht unter Manipulationsverdacht. Daher richtet sich die Begeisterungsbereitschaft längst auf Unverdächtiges. Hymnischer Jubel findet heute in den Arenen der Rock- und Popkonzerte statt. Wer würde noch wie E. T. A. Hoffmann schwärmen, Beethoven erzeuge in uns den »Schmerz der unendlichen Sehnsucht«, »jene Ahnung des wunderbaren Geisterreichs, in welchem der Meister herrscht«?[22] Wer würde sich noch im Bonner Beethovenhaus weinend zu Boden werfen, wie 1845 anlässlich des großen Beethovenfestes, das Robert Schumann und Franz Liszt organisierten?

Seitdem sind mehr als eineinhalb Jahrhunderte vergangen. Der kultische Beethovenenthusiasmus ist längst Geschichte, und allmählich beginnt auch der Hautgout ideologischer Kontamination zu verfliegen. Selbstverständlich – glücklicherweise, möchte man sagen – gehen die Nachgeborenen mittlerweile unbefangener mit diesem musikalischen Erbe um. Im Laufe der Generationswechsel ereignete sich allerdings ein fortschreitender Bedeutungsverlust. Beethovens Musik ist heute weithin nur noch »nice to have«, kein kollektiver Gegenstand der Verehrung oder gar der letzten Sinnstiftung mehr. So mancher betrachtet sie durchaus als Tafelsilber abendländischer Kultur, letztlich aber als Bestandteil bildungsbürgerlicher Rituale. Da und dort grassiert sogar Überdruss. »Schau die sogenannt unsterblichen Werke: Nicht bloß lästig unsterblich sind sie fast alle, sondern scheußlich unsterblich«, sei stellvertretend Peter Handke zitiert, den musikalisch Beethoven enerviert, nicht etwa Mozart oder Bach.[23]

Was in Handkes Widerwillen mitschwingt, ist der Vorwurf, mit der fortschreitenden Ökonomisierung der Hochkultur gehe eine sinnentleerte Traditionspflege einher. Diese These vertrat vor allem Adorno mit seiner Philippika gegen die Ausverkaufspraktiken der Kulturindustrie, den »Fetischcharakter der Musik und die Regression des Hörens«. Seine Argumentation gipfelte in der Unterstellung, dass »die Kulturgüter eben durch ihre Pflege in Schlechtes sich verwandeln«[24]. Im Hinblick auf Beethovens *Missa solemnis* sprach Adorno von der »Aura beziehungsloser Verehrung«. Doch selbst die hat sich inzwischen verflüchtigt. Und mit der verehrungsvollen Haltung verschwand tendenziell auch das leidenschaftliche Interesse, die Lust an der Entdeckung des Gehalts jenseits klingender Oberflächen.

Heute gehört Beethoven gleichsam unterschiedslos zum musikalischen Environment, als jederzeit verfügbare Klangkulisse, per Youtube oder Streamingdienst nur einen Klick entfernt. Die technische Verfügbarkeit klassischer Musik entzauberte deren Aura in einem Maße, das selbst Walter Benjamin nicht hätte prophezeien können. Daher erleben wir heute einen mehr oder weniger höflichen Respekt, aber auch mangelnde Neugier auf das scheinbar allzu Vertraute, allzu Selbstverständliche. Jüngst vermeldete die Deutsche Orchestervereinigung einen signifikanten Rückgang traditioneller Symphoniekonzerte; stattdessen biete man nun deutlich mehr Veranstaltungen an ungewöhnlichen Orten sowie musikpädagogische Formate an.[25] Sprach Arnold Gehlen Anfang der Sechzigerjahre noch von der Kommentarbedürftigkeit zeitgenössischer Kunst, so scheint jetzt die klassische Musik einiger Kommentare zu bedürfen – auch und gerade Beethoven.

Aus solchen Überlegungen heraus reifte die Idee zu diesem Buch. So nahbar Beethoven heute scheinen mag: Entdecken, erfassen und, ja, sogar genießen können wir seine Musik erst, wenn wir das Atemberaubende darin wahrnehmen, die Signatur ästhetischen Wagemuts, auch und gerade in den verhaltenen, intimen Momenten. In die Hörerfahrungen von Beethovens Zeitgenossen können wir uns freilich so wenig zurückversetzen, wie wir Picassos *Demoiselles d'Avignon* mit den schockierten Augen eines Betrachters von 1907 wahrnehmen können. Sofern man sich aber auf Beethovens künstlerische Programmatik einlässt, auf die sozialen Konstellationen, die politischen und geistesgeschichtlichen Hintergründe, auch auf seine Person, wandelt sich das Hörerlebnis. Um es salopp auszudrücken: Der Kontext macht die Musik. Dann erlebt man sie möglicherweise neu. Als berührendes, zuweilen erschütterndes Ereignis, als reflektierten, oft hart erkämpften Wohlklang; als kühn kalkulierte Dissonanz, Befreiungsschlag, politisches Statement, nicht zuletzt als Zeugnis eines umwerfenden Sinns für Humor.

Aber ist es überhaupt gestattet, über rein strukturelle Merkmale hinaus derartige Gehalte zu extrapolieren? Dagegen spräche die These »absoluter Musik«, die vor inhaltlichen Überfrachtungen warnt und einen rein musikimmanenten Zugang nahelegt. Gerade Beethoven ist jedoch ein Beispiel dafür, dass wir Musik eben nicht nur analog zu einem besonders gelungenen Zahlenspiel wahrnehmen, wie Leibniz mutmaßte.[26] Vielmehr beschert uns Beethoven den symptomatischen Widerspruch autonomer Musik: Sie hat sich weitgehend vom Text emanzipiert und somit von konkreten Inhalten befreit, zugleich erhebt Beethoven erstmals den Anspruch, Ideenkunstwerke zu erschaffen, die folglich einer Exegese bedürfen.

Wahr ist aber auch: Nur zu oft hat das Erkenntnisinteresse die Resultate vorweggenommen. Das ist einer der Gründe, warum man über die Interpretationsfähigkeit der Instrumentalmusik und speziell derjenigen Beethovens bis zum heutigen Tag diskutiert. Eindrücklich in Erinnerung geblieben sind mir die Seminare des Musikwissenschaftlers Vladimír Karbusický, in denen er die Theorie der musikalischen Semiotik auf Beethoven anwandte: Musik als Sprache mit exakt dechiffrierbaren Zeichen. Allerdings kam es immer wieder zu peinlichen Pausen, wenn ein unbedarfter Student es wagte, von »Ergriffenheit« oder gar »Überwältigung« zu sprechen. Constantin Floros hingegen, auch ihn erlebte ich während des Studiums, spürte im Rahmen der musikalischen Hermeneutik »verschwiegenen Programmen« nach, flankiert durch ideengeschichtliche Forschungen. Doch wie exakt, wie präzise sind solche Verfahren? Werden sie Beethoven gerecht? Oder filtert man nur heraus, was man ohnehin schon weiß?

Dass es keine Exitstrategie aus dem hermeneutischen Zirkel gibt, zeigt eine Formulierung Gadamers, der Hermeneutik als einen »fortgehenden Prozess der Verständigung der Menschheit mit sich selbst« definiert. Erhellend wird diese Feststellung durch die zeitliche Dimension. Neigt nicht jede Epoche dazu, in die Vergangenheit wie in einen fernen Spiegel zu schauen? Dann wäre jede neue Deutung eine aktualisierte Selbstverständigung. Wer sind wir? Wie erleben wir Beethovens Musik heute? Was offenbart sie uns, den Hörern des 21. Jahrhunderts?

Für solche Fragen möchte ich mit diesem Buch den Weg öffnen. Musik ist und war nie selbstreferenziell. Sie ermöglicht ein Ineinander von Hören, Assoziieren, Deuten – ein Schwanken zwischen »Präsenzkultur« und »Sinnkultur«, wie es Hans Ulrich Gumbrecht formuliert, der das »ästhetische Erleben« zur eigenen Kategorie erklärt.[27] Skeptiker werden auch in dieser

Vorgehensweise vorrangig interpretationsbedingte Unschärfen entdecken. Dieses Risiko geht jeder ein, der über musikwissenschaftliche Strukturanalysen hinaus eine Annäherung an Beethoven unternimmt. Statt jedoch alte Mythen zu beschwören oder neue hinzuzufügen, gibt es eine weitere Lesart: die Aufmerksamkeit auf Konvergenzen von Persönlichkeitsentwicklung, künstlerischer Entfaltung und geistesgeschichtlichen Prämissen zu richten. In diesem Koordinatensystem erschließt sich Beethoven auf neue Weise, weil seine Lebensthemen durch die wechselseitigen Bezüge schärfere Konturen erhalten. Rasch werden dann auch die Risse im Denkmal sichtbar.

Analogien zu den Helden der Antike hat Beethoven selbst vielfach hergestellt, von historischen Figuren wie Alexander dem Großen bis zum mythologischen Prometheus, dem er in gleich drei Werken huldigt. Wahrhaft heroisch jedoch ist das Duell, das er lebenslang mit sich selbst ausficht. Sein Schaffen steht im Zeichen der Zerreißproben. So wie er das Ende des Feudalismus herbeisehnt, aber größtenteils von adeligen Gönnern abhängig bleibt, ist er auch innerlich zerrissen. Auf der einen Seite Selbstzweifel, familiäre Querelen, scheiternde Beziehungen, körperliche und seelische Labilität. Auf der anderen Seite hohe Selbstansprüche, Kampfgeist, Formwille, Eigensinn und die Überzeugung, ein Erwählter, ein Berufener zu sein. Sowohl das Titanische als auch das Empfindsame spielen dabei ihre widerstreitend zusammengehörigen Rollen – so kam es zum Titel dieses Buchs.

Die Konflikte Beethovens rühren nicht allein aus persönlichen Dilemmata her. In politischen und gesellschaftlichen Umbruchszeiten sind Künstler Seismografen, die Widersprüche in besonderer Intensität erleben und verarbeiten, auch was die Selbstverortung betrifft. Dementsprechend lebt Beethoven in divergierenden Selbstbildern. Er schwankt zwischen Demut und

Hybris. Mal betrachtet er das Lob Dritter höchst bescheiden als Ermahnung, »dem unerreichbaren Ziele, das uns Musik und Natur darbeut, näherzukommen, so schwer es auch ist« (BB, S. 15). Dann wieder sieht er sich als Ausnahmekünstler jenseits von Gut und Böse, wenn er halb selbstironisch, halb selbstbewusst postuliert: »Kraft ist die Moral der Menschen, die sich vor anderen auszeichnen« (BB, S. 128). Als Deus ex Musica betrachtet er sich durchaus, denn Kunst und Wissenschaft – das wiederum ist eine völlig ironiefreie Einlassung – »erhöhen den Menschen bis zur Gottheit« (BB, S. 81).

Diese von der Genieästhetik beeinflusste Vorstellung des Schöpferischen lädt auch die Musik mit neuer Bedeutung auf. Für Beethoven ist sie keine akustische Möblierung mehr, keine Gebrauchsmusik, geschrieben fürs höfische Plaisir, um danach dem Vergessen anheimgegeben zu werden. Er operiert mit ganz anderen Kategorien: Idee, Gedanke, Gehalt. Deshalb möchte er auch nicht mehr »Komponist« genannt werden, zu seiner Zeit ein Synonym für solides kompositorisches Handwerk, sondern »Tonkünstler«. Ihn befeuert der Anspruch, als erster Musikschaffender überhaupt ein der Literatur und Philosophie ebenbürtiges Werk zu hinterlassen. Arnold Schering wird genau dies an ihm rühmen: Beethoven sei ein »Lebensphilosoph, der an Scharfblick für die Hintergründe alles Menschlichen ebenbürtig neben Shakespeare, Goethe und Schiller steht«.[28] Hören wir all das noch heute in Beethovens Musik? Zumindest können wir es versuchsweise überprüfen.

Es mag verwundern, dass in den einzelnen Kapiteln dieses Buches gerade solche Werke im Zentrum stehen, deren Bekanntheit sie scheinbar der Belanglosigkeit preisgibt. Das vermeintlich Abgeschmackte, das der sogenannten *Mondscheinsonate* oder der sogenannten *Schicksalssymphonie* anhaftet, ist jedoch keineswegs dem musikalischen Material anzulasten.

Inflationierung und Verkitschung gehören nun mal zur Kehrseite der Popularität. Die Auswahl bekannter Kompositionen zielt darauf ab, dass man sie zumindest vage im Ohr hat, während man etwas darüber liest – und sie, so hoffe ich, anschließend noch einmal neu hören möchte. Ein zweites Kriterium für die Auswahl ergab sich aus Themenkomplexen, die sich um diese ikonischen Werke gruppieren. Darüber hinaus kommen viele weitere Kompositionen zur Sprache, die musikalisch und biografisch relevant sind, von weiteren Klaviersonaten über die Kammermusik bis zum symphonischen Schaffen. Einen Überblick gibt das angehängte Verzeichnis der erwähnten Werke.

Der Hinweis auf biografische Bezüge führt zur zweiten eingangs gestellten Frage: Gibt es brisant Neues über Beethovens Privatleben zu berichten? Über seine sexuelle Orientierung zum Beispiel oder über jüngst aufgetauchte Fakten zum hartnäckig kursierenden Gerücht, er habe sich wie Schubert im Bordell mit Syphilis angesteckt? Hier ist einige Zurückhaltung geboten. Zweifellos erleben wir eine Ära zwanghafter Personalisierung, in der Privates, möglichst Skandalträchtiges, in den Vordergrund treten soll. Das verführt zu steilen Thesen. Redlicher ist das Verfahren teilnehmender Einfühlung durch ein ad fontes – zurück zu den Quellen. Sie liegen lange schon offen. Doch wir lesen und deuten solche Quellen heute unter anderen Aspekten und stellen auch andere Fragen als frühere Generationen.

Jenseits boulevardesker Begehrlichkeiten öffnen sich durchaus Räume für neue Sichtweisen auf Beethoven: auf die destruktiven Aspekte seiner Lebensführung beispielsweise, auf den an Klopstock und Goethe geschulten literarisierenden Umgang mit großen Gefühlen oder die ungewöhnlich innigen Männerfreundschaften mit ihrer eigentümlichen Mischung aus Kumpanei und ruppiger Zärtlichkeit. Zu den wichtigsten Quellen gehören Beethovens Tagebücher und Briefe sowie das umfangreiche

Konvolut der sogenannten Konversationshefte, mit deren Hilfe der ertaubte Komponist Gespräche mit Besuchern führen konnte. Neben allerlei Alltäglichem wie den notorisch wiederkehrenden Weinbestellungen oder den Beschwerden über das Personal lassen sich auch hier immer wieder Hinweise finden, die Persönliches in größere Sinnzusammenhänge stellen.

Vorsichtiger umgehen muss man mit den Äußerungen einiger seiner Zeitgenossen, die früh verklärten und fabulierten – allen voran Anton Schindler, Beethovens selbst ernannter Freund, Sekretär und einer der ersten Biografen. Nicht nur Heinrich Heine hegte eine lebhafte Abneigung gegen den »ami de Beethoven«, als der in Pariser Salons vorstellig wurde: »›Wie konnte der große Künstler einen so unerquicklichen, geistesarmen Freund ertragen?‹, riefen die Franzosen, die über das monotone Geschwätz jenes langweiligen Gastes alle Geduld verloren.«[29] Mit sicherem Gespür für die Erwartungen des Publikums idealisierte Schindler den bewunderten Beethoven. Er scheute nicht einmal davor zurück, eigene Notizen in die Konversationshefte zu schmuggeln oder ganze Seiten herauszureißen – darin mancher Künstlerwitwe nicht unähnlich, die über das öffentliche Bild des verstorbenen Gatten wacht.

Diverse Ungereimtheiten in Schindlers 1840 erschienenem Werk veranlassten den Musikschriftsteller und Beethovenverehrer Alexander Wheelock Thayer, umfassende eigene Forschungen anzustellen. Die nahezu enzyklopädische Fülle von Dokumenten, die er zusammentrug, ist auch heute noch eine Schatztruhe für Recherchen. Überdies hatte Thayer Gelegenheit, mit Zeitzeugen wie Franz Grillparzer und Bettina von Arnim zu sprechen (Letztere war eine nicht minder fantasiebegabte Beethovenverklärerin als Schindler). Nicht zuletzt bezeugte Thayer aber auch die Authentizität vieler Berichte und Bemerkungen Schindlers, was dem »Statthalter Beethovens auf Erden« zu einer vorsichtigen Rehabilitierung verhalf. Schindler in toto abzutun wäre also ebenso verfehlt, wie ihm vorbehaltlos zu glauben.

Carl Czerny, lange ein Schüler Beethovens, wird hingegen als äußerst zuverlässige Quelle eingestuft. Der Klavierpädagoge und Pianist – er brachte unter anderem Beethovens *Fünftes Klavierkonzert* zur Uraufführung – beschränkte sich auf wenige schmucklos gehaltene Erinnerungen, denen man eine hohe Glaubwürdigkeit zusprechen kann. Im Großen und Ganzen authentisch wirken auch die Lebenserinnerungen der Geschwister Fischer, die mit Ludwig van Beethoven aufwuchsen. Kritische Anmerkungen zur Familie, insbesondere zur Mutter Beethovens, sind umso glaubhafter zu bewerten, als die Fischers Jahrzehnte später mit höchstem Respekt über den inzwischen hochberühmten Komponisten schrieben. Ihre verehrungsvolle Haltung äußert sich eher im Andeuten und Weglassen, nicht aber in bewusster Entstellung der Ereignisse. Ähnlich verhält es sich mit den *Biographischen Notizen*, die Franz Gerhard Wegeler und Ferdinand Ries, Freunde Beethovens von früher Jugend an, 1838 veröffentlichen.

Doch auch Verklärungen und Erfindungen gehören ins Bild. Wenige Komponisten haben derart die Fantasie entzündet, zur Legendenbildung eingeladen, begeistert und befremdet wie Beethoven. Wahre Kunst sei eigensinnig und lasse sich nicht in schmeichelnde Formen zwingen, lautete sein Credo. Das hielt ihn allerdings nicht davon ab, auch mal zweifelhafte Aufträge zu erledigen. Das säbelrasselnde Werk *Wellingtons Sieg* beispielsweise oder die Kantate *Der glorreiche Augenblick*, eine Huldigung an die Teilnehmer des Wiener Kongresses 1814. Beethoven, der Eigensinnige – alles Mythos? Pathos? Selbstinszenierung? Es gehört zu den großen Vergnüglichkeiten bei der Auseinandersetzung mit diesem Komponisten, dass man immer mit einem doppelten Boden rechnen muss.

Kapitel 1

Fantasie an die Macht

Klaviersonate op. 27, Nr. 2, »Sonata quasi una fantasia«,
»Mondscheinsonate« genannt, 1801

Ludwig Rellstab ist ein kompakter Mann mit hoher Stirn und einer randlosen Schubertbrille. Im Frühjahr 1825 erklimmt er die steinerne Treppe eines Wiener Mietshauses, etwas außer Atem, achtzig Stufen sind keine Kleinigkeit. Sein Puls beschleunigt sich weiter, und die Kehle wird ihm eng, während er im vierten Stock den Türklopfer betätigt. Als ein Diener öffnet, bringt er kein Wort über die Lippen. »Wie zerschlägt das Riesengewicht eines so großen Namens die pygmäischen Schranken und Gesetze der Konvention«, denkt er, den Blick unverwandt auf das Türschild geheftet. Stumm vor Ehrfurcht, überreicht er einen Brief für Ludwig van Beethoven.

Rellstabs Leidenschaft ist das Schreiben. Zuweilen veröffentlicht er unter dem Pseudonym Freimund Zuschauer, ein Name, den sich auch Thomas Mann nicht besser hätte ausdenken können. Er komponiert, verfasst Gedichte, einflussreiche Musikkritiken und zwei satirische Schlüsselromane. Die werden ihm zehn Jahre später eine dreimonatige Festungshaft eintragen; im selben Jahr, 1835, wird Robert Schumann seine *Neue Zeitschrift für Musik* gründen, weil ihm Rellstabs Rezensionen zu reaktionär sind. Allein die Chopin-Verrisse!

Einstweilen ist Rellstab noch guter Dinge. Relativ. Es will nicht so recht vorangehen mit seiner künstlerischen Karriere. Weder seine literarischen Werke noch seine Kompositionen stoßen auf nennenswerte Gegenliebe. Kein Mensch will seine Gedichte drucken, gerade ist seine Oper *Karl der Kühne* durchgefallen.

Dennoch strebt er unbeirrt nach Ruhm. Und da nichts erfolgreicher als der Erfolg ist, soll nun ein wenig vom Glanze des berühmten Ludwig van Beethoven auf ihn fallen. Zu diesem Zweck hat er um eine Audienz gebeten. Immerhin führt er einen Empfehlungsbrief des Berliner Komponisten und Goethefreunds Carl Friedrich Zelter mit sich, den Beethoven bekanntermaßen schätzt.

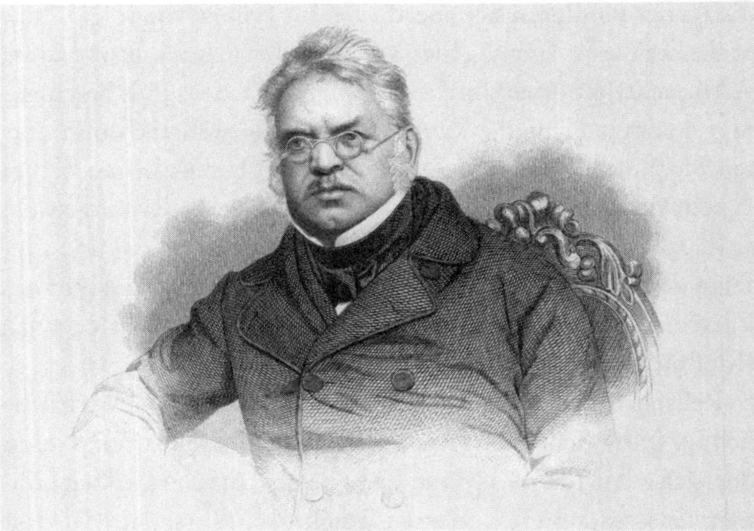

Abb. 2 Ludwig Rellstab (1799–1860), Musikkritiker, Dichter und Beethoven-Bewunderer

Die Sache mit dem Ruhm will ebenfalls gut vorbereitet sein, und Rellstab ist bestens präpariert. Ein Jahr zuvor, im Jahre 1824, hat er eine »musikalische Skizze« in der frisch gegründeten *Berliner Allgemeinen Musikalischen Zeitung* veröffentlicht – ein Projekt des Verlegers Adolph Martin Schlesinger, der ganz zufällig auch einige Beethovenkompositionen im Programm hat. So greift eins ins andere. Auch Rellstab ist nicht dumm, er hat seine Hausaufgaben gemacht. In der Fortsetzungsgeschichte mit dem schönen Titel *Theodor* spielt ein Pianist die allseits beliebte *Klaviersonate cis-Moll op. 27, 2*. Eine Steilvorlage für Rellstab, seine Beethovenbewunderung in schmückende Worte zu kleiden.

»In den harpeggirend gebrochenen Akkorden schienen die Saiten nur eben angehaucht zu werden«, heißt es über den ersten Satz dieser Klaviersonate, »wie von einem fernen fremden Instrument herübertönend, führte er dazu eine gehaltvoll schmelzende Melodie, die immer klagender und eindringlicher wurde. Von Zeit zu Zeit schien eine schauerliche Bewegung in den Bässen eine fremde geheimnisvolle Macht anzudeuten, die den schmerzlich süßen Reiz jener geisterähnlich hinschwebenden Melodie furchtbar zu bedrohen schien. Die Gewalt der finstern Mächte wuchs, das Gemisch der Töne wurde chaotischer, der Kampf schwankte, der Sieg neigte sich zu den düstern Feinden hinüber; die bebende Klage ertönte nur in einigen abgerissenen Lauten …«[30]

Rellstab betrachtet das als vielversprechendes Entree. Oder soll er das Werk doch lieber unerwähnt lassen? Man hört, Beethoven sei gar nicht gut auf diese Klaviersonate zu sprechen. Alle Welt jubele ihm dafür zu, soll er geknurrt haben, dabei habe er doch weit Besseres komponiert. Aber bevor sich Rellstab überhaupt eine Gesprächstaktik zurechtlegen kann, muss er zunächst einmal einen gelinden Schock verkraften. Was auch immer er erwartet hat, Beethovens Wohnung wirkt – eigentümlich?

Später kann sich Rellstab kaum noch daran erinnern. Behauptet er. Was wohl so viel bedeutet, dass er lieber den gnädigen Mantel des Schweigens über das heillose Durcheinander breiten möchte. Denn weder mit der Ordnung noch mit der Reinlichkeit nimmt man es im Hause Beethoven sonderlich genau. Auf dem eingestaubten Flügel liegen kreuz und quer verstreut Notenblätter, darunter steht ein ungeleerter Nachttopf. Setzen kann sich Rellstab nicht, während er darauf wartet, vorgelassen zu werden, denn die wenigen Rohrgeflechtsessel sind von Kleidungsstücken übersät. Dick verkrustete Schreibfedern auf dem tintenfleckigen Schreibtisch zeugen vom rege ausgeübten Komponistenhandwerk, Teller mit Essensresten vom Nachtmahl des großen Musikers. Sind es Überbleibsel der berühmten Brotsuppe, in die Beethoven immer zehn rohe Eier rührt? Oder die Gräten seiner geliebten Bücklinge?[31]

Wie gesagt, nähere Details entgehen Rellstabs Aufmerksamkeit. Woran er sich hingegen lebhaft erinnert, ist eine Batterie leerer Weinflaschen auf dem Boden. Als er ein halb volles Glas entdeckt, spielt er allen Ernstes mit dem Gedanken, den Rest auszutrinken – »als heimlichen Raub der Herzensbrüderschaft« (KC, S. 680). Ja, Rellstab ist wirklich ein glühender Verehrer Beethovens. Als er nach längerem Warten das Schlafgemach betreten darf, empfängt ihn der Meister auf dem ungemachten Bett sitzend. Beethoven! Auf seinem Bett! Rellstab schildert diesen Anblick mit einer Begeisterung, als sei er auf einer Zeitreise und nehme am Léver Ludwigs XIV. teil.

Überhaupt begeistert ihn restlos alles in dem chaotisch wirkenden Raum: Ein weiterer Flügel zwischen den Fenstern, kaum zu erkennen unter den Notenstößen; die mit Noten und Notizen bekritzelten Fensterbänke aus rohem Fichtenholz; der strenge Geruch eines Stücks Parmesankäse – Beethoven hütet es wie einen Schatz, damit die Bediensteten bloß nichts davon stibitzen. Dass die kahlen weiß getünchten Wände und die kümmerliche Möblierung eher an eine Mönchszelle gemahnen, betrachtet Rellstab als Beweis für Beethovens inneren Reichtum. »Was kümmert er sich um Bronzen, Spiegelwände, Divans, Gold und Silber!«, notiert er später voller Überschwang. »Er, dem alle

Pracht dieser Erde Tand, Staub und Asche ist gegen einen göttlichen Funken, der alles überstrahlend aus seinem Innern aufleuchtet!«

Auch das zottelig verfilzte Haar seines Idols stört ihn nicht im Geringsten. Hat nicht kürzlich der englische Advokat John Russell geschrieben, die Fülle und Unordnung dieses Haars könne man mit den Schlangen des Gorgonenhaupts vergleichen (KC, S. 754)? Ja, so muss man das sehen. Wenn man schon die Chance hat, einen Beethoven zu treffen, dann verbieten sich abfällige Bemerkungen über die derangierte Frisur oder den kränklich gelben Teint. Obwohl Rellstab dergleichen erwähnt, fügt er rasch hinzu, all das werde überstrahlt »von der geheimnisvoll anziehenden Kraft, die uns so unwiderstehlich an das Äußere großer Menschen fesselt«.

Die Audienz findet gleich an Ort und Stelle im Schlafzimmer statt. Man verständigt sich mithilfe einer Schreibtafel, da Beethovens fortgeschrittene Taubheit keine mündliche Konversation mehr zulässt. Rellstab unterbreitet Komplimente. Beethoven lobt Zelter und lästert ein bisschen über Mozarts Opern, deren Libretti er zu leichtfertig findet. Vor allem der *Don Giovanni* sei ihm ein Dorn im Auge. Nie dürfe sich die heilige Kunst zur Folie eines so skandalösen Sujets entwürdigen lassen (siehe KC, S. 897). Das ist das perfekte Stichwort. Flugs wirft Rellstab gewichtige Namen auf die Schiefertafel: Attila, Antigone, Belisar, Orest.

Jetzt ist die Katze aus dem Sack. Er möchte ein eigenes Libretto für Beethoven schreiben, etwas Großes, wirklich Bedeutendes. Für den *Orest* existierten schon einige Zeilen, beteuert er, außerdem habe er diverse Gedichte nach Wien mitgebracht. All das schreibt er zügig auf die Tafel. Danach hält er inne. Beethovens Blick ist unstet, er wirkt erschöpft. Auf Rellstabs Ankündigung, einige Proben seiner Kunst vorbeizubringen, reagiert

Beethoven kaum. »Ich bin heute so unwohl, so müde und abgespannt«, lässt er seinen Fan wissen. »Aber Sie müssen recht bald wiederkommen.«

Beim nächsten Besuch lobt Beethoven Rellstabs Gedichte und lästert ein bisschen über die Wiener, die nur noch Sinn für Pferde und Tänzerinnen hätten. Der Abschied beim dritten und letzten Besuch dann raubt Rellstab den Atem. »Da nahm er meine beiden Hände, zog mich an sich und küsste mich so herzlich, deutsch«, berichtet er ergriffen. »Der große, unsterbliche Beethoven an meiner Brust! Ich fühlte seine Lippen auf den meinigen, und er musste sich von meiner warmen, seligen, unaufhaltsam hervordringenden Träne benetzt fühlen!« Kurz erwägt er, als Souvenir ein Notenblatt mitgehen zu lassen. In letzter Sekunde siegt dann aber doch noch sein Anstand. Eine Umarmung von Beethoven kann als ideelle Devotionalie betrachtet werden. Das muss reichen. Schließlich wird die Nachwelt von diesem Gipfeltreffen erfahren, wenn man darüber schreibt – was Rellstab auch ausführlich tut.

Aus der Zusammenarbeit wird jedoch nichts. Zu Rellstabs größtem Bedauern reicht Beethoven die Gedichte zwecks Vertonung an Franz Schubert weiter, für ein gemeinsames Opernprojekt fehlt es ihm an Energie. Damit hätte es sein Bewenden haben können, doch Rellstab kann weder Kuss noch Komponist vergessen. 1832, fünf Jahre nach Beethovens Tod, unternimmt er eine nächtliche Kahnfahrt auf dem Vierwaldstättersee. Ob er an den unsterblich verstorbenen Beethoven denkt? Oder an seine Fortsetzungsgeschichte *Theodor*, in der er die *Klaviersonate op. 27,2* dichterisch besang? Über den ersten Satz, das *Adagio sostenuto*, heißt es darin: »Der See ruht in dämmerndem Mondenschimmer, dumpf stößt die Welle an das dunkle Ufer, düstre Waldberge steigen auf und schließen die heilige Gegend von der Welt ab.« Und jetzt, endlich, hat Rellstab, die ewige Randfigur, eine geniale Eingebung. Sie wird ihn für immer an den Meister schmieden: Er nennt das Werk »Mondscheinsonate«.

Musik mit Faszinationshintergrund

Das mysteriöse cis-Moll des Beginns. Die stoisch dahinfließenden Triolen, der sanfte, fast unmerkliche Wechsel der Harmonien. Dann, wie aus dem Nichts, eine punktierte Melodie, die sich in nahezu hypnotischer Ruhe darüber erhebt. Keine Frage: Der erste Satz der *Klaviersonate cis-Moll op. 27, Nr. 2*, hat nichts von seiner Magie verloren. Als sei man im Lärm der Welt auf einer stillen Insel gestrandet. Auf einer sehr berühmten Insel.

Vergleichbar ist das *Adagio sostenuto* allenfalls mit dem Lächeln der Mona Lisa: weltbekannt, millionenfach reproduziert, dennoch unzerstörbar. Es hat alles unbeschadet überstanden: die Degradierung zum musikalischen Weichzeichner in Salons, Bars und Fahrstühlen, die Trivialisierung in Werbespots von Rolls Royce bis Edeka, die vielen unsäglichen Bearbeitungen, seien sie mit Streicherklängen verklebt oder zum elektronischen Gedudel banalisiert. Nach wie vor geht etwas Erratisches davon aus, ruhige Geschlossenheit, kontemplative Versenkung. Nicht von ungefähr spricht ein Musikwissenschaftler heutiger Tage von einem »Selbstgespräch in Tönen, das anderen Regeln folgt als denen geschliffener Konversation«.[32]

Wie alle ikonischen Kunstwerke wird auch dieses von allerlei Mythen umkränzt. Ganz so, als könnten solch zauberische Klänge nicht einfach in einer kargen Komponierstube entstanden sein. Große Beachtung fand die Erklärung des Musikschriftstellers Christian Wilhelm von Lenz, der unter anderem bei Liszt, Chopin und Berlioz studierte. Er verbreitete die Fama, Beethoven habe die Inspiration für das *Adagio sostenuto* an der Bahre eines dahingeschiedenen Freundes empfangen. Es sei daher ein Trauermarsch. Dafür spricht die pochende Monotonie einer latenten Mittelstimme, die sich aus den betonten ersten Noten der Triolen zusammensetzt und in der Tat an Totengeläut erinnert. Auch die früh entdeckte Verwandtschaft mit der Komturszene aus Mozarts *Don Giovanni* stützt die These einer Totenklage. So wurde angemerkt, dass sich der Tod des Komturs mit jenen Harmonien ankündigt, die dem Beginn des *Adagio sostenuto* seine sinistre Feierlichkeit verleihen. (Für Filmmusikliebhaber sei angemerkt, dass uns ähnlich harmonisierte Triolen mitsamt der absteigenden Basslinie in Ennio Morricones Soundtrack zu *Spiel mir das Lied vom Tod* wiederbegegnen, allerdings mit einem dissonanten Tritonus dramatisiert.)

Eine ganz andere, wenngleich ähnlich anrührende Variante offeriert Ende des 19. Jahrhunderts die spätbiedermeierliche Gazette *Die Gartenlaube*. Sie veröffentlicht einen Holzstich nach einem Gemälde Lorenz Vogels, das Beethoven am Flügel zeigt: in einer Gartenlaube natürlich, von ernst dreinblickendem Publikum umgeben, in dessen Mitte ein blindes Mädchen steht. Für sie, so die neu lancierte Legende, habe Beethoven das Stück improvisierend entwickelt. Allein, der mitgelieferte Titel »Laubensonate« setzte sich nicht durch. Stattdessen war es ironischerweise der glücklose Ludwig Rellstab, dem mit der »Mondscheinsonate« ein Scoop gelang.

Sein Titel traf sogleich einen Nerv. Seit dem Beginn der romantischen Epoche las man Musik nicht nur als Sprache des Gefühls, ebenso gern assoziierte man rätselhafte Tableaus und ozeanische Melancholie. Das Nächtliche hatte Konjunktur, das Dunkle, Abgründige. Und Beethoven selbst, schon zu Lebzeiten als Mann mit zerklüftetem Charakter bekannt, schien bestens geeignet, als Abgesandter der Nachtseite menschlicher Natur gefeiert zu werden. Entsprechend heißt es in Rellstabs »Musikalischer Skizze«, Mozart sei der Tag, Beethoven aber die Nacht. Damit war die Leitidee geboren. Elf Jahre später brachte Rellstab sie mit der »Mondscheinsonate« auf eine griffige Formel. Er hatte einen kollektiven Faszinationshintergrund erkannt und benannt: der Mond als Gegenspieler zum Sonnenlicht, das unwägbar Emotionale als Gegenentwurf zur lichten Klarheit des Verstandes. Im Wettstreit von Ratio und Romantik siegte das Rätsel.

Was sich im Laufe der Rezeptionsgeschichte rasch abschliff, war die kühne Extravaganz des ersten Satzes. Auch heute sind wir eher geneigt, ihn zum Hausschatz süßlicher Klassik zu zählen, als irgendetwas Rebellisches darin zu entdecken. Und doch ist es gerade das elegische *Adagio sostenuto*, mit dem Beethoven die Sonatenform aufsprengt. Die ist zwar noch gar nicht definiert, das werden Musiktheoretiker nach Beethoven besorgen, doch formale Konventionen und entsprechende Hörgewohnheiten existieren schon. Geboten wäre demgemäß ein schneller Kopfsatz, eine Vorgabe, die Beethoven ebenso ignoriert wie das Formschema, das die Exposition eines Themas, dessen Durchführung sowie eine Reprise vorschreibt. Nichts von alledem ist im ersten Satz zu finden. Woher nimmt Beethoven den Wagemut, sich darüber hinwegzusetzen?

Die Spurensuche beginnt beim Zusatz *quasi una fantasia* – sozusagen eine Fantasie. Er führt ins Epizentrum Beethovenscher Ausdruckswelten, in himmelstürmenden Überschwang, keckes Musikantentum, delirierende Verzweiflung. Für seine persönliche wie künstlerische Entwicklung ist die Fantasie ein Schlüsselgenre. Von der ersten Auflehnung gegen den Vater spannt sich ein Bogen über die umjubelten Kabinettstücke in Wiener

Salons bis hin zur kompositorischen Eigenständigkeit. Vieles, was Beethovens Zeitgenossen irritierte und was uns noch heute elektrisiert – überraschende harmonische Wendungen, abrupte Tempowechsel, starke Kontrastwirkungen –, hat seine Wurzeln in der ästhetischen Offenheit der Fantasie.

Genialer Mutwille, bizarre Laune

Zu Beethovens Zeit ist das musikalische »Fantasieren« gleichbedeutend mit der freien Improvisation. Auch als notiertes Werk ist die Fantasie lange bekannt. Im frühen sechzehnten Jahrhundert steht das Prinzip der »Fantasia« für das buchstäblich Fantastische in Oper und Drama, für die Ästhetik des Wunderbaren wie des Wunderlichen, wenn nicht Bizarren. Das wesensverwandte Capriccio wird in der bildenden Kunst erstmals von Vasari definiert: als Freiraum, in dem Regeln gebrochen, aber keineswegs außer Kraft gesetzt werden. Spielerisch, fantasievoll, originell darf es zugehen. Bald wird dieses Konzept auch in der Musik aufgegriffen. Zunächst sind es Instrumentalvirtuosen, die in der improvisierten Fantasie eine ideale Bühne für ihre kunstvollen Fertigkeiten entdecken, dann finden zunehmend auch Komponisten Geschmack am lustvollen Regelverstoß.

Der Begriffswandel der Fantasie belegt eine ungeheure Vielfalt kompositorischer Strategien. Im England des 16. Jahrhunderts bezeichnet man anfangs bereits konzertante Aufführungen von Motetten als Fantasie, bald generell Musikstücke, die normative Zwänge unterlaufen. Zu den Stilmitteln gehören ungewöhnlich große Sprünge der Melodieführung, rasche Tonwiederholungen und nicht zuletzt Kadenzen, deren Gestaltung dem ausführenden Musiker überlassen wird. Im 17. Jahrhundert arbeiten Komponisten wie William Byrd, John Jenkins und Henry Purcell in ihren Fantasien mit effektvollen Gegensätzen und aparten chromatischen Figuren. Zusätzlich favorisiert man das Kolorit volksmusikalischer Einflüsse. Auch in Frankreich, Spanien und Italien tritt die Fantasie ihren Siegeszug an, unter anderem in den ornamentreichen Werken eines Andrea Gabrieli oder Girolamo Frescobaldi.

Während das musikalische Capriccio etwas Scherzhaftes, Launenhaftes, eben »Kapriziöses« an sich hat, geht es in der Fantasie zunehmend darum, eine unverwechselbare musikalische Sprache zu entwickeln. So nimmt es nicht wunder, dass im 18. und mehr noch im 19. Jahrhundert die auskomponierte Fantasie zu einem bevorzugten Genre aufsteigt. Je höher das Subjektive und Irreguläre geschätzt werden, desto mehr fühlen sich Komponisten ermutigt, ihren eigenen ästhetischen Kosmos zu entwerfen. Kategorien wie Stimmung, Leidenschaft, Rausch und Traum überflügeln die architektonischen Aspekte des Komponierens. Der Personalstil wird wichtiger als der Epochenstil, die Fantasie zur Bühne des individuellen Selbstausdrucks.

Allerdings ist es auch zu Beethovens Zeit noch üblich, dass Komponisten ihre Improvisationen vor Publikum zum Besten geben, ohne sie anschließend als Notentext zu fixieren. So ist Mozart berühmt für seine Konzertauftritte mit spontan entwickelten Fantasien. Nur zwei davon sind jedoch als ausgearbeitete Kompositionen erhalten: die Klavierfantasien c-Moll und d-Moll, wobei letztere nicht einmal von ihm selbst vollendet wurde. Interessant ist zudem, dass Mozart, in dessen Klaviersonaten Dur-Tonarten vorherrschen, gerade in den erhaltenen Fantasien das dramatischere Moll bevorzugt – als habe er hier eine andere Facette seiner musikalischen Identität ausgelebt.

Beethoven gilt als unerreichter Meister des Fantasierens. Es ist sein Schlüssel zum Erfolg, als er im November 1792 nach

Wien übersiedelt. Man staunt den noch völlig unbekannten Zweiundzwanzigjährigen wie ein Naturereignis an. Niemand versteht es wie Beethoven, aus einfachsten Themen komplexeste Klangwelten zu entwickeln. Seine Performances haben zuweilen etwas Circensisches. Verärgert darüber, dass eines seiner Themen von dem Virtuosen Daniel Steibelt aufgegriffen und banalisiert wird, schnappt sich Beethoven im Jahre 1800 bei einem der legendären Pianistenduelle die Cellostimme aus Steibelts Quintettnoten, stellt sie für alle sichtbar falsch herum auf den Flügel und macht etwas völlig Neues daraus. Das Publikum tobt vor Begeisterung, Steibelt flieht beschämt.[33]

Beethovens Improvisationskunst wird gleichermaßen als göttliche Gabe wie suspektes Teufelswerk empfunden – fast so, als gehe es nicht ganz mit rechten Dingen zu. Deshalb glaubt sein Kontrahent Abbé Gelinek, der Satan stecke in ihm, deshalb betont auch Ludwig Rellstab das Dämonische in seiner »Musikalischen Skizze«: »Herr, Sie haben gespielt wie ein Gott, oder wie der Teufel, will ich sagen.«[34] Beethoven verblüfft allerdings nicht nur mit einer bis dato unerreichten Brillanz, auch der Zeitgeist spielt ihm in die Hände. Die Musikrezeption verändert sich gerade fundamental. Lange hatte die Kunstmusik im Dienst von Gotteslob und Herrscherpracht gestanden, jetzt wird sie persönlicher, intimer aufgefasst. Immer häufiger decodiert das Publikum Beethovens Fantasien als emotionale Bekenntnisse, von denen es sich unmittelbar angesprochen fühlt.

So schreibt der Komponist Johann Baptist Schenk, der Beethoven zeitweilig Kompositionsunterricht erteilt, über eine solche Session: »Mit dem Feuer der Jugend trat er kühn (um heftige Leidenschaften auszudrücken) in weit entfernte Tonleitern. In diesen erschütternden Aufregungen wurde mein Empfindungsvermögen sehr getroffen. Nun begann er unter mancherlei Wendungen, mittelst gefälliger Modulationen, bis zur himmlischen

Melodie hinzugleiten, jenen hohen Idealen, die man in seinen Werken häufig vorfindet. Nachdem der Künstler seine Virtuosität so meisterhaft beurkundet: verändert er die süßen Klänge in traurig wehmüthige, sodann in zärtlich rührende Affecte, dieselben wieder in freudige bis zur scherzenden Tändeley. Jeder dieser Figuren gab er einen bestimmten Character, und [sie] trugen das Gepräge leidenschaftlicher Empfindung, in denen er das Eigene selbstempfundene rein aussprach.« (KC, S. 764)

Beethovens Klangerfindungen werden als unkontrollierte, ja, unkontrollierbare Gefühlsausbrüche aufgefasst. Solch ein Ausbruch ereignet sich auch im Finalsatz der »Mondscheinsonate«. Er ist umso überraschender, als Beethoven vorher ein *Allegretto* einfügt, das mit tänzerischer Anmut daherkommt. Ohne jede Pause, so die Anweisung, schließt es sich an das enigmatische *Adagio sostenuto* an. Die innere Verbindung zwischen erstem und zweitem Satz betont Beethoven zusätzlich dadurch, dass dem cis-Moll ein Des-Dur folgt, was gemäß der temperierten Stimmung und der Option enharmonischer Verwechslung so wirkt, als habe sich die anfängliche Molltonart ins Dur aufgehellt. Fast möchte man meinen, Beethoven wiege seine Zuhörer in Sicherheit, ja, als führe er sie mit dem zweiten Satz in ein trügerisches Idyll. Liszt sprach von einer »Blume zwischen zwei Abgründen«, Joachim Kaiser von einer »sentimentalischen Pointe«[35]. Denn in nichts bereitet dieses *Allegretto* auf die ekstatische Entfesselung aller Kräfte im Finalsatz vor.

Ungestüm fegt dem Zuhörer ein *Presto agitato* entgegen. Obwohl es in dezentem *Piano* beginnt, ist sofort etwas Aufwühlendes, Beunruhigendes spürbar, das auf donnernde Entladung drängt. Binnen weniger Sekunden erklingen rasch hintereinander zwei vollgriffige Akkorde. Wie mit Handkantenhieben durchtrennen sie das Gespinst aberwitzig schnell gespielter Sechzehntel. Unwillkürlich fühlt man sich an die alte Regel des

Thrillers erinnert: mit einer Katastrophe beginnen, danach langsam steigern.

Es ist die Neugeburt der Sonate aus dem Geiste der Improvisation. Das betrifft formale Freiheiten, ganz wesentlich aber auch die beabsichtigten Wirkungen. Durch seine reichen Erfahrungen vor Publikum, von Jugend an, hatte Beethoven vielfach Gelegenheit, die Reaktionen auf sein »Fantasieren« zu beobachten. Das qualifizierte ihn nach und nach zu einem sicheren Umgang mit emotionalen Valeurs, und so spielt er souverän auf der Klaviatur der Gefühle. Man kann seine Auftritte wohl nur mit denjenigen heutiger Popstars vergleichen, die ihre Fans zu Begeisterung und Tränen hinreißen. Czerny erzählt, »dass häufig genug kein Auge trocken blieb, manch einer aber in lautes Schluchzen ausbrach«. Für den Schüler sind die Fantasien seines Meisters mit ihren teils folkloristischen Exotismen »Kinder eines genialen Mutwillens und einer bizarren Laune, die ihn oft beherrschten«. Doch Beethoven genießt seine Kunst der Manipulation unverhohlen. »Nach solchen Improvisationen«, berichtet Czerny, »pflegte Beethoven in ein lautschallendes vergnügtes Lachen auszubrechen.«[36]

Eine Kindheit der Zwänge

Mit den erweiterten Spielräumen der »Fantasie« sind Freiheitsgrade verbunden, die Beethoven keineswegs in die Wiege gelegt werden. Anfangs lässt wenig darauf schließen, dass der Musikersohn aus Bonn die Chance auf künstlerische Unabhängigkeit gehabt hätte. Beethovens ungewöhnliche Begabung wird gleichermaßen gefördert wie gehemmt: durch einen Vater, der ihm den Weg zu exzeptionellem Virtuosentum ebnet, jeden Versuch selbstständiger musikalischer Erkundungen jedoch strikt untersagt.

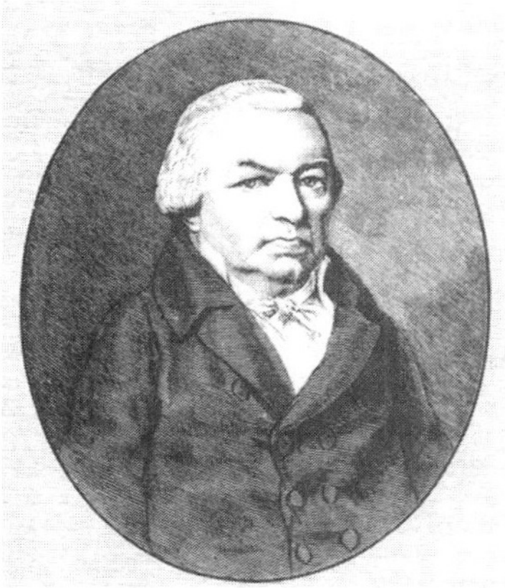

Abb. 3 Johann van Beethoven (1740–1792), Sänger und Vater von Ludwig van Beethoven

Johann van Beethoven setzt größte Erwartungen in seinen ältesten Sohn. Da Ludwig früh Talent zeigt, will er ihn zum Ausnahmepianisten formen. Ohne drastische Maßnahmen scheint das kaum möglich; ohne jene stählerne Disziplin, die einem kleinen Kind nur mit hartem Drill vermittelt, wenn nicht eingeprügelt werden muss. Und Prügel setzt es des Öfteren im Hause Beethoven. Das ist nicht allein dem wenig zartfühlenden Erziehungsstil des 18. Jahrhunderts geschuldet. Es geht um ein ehrgeiziges Projekt: möglichst früh, möglichst rasch der staunenden Öffentlichkeit ein Wunderkind zu präsentieren.

Ludwig beugt sich dem väterlichen Regime, bis auf seinen Hang zum Fantasieren. Der Vater tobt, wenn der Junge eigene Tonfolgen ersinnt oder mit Harmonien experimentiert. Johann van Beethoven hält das für reine Zeitvergeudung. Ihm ist allein daran gelegen, dass Ludwig das vorgegebene Repertoire fehlerfrei reproduziert, damit er recht bald auf Konzertpodien brillieren kann. Harte Strafen erwarten den Jungen, wenn er sich falsche Töne leistet, und vor allem wenn er improvisiert: Beschimpfungen, Ohrfeigen, Schläge. In Bonn ist das kein Geheimnis. So erzählt ein Geiger der Hofkapelle, Friedrich Ägidius Noisten, später der Pianistin Lisette Bernhard, »dass B. von seinem Vater so entsetzlich misshandelt worden sei, welcher ihn alle Tage geprügelt, und er glaubt, dass das sonderbare Wesen, welches er an sich hatte, bloß davon herkomme«. (KC, S. 58)

Um die harsche Reaktion des Vaters zu verstehen, lohnt eine nähere Betrachtung der Verhältnisse, in die Ludwig van Beethoven hineingeboren wird. Auf den ersten Blick könnte man annehmen, er finde das ideale Umfeld vor. Sein Vater Johann ist Sänger in der kurfürstlichen Bonner Hofkapelle, der Großvater hat dem Orchester lange als Kapellmeister vorgestanden. Das klingt nach einer Kindheit heiteren häuslichen Musizierens, ja, nach einem fruchtbaren musikalischen Nährboden, auf dem fast natürlicherweise eine Hochbegabung gedeihen muss. Bei näherer Betrachtung trübt sich dieser Eindruck allerdings beträchtlich. Ein schwacher, gleichwohl tyrannischer Vater, eine depressive Mutter, die ihre Kinder vernachlässigt, dazu ständige Geldnöte – das ist der Stoff, aus dem leidvolle Kindheiten gemacht sind. Oder wird das alles heillos übertrieben?

Beethovenbiografen streiten von jeher, ob Ludwigs Vater Johann van Beethoven nun ein haltloser Trunkenbold gewesen sei oder vielmehr ein geachteter Hofmusiker, der erst nach dem Tode seiner Frau dem Alkohol verfiel. Unlängst wurde noch behauptet, der arme Johann habe einfach eine »schlechte Presse« gehabt; die Kindheit der drei Beethovenbrüder könne man sich »getrost als glücklich und umsorgt vorstellen«.[37] So sympathisch der Versuch einer Ehrenrettung sein mag, einer Rekonstruktion der real existierenden Verhältnisse hält er nicht stand. Weder war Beethoven ein glückliches Kind, noch wurde er sonderlich umsorgt. Hinter der Fassade einer bürgerlichen Musikerdynastie verbirgt sich die Geschichte eines ausgebeuteten Kindes aus prekären Verhältnissen.

Die Beethovens: Mühsamer Aufstieg, große Erwartungen

Louis van Beethoven senior, der Großvater des kleinen Ludwig, wird gemeinhin als hochrespektabler Mann bezeichnet. So sieht es unter anderem Ludwig Nohl, einer der ersten Beethovenbiografen, der die Tendenz zur Idealisierung Beethovens auch gleich auf den Großvater ausweitet. Er sei »ein kleiner, kräftiger Mann mit äußerst lebhaften Augen und als Künstler vorzüglich geachtet«[38] gewesen, zitiert Nohl Beethovens Freund Franz Gerhard Wegeler. Wegeler hat den Großvater allerdings nie kennengelernt, und er trifft dessen Enkel erst, als Ludwig van Beethoven bereits zwölf Jahre alt ist. Im Alter von drei Jahren hat Beethoven seinen Großvater verloren, ihn also kaum gekannt. Insofern handelte es sich um eine Legende, wenn Wegeler von einem »innigen« Verhältnis spricht.[39] Eher geht es wohl um Identitätsbildung. Und in dieser Hinsicht hat der Kapellmeistergroßvater wesentlich mehr zu bieten als der nicht sonderlich erfolgreiche Vater.

Beethoven selber bezeichnete seinen Großvater als »Ehrenmann«. Die Dokumente, die Thayer auswertet, erzählen eine andere Geschichte. 1733 war der ausgebildete Sänger Louis van Beethoven senior seiner warmen, ausdrucksvollen Stimme wegen nach Bonn geholt worden. Danach hatte er lange auf seine Beförderung zum Kapellmeister warten müssen. Mehrfach war er übergangen worden, zuletzt 1760 zugunsten des deutlich jüngeren Franzosen Joseph Touchemoulin, der ihm als gefeierter Geiger und Komponist entscheidende Kompetenzen voraushatte. Zudem war Touchemoulin ein Protegé des ebenso kunstaffinen wie verschwenderischen Clemens August, Kurfürst und Erzbischof von Köln. Dieser Sonnenkönig im kurkölschen Format kümmerte sich wenig um den verletzten Stolz eines unbedeutenden Sängers, ihn beschäftigte vor allem die Inszenierung repräsentativer Vergnügungen.

»Ungeheuer waren die Summen«, wundert sich ein Zeitgenosse, »die für Anschaffung von prachtvollen Ornamenten, herrlichen Equipagen, seltenen Prachtmöbeln, seltenen Kunstwerken verwendet, für Arrangierung von glänzenden Hoffesten, Schlittenpartien, Maskeraden, Opern, Schauspielen und Balletten verausgabt, an Charletane, Industrieritter, Sängerinnen, Tanz- und Theaterkünstler verschleudert wurden.«[40] Überliefert sind etliche extravagante Scherze des Kurfürsten; so ließ er anlässlich eines festlichen Diners einen Zwerg in eine Pastete einbacken, aus der der kleinwüchsige Hofnarr dann zur Verblüffung der Gäste sprang.

Kaum verwunderlich, dass Maximilian Friedrich, der Nachfolger von Clemens August, 1761 hohe Schulden vorfindet. Sogleich ordnet er empfindliche Einsparungen an, die ihm ein volkstümliches Spottgedicht eintragen: »Bei Clemens August trug man blau und weiß,/ Da lebte man wie im Paradeis./ Bei Max Friedrich trug man sich schwarz und roth,/ Da litt man Hunger wie die schwere Noth.« Auch bei den Bezügen des Hofkapellmeisters muss gespart werden. Sie sollen von stattlichen tausend Gulden (etwa achthundert Taler) auf vierhundert Taler verringert werden. Und jetzt, endlich, schlägt die Stunde für Beethovens Großvater. Mittlerweile ist er fast fünfzig Jahre alt. Touchemoulin wirft erbost das Handtuch, Louis van Beethoven senior rückt nach, weil er sich mit dem vergleichsweise mageren Gehalt begnügt.

Es ist ein Aufstieg mit Hindernissen. Ein ganzes Jahr lang übernimmt er interimistisch die Leitung der Hofkapelle, ohne eine Zulage zu seinem Sängersalär von 292 Talern zu erhalten. Erst nach einem Gesuch um »Augmentierung« seines Gehalts gewährt ihm der Kurfürst eine unspektakuläre Aufstockung um achtzig Talern für die Doppelfunktion als Sänger und Kapellmeister. Damit bleibt die Entlohnung sogar knapp unter dem, was man Touchemoulin geboten hatte. Gleichwohl ist es eine beachtliche Karriere für den Handwerkersohn aus dem flämischen Mecheln, dessen Eltern erst nach Kleve, dann nach Bonn geflohen waren, um einem Gerichtsverfahren wegen betrügerischer Geldgeschäfte zu entgehen. Erstaunlich genug: Ludwig van Beethovens Urgroßeltern sind windige Bankrotteure, daran ist nichts zu beschönigen. Ludwigs Großvater hingegen lebt als Kapellmeister komfortabel in einer Sechszimmerwohnung. Zeitzeugen sprechen von einer luxuriösen Ausstattung mit prächtigen Möbeln, vergoldetem Geschirr und feinstem Leinen.[41]

Bei den Orchestermusikern bleibt die Beförderung umstritten. Dass Louis van Beethoven senior nebenher einen florierenden Weinhandel betreibt und sich auch noch als Geldverleiher betätigt, wird sein Ansehen nicht eben vergrößert haben. Man betrachtet seine Ernennung als glanzlose Notlösung. So kommt es immer wieder zu Zerwürfnissen mit dem Orchester. Die Musiker führen sich dermaßen respektlos auf, dass sich Louis van Beethoven senior eigens an seinen obersten Dienstherren, den Kurfürsten, wendet. 1768 beschwert er sich über eine Sängerin, die »in beyseyn der ganzen Hoff-Music mir impertinent mit diesen formalien geantwortet: Ich acceptire ewer *ordre* nicht, und ihr habt mir nichts zu befehlen.« In diesem Zusammenhang weist er auf frühere Vorfälle verschiedener »*disordre* von der Hoff-Music« hin und bittet um ein finales Machtwort des Kurfürsten, »bevorab aller respect und *ordonance* mir bey der Hoff-Music benommen, mithin ein jeder nach seinem Wohlgefallen handeln will, mir aber solches gar zu empfindlich fallet«.

Man muss nicht erst zwischen den Zeilen lesen, um zu erkennen: Das Orchester tanzt seinem dürftig qualifizierten Leiter auf der Nase herum. Es ist komponierende Kapellmeister gewohnt, die Kenntnisse der Instrumentenkunde, der Aufführungspraxis und der Interpretation einbringen können. Beethovens Vorschlag, der Kurfürst solle aufsässige Musiker »zur Verhütung noch mehrerer Unordnung« hart bestrafen und darüber hinaus ein Dekret erlassen, welches derartige Respektlosigkeiten ein für alle Mal unterbinde, ist an Hilflosigkeit schwer zu überbieten. Das Dekret erfolgt, Besserung erwirkt es nicht. Autorität muss man sich bekanntlich durch Können verdienen.

Für die familiäre Dynamik sind solche Akzeptanzprobleme nicht unerheblich. Ohnehin bringt jeder soziale Aufstieg gewisse Irritationen mit sich. Es fehlt an elterlichen Leitbildern, es fehlt auch am souveränen Umgang mit dem Milieu, in dem man sich beweisen muss. Gesellen sich zu den habituellen Unsicherheiten Zweifel an der Kompetenz, entsteht ein starker Legitimationsdruck, der typischerweise an die nächste Generation weitergereicht wird. So auch in diesem Falle. Louis' Sohn Johann soll die just errungene, aber recht wackelige gesellschaftliche Position festigen, indem er ebenfalls Musiker wird und sich wie der Vater zum Kapellmeister hocharbeitet.

Zunächst sieht es so aus, als ob der Plan aufgehen könnte. Die Berufskontinuität bleibt gewahrt, Johann erhält Gesangs-, Klavier- und Geigenunterricht vom Vater und tritt 1752, knapp zwölfjährig, als Sopran in die Bonner Hofkapelle ein. 1756 wird er als Tenor geführt, allerdings nach wie vor als »Akzessist«, was eine unentgeltliche Beschäftigung mit der Aussicht auf spätere Beförderung bedeutet. Eine damals übliche Warteschleife. Auch andere Hofmusiker müssen sich erst ihre Sporen verdienen, bevor sie fest angestellt und entlohnt werden. Doch vier Jahre später – das wiederum ist unüblich – hat sich noch immer nichts getan, wie man der Besoldungsliste der Hofkapelle entnehmen kann.

1762, inzwischen sind zehn Jahre seit seinem Antritt vergangen, verfasst Johann eine Bittschrift, die vom Kurfürsten negativ beschieden wird. Johann solle warten, bis ein anderer Musiker aus der Kapelle ausscheide. Das ist bereits mehrfach geschehen. Eine gewisse Fluktuation ist normal, Johann wird dennoch stets übergangen. 1763 probiert er es erneut, und nun reißt auch seinem Vater der Geduldsfaden. In einem Begleitschreiben setzt sich Louis van Beethoven senior für seinen Sohn ein. Er führt ins Feld, Johann stehe seit nunmehr dreizehn Jahren in Diensten der Kapelle (es sind in Wahrheit elf) und spiele überdies Geige. Daher sei ein Jahresgehalt von zweihundert Talern gerechtfertigt. 1764 genehmigt Maximilian Friedrich endlich die Besoldung, bewilligt aber lediglich hundert Taler. Ein Gesichtsverlust nicht nur für Johann. Auch für seinen Vater, den Kapellmeister, ist es eine Schlappe.

Einmal noch wagt sich Johann vor, im Jahre 1769, als ein Kollege stirbt und damit wieder einmal ein Gehalt zur weiteren Verfügung steht. Inzwischen hat Johann geheiratet. Er argumentiert, von seinen hundert Talern könne er unmöglich leben, eine Verdoppelung sei angemessen. Die Antwort muss ein weiterer Schlag ins Gesicht gewesen sein. Während der Hofmusiker Philipp Salomon zur selben Zeit eine Zulage von 50 Florin erhält, sind es für Johann nur kärgliche 25 Florin. 1772 dann bekommen drei Musiker Zulagen von jeweils 100 Gulden, Johann muss sich mit einer Zulage von lediglich 50 Gulden begnügen.

Warum diese vielen Details? Sie ergeben eine Chronik der Missachtungen, die Johann im Laufe der Jahre zunehmend demoralisiert haben müssen. Seine Beschäftigung in einem Orchester, das unter der Leitung des eigenen Vaters steht, verleiht der Sache ohnehin einen unguten Beigeschmack. Hinter vorgehaltener Hand ist von Nepotismus die Rede. Johanns dünne Stimme, über die man sich in Musikerkreisen mokiert, ist seiner Reputation ebenso abträglich wie sein Hang zu nächtlichen Eskapaden. Es hapert wenn nicht am Talent, so doch an der Selbstdisziplin.

Niemand weiß das besser als sein Vater, der ihn »Johannes den Läufer« nennt, weil sein Sohn gelegentlich Reißaus nimmt, um durch die umliegenden Orte zu streifen. »Lauf nur, lauf nur, du wirst auch einmal an dein Ende laufen«, soll er des Öfteren gesagt haben. Das kann man als Ausdruck von Nachsicht, aber auch als düsteres Menetekel deuten. In jedem Fall übt sich der Weinhändler in Gelassenheit, was den Alkoholkonsum seines Sohnes betrifft. »Johann van Beethoven verstand sich schon früh auf Weinproben«, erinnern sich Maria Cäcilia und Gottfried Fischer, in deren Elternhaus Familie Beethoven wohnte. »Er war auch im Allgemeinen dem Wein sehr zugetan«, heißt es weiter, »im angetrunkenen Zustand war er munter und fröhlich.«[42]

Noch hält sich Johanns Vorliebe für den väterlichen Weinkeller in Grenzen. Aufgrund seiner wenig lukrativen Anstellung bei Hofe verdient er sich etwas dazu, indem er dem Nachwuchs ausländischer Gesandter Klavier- und Gesangsunterricht erteilt. Nicht zuletzt unterstreicht diese Lehrtätigkeit seine soziale Kompatibilität, verkehrt er doch in den besten Häusern Bonns. Im Grunde bekleidet Johann van Beethoven ja auch ein respektables Amt. Nur kann er weder von seinem Gehalt leben noch ernsthaft damit rechnen, jemals den Status seines Vaters zu erreichen.

Diese Perspektivlosigkeit ist umso schwieriger zu ertragen, als Johann mittlerweile eine Familie ernähren muss. Mit seiner Frau Maria Magdalena ist er seit 1767 verheiratet, gegen den Willen des Kapellmeistervaters. Als Louis van Beethoven erfährt, die angehende Braut habe als Kammermädchen gedient, soll er außer sich gewesen sein; nie habe er gedacht, dass sein Sohn »so tief sinken könnte«.[43] Zudem ist Maria Magdalenas Mutter geistig verwirrt. Ihren Lebensabend beschließt sie in einer Anstalt für psychisch Kranke, was sicherlich auch Sorgen um die seelische Gesundheit der Tochter nahelegt. Vielleicht missfällt Louis van Beethoven überdies der Einfluss einer Frau auf den beruflich glücklosen Sohn. Johann ist bereits siebenundzwanzig Jahre alt, als er den Bund der Ehe eingeht, damals ein ungewöhnlich hohes Alter. Womöglich hatte Louis senior zuvor schon andere Heiratsabsichten hintertrieben. Der Trauung bleibt er demonstrativ fern.

1769 bringt Maria Magdalena einen Jungen namens Ludwig zur Welt, der bald darauf stirbt. Als nur ein Jahr später erneut ein Sohn geboren wird, erhält er den Namen des verstorbenen älteren Bruders: Ludwig van Beethoven. Ein übliches, dennoch zwiespältiges Procedere, beschert es dem zweiten Ludwig doch die seelische Last eines gleichnamigen verstorbenen Bruders. Zudem wird über den kleinen Ludwig geredet, wegen seines ungewöhnlich dunklen Teints. Nach der Beschreibung der Fischers wirkt er gedrungen, hat einen kurzen Hals und eine »schwarzbraune Gesichtsfarb«. Die Kinder hänseln ihn, nennen ihn einen »Mohren«. Man munkelt, der leibliche Vater sei möglicherweise einer der spanischen Hofmusiker in Bonn. Oder aber ein maurischer Händler, der auf der Durchreise ein Andenken hinterlassen haben könnte. Es sind nur Gerüchte, doch sie zeigen, dass man lebhaft über den schief hängenden Haussegen der Familie Beethoven spekuliert.

Alles ändert sich mit dem Tod des Familienoberhaupts. Im Jahre 1773 stirbt Louis van Beethoven senior. Jetzt wäre der richtige Moment für Johann, aus dem übergroßen Schatten des Vaters herauszutreten. Er ist knapp Mitte dreißig, die Zeit läuft ihm davon. Doch, wenig überraschend nach der holperigen Vorgeschichte: Das Rennen um den Posten des Kapellmeisters macht 1774 der berühmte Organist und Komponist Andrea Lucchesi. Eine plausible Entscheidung, da Qualifikation und Strahlkraft Lucchesis außer Frage stehen. Für Johann ist es eine Enttäuschung. Von einem Tag auf den anderen entfällt zudem die väterliche Autorität. Zuletzt hatte der äußerst dominante Kapellmeister ganz in der Nähe seines Sohnes gewohnt, ihn somit musikalisch wie auch lebenspraktisch unter Kontrolle gehabt. Mit seinem Ableben bricht die oberste familiäre Instanz weg. Offenbar erlischt jetzt auch Johanns ohnehin schwächelnder Ehrgeiz. An eigene Karriereperspektiven scheint er nicht mehr zu glauben, dafür richten sich nun alle Hoffnungen auf seinen ältesten Sohn.

Bald wird Johann den kleinen Jungen auf eine Fußbank stellen, damit er die Tasten des heimischen Cembalos und des Clavichords im Kinderzimmer erreicht. Und immer steht dem Enkel das hochgesteckte Ziel vor Augen: Wie eine Mahnung hängt das golden gerahmte Porträt seines Großvaters an der Wand. Der Kapellmeister hat sich in aller Pracht und Herrlichkeit darstellen lassen, sichtlich stolz auf das Erreichte. Das Gemälde zeigt ihn lebensgroß, in einen verzierten Überwurf gekleidet, den Kopf von einer »samtenen Pelzkappe mit einer goldenen Troddel« bedeckt und »einer Rolle Noten in der rechten Hand«.[44]

Bereits fünfjährig spielt Ludwig unter den Augen des verstorbenen Großvaters geläufig Cembalo. Doch der Leistungsdruck ist extrem hoch. Falsche Noten werden mit Schlägen auf die

Finger beantwortet, oft setzt es Ohrfeigen. Sobald sich Ludwig dem Übungsprogramm widersetzt oder gar fantasiert, erwarten ihn Essensentzug und empfindliche Strafen. Ein Zeitgenosse, der Bonner Justizrat Krupp, berichtet Thayer später, der Vater, »besonders wenn er angetrunken, habe den Ludwig hart behandelt, auch in den Keller eingesperrt«.[45] Es ist eine Tortur, nicht nur nach heutigen Maßstäben. Warum also die Hast, ein Kleinkind derart früh zum Virtuosen zu dressieren? Ob Johann bewusst oder unbewusst den Karriereauftrag des Kapellmeistervaters an den Sohn delegiert, mag man diskutieren, so wie die naheliegende Vermutung, dass er gescheiterte eigene Hoffnungen auf Ludwig projiziert. Sicher ist jedoch, dass finanzielle Motive in seine harten Erziehungspraktiken hineinspielen. Seit die Kinder Leopold Mozarts durch die herrschenden Adelshäuser Europas tingelten, hat sich herumgesprochen, dass halbwüchsige Klaviervirtuosen selbst das verwöhnteste Publikum in Entzücken versetzen – und erhebliche Einnahmen generieren können. Das ist der springende Punkt, denn leider hat Johann van Beethoven keine glückliche Hand im Umgang mit Geld. Er neigt zum Schuldenmachen. Diese Angewohnheit trägt ihm 1774 sogar einen Prozess ein, da er einem Gläubiger das gewährte Darlehen nicht zurückgezahlt hat.

Insofern hat Johann van Beethoven nicht nur die perfekte musikalische Ausbildung seines Sohnes im Sinn, er betrachtet den unerbittlichen Drill als Investition in seine eigene Zukunft. Die wiederum ist keineswegs gesichert. Johanns Entlohnung ist nach wie vor gering, das Erbe seines Vaters erweist sich unerwartet als Fehlschlag. Um es anzutreten, müssten Außenstände bei ortsansässigen Weinbauern eingetrieben werden. Doch die Weinbauern weigern sich stur, bereits geleistete Vorauszahlungen zu erstatten, weil Johann nur auf mündliche Absprachen verweisen kann. Das wenige, was ihm schließlich bleibt, schrumpft unaufhörlich. Er bringt es munter durch, bei Weib, Wein und Gesang in den Wirtshäusern von Bonn.

Johanns Zuverdienst durch den Gesangs- und Klavierunterricht scheint jedenfalls rasch versiegt zu sein. Bereits Franz Gerhard Wegeler, Beethovens langjähriger Jugendfreund, der zusammen mit dem ebenfalls befreundeten Ferdinand Ries 1838 eine der ersten Beethovenbiografien publiziert, spricht von Geldnöten im Hause Beethoven: »Hier hatte man sich, außer dem Gehalt des Vaters, keines Erwerbszweigs zu erfreuen, mithin fand überall Beschränkung statt.«[46]

Nach seinem Tod wird Johann seinen drei Söhnen hohe Schulden hinterlassen. Und nicht nur das. Wes Geistes Kind dieser Vater ist, zeigt ein Bittschreiben an den Kurfürsten und Erzbischof Maximilian Franz vom Frühjahr 1793. Darin ersucht Ludwig van Beethoven um die neuerliche Auszahlung des vierteljährlichen Ruhegelds, das der »Hochwürdigste-Durchlauchtigste Kurfürst« seinem Vater, dem entlassenen Musikus Johann van Beethoven, gewährt und nach dessen Tod seinem Sohn Ludwig weiterhin versprochen hatte: »in der Absicht«, erklärt Beethoven, »dass ich dafür meine beiden jüngeren Brüder kleiden, nähren und unterrichten lassen, auch unsere vom Vater rührenden Schulden tilgen lasse«. Die Erwähnung der Schulden könnte Schmach genug sein. Es kommt ärger. Als Ludwig das entsprechende Dekret bei der kurfürstlichen Kasse vorgelegt hatte, musste er feststellen, dass sein eigener Vater ihn betrogen und sich das Geld im Voraus hat auszahlen lassen. Es handelt sich also um »Unterschlagung« (BB, S. 2f.), wie Beethoven schreibt. Ein entehrender Vorwurf, der dem Sohn sicherlich nicht leichtgefallen ist. Wer macht schon gern öffentlich, dass der eigene Vater ein gewissenloser Gauner ist? Der Kurfürst kommentiert Johann van Beethovens Ableben mit den sarkastischen Worten: »Die Getränks-Accise hat an Beethovens Tod einen Verlust erlitten.«

Ein emotionales Reizklima

Aus den vorliegenden Dokumenten muss man schließen, dass die Verhältnisse im Hause Beethoven schon zu Ludwigs Kinderzeit sehr belastet waren. Alkoholsucht, finanzielle Probleme, drohender sozialer Abstieg, das sind gleich mehrere Indikatoren für ein schwieriges familiäres Klima. Zweifellos sieht Johann van Beethoven in seinem Sohn die Chance, wenigstens den notorischen Geldnöten abzuhelfen. So erklärt sich teilweise die Härte, mit der er Ludwig derart früh und derart gewaltsam zu Höchstleistungen antreibt. Gleichwohl zahlt sich das strenge Regiment nicht sofort aus. Wahrscheinlich halten sich die pädagogischen wie pianistischen Kompetenzen des Vaters in Grenzen – Wegeler und Ries betonen ausdrücklich, Johann sei »kein Klavierspieler«[47] gewesen. Ganz sicher aber fehlt es an der nötigen Geduld, die musikalische Entwicklung eines Schülers bis zur Konzertreife zu begleiten.

Am 26. März 1778 debütiert Ludwig im »Musikalischen Akademiesaal« in Köln. Vom Vater wird sein Alter auf sechs Jahre heruntergeflunkert, um den beabsichtigten neuen Wunderkindmythos zu befeuern; auch Mozart hatte mit sechs Jahren seine ersten öffentlichen Auftritte absolviert. Doch kein Jubel ist überliefert, keine begeisterten Konzertkritiken. Der ersehnte Sensationserfolg bleibt aus. Auch wenn sich weitere Auftritte im privaten Kreis anschließen, will sich der erhoffte Mozart-Effekt nicht einstellen, geschweige denn illustre Reisen durch die Metropolen Europas. Umso entschlossener setzt Johann sein Programm fort, mit Schlägen und seelischen Demütigungen.

Wie soll man diesen Fall musikalischer Schwarzer Pädagogik bewerten? Natürlich sind außergewöhnliche Leistungen stets mit gewissen Kasteiungen erkauft, ganz gleich, ob es sich um Eisprinzessinnen oder Pianisten handelt. Selbst Friedrich Gulda berichtete einmal, er habe einst bei jedem Fehler Schläge auf die Finger bekommen. Und Lang Langs Vater sagte seinem Sohn, nachdem die Klavierlehrerin ihm fehlendes Talent bescheinigt hatte, er solle sich am besten umbringen. Doch ein Kleinkind derart zu drangsalieren wie Beethovens Vater den jungen Ludwig ist auch im 18. Jahrhundert so ungewöhnlich, dass ein Feuilletonist der *Köll'schen Zeitung* darüber berichtet. In seinem Artikel über den jungen Ludwig, er ist sieben, schreibt er über den talentierten, aber unglücklichen Jungen und beteuert, er habe selbst mit angesehen, »wie der kleine Ludwig van Beethoven im Haus der Familie Fischer auf einem Bänkchen steht, Klavier spielt und dabei weint«.[48]

Wie Beethoven selbst die Methoden seines Vaters bewertet, lässt sich aus einem Brief schließen, den er Jahrzehnte später seinem ehemaligen Klavierschüler und Freund Carl Czerny sendet. Ab 1815 unterrichtet Czerny Beethovens über alles geliebten Neffen Karl, leider mit wenig befriedigenden Ergebnissen. Dennoch plädiert Beethoven ganz und gar nicht für Strenge. »Ich bitte Sie, den Karl so viel als möglich mit Geduld zu behandeln«, schreibt er an Czerny, »er wird sonst noch weniger leisten.« Das ist nicht allein eine Strategie, um bessere Fortschritte zu erzielen; vielmehr zeigt Beethoven viel Mitgefühl für seinen Neffen. Der sei »durch die üble Austheilung der Stunden zu sehr angespannt«. Daher lautet Beethovens eindringliche Bitte: »Begegnen Sie ihm so viel als möglich mit Liebe.«[49] Wenn man weiß, welcher Härte er selbst ausgesetzt gewesen war, ist dies eine erstaunlich milde Reaktion. Oder eben eine nachvollziehbare Haltung. Offensichtlich möchte er Karl das Leid ersparen, das er aus eigenem Erleben kennt. Gut möglich, dass Beethoven angesichts seines weinenden Neffen an seine eigene Kindheit erinnert wurde, an jene »üblen Austheilungen«, während derer er selbst in Tränen ausgebrochen war.

Ein weiterer Hinweis auf eine kritische Einschätzung des frühen Drills ist Beethovens lebenslange Abneigung gegen kindliche Virtuosen. Es scheint, als wisse er nur zu gut, mit welchen Gewaltakten deren instrumentale Fähigkeiten erkauft sind. Nicht einmal den elfjährigen Liszt will er kennenlernen, obwohl Czerny und Schindler in den höchsten Tönen von dem jungen Pianisten schwärmen. »Beethoven empfand einen solchen Widerwillen gegen Wunderkinder, dass er sich immer heftig dagegen sträubte, mich zu empfangen«, beklagt sich Liszt später. Weder in Briefen, Konversationsheften noch Tagebüchern Beethovens gibt es irgendeinen Hinweis auf den Komponisten. Schade, denn Liszt behauptet felsenfest, ein solches Gipfeltreffen habe stattgefunden. Er will sogar einen »Weihekuss« von Beethoven empfangen haben. Doch was Liszt der Pianistin Ilka Horovitz-Barnay anvertraute, gehört wohl ins Reich der Fantasie: »Plötzlich zog ein mildes Lächeln über seine düsteren Züge. Beethoven kam ganz nahe heran, beugte sich zu mir, legte mir die Hand auf den Kopf und fuhr mir streichelnd mehrmals übers Haar. ›Teufelskerl‹, flüsterte er.«[50]

Halten wir uns lieber an die Fakten. Eine kritische Einstellung zu den väterlichen Methoden lässt sich allein schon aus Beethovens eigener Klavierpädagogik herauslesen. Belegt ist, dass ihm der leidenschaftliche Vortrag weit wichtiger war als die fehlerfreie Exekution von Noten. So erzählt sein Klavierschüler Ferdinand Ries: »Wenn ich in einer Passage etwas verfehlte, oder Noten und Sprünge, die er öfter recht herausgehoben haben wollte, falsch anschlug, so sagte er selten etwas; allein, wenn ich am Ausdrucke, an Crescendo's u.s.w. oder am Charakter des Stückes etwas mangeln ließ, wurde er aufgebracht, weil, wie er sagte, das Erstere Zufall, das Andere Mangel an Kenntniß, an Gefühl, oder an Achtsamkeit sei. Ersteres geschah auch ihm gar häufig, sogar wenn er öffentlich spielte.«[51] Ja, Ludwig van

Beethoven verspielt sich selbst als arrivierter Pianist und Komponist zuweilen. Denn, ebenso erstaunlich wie bezeichnend: Beethoven, der als Meister an den Tasten gilt, übt nicht gern Klavier. »So außerordentlich sein Spiel im Improvisieren war, so war es oft weniger gelungen beym Vortrage seiner bereits gestochenen Compositionen«, erzählt Czerny. »Denn da er sich nie die Geduld und Zeit nahm, etwas wieder zu excercieren, so hing das Gelingen meist vom Zufall und Laune ab.«[52]

Beethovens Fehlertoleranz ist bemerkenswert. Das irritiert manchen Kenner, etwa den gefeierten Virtuosen Ignaz Moscheles. »Sein Spiel, den Geist abgerechnet, befriedigte mich weniger, weil es keine Reinheit und Praecision hat« (KC, S. 580), so das Urteil von Moscheles. Beethoven ist es vollkommen gleichgültig, wenn er falsche Töne erwischt, Hauptsache, die Interpretation gerät ausdrucksvoll. Mit dieser Haltung beweist er einen späten Widerstand gegen die Dressur des Vaters – und befindet sich in bester Gesellschaft. Bis in unsere Gegenwart hinein gibt es Beispiele von Ausnahmepianisten, die auf Risiko spielen, statt auf maschinelle Präzision zu setzen. Und noch immer sind wir geneigt, darin etwas Authentisches wahrzunehmen, statt einen Mangel dingfest zu machen. Selbst Fehler können berührender sein als roboterhafte Perfektion.[53]

Es wird viel Zeit vergehen, bis Beethoven seine Vorstellungen einer expressiven Spielweise verwirklichen kann. Doch es naht Hoffnung. Um 1778, in der Zeit also, da der Vater seinen Sohn besonders hart diszipliniert, wird Johann van Beethoven klar geworden sein, dass er kein zweiter Leopold Mozart ist. Ihm fehlt die instrumentale Expertise des Salzburgers ebenso wie dessen umfassende Bildung. Leopold Mozart ist nicht nur der Klavier- und Geigenlehrer seiner Kinder Wolfgang Amadeus und Maria Anna; er hat Philosophie studiert, ist Vizekapellmeister der Salzburger Hofkapelle, erfolgreicher Komponist sowie

Verfasser des musikpädagogischen Werks *Versuch einer gründlichen Violinschule*. Solche Meriten kann der bildungsferne Johann van Beethoven nicht vorweisen. Nach der Primarschule hat ihn das Vorbereitungsjahr am Jesuitenkolleg überfordert, seitdem singt er in der Hofkapelle. Er vernachlässigt sogar den Schulunterricht seines Sohnes, sodass Ludwig noch als Erwachsener Schwierigkeiten hat, die einfachsten Rechenschritte auszuführen. Wenn es ans Multiplizieren geht, ist Schluss. Dann schreibt Beethoven die Zahlen untereinander und addiert sie. Noch im Alter von achtundvierzig Jahren trägt er sich mehrfach mit dem Gedanken, Mathematikbücher für die zweite Klasse zu besorgen, wie eines seiner Konversationshefte belegt.[54]

Eines dämmert Johann van Beethoven immerhin: Wenn es sein Sohn noch zu etwas bringen soll, muss man sich schleunigst nach geeigneteren Lehrern umsehen. Da kommt es gerade recht, dass sein Orchesterkollege Franz Georg Rovantini im selben Haus wohnt. Einen zweiten Kollegen bringt Johann van Beethoven »mit Kost und Logis« in der eigenen Wohnung unter: Tobias Pfeiffer, Sänger, Oboist und Pianist. Fortan unterweist Pfeiffer den kleinen Ludwig im Klavierspiel, Franz Georg Rovantini im Geigen-, später auch im Bratschenspiel. Beglückend ist diese Entwicklung für den Jungen vor allem aus einem Grund: Seine beiden neuen Lehrer haben ein Faible fürs »Fantasieren«. Regelmäßig treffen sie sich zum zwanglosen gemeinsamen Improvisieren, und trotz des väterlichen Verbots nimmt Ludwig daran teil.

Es steht zu vermuten, dass er zum ersten Mal eine Befreiung spürt. Eine Oase der Eigenständigkeit tut sich auf, auch ein innerer Fluchtort. Andere Kinder hätten den permanenten Druck womöglich beim Sport ausgelebt, Ludwig findet sein Ventil in der Improvisation. Schnell wird seine stupende Musikalität offensichtlich. Mühelos kann er vorgegebene Themen variieren und eigene Erfindungen beisteuern, sei es an den Tasten oder auf der Geige. Der Junge blüht förmlich auf, wenn er sich mit seinen Lehrern am freien Fantasieren versucht. Besonders Tobias Pfeiffer bietet ein vergnügliches Gegenprogramm zum gestrengen Vater: ein leicht exzentrischer Luftikus mit Hang zum Komödiantischen, der sein instrumentales Können mit Witz und Spielfreude auslebt. Ludwig verdanke ihm »das Meiste«, urteilt Wegeler. Beethoven habe Pfeiffer sogar später aus Wien voller Dankbarkeit »Geldunterstützungen zukommen« lassen.[55]

Selbstredend ist Johann van Beethoven die neu erwachte Improvisationslust seines Sohnes suspekt. Von den ersten sich scheu vortastenden Fantastereien ging sicherlich noch keine Revolte aus, doch angesichts des munter musizierenden Trios erkennt der Vater zweifellos das rebellische Potenzial. Deshalb interveniert er aufs Neue. Nachdem der Traum vom Wunderkind ausgeträumt ist, soll Ludwig wenigstens ein ordentlicher Instrumentalist in der Hofkapelle werden. Da darf man ihm keine Freiheiten erlauben, nicht, wenn er sich künftig widerspruchslos in den Korpus eines Orchesters einzufügen hat. »Einmal spielte der kleine Ludwig ohne Noten«, erzählen die Fischers, »da kam sein Vater herein und sagte: ›Was kratzt du da nur wieder für dummes Zeug durcheinander? Du weißt, dass ich das gar nicht leiden kann. Kratz nach Noten, sonst nützt das ganze Kratzen nichts!‹«[56]

Verhindern kann Johann von Beethoven allerdings nicht, dass Ludwig sich ihm immer mehr entzieht und ihm auch musikalisch unaufhörlich entwächst. Für einen Vater, der seinen Sohn derart intensiv kontrolliert hat, muss es eine niederschmetternde Erkenntnis sein. Verstärkt kommt nun auch der Alkohol ins Spiel. Eine familiäre Hypothek. Johanns Mutter Maria Josepha van Beethoven (geborene Poll) war wegen Trunksucht in einem Kloster untergebracht worden, eine damals probate Methode, verhaltensauffällige Frauen geräuschlos zu entsorgen. Bald ist es kein Geheimnis mehr, dass auch Johann über die Maßen trinkt und dann zu cholerischen Ausbrüchen neigt. Leider wird der lebenslustige Tobias Pfeiffer sein Trinkkumpan. »Wenn Pfeiffer mit B.s Vater in einer Weinschenke bis 11 oder 12 Uhr gezecht hatte, ging er mit ihm nach Hause, wo Ludwig im Bette lag und schlief«, referiert Thayer. »Der Vater rüttelte ihn ungestüm auf, weinend sammelte sich der Knabe und ging ans Klavier, wo Pfeiffer bis zum frühen Morgen bei ihm sitzen blieb, da er das ungewöhnliche Talent desselben erkannte.«[57]

Bereits 1784, also drei Jahre vor dem Tod seiner Frau, wird der Niedergang Johanns aktenkundig. Diesmal ist es neben seiner »ganz abständigen Stimm(e)« auch die Verschuldung, die ihm seitens der kurfürstlichen Administration zum Verhängnis wird.[58] Sein Verbleib in der Hofkapelle ist mittlerweile zweifelhaft. Man erwägt, ihn künftig zu jenen Musikern zu zählen, die »dienstlos und um billigen Preis zu vermieten sind«.[59] In einer kleinen Residenzstadt wie Bonn bleibt diese Schmach natürlich nicht verborgen. Immer häufiger müssen Ludwig und seine Mutter den betrunkenen Johann aus einer Schänke holen und nach Hause lotsen. Mehrfach verhindert Ludwig eine Verhaftung seines Vaters. Doch was wird aus ihm?

Im November 1786 reist er auf Vermittlung seines Gönners Graf Waldstein zu einem Studienaufenthalt nach Wien. Es scheint, dass er seinen bedrückenden Verhältnissen endlich entkommen kann. Wien ist die Stadt Mozarts und Haydns, das Musikleben dort soll ihm Impulse für seine kompositorische Laufbahn geben. Mehrfach erlebt er Mozart in Konzerten und wundert sich über dessen »abgehackte«[60] Spielweise. Doch bereits im Frühjahr 1787 geht es wieder zurück nach Bonn. Beethovens Mutter ist schwer erkrankt, sie stirbt im Juli desselben Jahres. Nun muss Ludwig die Verantwortung für die Familie übernehmen. Sein Vater ist dazu nicht mehr in der Lage, und auch dessen Anstellung in der Hofkapelle hängt am seidenen Faden. 1789 wird Johann van Beethoven gezwungen, aus dem Dienst auszuscheiden, mit der Auflage, die Hälfte der Ruhestandsbezüge seinem Sohn Ludwig zu überlassen. So hat es Ludwig vom Kurfürsten erbeten, und da jeder um die Haltlosigkeit des Vaters weiß, erscheint das auch sinnvoll. Damit befindet sich Ludwig faktisch in der Rolle des Familienoberhaupts. Ob er jemals wieder Bonn verlassen kann, erscheint ungewiss. Er muss für seine jüngeren Brüder sorgen und dafür seine eigenen Karrierepläne hintanstellen. Zwar schreibt er sich im selben Jahr an der Universität Bonn ein, um seine Kenntnisse der Philosophie und der Schönen Künste zu vertiefen, musikalisch aber kann ihm in Bonn niemand mehr etwas beibringen.

Alles in allem ist es wahrlich keine beschauliche Familienidylle, in der Ludwig aufwächst. Auch wenn ein gewisser bürgerlicher Schein nach außen hin lange gewahrt bleibt, bietet sich in Wahrheit ein desolates Bild: Unordnung und frühes Leid.

Innere Dramen

Unbestritten dürfte sein, dass das emotionale Reizklima, in dem Beethoven bereits als Kleinkind außergewöhnliche Leistungen abverlangt werden, nicht spurlos an ihm vorübergegangen sein kann. Das gilt erst recht für die körperlichen Misshandlungen, über die der bereits zitierte Bonner Geiger Friedrich Ägidius Noisten sagt, »dass das sonderbare Wesen, welches er (Beethoven, Anm.d.V.) an sich hatte, bloß davon herkomme«.[61] Einerseits entwickelt er sich früh zum Einzelgänger. Oft hängt er seinen Gedanken nach oder beobachtet vom Dachbodenfenster aus mit einem Fernrohr das Leben jenseits der häuslichen Enge. »Man kann nicht sagen, dass Ludwig viel Wert auf Kameraden oder Gesellschaft legte«, resümieren die Fischers. »Wenn er sich mit seiner Musik beschäftigte, wurde er sehr ernsthaft und war am glücklichsten, wenn seine Eltern ihn in Ruhe ließen. Das war aber sehr selten der Fall.«[62] Andererseits neigt Beethoven bald zu Wutausbrüchen, in denen sich der innere Druck entlädt. Seine mütterliche Freundin Helene von Breuning nennt diese Ausbrüche »Raptus«, sinngemäß Ausraster. Franz Gerhard Wegeler, ihr späterer Schwiegersohn und einer der engsten Freunde Beethovens, empfindet den Jungen in dieser Zeit generell als »störrisch und unfreundlich«. Daran wird sich wenig ändern.

»Schon in seiner ersten Erziehung wurde der Keim zu einer nicht günstigen menschlichen Entwickelung gelegt«[63], merkt Thayer an. Eine höfliche Untertreibung. Selbst der grundsätzlich wohlwollende Adorno entdeckt »starke Züge von Aggression, Sadismus, polterndem lauten Lachen, Verletzen« und ist überzeugt, dass »das Grimmige, Abweisende« Beethovens mit »Scham und zurückgestoßener Liebe zusammenhängt«.[64] Kontrollieren kann Beethoven seine cholerischen Anwandlungen nicht, sosehr er sie auch bedauert. Die Bürde seines unausgewogenen Charakters ist ihm durchaus bewusst. In den späten Tagebüchern tauchen wiederholt Exzerpte aus der *Bhagavad-Gita* auf, eine der heiligen Hindu-Schriften. Unter anderem notiert Beethoven die Zeilen: »Selig ist, der alle Leidenschaften unterdrückt hat und dann mit seiner Thatkraft alle Angelegenheiten des Lebens unbesorgt um den Erfolg verrichtet!«[65] Die Umsetzung dieser spirituellen Weisheit bleibt ihm verwehrt. Zu stark sind die inneren Widersprüche, zu zersetzend die Kämpfe, die er mit sich selbst führt.

Diese Unausgeglichenheit ist allem Anschein nach der Preis dafür, dass er sich nach anfänglichen Leidensjahren dem väterlichen Willen gefügt hat. Nach und nach fand er Gefallen am Clavichord- und Cembalospiel – vielleicht auch daran, seinem Vater zu gefallen. Geradezu obsessiv versuchte Beethoven, seine pianistischen Fähigkeiten zu perfektionieren, und legte damit den Grundstein für künftige Erfolge. »Seine Finger waren sehr kräftig, nicht lang, und an der Spitze vom vielen Spielen breitgedrückt«, erzählt Czerny. »Denn er sagte mir oft, daß er in seiner Jugend ungeheuer, oft meistens bis spät über Mitternacht, exerciert hatte.«[66] Das Projekt Unterwerfung scheint also zur allseitigen Zufriedenheit gelungen. Dennoch bleiben Zweifel.

Eine elterliche Haltung, die darauf beruht, den Willen des Kindes zu brechen, war im 18. Jahrhundert (das ironischerweise das Jahrhundert der Erziehung genannt wird, unter anderem wegen der Schriften Rousseaus) durchaus verbreitet. Doch rechtfertigt dies eine nachträgliche Bewertung im Sinne gusseisernen Preußentums, was den Menschen nicht umbringe, mache ihn hart? Diesen kadettenhaften Ertüchtigungsspruch äußerte unlängst eine Musikkritikerin und verwies darauf, letztlich sei doch alles gut gegangen. Beethoven habe schließlich von der Strenge des Vaters profitiert und sei ein berühmter Komponist geworden. Ähnlich lautet der Tenor vieler Beethovenbiografen. Eigentümlich indifferent verhalten sie sich zur der Frage, warum der Gegenstand ihres Interesses lange vor seiner Ertaubung in Kategorien wie Leiden, Entsagung und Opfertum denkt, sich früh in Streitigkeiten, später in Prozessen verkämpft, von Selbstzweifeln und Blockaden geplagt wird und bereits bei den ersten Symptomen des beginnenden Gehörverlusts an Suizid denkt. All das wird zumeist unter dem Heldenmythos verbucht, als gleichsam heraldisches Dekor einer naturwüchsig tragischen Figur.

Ausgerechnet Anton Schindler, sonst nie um Verklärungen verlegen, ist einer der wenigen, denen die psychischen Probleme Beethovens ernsthaft Sorgen bereiten. Das betrifft vor allem die

Zeitspanne zwischen 1815 und 1820, in der Beethoven eine furchtbare Kabale wegen seines Neffen Karl anzettelt und das Sorgerecht schlussendlich vor Gericht erstreitet. »Anstatt, wie gewohnt, viele Noten zu schreiben«, berichtet Schindler, »hat unser Tondichter während dieser Jahre viele Briefe geschrieben, die teils seine häusliche Einrichtung, teils den Prozeß, teils die Erziehungsangelegenheit seines Neffen zum Inhalt haben und im allgemeinen zu den unerquicklichsten und beklagenswertesten Zeugnissen innerer Erregtheit und leidenschaftlichen Verfolgens dieser Dinge zu zählen sind.«[67]

Nicht nur in solch stürmischen Zeiten neigt Beethoven zu extremen Stimmungsschwankungen. »Meide den Schmerz, einen der Freunde gekränkt zu haben«, exzerpiert er einen Herder-Vers in sein Tagebuch.[68] Ein guter Vorsatz. Befolgen wird er ihn selten oder nie. Selbst engste Freunde stößt er immer wieder vor den Kopf, weil er gar nicht anders kann. Ferdinand Ries schildert Beethoven als »leicht gereizt und misstrauisch«. Schon beim geringsten Verdacht auf Illoyalität zeige er »den größten Trotz und die höchste Verachtung«.[69] Beispiele gibt es unzählige. »Komme er nicht mehr zu mir!«, herrscht Beethoven als knapp Dreißigjähriger den Komponisten und Klaviervirtuosen Johann Nepomuk Hummel an. »Er ist ein falscher Hund, und solche Hunde hole der Schinder. Beethoven.« Nur einen Tag nach dem rüden Zweizeiler folgt die Kehrtwende: »Herzens Nazerl! Du bist ein ehrlicher Kerl und hattest recht, das sehe ich ein; komm also diesen Nachmittag zu mir, Du findest auch den Schuppanzigh (einen befreundeten Geiger, Anm. d. V.), und wir beide wollen dich rüffeln, knüffeln und schütteln, dass Du Deine Freude dran haben sollst. Dich küsst Dein Beethoven« (BB, S. 14f.).

Man muss Beethoven nicht gleich auf die Couch legen, wie es 1964 Richard Sterba in seiner psychoanalytischen Studie *Ludwig van Beethoven und sein Neffe. Tragödie eines Genies* versucht. Ein produktiver Deutungsversuch könnte sich an Alice Millers *Das Drama des begabten Kindes* orientieren. Darin wird ein psychisches Muster feinfühliger Kinder beschrieben: Sie spalten eigene Gefühle, insbesondere negative, innerlich ab, wenn die Eltern diese Gefühle als unerwünscht deklarieren. Um Strafen zu entgehen und sich der familiären Zugehörigkeit zu versichern, passen sich diese Kinder bis zur Selbstaufgabe an. Ein Zeichen von Klugheit. Gleichzeitig vertieft sich der Widerspruch zwischen eigenen und elterlichen Bedürfnissen, bis sich polare Persönlichkeitsmerkmale verfestigen.

Vergleichbares lässt sich bei Beethoven feststellen. Permanent schlingert er zwischen Hochmut und Niedergeschlagenheit, Misstrauen und Bindungssehnsucht. Aus vielen seiner Äußerungen spricht ein verletzter, unsicherer Mann, überempfindlich gegen Zurückweisungen, unfähig, sichere Beziehungen herzustellen. Mal buhlt er geradezu um Freundschaften, dann wieder maskiert er seine Hypersensibilität mit Schroffheiten. Zu einem wiederkehrenden Motiv der Briefe werden deshalb die Bitten um Verzeihung. »Ich selbst komme zu Dir und werfe mich in Deine Arme und bitte um den verlorenen Freund, und Du giebst Dich mir wieder, dem reuevollen, Dich liebenden, Dich nie vergessenden Beethoven«, beschwört er seinen Freund Wegeler. Der kommentiert den Brief lakonisch, so sei Beethoven nun mal, auch mit anderen habe er auf längere Zeit gebrochen – »und mit welchem Freunde hatte er es nie?« (BB, S. 32).

Weit belastender noch als solche Stimmungsumschwünge sind die seelischen Krisen. Schon in einem frühen Brief erwähnt Beethoven neben der Angst, wie seine Mutter an Schwindsucht zu sterben, die Melancholie, »welche für mich ein fast ebenso großes Übel, als meine Krankheit selbst ist« (BB, S. 1f.). Auch sein Selbstwertgefühl unterliegt starken Schwankungen. »Es ist ein eigenes

Gefühl, sich loben zu sehen, zu hören, und dann dabei seine eigene Schwäche zu fühlen«, (BB, S. 16) gesteht er der sehr von ihm verehrten Sängerin Christine Gerhardi.

Kennzeichnend für Beethovens Charakter wird eine Mischung aus Demut und Hybris, die auch seine kompositorische Arbeit beeinflusst. Selbstbewusst beansprucht er einen Spitzenplatz im künstlerischen Olymp, doch sosehr er sich auch anstrengt, in seinen Augen reicht es nie. Seine innere Instanz ist so unerbittlich wie sein Vater. Beethoven ist bereits ein weithin anerkannter Komponist, als er 1802 alles Bisherige als unwert verwirft und beschließt: »Von nun an will ich einen neuen Weg betreten.«[70] Als er dann reüssiert, kann er dieses Glück kaum genießen, wie er 1810 einem Freund schreibt: »Manchmal möchte ich bald toll werden über meinen unverdienten Ruhm, das Glück sucht mich und ich fürchte mich fast deswegen vor einem neuen Unglück.« Zwei Jahre später sieht er sich »verfolgt von der Güte der Menschen hier und da, die ich meyne eben so wenig verdienen zu wollen, als sie zu verdienen« (BB, S. 29).

Die Zerknirschtheit ist ein seelischer Pendelausschlag, an dessen anderem Ende sich Beethoven in hochfahrenden Attitüden ergeht. Dann spricht er, in einem Brief an Bettina von Brentano, von Menschen als »Weltgeschmeiß« (BB., S. 67). Oder es fallen Sätze wie dieser: »Unser Zeitalter bedarf kräftiger Geister, die diese kleinsüchtigen, heimtückischen, elenden Schufte von Menschenseelen geißeln.«[71] In solchen Phasen nennt er sich »Generalissimus«, kommandiert sein Umfeld herum und teilt nach allen Seiten aus. Auch Schindler bekommt das zu spüren. Statt der Anrede »AußerOrdentlich Bester!«[72] muss er sich schon mal den Ehrentitel eines »unwürdigen Gegenstands« gefallen lassen. Regelmäßig fällt Beethoven vom einen Extrem ins andere. »Ich komme diesen Morgen um 4 Uhr erst von einem Bacchanal, wo ich sogar viel lachen musste, um heute beinahe ebensoviel zu weinen«, schreibt er der Gräfin Erdödy. »Rauschende Freude treibt mich oft gewalttätig wieder auf mich selbst zurück« (BB, S. 68).Heute würde man von einer bipolaren Persönlichkeit sprechen. Mit Alice Miller kann man sie als Resultat einer Erziehung deuten, in der sich das Kind zwischen gefügiger Selbstdemontage und überschwänglichem elterlichem Lob verorten muss. Die Folge ist ein symptomatisches Schwanken zwischen Depression und Grandiositätsgefühlen; eine Diagnose, die zweifellos auf Beethoven zutrifft und auch in seinen Beziehungsmustern zutage tritt. Seine Briefe offenbaren ein Entweder-oder-Schema, ein Freund-oder-Feind-Denken, mit dem er sich ein Leben lang in peinliche bis aussichtslose Situationen laviert. Vor allem aber verlangt ihm seine innere Zerrissenheit ungeheuer viel Kraft ab. Sie treibt ihn in den Alkoholismus und ist sehr wahrscheinlich dafür verantwortlich, dass er von frühester Jugend an unter chronischen Darmbeschwerden, dem sogenannten Reizdarm, leidet. Ungezählt sind die Briefe, in denen er von seinen »Unterleibsbeschwerden« berichtet. Unentwegt versucht er es mit lauwarmen Bädern oder Kräuterwickeln, probiert allerlei Pulver und Tinkturen aus. Am Ende landet er dann doch wieder bei seiner Lieblingsmedizin, dem Alkohol. Noch auf dem Sterbebett trinkt er Punsch, gegen den Rat seines Arztes.

Musikalische Stimmungsschwankungen

Beethoven wäre nicht Beethoven geworden ohne den überstrengen Vater, argumentieren die Autoren, die Johanns brachiale Erziehungsmethoden rechtfertigen oder verharmlosen. Hinzufügen könnte man: Ohne den überstrengen Vater hätte Beethoven vielleicht nicht so ausdauernd auf dem Klavier fantasiert und seinen eigenen Stil entwickelt. Genauso könnte man aber auch fragen: Was hätte aus ihm werden können, wenn er nicht derart viel Energie mit Streitigkeiten, Selbstzweifeln und seelischen Krisen vergeudet hätte? Wie viel mehr Kraft und Lebenszeit wären ihm geblieben, wenn er seine seelischen Kalamitäten nicht mit Alkohol hätte betäuben müssen, wie sein Vater es ihm vorgelebt hatte?

Eine andere Frage lautet, ob es legitim ist, Parallelen zwischen Person und Werk eines Künstlers zu ziehen. Diese Frage beschäftigte bereits Hugo Riemann, dessen *Musiklexikon* bis heute konsultiert wird und der die erste seriöse große Beethovenbiografie von Alexander Wheelock Thayer herausgab. Riemanns Antwort lautete recht bündig, »dass die Entwicklung des Komponisten von der des Menschen nicht völlig getrennt werden kann«.[73] Wie also spiegelt sich Beethovens Persönlichkeit im Werk?

Berühmt wurde eine Anekdote, die Schindler erzählt und die weder für ihn noch für Beethoven schmeichelhaft ist, was ihr einige Glaubwürdigkeit verleiht. Schindler hatte seinem Herrn und Meister einen Vorschlag unterbreitet: Beethoven solle doch seine sämtlichen Werke mit poetischen Titeln versehen. »Bloß nicht!«, rief Beethoven erbost, »was für eine schreckliche Idee!« Schindler versuchte ihn mit den Worten zu beschwichtigen, wütend zu werden habe nichts mit Musik zu tun, sonst könne er ja auch gleich eine Sonate voller Wut schreiben. Beethovens Replik: »Doch, Wut kann eine starke musikalische Kraft sein!«

Früh wird er entdeckt haben, dass seine Improvisationen nicht allein Expeditionen in unbekanntes musikalisches Terrain sind, sondern auch ein Ventil für unerwünschte Gefühle wie Ohnmacht oder Wut. Und solche Emotionen brechen umso gewaltiger auf, je älter er wird. Zuweilen wirken seine Fantasien wie Frontberichte innerer Gefechte, manche Klaviere sind den musikalischen Attacken nicht mehr gewachsen. Überliefert sind diverse Auftritte, in denen Klaviersaiten reißen oder malträtierte Tasten hängen bleiben. »Die damaligen noch äußerst schwachen und unvollkommenen Fortepiano«, so Czerny, »hielten seinen gigantischen Vortrag oft noch gar nicht aus.«[74] Erst mit der Erfindung des Hammerklaviers, Beethoven nennt es den »Starkschwachtastenkasten«, findet er die adäquate Mechanik für sein Ungestüm vor.

Als sei ihm der väterliche Zwang zur reproduzierenden Perfektion für immer verhasst, besteht er später darauf, in der Öffentlichkeit nur noch zu improvisieren. »Er spielte seine eigenen Sachen sehr ungern«, erzählt Ferdinand Ries. Anlässlich einer geplanten Konzertreise soll Ries deshalb komponierte Stücke spielen, während Beethoven ausschließlich fantasieren will. »Letzteres war freilich das Außerordentlichste, was man hören konnte, besonders, wenn er gut gelaunt oder gereizt war«, merkt Ries an. »Der Reichtum der Ideen, die sich ihm aufdrangen, die Launen, denen er sich hingab, die Verschiedenheit der Behandlung, die Schwierigkeiten, die sich darboten oder von ihm herbeigeführt wurden, waren unerschöpflich.«[75]

Beethoven teilt seinem Publikum mit, was ihn bewegt. Er schont es nie, weder in seinen auskomponierten Werken noch in den Fantasien, in denen er, so der mit Beethoven befreundete Dirigent Ignaz von Seyfried, »seinen mehr zum unheimlich Düsteren sich hinneigenden Charakter nicht verleugnete« (KC, S. 885). Zu viel ist nie genug. Das wird auch eines seiner stilistischen Merkmale werden. Mit abrupten dynamischen Wechseln und starken Kontrasten stürzt er seine Zuhörer vom einen Extrem ins andere, so wie er auch als Mensch in die emotionalen Extreme geht. »Es wird abwechselnd *pp* geflüstert und *ff* gebrüllt oder auf Zehenspitzen gegangen und aufgestampft«, schreibt Alfred Brendel über Beethovens Klaviersonaten.[76] Niemand vor ihm hat derart konsequent die musikalischen Mittel polarer Gegensätze ausgelotet. Wie neu und ungewöhnlich das ist, zeigt das Beispiel Mozarts, der ausführlich mit seinem Vater über kompositorische Fragen korrespondierte. So kann man die künstlerischen Leitlinien gut vergleichen. Bei Mozart stehen sie noch ganz im Zeichen der Formbeherrschung und Affektkontrolle. Die Kategorie der Originalität existiert für ihn weder als ästhetischer Freibrief noch als eine zu bewältigende Problematik. Mozarts Priorität ist das Vergnügen an der Musik. Er erklärt, dass »die Leidenschaften, heftig oder nicht, niemals bis zum Eckel ausgedrücket seyn müssen, und die Musick, auch in der schaudervollsten lage, das ohr niemals beleidigen, sondern doch dabei vergnügen muß, folglich allzeit Musick bleiben Muß«.[77]

Mit solchen Beschränkungen kann sich Beethoven nicht mehr identifizieren. Für ihn ist Musik weder Genuss noch Vergnügen, vor allem aber ist sie nicht »bloß Musick«. Während Mozart für ästhetische Mäßigung plädiert und »extreme Seelenlagen« meidet – unter anderem lässt er für die Uraufführung des *Idomeneo* die Szene streichen, in der Elettra von geistiger Umnachtung befallen wird –, geht Beethoven bewusst in die Grenzbereiche. Seine Musik ist das Gegenteil von Affektkontrolle. So wenig, wie er sein aufbrausendes Temperament zügeln kann, will er sich musikalisch irgendwelchen Beschränkungen unterwerfen. Auf das Publikum nimmt Beethoven schon gar keine Rücksicht. Die Mozart'sche Angst, eventuell das Ohr zu beleidigen, ist ihm fremd. So scheut er keine Dissonanz, keinen Regelbruch, keinen »Raptus«.

Charakteristisch für Beethoven wird die »mit größter Intensität auftretende Tendenz: Musik als Ausdruck«, so Arnold Schönberg. Mit diesem Konzept avanciert Beethoven zum Pionier einer radikal neuen Musikauffassung. Im Handstreich beendet er die Epoche des Rokoko und die Ästhetik des Gefälligen.

Unbeirrt macht er die Musik zum eigenen Medium, nach seinen Maßgaben, nach seinem Gefühl. Anfangs bezieht sich dies auf Elemente des Vortrags; Schönberg nennt hier »Tempo, Charakter, Veränderlichkeit«. Auch die Dynamik wird zunehmend expressiver: »Akzente, Crescendos, Diminuendos, jähe Wechsel.« Schließlich habe Beethoven die Suche nach neuen Ausdrucksmöglichkeiten unendlich erweitert. »Das führte zu den plötzlichen und verblüffenden Modulationen, den sonderbaren Akkordfolgen, neuen, unbenützten Melodieschritten, ungewöhnlichen Intervallfolgen«, erklärt Schönberg die Innovationen. Sie reichen bis hin zu »Veränderungen in der Gliederung, im Satzbau und der Aneinanderschweißung der kleineren Themenbestandteile«.[78]

Die *Mondscheinsonate* ist ein exemplarisches Beispiel für diese Entwicklung. Man braucht kein geschultes Ohr, um widersprüchlichste Seelenzustände aus den einzelnen Sätzen herauszuhören. Dafür lässt Beethoven alles über die Klinge springen, was man zu seiner Zeit von einer Sonate erwarten kann: die Satzfolge – schnell, langsam, schnell –, die thematische Entwicklung – Exposition, Durchführung, Reprise –, die architektonische Geschlossenheit innerhalb der Sätze. Beethoven wagt »Hochspannung bis zur Überspanntheit«, urteilt Joachim Kaiser. »Extreme Stille und extreme Wildheit verschränken sich zum bedrohlichen und bedrohten Organismus des Exzentrischen.«[79] Kaiser spricht von »Ausdrucksekstase«, sogar von Exhibitionismus. Und in der Tat kann man sich kaum des Eindrucks erwehren, dass sich Beethoven in dieser Sonate wie auch in anderen Werken vollkommen preisgibt. Nichts wird mehr geschönt. Die bürgerliche Maske fällt, dahinter lauert Bedrohliches. Beethovens Klaviersonaten seien »die subjektivsten Bekenntnisse des ringenden Künstlers«, stellt Paul Bekker fest, und das gelte für sein gesamtes Werk: »Was er im Sonatenmonolog sich selbst anvertraut, das bringt er vor aller Welt in größerem Rahmen, mit reicheren Mitteln zur Erfüllung: in seiner Orchester- und Kammermusik.«[80]

Nicht jedem gefielen diese emotionalen Loopings. Chopin monierte die schroffen Kontraste als Störfaktor – man werde in den Himmel gehoben, aber gleich darauf wieder in den Schmutz geschleudert. Dass solche Gegensätze im Zusammenhang mit Beethovens disparatem Charakter stehen, lag für seinen Lehrer Haydn auf der Hand. Es werde »immer etwas – um nicht zu sagen Verschrobenes – doch Ungewöhnliches« in Beethovens Werken sein, sagte er seinem Schüler in Gegenwart des Flötisten Louis Drouet. »Man wird schöne Dinge darin finden, sogar bewunderungswürdige Stellen, aber hier und da etwas Sonderbares, Dunkles, weil Sie selbst ein wenig finster und sonderbar sind, und der Styl eines Musikers ist immer der Mensch selbst.«[81]

Neue Horizonte

Nachdem eine Virtuosenkarriere seines Sohnes in unerreichbare Ferne gerückt zu sein scheint, ersinnt Johann van Beethoven eine neue Strategie. Um Ludwigs instrumentale Kompetenzen möglichst breit aufzustellen und damit dem kurfürstlichen Dienstherrn eine vielseitige Verwendung in Aussicht zu stellen, lässt er ihn zusätzlich Orgelunterricht nehmen. Und gerade diese Vorbereitung auf das Orchesterleben erweist sich als Glücksfall. Zunächst wird Ludwig vom betagten Hoforganisten Gilles van der Eeden unterwiesen, 1781 wird dessen Nachfolger Christian Gottlob Neefe sein Lehrer. Bereits im knabenhaften Alter von zehn Jahren darf Ludwig ihn bei Konzerten vertreten. Zwei Jahre später, 1783, wird er offiziell zum zweiten Hoforganisten ernannt. Wegeler hält die überraschend schnell erfolgte feste Anstellung des zwölfjährigen Beethoven übrigens für einen Gnadenakt des Kurfürsten. Der sei über die finanzielle Misere der Beethovens durch seinen Freund Graf Waldstein unterrichtet gewesen und habe »nur den Zweck einer Unterstützung vor Augen gehabt«[82]. Waldstein, der erste Mäzen Ludwigs, ist es auch, der dem Jungen immer wieder Geld zukommen lässt, als Gratifikationen des Kurfürsten getarnt. Dem Vater will man das Geld offensichtlich nicht anvertrauen, weil man weiß, dass er es verschleudern wird.

Den jungen Ludwig van Beethoven erfüllt die Position des zweiten Hoforganisten mit großem Stolz. Die Fischers berichten, wie er seine Galauniform in Bonn spazieren führt: »Seegrüner Frack, grüne kurze Hose mit Schnallen, weiße oder schwarze Seidenstrümpfe, Schuhe mit schwarzer Schleife, weiße Seidenweste mit Blümchen, Klapptasche, die Weste mit Goldkordel umnäht, frisiert mit Locken und Haarzopf. Seinen Klapphut trug er unterm linken Arm, seinen Degen mit einer silbernen Kuppel an der linken Seite.«[83]

Weit prägender noch als die Insignien kurfürstlicher Anerkennung ist die geistige Welt, die sich Beethoven durch seinen Lehrer und Mentor eröffnet. Christian Gottlob Neefe hat eine abwechslungsreiche Karriere nach Bonn geweht. Ihn umgibt das Fluidum einer abenteuerlichen Biografie, was ihn von anderen Vertretern seiner Zunft unterscheidet. Der Sohn eines Schneiders hat das Jurastudium nach dem ersten Examen abgebrochen, womöglich inspiriert durch seine eigene Examensarbeit über das Thema: »Ob ein Vater befugt sey, seinen Sohn zu enterben, wenn er sich dem Theater verschreybe.« Neefe verneint die Frage und verschreibt sich dem Theater, heiratet eine Schauspielerin, komponiert kleine süffige Operetten mit Titeln wie *Die Apotheke* und *Amors Guckkasten*. Als Musikdirektor des Großmannschen Theaterensembles wird er 1781 in Bonn engagiert. Ein Luftikus ist er keineswegs. Seinem Schüler Beethoven lebt er das aufklärerische Bildungsideal vor, indem er sich umfassender Lektüre befleißigt und die politischen wie ästhetischen Debatten verfolgt. Entsprechend lässt er Beethoven eine umfassende Erziehung angedeihen. Neben der instrumentalen Ausbildung schließt sie Kompositionsunterricht sowie die Beschäftigung mit den intellektuellen Diskursen der Zeit ein.

Für Beethoven ist es geradezu ein Erweckungserlebnis. Angeregt durch Neefe, liest er Kant, Herder, Goethe, Schiller. Sein Lehrer führt ihn auch in die Bonner Lesegesellschaft ein. Dieser anspruchsvolle Debattierclub ist aus der ortsansässigen, inzwischen verbotenen Illuminatenloge hervorgegangen und widmet sich aufklärerischem Gedankengut. Eine Weile fungiert Neefe als eine Art geistiger Ersatzvater.

Weit wichtiger aber wird eine lebenswarme Ersatzfamilie, in der Beethoven seine »zweite Mutter« findet. Auf Vermittlung von Franz Gerhard Wegeler, mit dem er sich inzwischen angefreundet hat, betritt er das Haus der verwitweten Helene von Breuning. Die Bekanntschaft erfolgt nicht ganz freiwillig. Beethoven soll den Kindern Stephan und Eleonore Klavierunterricht erteilen; das tut er wider Willen und nur, um seine Eltern zu unterstützen, denn er hasst es zu unterrichten, wie er seinem Freund Wegeler verrät. Unerwartet findet Beethoven bei den Breunings all das, was er im eigenen Zuhause entbehren musste: ein kultiviertes Umfeld, in dem man liest und plaudert, eine heiter entspannte familiäre Atmosphäre. Vor allem aber emotionale Zuwendung.

Helene von Breuning nimmt den etwas sonderbaren Jungen unter ihre Fittiche, und bald fühlt es sich an, als sei er ein weiteres Kind im Hause. So oft wie möglich verbringt Beethoven seine freie Zeit mit der Familie. Er übernachtet sogar dort – und findet ein dankbares Publikum für seine Improvisationen. Anders als daheim goutiert man seine Erfindungsgabe auf dem Klavier. Zu den geistreichen Gesellschaftsspielen gehört es, dass er den Charakter bekannter Personen musikalisch schildert.[84] Das Fantasieren, anfangs eine verbotene Frucht, wird zu seinem Bravourstück, für das man den scheuen, dann wieder ungebärdigen jungen Mann bewundert.

In dieser Zeit kommt Beethoven mit einer neuen geistigen Strömung in Berührung, deren Sogkraft ihn sogleich erfasst: die Genieästhetik des Sturm und Drang. Als literarische Gegenbewegung zur klassizistischen Regelpoetik steht hier das erschaffende Subjekt im Zentrum. Der Künstler als »Originalgenie« unterliege keinerlei Zwängen, heißt es nun, er müsse sich weder um Regeln noch Traditionen scheren. Das Originalgenie schöpfe ganz aus sich selbst. Und Neefe, in kompositorischen Belangen eher traditionell orientiert, kann seinem Schüler auch ein glänzendes musikalisches Exempel für diese neue Richtung präsentieren: Carl Philipp Emmanuel Bach, den gefeierten Vertreter des empfindsamen Stils.

Seit Laurence Sternes wild ausschweifendem Roman *Sentimental Journey*, von Johann Christoph Bode mit *Empfindsame Reise* übersetzt, ist dieser Begriff emblematisch für einen veränderten Blick auf die Natur, auf den Menschen, auf die Künste. »Fliegt das Herz dem Verstande voran, so erspart es der Urteilskraft unsägliche Mühe«, heißt es bei Sterne. Ein kultureller Wandel kündigt sich an. In der Epoche der sogenannten Empfindsamkeit, für die auch noch die Romane Jean Pauls stehen, entdeckt man das Gefühl als Schlüssel der Welterfahrung. Insbesondere Klopstocks Oden mit ihrer hymnisch gesteigerten Sensitivität werden zum Code, mit dem man sich auf eine gemeinsame emotionale Ebene verständigen kann – so wie Werther und Lotte, die nichts weiter als Klopstocks Namen brauchen, um sich des Gleichklangs ihrer Seelen zu versichern.

Christian Gottlob Neefe hat einige Klopstock-Oden vertont. Er glüht für diesen Dichter, und auch Beethoven verfällt der allgemeinen Klopstock-Begeisterung. Rückblickend schreibt er: »Ich habe mich jahrelang mit ihm getragen; wenn ich spazieren ging und sonst. Ei nun! Verstanden habe ich ihn freilich nicht überall. Er springt so herum, immer Maestoso! Des-Dur! Nicht? Aber er ist doch groß und hebt die Seele.«[85] Nicht von ungefähr wird Carl Philipp Emmanuel Bach »Klopstock der Töne« genannt. Und hier findet Beethoven endlich eine Inspiration für seine eigenen Ambitionen.

Carl Philipp Emmanuel Bachs kompositorische Handschrift folgt der Suche nach Gefühlsäquivalenten, daher bindet er zentrale Elemente des Fantasiegenres in sein Werk ein. Immer wieder durchbricht er die gewohnte Gleichförmigkeit innerhalb der Sätze, wechselt den Takt, moduliert in entlegene Tonarten, folgt spontan wirkenden Impulsen und arbeitet in der Melodieführung mit gewagten Intervallen. Neefe unterrichtet mit der Klavierschule dieses Bach-Sohns, dessen Ruhm den seines Vaters Johann Sebastian in jener Epoche überflügelt. Bald lernt Beethoven auch die Klavierfantasien Carl Philipp Emmanuel Bachs kennen. Mit ihren unvermuteten Wendungen und ihrer gewagten Harmonik üben sie zweifellos einen großen Zauber auf ihn aus. Überall lässt sich die Spur improvisatorischer Freiheiten entdecken. Während sich Beethoven unter Neefes Aufsicht mit allerlei Stilübungen an die Kunst der Komposition herantastet, müssen die Klavierfantasien Carl Philipp Emmanuel Bachs geradezu wie eine Ermutigung wirken, seine bereits entwickelten Improvisationsfähigkeiten für eigene Werke fruchtbar zu machen.

Eine weitere Prägung sind die Werke der Mannheimer Schule, die in gedruckter Form auch Bonn überfluten, wie Thayer nachweist. Sie sind eine musikalische Sozialisierung für Beethoven, in gewisser Weise auch eine Initiation in die Welt musiksprachlicher Affekte, die er neben seinem Pflichtrepertoire, unter anderem dem *Wohltemperierten Klavier,* erlebt. Von seinem Lehrer selbst scheint er in dieser Hinsicht weniger profitiert zu haben, denn er »klagte sogar über Neefes allzu harte Kritik seiner ersten Versuche in der Composition«, wie Wegeler erzählt.[86] Nachdem Beethoven kleinere, teils epigonale Stücke geschrieben hat – einmal kritzelt er »Diese ganze Stelle ist gestohlen aus der Mozartschen Sinfonie in C …« an den Rand –, wagt er sich an größere Projekte, in denen er seinen musikalischen Einfallsreichtum beweisen möchte.

Zwei groß dimensionierte Werke Beethovens aus dem Jahr 1790 misslingen; jedenfalls nach der Einschätzung seiner Auftraggeber, der Vorsitzenden der Bonner Lesegesellschaft. Bis zu Beethovens Tod bleiben sie unaufgeführt: eine Trauerkantate anlässlich des Ablebens von Kaiser Joseph II. und eine weitere, die die Thronbesteigung Kaiser Leopolds II. feiern soll. Auch wenn diese Kantaten später ästhetisch rehabilitiert werden, unter anderem durch Brahms, bleibt zunächst der Eindruck zurück, ein ökonomischer Umgang mit seiner überbordenden Ideenfülle wolle Beethoven noch nicht recht gelingen. Aus der heutigen Perspektive muss man wohl eher von einer Überforderung der Zeitgenossen sprechen. Denn die Kantaten offenbaren ein nahezu universales Spektrum der Emotionalität: »von Angst, Wut und Trauer«, wie Jan Caeyers schreibt, bis zu »Rührung und ekstatischen Glücksgefühlen«.[87]

Musikalischer Mentor dieser Kompositionen ist nicht etwa Neefe, sondern Beethovens Förderer und Gönner Graf Ferdinand Ernst Joseph Gabriel von Waldstein und Wartenberg. Er hat Beethoven bei Familie Breuning kennen gelernt, ist selbst ein ausgezeichneter Pianist, komponiert ein wenig und verfügt offenbar über einige Begabung zur Improvisation. »Durch ihn entwickelte sich in dem jungen Künstler das Talent, ein Thema aus dem Stegreife zu variiren und auszuführen«, stellt Wegeler fest. »Diesem Grafen Waldstein verdankte Beethoven, dass er in der ersten Entwicklung seines Genies nicht niedergedrückt wurde.«[88]

Mit den vierundzwanzig *Righini-Variationen* legt Beethoven dann ein Werk vor, das den ersten großen Erfolg zeitigt. 1790 komponiert und 1791 im Druck erschienen, basiert es auf der Arie »Venni Amore« des quasi benachbarten Mainzer Hofkapellmeisters Vincenzo Righini. Fälschlicherweise wird der Titel oft mit »Vieni, amore – Komm, Amor« respektive »Komm, o Liebe« angegeben. Der Text lautet jedoch: »Venni, amore, nel tuo regno – Ich kam, Amor, in dein Reich«. Im Nachhinein wirkt das wie eine Reverenz an das imaginäre Reich, das Beethoven zur Wunderkammer seiner musikalischen Einfälle ausschmückt.

Die Vielfalt entsteht, weil er sich nicht auf Variationen der gesungenen Arienmelodie fixiert, sondern die Begleitfiguren zu Hauptdarstellern macht. Anklänge der Empfindsamkeit mischen sich mit vorromantisch anmutenden lyrischen Aspekten, barockisierende Strenge kontrastiert mit weichen volksliedhaften Wendungen. Und immer wieder bricht Beethovens koboldhafte Virtuosität durch. Sie setzt schon in der dritten Variation ein, wenn die zweistimmig geführte Melodie von rasanten Tonleitern über drei Oktaven durchlaufen wird. In der fünften Variation wirbelt die rechte Hand Triolen über die Tastatur, in der neunten verhaken sich chromatische Terzläufe, unterbrochen von jeweils zwei wuchtigen Akkorden, die bereits das *Presto agitato* der *Mondscheinsonate* ahnen lassen. Genannt sei an dieser Stelle noch die zwölfte Variation, eine wundersame Wanderung durch die Harmonien im Tonfall Schumannscher Intimität, die nichts mehr mit den damals üblichen Modulationen gemein hat.

Mit nur knapp zwanzig Jahren hat Beethoven eine neue Ebene erreicht: als könne er endlich Improvisation und Konstruktion miteinander versöhnen. Fast beiläufig fügt sich das aus dem Fantasieren geborene Formenspiel zu einem wohldurchdachten Kosmos, in dem kontrastierend Heterogenes eine Einheit bildet – so wie elf Jahre danach in der *Mondscheinsonate*. In seiner großen Beethovenbiografie von 1911 fasst Paul Bekker diese Komplementarität bündig zusammen: Beethoven habe die Improvisation »als befreiendes, lösendes, befruchtendes Element in die strenge Form mit hinübergenommen«.[89]

Lassen wir am Ende dieses Kapitels noch einmal den ebenso beflissenen wie ruhmsüchtigen Ludwig Rellstab sprechen. Seine sentimentalische Prosa über den ersten Satz der *Mondscheinsonate* mag man belächeln, und doch schuf er einen emotionalen Assoziationsraum, der bis heute nachklingt, selbst in ein sehr viel lärmenderes Zeitalter hinein. »Ach, es lag doch eine unendliche Wehmut und zauberische Sehnsucht in dem *Adagio*, ich möchte es wohl noch einmal hören. Vielleicht träumend.«[90]

Kapitel 2

Musik und Politik

Symphonie Nr. 3 Es-Dur op. 55, »Eroica«,
1805 uraufgeführt

Kostbares Silberbesteck funkelt auf der Tafel, da und dort fließt neuer Wein in die geschliffenen Kristallgläser. Das Diner ist exquisit, wie stets, wenn Fürst Lichnowsky zu Tisch bittet. Dennoch brodelt es in Beethoven. Mit mühsam unterdrücktem Zorn sieht er zu, wie die Bediensteten das Essgeschirr abtragen. Gleich wird man zu Kaffee und Rauchwaren übergehen, und schon jetzt spürt er die Erwartung, nein, die Aufforderung, die unweigerlich folgen wird: Er soll etwas vorspielen. Als musikalisches Dessert sozusagen. Dabei ist er längst nicht mehr der unbekannte junge Klaviervirtuose von einst. Er ist Mitte dreißig und inzwischen ein hochgeachteter Komponist. Höchste Zeit also, als Gast auf Augenhöhe behandelt zu werden. Was haben ein Graf Oppersdorff und all die anderen hochmögenden[91] Adeligen ihm schon voraus? Einen ererbten Titel, sonst nichts. Lächerlich.

Was Beethoven jedoch am meisten erbittert, sind die napoleonischen Offiziere an der Tafel. Für die wird er schon gar nicht spielen. Man schreibt das Jahr 1806. Erst zwei Jahre ist es her, dass Bonaparte sein wahres Gesicht gezeigt und sich selbst zum Kaiser gekrönt hat. Welch ein Verrat an den Ideen der Revolution! Napoleon ist eben auch nichts weiter als ein gewöhnlicher Tyrann, der die Menschenrechte mit Füßen tritt. Wie konnte sich Fürst Lichnowsky nur dazu hinreißen lassen, die Abgesandten eines Despoten zu empfangen?

Fände die Abendgesellschaft in Wien statt, Beethoven würde

nicht zögern, sich grußlos zu verabschieden. Doch der Schauplatz der unseligen Veranstaltung ist Grätz, ein Marktflecken irgendwo in Nordmähren. Eine kleine Idylle mit einem großen Schloss, das sich wie eine weiß leuchtende Phantasmagorie aus der hügeligen Landschaft erhebt. Fürst Lichnowsky hat es 1796 zu einer standesgemäßen Residenz ausbauen lassen. Vierflügelig, im modischen Empirestil, mit schlanken weißen Säulen, die den Eingang umrahmen. Seit einigen Tagen ist Beethoven hier zu Gast, hat Spaziergänge unternommen, die ländliche Ruhe genossen. Damit ist es nun vorbei.

Und da kommt er auch schon, Fürst Lichnowsky, ein stattlicher Mann, der Beethovens überschaubare einhundertsechzig Zentimeter deutlich überragt. Sein Gehrock aus schwarzem Samt steht ihm ausgezeichnet, in die blütenweiße Halsbinde schmiegt sich ein kantiges Kinn. Lichnowsky ist ein kultivierter Mann. Als Freund und Schüler Mozarts hat er sich einigen Musikverstand erworben, als Kammerherr am kaiserlichen Hof bekleidet er ein glanzvolles Amt. Und er ist ein wichtiger Mäzen Beethovens: Seit sechs Jahren zahlt er eine jährliche Apanage von sechshundert Gulden. Aufgeräumt, ja leutselig tritt er zu seinem Komponistenfreund und deutet mit der ausgestreckten Hand auf den Flügel. Beethoven tut so, als habe er die Geste übersehen. Heute nicht, denkt er, während er zum Weinglas greift, nicht für diese französischen Offiziere. Daraufhin spricht Lichnowsky die Frage offen aus, aber noch immer rührt Beethoven keinen Finger. Wieso auch? Seine Entscheidung steht fest. Er verdient es, den Abend zu genießen, ohne dass man eine Gegenleistung von ihm verlangt, und er wird keinesfalls für diese Franzosen spielen.

Als Fürst Lichnowsky deutlich gereizt seine Bitte wiederholt, ist Beethoven mit seiner Beherrschung am Ende. Er hat sich schon viel zu viel gefallen lassen. An Freundschaft hat er geglaubt, an großzügiges Mäzenatentum. Und jetzt soll er die Verräter der Revolution unterhalten? Höchste Zeit, für klare Verhältnisse zu sorgen. Deshalb schleudert er seinem Gastgeber ein lautstarkes Nein entgegen. »Bin ich denn gar nichts als Ihr Musikus?«, brüllt er gut hörbar für die anderen Gäste.[92] Deutliche Worte. Diplomatisches Geschick war Beethoven noch nie zu eigen, und die »Cavaliersprache« findet er ohnehin abstoßend. »Pfui, wer würde in unseren demokratischen Zeiten noch so eine Sprache annehmen«, hat er schon vor vielen Jahren seinem Verleger Nikolaus Simrock geschrieben (BB, S. 8).

Aber auch Fürst Lichnowsky will sich offenbar nicht mehr alles gefallen lassen. Das also ist der Dank für seine jahrelange Protektion? Er unterstützt diesen widerborstigen Komponisten ja nicht nur finanziell, er behandelt ihn fast wie ein Familienmitglied. Anfänglich durfte Beethoven sogar im fürstlichen Palais wohnen, damals, als er noch ein Niemand war. Auch Lichnowskys Frau, Fürstin Christiane, hat sich des jungen Musikers liebevoll angenommen. »Sie hätte eine Glasglocke über mich machen lassen wollen, damit kein Unwürdiger mich berühre«, lauteten einst Beethovens gerührte Worte.[93] Wer weiß, was aus ihm geworden wäre ohne diese freundschaftliche Starthilfe. Doch von Anfang an hat Beethoven in die Hand gebissen, die ihn fütterte.

Der Fürst ist außer sich. Sein längliches Gesicht färbt sich dunkelrot, seine Kiefer mahlen. Unvergessen ist die Demütigung seiner Schwiegermutter, der Gräfin Thun, und die Liste solcher Verfehlungen ließe sich beliebig verlängern. Jahrelang hat er über Beethovens Verstocktheit hinweggesehen, über das ungezogene Auftreten, die grotesken Launen. Doch dieser neuerliche Affront in Gegenwart illustrer Gäste bringt das Fass zum Überlaufen. Blind vor Wut fällt Lichnowsky über seinen unbotmäßigen Hauspianisten her.

Beethoven ist völlig überrumpelt. Im selben Augenblick wird ihm klar, dass er keine Chance gegen den kräftigen Mann hat, der mit bloßen Händen auf ihn eindrischt. Panisch ergreift er die Flucht. Und der Fürst hinterher, begleitet von einigen Gästen, die ihm halb entsetzt, halb belustigt folgen. Treppauf, treppab geht die Verfolgungsjagd durchs Schloss, bis Beethoven sein Zimmer erreicht. Außer Atem schlägt er die Tür hinter sich zu und verriegelt sie zweimal. So. Damit wäre diese unerfreuliche Angelegenheit erledigt. Doch Fürst Lichnowsky hat immer noch nicht genug. Ein paar wenige Stiefeltritte genügen, krachend zersplittert das Holz der Tür, mit erhobenen Fäusten stürmt er ins Zimmer.

Was jetzt? In seiner Not schnappt sich Beethoven einen Stuhl, entschlossen, ihn auf dem Schädel seines Angreifers zu zertrümmern. Es ist nicht seine erste körperliche Auseinandersetzung. Mit seinen Brüdern hat er sich schon geschlagen, auch mit seinen Bediensteten, und was ihm an Kraft fehlt, wird der Stuhl wettmachen. Wie eine Waffe reißt er ihn hoch. Jedoch – im letzten Moment wirft sich Graf Oppersdorff dazwischen[94]. Reichsgraf Franz Joachim Wenzel von Oppersdorff, Freiherr auf Aich und Friedstein, verehrt den Komponisten, er hat sogar zwei Symphonien bei Beethoven bestellt. Unter Aufbietung aller Kräfte hält er den Fürsten fest, und Beethoven sieht zu, dass er Land gewinnt. Während Lichnowsky und Oppersdorff noch miteinander rangeln, rafft er seine Sachen zusammen, rennt die Treppen hinunter und hinaus in den Schlosspark. Nichts wie weg von hier. Er hat endgültig genug von dem arroganten Fürsten, der auch noch gemeinsame Sache mit den Franzosen macht. Wilde Flüche ausstoßend, stapft Beethoven durch die dunkle Regennacht ins nahe gelegene Troppau.[95]

Der Vorfall auf Schloss Grätz spricht sich rasch herum. Auch Beethoven beschäftigt er noch wochenlang. Zurück in Wien, zerstört er erst einmal eine Büste des Fürsten. »Sie fiel, in Trümmern zerschlagen, vom Schranke zur Erde«, berichtet Beethovens Freund Ignaz von Seyfried. »Zur Genugtuung für erlittene Schmach mußte des Gönners Büste ein Sühnopfer werden.« (KC, S. 898)

Natürlich weiß Beethoven, dass man eine Entschuldigung von ihm erwartet, aber er will sich keinesfalls den Schneid abkaufen lassen. Er kann und will sich nicht länger verstellen. Im vergleichsweise liberalen Bonn ist ihm das politische Potenzial des aufklärerischen Ideenguts bewusst geworden, und sein Lehrer Neefe hat seinen kritischen Blick auf die Legitimität von Herrschaft weiter geschärft. »Die Großen der Erde lieb' ich sehr«, lautete Neefes Motto, »schlimme Fürsten hass' ich mehr als die Banditen.«[96] Nun musste Beethoven einen solchen »schlimmen Fürsten« hautnah erleben. Einen prügelnden Machtmenschen.

Der Streit hat eine lange Vorgeschichte. Von Anfang an missfiel Beethoven das soziale Gefälle, von dem er profitierte, das ihn aber automatisch in die Rolle des Bittstellers gedrängt hat. Auf Schloss Grätz wird das überdeutlich: Im Herzen ist Beethoven längst Citoyen, behandelt wird er wie ein Leibeigener. Dieser Widerspruch empört ihn maßlos. So kommt es lange vor dem tumultuösen Abend zu teils absurden Situationen. Fürst Lichnowsky, der feinfühlig genug ist, Beethovens Unbehagen zu registrieren, versucht lange, den Standesunterschied zu verwischen. So weist er seinen Diener an, Beethoven zuerst zu bedienen, falls beide im selben Moment klingeln. Eine noble Geste mit einer skurrilen Pointe: »Beethoven hörte dieses und schaffte sich am nämlichen Tage einen eigenen Diener an«, erzählt Franz Wegeler.[97] Ähnlich absurd erscheint, dass sich Beethoven ein Reitpferd zulegt, nachdem Fürst Lichnowsky ihm ein Pferd aus dem eigenen Stall anbietet. Der Komponist ist weder ein passionierter Reiter, noch erlauben seine finanziellen Mittel solche Extravaganzen. Wegeler kann nur den Kopf schütteln, dass sein Musikerfreund so viel Geld vergeudet, nur um sein Gesicht zu wahren.

Es ist ein zähes Kräftemessen zwischen Beethoven und Lichnowsky. Eine Dialektik von Herr und Knecht, ein Kampf um gegenseitige Anerkennung, in dem der Fürst seinen Titel und seinen Reichtum in die Waagschale wirft, Beethoven seine einzigartigen Fähigkeiten als Komponist. Beide fühlen sich gleichermaßen überlegen wie unterlegen. Das Resultat ist ein Emanzipationsprozess Beethovens: Als Künstler verortet er sich am oberen Ende der Werteskala. Dieses Selbstbewusstsein demonstrierte er bereits, als er 1798 nach Berlin reiste, wo er am Hofe König Friedrich Wilhelms II. konzertierte und den hochmusikalischen Prinzen Louis Ferdinand am Klavier erlebte. Zum Entsetzen der Hofgesellschaft lobte er den Prinzen mit unnachahmlicher Herablassung: »Euer Königliche Hoheit haben meine in der Tat nicht geringen Erwartungen übertroffen. Sie wirken gar nicht prinzlich, sondern wie ein tüchtiger Musiker!«[98] Genauso gut hätte Beethoven sagen können: Ich dachte, Sie seien »nur« ein Prinz. Ziemlich keck für einen Mann aus dem Volk.

Aber Beethoven sieht sich eben nicht mehr als Untertan. Immer häufiger fährt er aus der Haut, wenn jemand Stand oder gar Wohlstand gegen ihn ausspielt. Er hat so viel mehr zu bieten, nur dass es sich noch nicht herumgesprochen hat, wer den wahren Adel beanspruchen darf. »Was kümmern auch die Aristokratie der Geburt und des Reichtums jene Ideale, die ein Künstlerleben durchdringen?« (KC, S. 829), fragt er einmal achselzuckend den Komponisten Louis Schlösser.

Ein Konflikt entbrennt auch mit seinem Bruder Nikolaus Johann van Beethoven. Weil der Apotheker große Mengen Chinin an die Armee verkaufen kann, kommt er unerwartet zu Geld, das er in den Ankauf eines Landsitzes in Gneixendorf investiert. Etwas hochtrabend unterzeichnet Johann einen Brief mit dem Zusatz »Gutsbesitzer«, Ludwig revanchiert sich, indem er sich als »Hirnbesitzer« tituliert.[99]

Das sind jedoch Petitessen gegen das offene Zerwürfnis mit Fürst Lichnowsky. Diesmal geht Beethoven aufs Ganze. Überliefert, ob mündlich oder schriftlich, darüber herrscht Unklarheit, sind folgende Sätze, an seinen Gönner Lichnowsky gerichtet: »Fürst! Was Sie sind, sind Sie durch Zufall und Geburt. Was ich bin, bin ich durch mich. Fürsten wird es noch tausende geben, Beethoven gibt es nur einmal.«[100] Hier kommt sogar mehr als das Gleichheitsgebot der Französischen Revolution in seinen Worten zum Ausdruck. Beethoven pocht nicht nur darauf, ebenbürtig zu sein, ganz offen spricht er nun aus, dass er sich weit über den hochwohlgeborenen Förderer stellt. Selbst die harsche Reaktion Fürst Lichnowskys überrascht ihn nicht. Beethoven kennt seine Pappenheimer. »Bey den großen Herren bedarf es nicht viel, um sich ihre Ungnade zuzuziehen«, notiert er später einigermaßen lapidar in sein Konversationsheft.[101] Eine unerhörte Provokation, zumal in der restaurativen Ära Metternichs, als der österreichische Adel nichts so sehr fürchtet wie umstürzlerisches Gedankengut.

Im Grunde war der Eklat absehbar. Bereits 1793, kurz nach seiner Übersiedelung nach Wien, schreibt Beethoven einem Bonner Freund: »Ich bin nicht schlimm – heißes Blut ist meine Bosheit – mein Verbrechen Jugend – schlimm bin ich nicht – schlimm wahrlich nicht – wenn auch so oft wilde Wallungen – mein Herz verklagen – mein Herz ist gut. – Wohltun, wo man kann – Freiheit über alles lieben, Wahrheit nie – auch sogar am

Throne nicht verleugnen!«[102] Dreizehn Jahre sind seitdem vergangen. Noch immer fließt heißes Blut in seinen Adern, und die Maxime, auch im Angesicht der Herrschenden die Wahrheit auszusprechen, hat er der Karriere wegen oft genug ignorieren müssen. Nun betrachtet er sich als arriviert genug, um Klartext zu sprechen.

Es ist ein schmaler Grat, auf dem Beethoven balanciert, hin- und hergerissen zwischen trotzigem Stolz und ökonomisch motivierter Devotheit. Wie schon in seiner Kindheit hat er Schwierigkeiten mit Autoritäten, nur dass es nicht mehr der gestrenge Vater ist, der Macht über ihn ausübt, sondern finanziell potente Angehörige der adeligen Oberschicht. Das Muster »stummes Leiden und impulsiver Ausbruch« bleibt sich gleich. Er fühlt sich unverstanden, als Künstler wie als Mensch. Auflösen kann er den Widerspruch zwischen geistiger Überlegenheit und gesellschaftlicher Unterlegenheit nicht. Sein Aufstieg in Wien spiegelt diese Ambivalenz. Hausmusik gehört beim Adel zum guten Ton, wer sich kein Orchester leisten kann, engagiert ein Bläserensemble. Falls auch diese Kosten gescheut werden, holt man sich eben einen Klavierstar. Letztlich fungiert Beethoven jedoch nur als Accessoire einer selbstdarstellungssüchtigen Elite. Das Konzept der sozialen Durchlässigkeit ist längst noch nicht erfunden. Zwar hallen seit der Französischen Revolution die Rufe nach Gleichheit und Brüderlichkeit durch Europa, im restaurativen Klima Wiens verschließt man sich jedoch solch egalitären Ideen. Musiker wie Beethoven, ganz gleich wie genialisch sie sich in Szene setzen, sind noch vor Kurzem Dienstpersonal gewesen: ein Kapellmeister bei Hofe rangiert auf derselben Hierarchieebene wie der Küchenchef.

Und so wird Beethoven gerade dort, wo er Freundschaften zu knüpfen meint, immer wieder in seine Schranken verwiesen: als virtuoser Showact und prominenter Klavierlehrer willkommen, als Gesprächspartner zuweilen geschätzt, aber niemals dem Inner Circle zugehörig. Vergeblich bemüht er sich um die Anerkennung in Adelskreisen. Er beteuert, »freimüthig« gesinnt zu sein, »selbst da, wo ich nur handle, um Belohnung zu erhalten«.[103] Umso herablassender werden diese Belohnungen ausgeteilt. Sogar das Geschenk bestickter Hemden empfindet Beethoven als Erniedrigung, die er mit einem beleidigten Brief beantwortet: »Abscheulich ist's, mich so um meine liebsten Gefühle zu bringen; – ist das Freundschaft?«[104] Seine Empfindlichkeit geht so weit, dass er auch auf die Übersendung einiger Flaschen Wein durch seinen engen Freund Nikolaus Zmeskall verletzt reagiert: »Ich kann nicht schreiben, wie weh mir dieses Geschenk tut.«[105]

Zmeskall zeigt Verständnis, bei seinen hochadeligen Bekannten rennt Beethoven vergeblich gegen die Barrieren der Ständegesellschaft an. Kühl gibt man ihm zu verstehen, er solle seine inferiore Stellung akzeptieren. Dass er seinen Namenszusatz »van« bewusst irreführend als Adelstitel ausgibt, zeigt nur die verzweifelte Suche nach Anerkennung. Erst als er vor Gericht geht, um das Sorgerecht für seinen Neffen Karl zu erstreiten, gibt er den Bluff zu. »Soll ich sagen wegen dem nicht adel?«, fragt er bang in einem Konversationsheft von 1819.[106] Er wird es tun müssen. Contre cœur. »Abgeschlossen soll der Bürger vom höhern Menschen sein, und ich bin unter ihn geraten«, stöhnt er auf. »Ich gehöre nicht gemäß meiner Beschäftigung unter diese Plebejermasse.«

Welchen Rang er für sich beansprucht, demonstriert Beethoven sehr öffentlich während der legendären Begegnung mit Goethe im Kurort Teplitz. Das Treffen der beiden kommt 1812 auf Vermittlung Bettina von Arnims, geborene Brentano, zustande – eine Frau, die »ganz ihrem weichen und stürmischen Herzen ausgeliefert war«.[107] Sie verehrt beide mit groupiehafter Devotion – den Dichterfürsten wie den Tonkünstler. Letzteren hatte sie 1810 in Wien besucht, und von Anfang an ist der Geheime Rat aus Weimar ein zentrales Thema ihrer Unterhaltungen. Beethoven hat mehrere Gedichte Goethes vertont und trägt sich mit dem Gedanken, den *Faust* für die Opernbühne zu bearbeiten. »An Goethe, wenn Sie ihm von mir schreiben, suchen Sie alle die Worte aus, die ihm meine innigste Verehrung und Bewunderung ausdrücken«, bittet er die »liebe, liebe Bettine« (BB, S. 68). Im selben Brief verweist er auf die *Egmont-Ouvertüre* und bekennt, auch sie habe er aus Liebe zu Goethes Dichtungen komponiert. In Bettina von Arnims Worten, die freilich nicht auf die Goldwaage zu legen sind, schwärmt Beethoven: »Melodie ist das sinnliche Leben der Poesie. Wird nicht der geistige Inhalt eines Gedichts zum sinnlichen Gefühl durch die Melodie? Empfindet man nicht in dem Lied der Mignon ihre ganze sinnliche Stimmung durch die Melodie?«[108]

Nun ist Bettina von Armin erfüllt von der Idee, eine persönliche Bekanntschaft der beiden großen Männer herzustellen. Die Sache gelingt, man reist nach Teplitz, die Erwartungen sind himmelhoch. Die schwärmerische Beziehung zu Goethe und Beethoven wie auch den Zauber dieser Begegnung relativiert Bettinas Gatte allerdings in einem Brief vom Juli 1812: »Denk dir, Göthe und Beethoven hier und meine Frau doch nicht sonderlich amusirt, der erste will aber gar nichts von ihr wissen und der letzte kann gar nichts von ihr hören« (KC, S. 1074f.). Dennoch verdanken wir Bettina von Arnim die wenn nicht völlig authentische, so doch glaubhafte Anekdote, die Beethovens politische Überzeugungen illustriert.

»Indem kam auf dem Spaziergang ihnen entgegen mit dem ganzen Hofstatt die Kaiserin und Herzogen«, schildert sie das Ereignis, »nun sagte Beethoven ›bleibt nur an meinem Arm hängen, sie müssen uns Platz machen, wir nicht‹.« Doch Goethe entwindet sich Beethovens Griff. Ehrerbietig tritt er beiseite, mit gezogenem Hut und tiefen Verbeugungen, während Beethoven »mit unterschlagnen Armen mitten zwischen den Herzogen durchging und nur den Hut ein wenig rückte«.[109] Danach soll Beethoven den verstimmten Goethe mit dem Satz gerügt haben: »Jenen habt ihr zu viel Ehre angetan.« Daher endet diese Episode mit einem Missklang. Goethe wird das flegelhafte Benehmen Beethovens kritisieren, Beethoven wiederum insinuiert, Goethe behage die Hofluft mehr, als es einem Dichter zieme (BB, S. 82). Die beiden Männer sehen sich nie wieder.

Vom Dienstboten zum metaphysischen Künder

Berücksichtigt man das Niemandsland seiner gesellschaftlichen Position – halb noch Domestik, halb schon bewunderter Heros –, ist es umso erstaunlicher, mit welcher Selbstverständlichkeit Beethoven den Status eines »höheren Menschen« beansprucht und damit einen nie da gewesenen sozialen Rang als Künstler. Sein Wahlspruch, einer altägyptischen Pyramideninschrift entnommen, lautet: »Ich bin alles, was ist, was war, was sein wird; kein sterblicher Mensch hat meinen Schleier aufgehoben.« Zugesprochen wird er der Göttin Isis, gefunden hat Beethoven die Zeilen vermutlich in Schillers Essay »Die Sendung Moses«. Seitdem steht der Spruch gerahmt auf seinem Arbeitstisch und erinnert ihn täglich daran, dass auch er ein gottgleicher Geheimnisträger sein könnte, dazu berufen, den Schleier um weniges zu heben und der Menschheit sein verborgenes Wissen zu offenbaren. Ignaz von Seyfried greift diesen Gedanken auf, wenn er über die Musik seines Freundes Beethoven schreibt: »Wer vermag zu ergründen des Meeres Tiefe?

Es war die geheimnisreiche Sanscrittsprache, deren Hieroglyphen nur der Eingeweihte zu lösen ermächtigt ist.«[110]

Komponiertes Herrscherlob, dessen Urheber im Schatten eines Fürsten verbleibt, widerspricht ohnehin Beethovens Selbstbild. Im Gegensatz zu seinen Vorgängern möchte er jede seiner Kompositionen als Werk mit Absender und Message verstanden wissen. Das ist nicht allein schwärmerische Anmaßung. Um Beethovens Sendungsbewusstsein zu verstehen, muss man sich seine intellektuelle Sozialisierung vor Augen führen. Sein Freund Wegeler und viele gute Bekannte seines Umfelds sind Freimaurer, sein Lehrer Neefe gehörte als »Glaucus« den Illuminaten an. Auch nach dem Verbot der Loge lebte und lehrte Neefe weiter im illuminatischen Geist. Da die Bonner Lesegesellschaft aus der dortigen Illuminatenvereinigung hervorgegangen war, knüpfte die aufklärerische Bildungsvermittlung an deren Werte an. Dazu gehörten politische Überzeugungen, die auch Beethoven später vertritt: zuvorderst Freiheit und Gleichheit, ungeachtet des gesellschaftlichen Stands. All das müsse jedoch aktiv errungen werden, hatte Illuminatengründer Adam Weishaupt verkündet: »Wer also allgemeine Freyheit einführen will, der verbreite allgemeine Aufklärung.« Seinen Anhängern erteilt er den Auftrag einer sittlichen Verbesserung der Welt. Denn Aufklärung erschöpfe sich nicht in »theoretischen Kenntnissen, die den Geist aufblasen, aber das Herz um nichts bessern«.[111]

Insbesondere Graf Waldstein, Beethovens Bonner Mentor, dem er in Wien wiederbegegnet und der ihm den Zugang zu höchsten Kreisen verschafft, spielt eine wichtige Rolle in dieser geheimbündlerischen Sphäre. Waldstein ist selber Illuminat und ein geschickter Netzwerker mit europaweiten Beziehungen. Als enger Vertrauter des Kurfürsten Maximilian Franz hat er großen Einfluss auf dessen Regierungsstil eines aufgeklärten Absolutismus. Waldstein ist es auch, der den Kurfürsten überredet,

Beethovens erste Reise nach Wien zu finanzieren und ihn beim zweiten Aufbruch nach Österreich mit einer Apanage auszustatten, die seinem Gehalt als Hofmusiker entspricht. Man müsse das Bonner Talent für einen Studienaufenthalt in die Donaumetropole schicken, auf dass Beethoven »Mozarts Geist aus Haydns Händen« empfange. In dem berühmten Schreiben, das Waldstein seinem Schützling mitgibt, heißt es: »Mozarts Genius trauert noch und beweint den Tod seines Zöglings. Bei dem unerschöpflichen Haydn fand er Zuflucht, aber keine Beschäftigung; durch ihn wünscht er noch einmal mit jemand vereinigt zu werden. Durch ununterbrochenen Fleiß erhalten Sie Mozarts Geist aus Haydns Händen.«[112]

Von Beethovens Jugendzeit an hatte Waldstein seine Hand über den begabten Musiker gehalten. Finanziell hatte er ihn durch Gratifikationen unterstützt, künstlerisch, indem er ihn zum Fantasieren ermutigte. Für die geistigen Anregungen fühlte er sich ebenfalls verantwortlich, daher führte er Beethoven im Rahmen der Lesegesellschaft an Literatur und Philosophie heran. Sicherlich wollte Waldstein keinen Adepten aus ihm machen. Früh wird er ihn allerdings als jemanden gesehen haben, der gesellschaftlichen Einfluss im Sinne illuminatischer Ziele haben könnte und deshalb einer Förderung würdig sei. Auch Beethovens Lehrer Neefe wird ähnliche Interessen verfolgt haben, wie Jan Caeyers mutmaßt: »Neefe empfand es als höheren Auftrag, seinen Schüler beruflich auf den Weg zu bringen, machte ihn aber auch zum Objekt seines Bekehrungseifers.«[113]

Vor diesem Hintergrund erhält der Spruch auf Beethovens Schreibtisch seine identitätsstiftende Bedeutung. Ob Freimaurer oder Illuminaten, die geheimen Zeremonien lehnen sich an altägyptische Tempelkulte an, wie es überhaupt in Mode kommt, sich mit vorchristlichen Mysterien zu beschäftigen. Initiation, Offenbarung und Berufung sind vertraute Ideen für Beethoven.

In seiner Vorstellung sollen hochgebildete Eingeweihte zu Kündern einer visionär entworfenen besseren Welt werden. Als er sich in Wien niederlässt, trägt ihn die Überzeugung, ein Erwählter zu sein, fähig, die Menschheit qua Musik zu erlösen: »Wem sie sich verständlich macht, der muß frei werden von all dem Elend, womit sich die anderen abschleppen.«[114]

Die Fallhöhe zwischen diesem Anspruch und seiner realen Lage als freier Künstler, der von Mäzenen abhängig bleibt, ist dementsprechend gewaltig. Umso heftiger reagiert Beethoven, wenn man ihm nicht den Respekt zollt, der ihm nach eigenem Ermessen zusteht. Dann kommt es zum Raptus, dann bricht er aus. Schon lange vor seinem Streit mit Lichnowsky macht er mit solchen Szenen von sich reden. Legendär ist das vorzeitige Ende einer pianistischen Darbietung beim Grafen Browne. Beethoven, der zusammen mit seinem Schüler Ries einen vierhändigen Marsch zum Besten gibt, bricht mitten im Spiel ab, weil sich ein junger Gast an der halb geöffneten Tür mit einer Dame im Nebenraum unterhält. Hat dieser Flegel denn nicht begriffen, dass die Musik eines Beethoven ungeteilte Aufmerksamkeit verdient? Mit dem Ausruf: »Für solche Schweine spiele ich nicht!«[115] verlässt er den Schauplatz seiner Demütigung.

Ohnehin mag Beethoven nicht auf Zuruf funktionieren, wie er Wegeler des Öfteren gesteht. Ihm missfällt es, wie eine Attraktion vorgeführt zu werden – das hat er in seiner Kindheit zur Genüge erlebt. Schon als Jugendlicher widersetzt er sich solchen Erwartungen, als Erwachsener stellt er sich immer häufiger quer.[116] Auf Schloss Grätz macht Beethoven keinen Hehl mehr aus dieser Abneigung. Die Diskrepanz zwischen subjektiver Selbsteinschätzung und seiner objektiven Position in der gesellschaftlichen Hierarchie erträgt er nicht mehr. Lange hat er in Adelskreisen mit seiner wahren Meinung hinter dem Berg gehalten, 1806 nimmt er kein Blatt mehr vor den Mund. Mit seinem antifeudalistischen Statement gegenüber Fürst Lichnowsky outet sich Beethoven endgültig als Zoon politikon. Sehenden Auges lässt er es auf einen Bruch ankommen. Nun, wie kaum anders zu erwarten, nimmt das Duell zwischen Geistesadel und ererbtem Adel einen ungünstigen Ausgang für Beethoven. Kurz nach dem Grätzer Debakel entzieht ihm Fürst Lichnowsky die dringend benötigte finanzielle Unterstützung.

Der süße Klang der Revolution

Der spektakuläre Streit zwischen Mäzen und Musikus eskaliert aus einem weiteren Grund: die zunehmende Politisierung Beethovens. Da und dort hat er seine Haltung schon signalisiert, etwa 1793, als er ein Gedicht vertonte, das ausgerechnet in jakobinischen Anthologien erschienen war: »Der freie Mann« von Gottlieb Konrad Pfeffel. Darin heißt es: »Wer ist ein freier Mann? / Der, dem nur sein eigener Wille / Und keiner Zwingherren Grille / Gesetze geben kann.«[117] Ein gewagtes Bekenntnis.

Voller Euphorie hat Beethoven die Ereignisse der Französischen Revolution verfolgt, die eine neue Ära einzuleiten schien. Obwohl in der anschließenden Dekade immer häufiger beunruhigende Nachrichten über Mord und Terror nach Wien dringen, bleibt er fasziniert von der epochalen Bewegung, die das alte Herrschaftssystem in Frankreich gestürzt und eine Republik errichtet hat. Nicht einmal die Hinrichtung Ludwigs XVI. und seiner Gemahlin Marie-Antoinette – immerhin eine Tochter Kaiserin Maria Theresias – mindert diese Faszination. Drei Jahre vor dem Eklat in Grätz, im Jahr 1803, fasst Beethoven deshalb einen nahezu tollkühnen Entschluss: Er will nach Paris gehen.

Auf die Rolle als Staatskünstler von Napoleons Gnaden ist er bestens vorbereitet. Seit vielen Jahren hat er die aktuelle französische Musik genauestens studiert: Revolutionslieder, Hymnen auf die Helden des Kampfes, auch das neue Genre der heroischen Trauermärsche. Er besitzt sogar ein Heft mit offizieller Revolutionsmusik. Es ist ein Geschenk des französischen Geigers und Opernkomponisten Rodolphe Kreutzer, dem Beethoven seine berühmte *Kreutzer-Sonate* widmen wird – der solchermaßen Ausgezeichnete spielt sie allerdings nie, weil er sie zu schwer und zu unverständlich findet. Beethoven begegnet Kreutzer bereits 1798 beim französischen Botschafter in Wien, Jean-Baptiste Jules Bernadotte. Nur zweieinhalb Monate amtiert der hochdekorierte General Napoleons in der Kaiserstadt. Als er die Trikolore hisst, ist man bei Hofe so gar nicht amüsiert, und Bernadotte muss demissionieren (1818 wird er zum König von Schweden gewählt werden). Die wenigen Wochen seines Aufenthalts genügen jedoch, um Beethovens Interesse zu wecken. Des Öfteren ist er in der als jakobinisch verschrienen Französischen Botschaft zu Gast und erfährt aus erster Hand, wie vielversprechend sich das kulturelle Leben in Paris entwickelt. Sogar sehr vielversprechend für einen Komponisten, der politisch mit Napoleon sympathisiert und künstlerisch neue Wege gehen will.

Was die Künste betrifft, weht in Frankreich ein ganz anderer Wind als in Österreich. Während der Wiener Kaiserhof auf Repression setzt und Konzerte nach wie vor als exklusives Vergnügen betrachtet, erkennt Napoleon Bonaparte früh das manipulative Potenzial von Musik. Als er 1799 mit einem Staatsstreich das regierende Direktorium absetzt und die Macht an sich reißt, will er seine Position nicht allein mit dem althergebrachten Instrumentarium der Gewalt sichern. Wie alle modernen Diktatoren möchte er das Volk überzeugen, verführen, emotionalisieren.

Unter den Künsten habe die Musik den größten Einfluss auf das Gemüt, lässt er verlauten, deshalb sollten Gesetzgeber vor allem die Musik fördern. Und wie könnte er die Massen besser erreichen als durch Kompositionen, die an das revolutionäre Wir-Gefühl der ersten Stunde erinnern?

Die Inspiration zu dieser kulturpolitischen Initiative stammt von seiner Gattin Joséphine de Beauharnais. Bereits seit der Heirat im Jahr 1796 veranstaltet sie sogenannte musicalische Cirkel, deren Beliebtheit stetig wächst. Als sie durch den Staatsstreich ihres Gatten zur First Lady Frankreichs aufsteigt, wird ihr Salon ein »Sammelplatz der gebildetsten Dilettanten von Paris«, resümiert 1866 rückblickend die *Niederrheinische Musik-Zeitung*, »wozu übrigens auch das musicalische Fieber, welches damals in Paris von den patriotischen Liedern auf der Straße an bis zu den Gesang-Soireen in den höchsten Kreisen herrschte, nicht wenig beitrug«.[118]

In den Anfängen der Revolution waren es Kampflieder wie die Marseillaise gewesen, die die Menschen mitgerissen hatten. Nun setzt Napoleon alles daran, das »musikalische Fieber« immer wieder aufs Neue zu entfachen, in Salons, Kirchen und Theatern, auf Straßen und Plätzen. Er tut es im großen Stil. Auf die Grande Révolution soll eine Kulturrevolution folgen. Wenngleich er persönlich die italienische Oper liebt – bevorzugt die Werke Giovanni Paisiellos –, beauftragt er zunächst französische Komponisten, neue musikalische Formate zu entwickeln. Heroisch soll die Musik klingen, kämpferisch, gern auch bombastisch. Unter dem Eindruck musikalischer Grandeur soll das Volk Loyalität zum Staat und Stolz auf das Erreichte entwickeln. Napoleons Wahl fällt unter anderem auf François-Joseph Gossec, der 1760 mit einer monumentalen Totenmesse berühmt geworden ist. Auch der Opernkomponist Étienne-Nicolas Méhul scheint ein geeigneter Kandidat zu sein. Bei ihm gibt Napoleon eine Hymne in Auftrag: *Le chant du départ*, das Lied des Aufbruchs. 1804, als er sich zum Kaiser krönt, ruft er es als neue Nationalhymne aus. Mittlerweile fürchtet Napoleon, die Marseillaise könnte zu aufrührerisch wirken, da sie beim Sturm auf die Bastille gesungen wurde. Jetzt muss Staatstragendes her, und Méhul liefert es zuverlässig. Geschickt weiß er die Vorgaben zu erfüllen, sei es im *Chant du départ* oder im *Chant national du 14 Juillet 1800*, der mit patriotischem Überschwang aufwartet, allzu rebellische Inhalte jedoch vermeidet.

Durch Napoleons musikalische Offensive blüht das französische Musikleben binnen weniger Jahre auf. Es sind Goldgräberzeiten für Komponisten, die gewillt sind, Werke nach dem Geschmack des ehrgeizigen Korsen zu schreiben. Gefordert ist eine Ästhetik, die die Massen mobilisiert, und da kann man sich nicht mit Subtilitäten aufhalten. *Éclat terrible* und *Éclat triomphal* lauten die Leitlinien – erhabener Schrecken, grandioser Triumph. Da man die vielen benötigten Werke nicht allesamt aus dem Boden stampfen kann, werden auch ältere Kompositionen bearbeitet. Ob Kirchenmusik, Opern oder Volkslieder, alles wird so lange durch satte Instrumentierungen, mitreißende Rhythmen und viel Blechbläsergetöse aufgefüllt, bis es erschütternd, erhebend oder eben triumphal wirkt.

Das Ästhetische wird politisch

Für Beethoven ist diese auftrumpfende Musiksprache außerordentlich attraktiv. Besonders schätzt er Méhul und Cherubini, die er mehrfach in seinen Briefen und in den Konversationsheften erwähnt. Dass er die musikalischen Innovationen des nachrevolutionären Frankreichs auch selbst aufgreift, verwundert kaum. Die gesteigerte Expressivität spricht ihn an, die üppigen Besetzungen, die Stimmungskategorien des Glorreichen und Gewaltigen. »Musik soll Feuer aus der Seele schlagen, nicht Rührseligkeit«, lautet seine Überzeugung.[119] Und dieses feurige Hochgefühl lässt sich natürlich besser mit Orchesterwerken als in kammermusikalischen Formationen erzeugen.

Bereits in Beethovens *Erster Symphonie*, 1800 uraufgeführt, sind Anklänge an die napoleonische Überwältigungsästhetik hörbar. So beginnt die langsame Einleitung im Tutti, eine ungewöhnliche Instrumentierung zu jener Zeit. Ebenso unüblich ist es, dass im langsamen zweiten Satz Pauken und Trompeten zum Einsatz kommen. Im Menuett, das den Charakter eines Scherzos hat, verwendet Beethoven dann auffallend viele aufsteigende Dreiklang- und Tonleiterfiguren, die an die raketenartig hochschnellenden Fanfaren der Revolutionskomponisten erinnern. In großer Fülle erscheinen solche aufsteigenden Figuren auch im Finalsatz, kombiniert mit marschartigen Blechbläserpartien. Die innere Verwandtschaft mit den neuen französischen Klangvorstellungen ist kaum zu überhören, und Beethoven verarbeitet sogar Méhuls *Chant du départ* in dieser Symphonie.

Im selben Jahr entsteht eine weitere Hommage an die Revolutionsmusik: ein *Maestoso Andante* in der *Klaviersonate Nr. 12 As-Dur, op. 26.* Beethoven charakterisiert es mit dem Zusatz »Marcia funebre sulla morte d'un eroe« – Trauermarsch auf den Tod eines Helden. Heute sind uns solche Trauermärsche als Kunstform geläufig, etwa aus Chopins *Klaviersonate b-Moll* oder Puccinis *Turandot*. Damals ist diese Gattung, zumal als Sonatensatz, noch völlig neu. Zwar haben schon Komponisten wie Purcell, Händel und Mozart Trauermärsche geschrieben, doch Beethoven lässt sich von der feierlichen Musik zu Staatsbegräbnissen beeinflussen, wie sie seit 1789 in Frankreich obligatorisch sind. Es geht nicht mehr vorrangig um Trauer, sondern um ein erhabenes Gefühl angesichts gefallener Helden.

Das didaktische Kalkül ist ebenso offensichtlich wie raffiniert: Der Opfertod für die Nation erscheint als patriotische Heldentat, die vorbildlich wirken soll. Unter Napoleon werden die Märsche deshalb verstärkt mit Siegesgesten aufgeladen. Für die Beisetzung des gefallenen Generals Lazare Hoche lobt er sogar einen Wettbewerb aus. Die Gewinner heißen Cherubini und Paisiello; im Grunde schreiben sie Triumphmärsche, denn alles gemessen Düstere, was man erwarten könnte, tritt hinter melodramatischem Pomp zurück. Ein weiteres Beispiel dafür ist Cherubinis *Marche funèbre* für den bourbonischen Herzog von Berry. Darin erklingt immer wieder ein Beckentusch, der das Geschehen theatralisch unterbricht. Kraftvolle Bläsersätze und dramatische Streicherklänge gemahnen an opernhaftes Erzählen. Das regelmäßige Metrum, das ein Marsch verlangen würde, ist kaum auszumachen, und auch die Trommelwirbel laden kaum zum Marschieren ein. Das ist kein trauerndes Eingedenken, das ist ganz großes Kino für die Ohren.

Auch Beethovens *Maestoso Andante* steht im Zeichen solchen Triumphs. Das anfängliche as-Moll (es erfordert nicht weniger als sieben b's) mit den schwerfällig punktierten Blockakkorden mündet schon nach eineinhalb Takten in eine aufklarende Wendung: In der linken Hand steigt ein punktiertes Melodiefragment auf dem Dominantseptakkord auf. Es wird in diversen Varianten wiederholt und wirkt so leichtfüßig, als werde der imaginäre Held nicht zu Grabe, sondern zu einem prachtvollen Totentanz getragen. Tod, wo ist dein Stachel? Im neunten Takt führt die Melodie in ein feierliches Ces-Dur, und den dramatischen Effekt des Marsches verstärkt Beethoven dann im Trioteil: Tiefe Tremolofiguren kontrastiert er mit hohen Einwürfen – was als Kombination von Trommelwirbeln und Trompetenfanfaren gehört werden kann. Damit klingt das Trio so lautmalend martialisch, als habe sich Beethoven an Napoleons Wettbewerb in Paris beteiligen wollen.

Zu einer weiteren wichtigen Anregung wird eine neue Spielart der Oper, die im nachrevolutionären Paris aufkommt: Rettungsopern, auch Schreckens- oder Befreiungsopern genannt. Formal orientieren sie sich an der Tradition der heroischen Oper, die ritterlich-höfische Ideale wie Loyalität und Tapferkeit in den Vordergrund stellt. Nun wird politisch korrekt nachgebessert. Zum einen verlässt die Handlung die adelige Sphäre, zum anderen sucht man nach tagesaktuellen Stoffen. Die Zutaten ähneln sich stets: ein unschuldiger Held, der in Bedrängnis gerät, ein mutiger Retter, gern aus dem einfachen Volk, dazu eine Liebesgeschichte und ein klassenübergreifendes Happy End. Dass die Plots unterkomplex konstruiert sind, ist Programm. Rettungsopern sind bewusst volkstümlich gehalten, sie sollen Orientierung bieten, Optimismus verbreiten. Dafür ist jede noch so hanebüchene Kolportage recht. Hauptsache, am Ende siegen Freiheit und Gerechtigkeit. In schwierigen Zeiten glaubt das Volk nur zu gern an solch märchenhafte Wendungen.

Nahbar soll alles sein an der Oper für jedermann. Um Schwellenängste zu vermeiden, lässt man diese Opern daher in Boulevardtheatern oder auf dem Jahrmarkt aufführen. Durchschlagenden Erfolg feiern Werke wie Jean-François Lesueurs *La Caverne* und Luigi Cherubinis *Der Wasserträger*. Im Jahre 1802 holt Napoleon auch seinen persönlichen Favoriten Giovanni Paisiello nach Paris, in der Hoffnung, der Italiener könnte sich ebenfalls in den Dienst der musikalischen Volksbegeisterung stellen lassen. Allerdings gefallen dem Publikum Paisiellos wesentlich artifiziellere Opern nicht sonderlich, sodass der Komponist enttäuscht nach Neapel zurückkehrt. Daraus kann man ersehen, wie nahezu plebiszitär der Musikbetrieb unter Napoleon läuft und dass er selbst eigene Vorlieben hintanstellt, um die erwünschten Effekte zu erzielen.[120]

Der Erfolg der Rettungsopern bleibt Beethoven auch in Wien nicht verborgen. 1795 erlebt er Paisiellos *La molinara,* und solange sein Gehör noch intakt ist, besucht er einige weitere Aufführungen, um die neuen Pariser Werke zu erleben. »Dort fesselten ihn vorzugsweise Cherubinis und Méhuls Schöpfungen, die in selber Epoche gerade anfingen, ganz Wien zu enthusiasmieren«, erzählt sein Freund Ignaz von Seyfried. »Da pflanzte er sich denn hart hinter die Orchesterlehne und hielt, stumm wie ein Ölgötze, bis zum letzten Bogenstrich aus« (KC, S. 893). Offenbar gefallen Beethoven auch die Plots mit ihrem etwas naiven Freiheitspathos. Das ist nicht gerade selbstverständlich. Obwohl er zahlreiche Gedichte vertont, tut er sich lange schwer mit einem Opernprojekt. Mehrfach bittet ihn der Direktor des Theaters an der Wien, er möge etwas für sein Haus schreiben, doch es fehlt das passende Libretto. Eins nach dem anderen verwirft Beethoven wieder.

Erst als er auf Pierre Gaveauxs Rettungsoper *Léonore ou L'amour conjugal* aufmerksam wird, hat er das perfekte Sujet gefunden. Das Werk erlebt seine Uraufführung 1798, auf dem Höhepunkt des Robespierreschen Terrors, was das glückliche Ende noch unglaubwürdiger macht. Andererseits besticht die Handlung durch einen aparten Gender-Twist: Als Mann verkleidet, rettet eine treue Ehefrau ihren Gatten aus dem Kerker. Das Libretto von Jean Nicolas Bouilly beruft sich auf eine wahre Begebenheit, die sich in Tours zur Zeit der Jakobinerherrschaft zugetragen haben soll. Die politischen Hintergründe interessieren Bouilly allerdings kaum, er erzählt die Geschichte als galanten Krimi, in dem die Liebenden allen Fährnissen trotzen.

Beethoven geht anders an den Stoff heran. Im Grunde möchte er eine Oper über das Thema Freiheit schreiben. Da er jedoch die allgegenwärtige Zensur fürchtet, deklariert er die Geschichte als Parabel auf eheliche Liebe und Treue. Dennoch kommen ihm die kaiserlichen Zensoren auf die Schliche. Der Titel verrät Beethovens Absichten: Er nennt seine Oper zunächst *Leonore.* Rasch wird die französische Vorlage ausfindig gemacht, und man wittert eine heikle Verbindung zur französischen Befreiungsoper. Das Ergebnis ist der Titel *Fidelio,* Leonores Deckname in der Story. 1805 kommt die Oper als *Fidelio oder Die eheliche Liebe* zur Uraufführung – und wird ein durchschlagender Misserfolg. Nach nur zwei Aufführungen ist Schluss. Mehrfach bearbeitet Beethoven das Werk, zerstreitet sich mit dem Theaterdirektor, komponiert insgesamt vier Ouvertüren. Rezitative müssen gekürzt, retardierende Handlungsstränge herausoperiert werden. Es ist eine Schwerstgeburt, die sich über Jahre hinzieht. Erst im Mai 1814 erlebt das Werk im Wiener Kärntnertortheater einen triumphalen Erfolg.

Ein Wermutstropfen in Beethovens Begeisterung für die neue französische Musikszene ist allerdings die weitere politische Karriere Napoleons. Spätestens 1799 hat er den Nimbus des revolutionären Befreiers verspielt. Auch wenn der Titel eines Ersten Konsuls an die Römische Republik gemahnen soll, unterscheidet ihn nur noch wenig von herkömmlichen Feudalherrschern. Erste Bedenken äußert Beethoven, als man ihm 1802 vorschlägt, eine ganze Klaviersonate zu Ehren der Revolution zu schreiben. Napoleons Pakt mit dem Papst lässt ihn Ungutes ahnen. »Reit' Euch denn der Teufel insgesamt, meine Herren – mir vorzuschlagen, eine solche Sonate zu machen?«, wettert er drauflos. »Zur Zeit des Revolutionsfiebers, nun da – wäre das so etwas gewesen, aber jetzt da sich alles wieder ins alte Geleis zu schieben sucht, Buonaparte mit dem Papst das Konkordat geschlossen – so eine Sonate?« (BB, S. 31.)

Dennoch, weder von seinen Umzugsplänen nach Paris noch

von seiner Bewunderung für Napoleon mag er sich so schnell verabschieden. Das Identifikationspotenzial ist einfach zu hoch. Napoleon betrachtet sich als einen Meteoriten, geboren, um zu verglühen und das Jahrhundert zu erleuchten. Ein Vergleich nach Beethovens Geschmack. Da stilisiert sich jemand als Titan, für den keine Regeln mehr gelten und der das Unmögliche möglich macht. In dieser gottähnlichen Grandiosität kann sich Beethoven spiegeln – und über die Gewaltexzesse wie auch über die europaweiten Feldzüge des Ex-Revolutionärs noch eine Weile hinwegsehen. Immerhin ist Napoleon ein Selfmade-Diktator, kein Sonnenkönig mit ererbten Privilegien. Deshalb richtet sich Beethovens Blick unverwandt nach Paris. Nach allem, was er in Erfahrung bringt, werden auch seine eigenen Werke dort bejubelt. Selbst die musikbegeisterte Joséphine de Beauharnais, Napoleons Gemahlin, ist ihm gewogen. Sie fungiert als Schirmherrin, als 1801 Beethovens *Erste Symphonie* in Paris gespielt wird. Warum also länger in Wien bleiben? In einer Stadt, die ihm keine offizielle Anstellung gewährt und damit die volle künstlerische Anerkennung verweigert? In einem Unrechtsstaat, der sein Volk mithilfe von Geheimpolizei und Zensur unterdrückt?

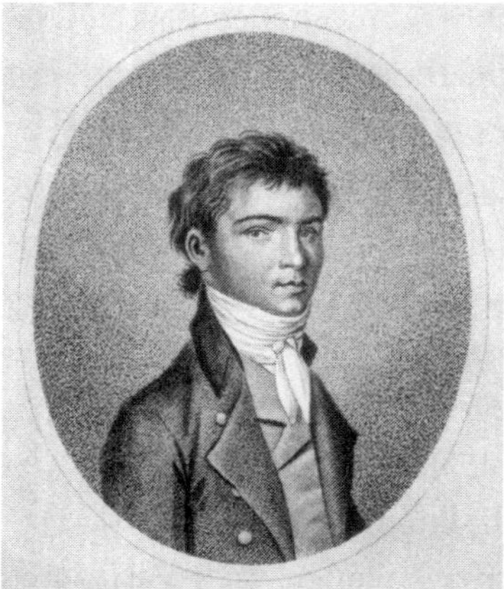

Abb. 4 Ludwig van Beethoven im Alter von 31 Jahren, 1801 – Stich von Johann Joseph Neidl nach einer Zeichnung von Gandolph Ernst Stainhauser von Treuberg

Mitte 1802 bis Mitte 1803 entsteht dann eine Symphonie, mit der Beethoven gleichsam sein Ticket für Paris komponiert. Zeitweise will er nicht einmal mehr mit seinem deutschen Verleger Simrock zusammenarbeiten. Mal zieht er in Erwägung, einen eigenen Musikverlag in der französischen Hauptstadt zu gründen, dann wieder muss sein Schüler Ries mit Simrocks Bruder in Paris verhandeln.[121] Dass er dazu berufen sein könnte, die neuen Zeiten musikalisch zu feiern, steht für Beethoven außer Frage. Dass er die entsprechenden Formen beherrscht, versteht sich von selbst. Sowohl den »éclat terrible« als auch den »éclat triomphal« hat er, salopp gesagt, drauf. Und auf die kleingeistigen Kritikaster in Wien und Leipzig muss er schon gar keine Rücksicht mehr nehmen. In Paris wird man ihn verstehen. Dort hat man Sinn für grelle Kontraste und gewaltige Instrumentierungen, dort wird ihn niemand ermahnen, doch bitte schön auf Proportion und Ebenmaß zu achten. So komponiert Beethoven eine Symphonie, deren Konzeption und Umfang alles Dagewesene übersteigt. Zunächst seinem Heros Napoleon Bonaparte gewidmet, später *Eroica* genannt, ist es das erste Ideenkunstwerk der Musikgeschichte.

Titanische Dimensionen

Zwei gewaltige Tutti-Schläge kündigen das musikalische Ereignis an. Ganz so, als würde ein Majordomus seinen Zeremonienstab auf den Boden hämmern. Das war's dann aber auch schon mit der Einleitung. Zwei Akkorde, mehr Zeit verliert Beethoven nicht, um zum Wesentlichen zu kommen. Gleich darauf setzen die Celli im zügigen Dreivierteltakt mit einem gebrochenen Es-Dur-Akkord ein. Man wähnt sich schon in hübschen

Sequenzierungen, passend zur Grundtonart, als die schwungvolle Fanfare plötzlich und unerwartet durch zwei chromatisch absteigende Halbtonschritte ausgebremst wird: Es-D, D-Cis. Und schon ist er da, der Störfaktor, bevor sich das Thema weiter in Es-Dur entfalten kann. Umflattert von nervös synkopierten Violinen, stolpert das Themenfragment in einen verminderten Septakkord, der den Überschwang des Beginns infrage zu stellen scheint.

»Vorwärtsdrängende Tatkraft und klagend resignierendes Besinnen stehen nebeneinander«, charakterisiert Paul Bekker den ungewöhnlichen Symphoniebeginn.[122] Der verblüffend rasche Wechsel definiert das titelgebend Heroische neu. Hier wird kein strahlender Sieger präsentiert, sondern ein Konflikt vorgeführt. Man könnte von der Psychologie eines modernen Helden sprechen: Er kämpft nicht nur gegen äußere Herausforderungen, er ringt vor allem mit sich selbst. Aus dem mythischen Heldentum wird ein menschliches Schicksal. Zugleich ist der immanente Widerstreit auch ein Psychogramm seines Schöpfers Beethoven, denn die selbstkritische Reflexion geht mit einem ungekannten Titanismus einher.

Schon die zeitliche Dimension der *Eroica* sprengt jeden damals bekannten Rahmen. Mit 2325 Takten und einer Aufführungsdauer von einer ganzen Stunde ist es das umfangreichste säkulare Instrumentalwerk, das bis dahin geschaffen worden war. Beethoven nimmt seine Zuhörer in musikalische Beugehaft: genießende Distanz ausgeschlossen, ungeteilte Aufmerksamkeit erforderlich. Damit durchkreuzt er die Hörgewohnheiten des Publikums. Ja, er fordert zu einer Entscheidung »zwischen Auslieferung und Abwesenheit« auf.[123]

Schon im Vorfeld erschüttert die Klavierfassung Beethovens Freund und Schüler Ferdinand Ries. Nach einer häuslichen Darbietung am Flügel unkt er: »Ich glaube, Himmel und Erde muss unter einem zittern bei ihrer Aufführung.«[124] Zur Selbstdarstellung eines Feudalherren taugt diese Symphonie so wenig wie für die Unterhaltung bei Hofe. Undenkbar, dass man während dieser Musik plaudert oder Erfrischungen zu sich nimmt. Haydns *Symphonie mit dem Paukenschlag* war noch ein gutmütiger Scherz gewesen, um das abgelenkte Publikum auf sich aufmerksam zu machen. Vorbei. Beethoven kündigt die augenzwinkernde Komplizenschaft zwischen musikalischem Dienstleister und zerstreutem Konsumenten auf. Die *Eroica* fordert uneingeschränkte Hingabe. Und genau die verlangt Beethoven von seinem Publikum. Vorbei die Zeiten, als Symphonien beiläufig genossen werden konnten, signalisiert dieser Anfang, zur Hölle mit dem Divertissement, ich komponiere, weil ich etwas zu sagen habe. Dadurch wird Beethoven, mit Adornos Worten, zum Prototyp des revolutionären Bürgertums – er komponiert eine »ihrer gesellschaftlichen Bevormundung entronnene, ästhetisch voll autonome, nicht länger bedienstete Musik«.[125]

Die meisten Hörer sind heillos überfordert. »Wer in der Musik nur Erheiterung, An- und Aufregung zu suchen pflegt«, seufzt Schindler, »der wird bei Beethovens Musik vor allem das Formale der Kritik unterziehen.« Und formal hat diese Symphonie tatsächlich nur noch wenig mit jenen Haydns oder Mozarts gemein. Die breite Ablehnung, die der *Eroica* anfangs entgegenschlägt, beruht auf einer ungekannten Komplexität der symphonischen Konstruktion. Einerseits wirkt jeder Satz wie ein Monolith, ohne jede Beziehung zu den anderen Sätzen. Andererseits trägt nicht gerade zur Übersichtlichkeit bei, dass Beethoven das Anfangsthema zerlegt, um aus den Einzelbestandteilen sein motivisches wie harmonisches Material für die gesamte Symphonie zu gewinnen. Das bedeutet einen Paradigmenwechsel für die symphonische Gattung. So unterschiedlich die vier Sätze wirken, sie korrespondieren miteinander, weil sie motivisch zu einem großen

Ganzen verklammert sind. Diese »panthematische« Gestaltung ist neu, beim ersten Höreindruck auch verwirrend.

Hinzu kommen diverse Neuerungen. Gleich im ersten Satz nimmt die Coda – eigentlich ein kurzer Schlussteil – erstaunliche Ausmaße ein. Sie wirkt wie eine zweite Durchführung. Im eigentlichen Durchführungsteil hingegen exponiert Beethoven unerwartet ein völlig neues kantilenenhaftes Thema in e-Moll.

Weder die etablierte Musiksprache noch die gewohnten Strukturen sind auszumachen. Mit geradezu imperialer Geste sagt diese Musik: »La symphonie, c'est moi.« Ein unerhörter Akt, denn Beethoven reißt die Definitionsmacht an sich, was die symphonische Form sein kann und sein darf. Gab es bislang einen gewissen Determinismus in der Fortentwicklung eines Satzes, so orientiert er sich nun scheinbar an Eingebungen statt an der gewohnten Entwicklungslogik. Seine Gegner unterstellen ihm denn auch, das Werk sei nichts als eine »sehr weit ausgeführte, kühne und wilde Phantasie«.[126] Damit haben sie insofern nicht ganz unrecht, als Beethoven einige Elemente seiner freien Fantasien in die kompositorische Arbeit integriert. Das betrifft im Besonderen die emotionale Intensität, die Dynamik, die Kontraste. Allein im ersten Satz stehen fünfundvierzig Sforzati. Es gebe des »Grellen und Bizarren allzuviel«, beklagt sich der Rezensent der *Allgemeinen Musikalischen Zeitung*, »wodurch die Übersicht äußerst erschwert wird und die Einheit beinahe ganz verloren geht«.[127] Ähnlich argumentiert ein Kollege der Zeitschrift *Der Freymüthige.* Sichtlich pikiert gibt er die Meinung irritierter Beethovenbewunderer wieder, »dass der Zusammenhang oft ganz zerrissen scheint, und dass die unendliche Dauer dieser längsten, vielleicht auch schwierigsten aller Symphonien selbst Kenner ermüde, dem bloßen Liebhaber aber unerträglich werde.«[128]

Was vielen Zeitgenossen entgeht, ist die ausdifferenzierte Technik, mit der Beethoven die Themenpartikel in neuartiger

Weise bearbeitet und umdeutet. Ohne die herkömmlichen Überleitungen stellt er Binnenbezüge her, indem er sein Material immer wieder neu arrangiert und harmonisiert. Solche Korrespondenzen zu erkennen erfordert einige Kennerschaft, vor allem aber die Bereitschaft, sich darauf einzulassen. Daran hapert es ganz eindeutig. Zum weiteren Stein des Anstoßes wird die ungekannte Klanggewalt. Zwar ist Beethoven noch weit entfernt vom Theaterdonner Tschaikowskys, der acht Jahrzehnte später seine *Ouvertüre 1812* anlässlich des Siegs der russischen Truppen über die napoleonische Armee mit sechzehn echten Kanonenschüssen enden lassen wird. Doch wogende Klangflächen, machtvolle Bläsersätze und entfesselte Streicher ist man einfach nicht gewohnt. Die meisten Kritiker hören im Furor der Instrumente lediglich einen kolossalen Tumult.

Im zweiten Satz, der *Marcia funebre,* huldigt Beethoven dann ganz offen der offiziellen französischen Begräbnismusik. Die Parallelen zu den heroischen Trauermärschen eines Gossec oder Cherubini sind evident. Die innere Spannung zwischen Trauer und Triumph gestaltet Beethoven als grandiosen Gegensatz von Düsternis und Licht: etwa, wenn das Thema nach wenigen Takten an die Holzbläser übergeht, von tiefen Streichereinwürfen kommentiert, deren rhythmische Knappheit an Trommelwirbel, auch an den energischen Beginn der *Fünften Symphonie* erinnert. Völlig selbstverständlich bedient er sich des Prinzips der dramatischen Steigerung, das trotz des langsamen Grundtempos *Adagio assai* – sehr langsam – immer wieder in Richtung euphorisierender Überwältigung weist. Im Gegensatz dazu beschwört der lyrische Dur-Mittelteil ländliche Reminiszenzen und entfaltet passagenweise eine tänzerische Leichtigkeit, die man so gar nicht in einem Trauermarsch erwarten würde. Ohnehin tritt das funktionale Moment eines Marsches in den Hintergrund. Längst hat sich das Genre zur Kunstform transformiert;

allein schon die Synkopen des Themas torpedieren jede gleichförmige Bewegung. Wäre dies kein langsamer Satz, so könnte man bereits an die *Ungarischen Tänze* von Brahms denken, die mit verwandten rhythmischen Abweichungen ein folkloristisches Kolorit erzeugen.

Doch es gibt einen entscheidenden Unterschied zum französischen Modell: Anders als bei Gossec oder Cherubini weicht das heldische Pathos gegen Ende des Satzes einer nachdenklich melancholischen Stimmung. Von Triumph kann keine Rede mehr sein. Unversehens verflüchtigen sich die heroischen Anmutungen. Auf einmal wird Trauer in der Musik spürbar, kraftloses Verzagen. Man hat dieses eigentümlich stockende Ausklingen als Todesfantasie Beethovens interpretiert, und in der Tat gemahnen die verebbenden Streicherklänge an die letzten Atemzüge eines Sterbenden. Einiges spricht dafür, dass Beethoven hier sehr persönliche Erfahrungen verarbeitet.

Erste Skizzen für den Trauermarsch entstehen bereits 1801, als Beethoven vom Tod des englischen Generals Ralph Abercrombie erfährt, der im selben Jahr in der Schlacht von Alexandria im Kampf gegen Napoleon fiel. Ihm zu Ehren soll er diesen Satz konzipiert haben. Einem anderen Ondit zufolge nimmt Beethoven letzte Änderungen am Marsch kurz vor der Drucklegung der Partitur im Herbst 1806 vor. In jener Zeit erreicht ihn die Nachricht vom Tode des musikalischen Prinzen Louis Ferdinand, der noch vor der preußischen Niederlage bei Jena und Auerstädt gefallen war. 1804 hatte er Beethoven in Wien einen Besuch abgestattet und den Komponisten wie einen Gleichrangigen behandelt. In jedem Falle wäre der Bezug zu einem personalisierten Helden eine Erklärung, warum Beethoven den Impetus heroischer Verklärung verlässt. Diese Wendung bewahrt die *Marcia funebre* vor bloßem französisierendem Epigonentum. Staatstragend affirmativ ist der zweite Satz so wenig wie überhöhend pompös.

Stattdessen findet Beethoven zu einem eigenständigen Tonfall, der gerade in den verhaltenen Momenten berührt.

Wie wenig selbstverständlich dies ist, zeigt der Vergleich zum rauschhaft jubelnden Trauermarsch seiner *Siebten Symphonie*. Die Gegenüberstellung zeigt vollkommen unterschiedliche Konzepte. In der *Marcia funebre* der *Eroica* lässt Beethoven der Verunsicherung und Erschütterung in Kriegszeiten Raum, was unter anderem für eine kritische Auseinandersetzung mit der Figur Napoleons spricht. Im *Allegretto* der *Siebten Symphonie*, unter dem Eindruck der europäischen Befreiungskriege geschrieben, herrscht dagegen die kämpferische Geste vor. Harry Goldschmidt lauschte dem Satz »Aktivierung« und »Appell« ab.[129] Berücksichtigen muss man, dass die *Siebte Symphonie* 1813 nach der Völkerschlacht von Leipzig uraufgeführt wurde, zusammen mit Beethovens säbelrasselndem Werk *Wellingtons Sieg oder die Schlacht bei Vittoria*, und dass es ein Konzert im Angedenken antinapoleonischer Kämpfer war. Diese zeitgeschichtlichen Faktoren sind deutlich hörbar, ja sie prägen Beethoven wie keinen Komponisten vor ihm. Dass politische Konstellationen derart in die Musik einfließen, gehört zu den absolut neuen Charakteristika, die Beethoven auszeichnen und das Hörerlebnis zu einer faszinierenden Vergegenwärtigung der Entstehungsbedingungen erweitern.

Nach dem Trauermarsch fegt der dritte Satz umso vitaler heran. Er ist als Scherzo – statt wie üblich als Menuett – angelegt. Diese scherzhafte Gestimmtheit überträgt sich von der ersten Note an, so heiter flirrend stürmt die Musik davon. Vor allem die raschen Stakkatopassagen der Streicher verleihen dem dritten Satz einen Irrwitz, der Assoziationen an wilde Verfolgungsjagden zulässt. Dies unterstreicht ein eigenwilliger Klangeffekt. Da das Stakkato – bei Streichern »spiccato« genannt – zumeist mit dem sogenannten Springbogen gespielt wird, ergibt sich bei jedem

Ton ein winziges Kratzgeräusch zwischen Saite und Bogenbespannung. Diese angeraute Klangfarbe, einem Hornissenschwarm ähnlich, verstärkt das rastlos Gehetzte, das sich durch den gesamten Satz zieht. Immer aufs Neue treiben die Streicher die übrigen Instrumente vor sich her, bis auch die Holzbläser diese Figuren übernehmen. Der Anklang an eine Jagd wird dann explizit durch den Einsatz der Hörner. Beethoven besetzt das Orchester mit gleich drei Hornisten (statt der üblichen ein bis zwei), sodass sie sich zu einem eigenständigen Trio formieren können. Die brave akkordische Dreistimmigkeit der Hörner wirkt wie ein Gegenpol zur überhitzten Motorik des Kontexts. Als verweile die Musik einen Moment lang in freier Natur, um durchatmen zu können, bevor es zurück in den Hexenkessel geht.

Im Finale überschreitet Beethoven dann jede formale Grenze eines symphonischen Satzes. Zum einen wählt er wie schon in den *Eroica-Variationen* für Klavier die Variation als Gestaltungsprinzip, zum anderen die symphonisch selten verwendete Fugenform. (Diese begegnet uns etwa in Mozarts letzter, der sogenannten *Jupitersymphonie*, und wurde stets als eine Besonderheit empfunden.) Nach einem ikarushaften Sturzflug der Streicher beginnen die Variationen bemerkenswert filigran für einen Finalsatz. Sie bilden ein transparentes streicherdominiertes Gewebe, das äußerst elegant wirkt und erst nach und nach an Dichte gewinnt. Diese Zurückhaltung im Vergleich zur Intensität der vorhergehenden Sätze wurde zuweilen als Mangel an »Gedankenschwere und Empfindungstiefe« kritisiert.[130] Sie kann aber durchaus als Konsequenz einer Dramaturgie gesehen werden, die den abschließenden Sieg als Endpunkt verschlungener Wege charakterisiert. Etwa zwei Drittel des Satzes vergehen, bevor Bläserfanfaren die eindeutig triumphalen Passagen einleiten. Buchstäblich in letzter Minute steigert sich die musikalische Sprache zum strahlenden Finalcharakter.

Prometheische Projektionen

Von jeher hat die *Eroica* Rätsel aufgegeben. Ist sie eine wenn auch kritische Würdigung Napoleons? Ein Freiheitsfanal? Eine humanistisch grundierte Utopie? Die Werkgeschichte lässt mehrere Deutungen zu und steckt zugleich das Spannungsfeld ab, in dem sich Beethoven bewegt. Auf dem Titelblatt der Autografenabschrift klafft ein Loch – dort, wo er die Worte »intitulata Bonaparte« ausradierte. Stattdessen, Ironie der Geschichte, widmet er das Werk einem Vertreter des Hochadels, seinem langjährigen Gönner und erbitterten Napoleongegner Fürst Franz Joseph Maximilian von Lobkowitz. Es ist ein Kompromiss, zunächst jedoch ein gewagtes doppelgleisiges Unterfangen.

Dass Beethoven seine *Dritte Symphonie* ursprünglich Napoleon dedizieren wollte, geht aus umfangreichen Briefwechseln hervor, die Ferdinand Ries ab 1803 mit dem Verleger Nikolaus Simrock unterhält. Als eine wohl erfundene, wenngleich bühnenreife Anekdote muss man hingegen die Szene bewerten, dass Beethoven 1804 aus Wut über die Kaiserkrönung Napoleons das Titelblatt der Partitur zerriss. Sowohl Schindler als auch Graf Moritz von Lichnowsky kolportieren diese Geschichte, was deren Glaubwürdigkeit nicht unbedingt erhöht.[131] Symbolcharakter hat die Anekdote gewiss, denn sicher ist, dass Beethovens Parispläne ab 1804 allmählich in den Hintergrund treten. Zwar will er Napoleon schon ein halbes Jahr nach der Widmungsänderung eine *C-Dur-Messe* zueignen, so recht zu einer Ortsveränderung entschließen kann sich Beethoven allerdings nicht. Und so steht er bald vor denselben zwei Problemen wie ehedem: Wer stellt ihm ein Orchester für Proben und Aufführungen zur Verfügung? Und wie kommt er an ein anständiges Honorar für sein Werk?

Im musikbegeisterten Paris Napoleons hätten sich diese Fragen vermutlich rasch erübrigt. In Wien muss Beethoven auf seine bewährten Strategien zurückgreifen. Er braucht einen finanzkräftigen Förderer, der ihm die Symphonie abkauft und ein zeitlich befristetes Exklusivrecht für Aufführungen erwirbt. Dieser Förderer muss überdies ein hauseigenes Orchester beschäftigen oder bereit sein, auf eigene Kosten ein solches Orchester zusammenzustellen, mit dem er dieses Recht ausübt. Was aber passiert mit der Widmung? Undenkbar, dass ein Fürst Lobkowitz die Dedikation an Napoleon Bonaparte akzeptiert. Beethoven zieht sich aus der Affäre, indem er vorerst den Titel »Bonaparte« beibehält, zum Widmungsträger jedoch den Fürsten erwählt – nachdem Lobkowitz ihm ein großzügiges Angebot unterbreitet hat. Heikel bleibt die Sache dennoch. Die antifranzösische Stimmung in Wien macht jede Anspielung auf Napoleon zum Risiko. So grenzt es schon an Verwegenheit, dass Beethoven am Titel »Bonaparte« festhält und im Frühjahr 1804 eine Abschrift der Symphonie anfertigen lässt, mit dem Ziel, sie mittels der französischen Gesandtschaft nach Paris zu senden. Wäre es nicht Beethoven, man könnte an die Kaltblütigkeit eines Doppelagenten denken, der sich alle Optionen offenhält.

Zur selben Zeit beginnen die Proben bei Fürst Lobkowitz, und Beethoven nutzt die Gelegenheit, noch zahlreiche Korrekturen vorzunehmen. Die erste Aufführung findet im Juni 1804 privatim im Konzertsaal des Lobkowitzschen Palais statt, danach unter anderem auf dem Landsitz des Fürsten. Doch die Sache behält ein Geschmäckle. Eine revolutionär gestimmte Symphonie in der Herzkammer des Wiener Adels ist ein trojanisches Pferd in musikalischer Gestalt. Ein Werk, das man ohne Weiteres als politisches Statement auffassen kann, lässt sich Beethoven von einem Angehörigen der Adelsschicht bezahlen, mit wahrhaft fürstlichen 760 Gulden.

1805 erklingt die Symphonie im Rahmen einer Voraufführung beim Wiener Bankier Joseph Würth, der einiges für dieses

Privileg hinblättert. Nach einem weiteren Konzert beim Fürsten Lobkowitz findet die öffentliche Uraufführung dann im April 1805 im Theater an der Wien statt. Sprechende Koizidenz: Im Frühjahr dieses Jahres legt Beethoven seine Parispläne ad acta. Napoleon ist endgültig entzaubert, der Traum vom Revolutionskomponisten zerronnen. 1806, als die Noten im Wiener Kunst- und Industrie-Comptoir erscheinen, erhält das Werk seinen endgültigen Titel: *Sinfonia eroica,* heroische Symphonie, Fürst Lobkowitz gewidmet.

Nun ja, gewisse Zweifel werden dem Fürsten bei der Drucklegung gekommen sein. Denn über seinem Namen steht auf Italienisch die Zeile: »Komponiert, um das Andenken eines großen Mannes zu feiern.« Meint Beethoven wirklich ihn? Oder doch den gestrauchelten Heros Napoleon Bonaparte? Was Beethoven von seinem Gönner hält, wird er fünf Jahre später zeigen. 1811 ist Fürst Lobkowitz – »jung, freigebig bis zur Verschwendung, sorglos gemacht durch die große Ausdehnung seiner Besitzungen«[132] – aufgrund seiner mäzenatischen Freigebigkeit hoffnungslos überschuldet. Als er seine jährlichen Zahlungen einstellen muss, zieht Beethoven vor Gericht. Vier Jahre dauert der Prozess, und während dieser Zeit muss der arme Lobkowitz schreckliche briefliche Beschimpfungen Beethovens über sich ergehen lassen. Am Ende einigt man sich auf einen Vergleich. Das hindert Lobkowitz jedoch nicht daran, 1816 im Andenken an seine verstorbene Ehefrau den Liederzyklus *An die ferne Geliebte* bei Beethoven zu bestellen. Eine seltsame gegenseitige Abhängigkeit, fast eine Hassliebe ist da zu besichtigen, wie sie Beethoven auch mit Fürst Lichnowsky verbindet.

Der *Eroica* können diese Achterbahnbeziehungen nichts anhaben. Ästhetisch geht Beethoven keinerlei Kompromisse ein, und so verfolgt er unbeirrt das Konzept des Heroischen, ohne sich expressis verbis auf einen Namen festzulegen. Die *Dritte*

Symphonie sei das Porträt »eines sieghaft alle Hindernisse bezwingenden starken Geistes«, meint bereits Thayer und verlegt sich damit aufs Allgemeine. Napoleon verblasst mithin zum Apropos: »Die ideale Vorstellung, welche Beethoven von Napoleons Charakter hatte, bis ihn die Annahme der Kaiserwürde überzeugte, dass auch er von Ehrgeiz und Herrschsucht beseelt war, zwingt, wenn man überhaupt eine Beziehung des Inhaltes des Werkes auf Napoleon annehmen will, zu dieser Deutung, aber nicht zu mehr.«[133]

Betrachtet man die Werkgeschichte, so könnte man die Symphonie allerdings auch als heroisches Selbstporträt Beethovens interpretieren. Immerhin markiert sie die Geburt des Mythos vom titanischen Komponisten, der sich über alle Beschränkungen hinwegsetzt. Einen Beethoven gibt es eben nur einmal. Dasselbe kann man zwar über Napoleon sagen, von dem sich Beethoven nie ganz distanzieren wird, die musikalischen Implikationen weisen allerdings auf ein anderes seiner Werke zurück: das Ballett *Die Geschöpfe des Prometheus*. Es ist nicht unbedingt die glorreichste Heldentat des Komponisten, doch Beethoven bereitet hier die wichtigsten kompositorischen Bausteine für seine *Dritte Symphonie* vor und findet auch das verborgene Sujet der *Eroica*.

Der Programmzettel der Uraufführung von 1801 schildert die Handlung folgendermaßen: »Die Grundlage dieses allegorischen Ballets ist die Fabel des Prometheus. Die Philosophen Griechenlands, denen er bekannt war, erklären die Bespielung der Fabel dahin; daß sie denselben als einen erhabenen Geist schildern, der die Menschen zu seiner Zeit in einem Zustande von Unwissenheit antraf, sie durch Wissenschaften und Kunst verfeinerte und ihnen Sitten beybrachte.«[134] Man kann es Beethoven kaum verdenken, dass er in diesem »erhabenen Geist« einen Wahlverwandten erkennt. Prometheus ist der »vorher bedenkende« Sohn des Titanen Iapetos. Als Menschenfreund will er den Erdenkindern das Feuer und damit die Kultur bringen. Kurzerhand stiehlt er das Feuer vom Himmel, und erst nachdem er seine Kräfte mit dem allmächtigen Zeus gemessen hat, glückt der Plan.

Auch Beethoven sieht sich als Lichtbringer und Erlöser der Menschheit. Zum Verständnis der *Eroica* ist diese Identifikation aus gleich zwei Gründen aufschlussreich. Zum einen kann man die Ballettmusik als Experimentierfeld und Materialsammlung betrachten, aus der Beethoven später symphonisch schöpft; wie in einem Mikrokosmos werden unterschiedlichste Gefühlslagen und Formen auf relativ engem Raum erprobt. Zum anderen sind viele architektonische Abweichungen der *Dritten Symphonie* offensichtlich auf die Handlung des Balletts zurückzuführen, also auf die außermusikalische Idee des Prometheus-Mythos.

Das bleibt nicht ohne Folgen für den formalen Aufbau und die Satzgestaltung. So wie die Ballettmusik mit ihren relativ kurzen Nummern der Handlungsdramaturgie diente, folgt die Struktur der Symphonie nun einer größer angelegten Idee des Prometheischen, wobei nach wie vor einige Schlüsselszenen des Balletts bindend bleiben und musikalisch gestaltet werden.[135] So fällt beispielsweise auf, dass die tonal fremde e-Moll-Melodie in der Durchführung des ersten Satzes einem inhaltlichen Akzent des Balletts entspricht. Dort übernimmt die e-Moll-Kantilene die Funktion einer »höheren Stimme«. Sie vermittelt Prometheus die Einsicht, »dass die wahre menschliche Veränderung und Erziehung nicht durch Härte und Zwang zu erreichen ist, sondern durch gute Beispiele und die Weckung des Sinnes für Schönheit und Vernunft«.[136] Dies ist die Eingebung im übertragenen Sinne, die den Durchführungsteil zu unerwarteten Dimensionen erweitert. Das Göttliche erlaubt eine Transgression. Da, wo man eine Reprise erwarten würde, führt Beethoven deshalb aus dramaturgischen Gründen ein neues Thema ein, dessen entlegene

Stellung zur Grundtonart über sich selbst hinaus weist: Prometheus empfängt eine Idee aus höheren Sphären, und dafür überschreitet Beethoven die Grenzen des tonalen Systems.

Das Hauptthema der *Marcia funebre* knüpft ebenfalls an *Die Geschöpfe des Prometheus* an. In den entsprechenden Skizzen zum Ballett schreibt Beethoven einige Bemerkungen an den Rand: »Promethe mort« – Prometheus ist tot, »les enfants pleurent« – die Kinder weinen, und »piangendo« – weinend, klagend. Diese Passage bezieht sich auf die dramatische Szene, in der Prometheus von der Muse Melpomene erstochen wird; erst nach dreißigtausend Jahren, so der Mythos, wird er wiederauferstehen und seine Mission vollenden. So erklärt sich, dass Beethoven die französische Stilistik des Trauermarschs tendenziell hinter sich lässt. Triumphales wäre an dieser Stelle inhaltlich unangemessen, stattdessen wird die Klage zur bestimmenden Leitidee.

Auch im *Scherzo* haben die Handlungsmomente vergleichbare Auswirkungen auf das musikalische Geschehen. Die Hornpassage und die exponierte Oboenmelodie korrespondieren mit der Auferstehung des Prometheus, die im Ballett von Pan-Tänzen untermalt wird. Für die Hirtenmotivik bieten sich Horn und Oboe sowie eine schlichte, fast naive Melodieführung geradezu an. Außerdem kann Beethoven für das *Scherzo* aus einem reichen Fundus rhythmischer Extravaganzen schöpfen, die er bereits im Ballett erprobt hat, etwa die synkopischen Figuren. Im Finalsatz greift er auf den abschließenden Kontretanz des Balletts zurück. Dieser Tanz hat außerordentliche Symbolkraft, da er für die humanistische Transformation des Menschen durch Prometheus steht. Das schwierige Projekt ist gelungen, strahlend tritt der kultivierte, vernunftbegabte Mensch in eine neue Zeit.

Mit diesen inhaltlichen Vorgaben formt Beethoven die *Eroica* zum ersten Ideenkunstwerk der Musikgeschichte. Keine kompositorische Regel hat mehr Bestand, sämtliche musikalischen

Entwicklungen ordnen sich der mythischen Erzählung unter. Es ist eine Pioniertat, die erste programmatische Symphonie überhaupt. Natürlich haben Barockkomponisten schon Naturphänomene geschildert wie Vivaldi in den *Vier Jahreszeiten*, doch hier geht es um eine übergreifende Konzeption, die sich in jedem Satz nachverfolgen lässt. Der Musikwissenschaftler Constantin Floros schlug deshalb vor, von einer »Prometheus-Symphonie« zu sprechen. Warum Beethoven den Prometheusmythos wählte, ist nicht schwer zu erraten. Zur tragenden Idee wird ein Held, der keine Gefahren, selbst den drohenden Tod nicht scheut, um seine Mission als Heilsbringer zu erfüllen. Darin kann sich Beethoven wiederfinden, und auch Napoleons anfänglicher Werdegang lässt sich darauf durchblenden. Es geht um Ausnahmefiguren, die die Welt verändern. Und genau das nimmt Beethoven für sich in Anspruch, bis hin zur Läuterung der Menschheit qua Bildung, wie es Prometheus zugeschrieben wird.

Tonsetzer versus Tonkünstler

Für Beethovens Zeitgenossen waren die außermusikalischen Inhalte der *Eroica* keineswegs offensichtlich. Anders als in der Ballettmusik *Die Geschöpfe des Prometheus* blieb ihnen das mythologische Handlungsgerüst verborgen. Für den unbedarften Zuhörer erschloss sich das Narrativ daher keineswegs – er musste die Sinnzusammenhänge entweder selbst herstellen oder aber die handlungsbezogenen Eigenheiten der Symphonie rein ästhetisch würdigen. Und genau dies stellte anfangs eine fast unüberwindliche Schwierigkeit für einen breiten Erfolg der *Eroica* dar. Man verstand diese Musik nicht. Zudem wartete sie mit Irritationen wie scharfen Dissonanzen und ungewöhnlichen

Instrumentierungen auf. Das hatte bereits anlässlich der Uraufführung des Balletts zu Unmut geführt. Typisch für das kopfschüttelnde Unverständnis ist eine Kritik der *Zeitung für die elegante Welt* vom 19. Mai 1801: »Daß er aber für ein Ballet zu gelehrt und mit zu wenig Rücksicht auf den Tanz schrieb, ist wohl keinem Zweifel unterworfen. Alles ist für ein Divertissement, was denn doch das Ballet eigentlich seyn soll, zu groß angelegt«, mäkelt der Rezensent. Er gesteht Beethoven »eine ganz vorzügliche Originalität« zu, »durch welche freylich er öfter seinen Zuschauern den Reiz sanfter gefälliger Harmonieen entzieht«.[137]

Kritische Töne hagelt es allerdings noch von ganz anderer Seite. Aloys Fuchs, ein Sänger der Kaiserlichen Hofkapelle, wird Zeuge eines recht unangenehmen Schlagabtauschs zwischen Beethoven und seinem Lehrer »Papa Haydn«: »Als Beethoven im Jahre 1801 die Musik zu dem Ballett Die Geschöpfe des Prometheus geschrieben hatte, begegnete ihm sein ehemaliger Lehrer, der große Joseph Haydn, welcher ihn alsogleich festhielt und sagte: ›Nun! gestern habe ich Ihr Ballett gehört, es hat mir sehr gefallen!‹ Beethoven erwiderte hierauf: ›O, lieber Papa! Sie sind sehr gütig, aber es ist doch noch lange keine ›Schöpfung‹!‹ Haydn, durch diese Antwort überrascht und beinahe verletzt, sagte nach einer kurzen Pause: ›Das ist wahr, es ist noch keine Schöpfung, glaube auch schwerlich, daß es dieselbe je erreichen wird‹ – worauf sich beide – etwas verblüfft – gegenseitig empfahlen.« (zit. n. KC, S. 286) Erst nach und nach erkennen auch seine Kritiker die selbst gesetzten Regeln an. Ganz im Geiste der Genieästhetik rühmt die Leipziger *Allgemeine Musikalische Zeitung* den Meister im Jahre 1820: »Was Beethoven's Universalgenie geleistet, muss in der Kathegorie der Meteore gereihet werden; – erzeugt von der Elemente Urkraft.« Die Bewunderung steigert sich dermaßen, dass man bald nicht mehr – wie noch bei Mozart – vom Genius des Komponisten spricht, sondern von Beethoven *als Genie*.

Bis dahin ist es ein steiniger Weg. Sowohl die harschen Kritiken als auch die finanziellen Abhängigkeiten setzen Beethoven hart zu. Es ist eine zermürbende Situation, siedeln seine wahren Ambitionen doch im Terrain höherer Mission und sind darüber hinaus auf anspruchsvolle Bildungsideale verpflichtet. Seine Bibliothek ist bestens dafür ausgestattet. Nicht nur mit Homer, Horaz, Ovid, Plutarch, mit Shakespeare, Schiller, Herder, Klopstock, Goethe, Seume. Auch seinen Kant hat er gelesen, vorzugsweise die *Naturgeschichte und Theorie des gestirnten Himmels*. »Es gibt keine Abhandlung, die sobald zu gelehrt für mich wäre«, schreibt er 1809 an seinen Verleger Gottfried Christoph Härtel. Von Kindheit an habe er sich bemüht, »den Sinn der Bessern und Weisen jedes Zeitalters zu fassen: Schande für einen Künstler, der es nicht für seine Schuldigkeit hält, es hierin wenigstens so weit zu bringen«.[138]

Schande? Was hätten Händel, Telemann, Haydn, Mozart zu diesem Vorwurf gesagt? Hätten sie ihn überhaupt verstanden? Ungebildet waren sie keineswegs, aber ihre Lesefrüchte konnten sich nicht mit jenen Beethovens messen. Sie verstanden sich als Meister ihres Fachs, ein fächerübergreifendes Wissen brauchten sie nicht. Doch Ludwig van Beethoven will kein »Tonsetzer« mehr sein. Er bildet den Neologismus »Tonkünstler« und spricht von Kompositionen als »Geistesprodukten«[139]. Ein absolutes Novum. Denn damit ist sowohl der geistige Anspruch des Komponierens gemeint als auch die Einbettung der künstlerischen Arbeit in literarische und philosophische Diskurse. Was Beethoven im Sinn hat, ist nichts weniger als eine intellektuell relevante Musik. Aus diesem Geist ist die *Eroica* geschrieben – als Ideenkunstwerk, das sich von jeglicher dekorativen Funktion abgrenzt. Auch die Botschaft ist klar: Die Menschen sollen

»frei werden von all dem Elend, womit sich die anderen abschleppen«.[140]

Wenn Beethoven derart über die ästhetische Erziehung und Befreiung des Menschengeschlechts räsoniert, so ist das unverkennbar eine Schillersche Idee. Nicht vordergründige Schönheit, sondern Humanität bedinge Freiheit, lautet Schillers These. Falls man überhaupt noch vom Schönen sprechen könne, sei es die »lebendige Schönheit«, das freie Spiel, das statt regelhafter Belehrung zur moralischen Vollkommenheit führe. Sowohl im mythologischen Programm der *Eroica* als auch in den formalen Freiheiten der Symphonie zieht Beethoven die Konsequenzen aus dieser Überzeugung. Die Folgen für seine Auffassung des Komponistenberufs sind fundamental: Aus dem Beruf wird eine Berufung.

Insofern revolutioniert Beethoven das künstlerische Selbstverständnis nicht nur, indem er formalästhetisch unbekanntes Terrain erobert, er definiert auch die Rolle des Komponisten sowie die Funktion der Musik völlig neu. Zum einen entzieht er sie einer Indienstnahme durch Kirche und Feudalherren, erklärt sie zur autonomen Kunst und macht sie zu seiner persönlichen Sache; zum anderen erhebt er den Anspruch, im Namen des gesellschaftlichen Fortschritts eine umfassende Wirkmacht zu entfalten. Nicht von ungefähr – und größtenteils zu Unrecht – mokiert er sich deshalb über Mozarts Opernsujets, die er als zu frivol verwirft. Ein Berufener übernimmt Verantwortung. Er tändelt nicht, er unterhält nicht, er ist sich in jedem Moment seiner großen Aufgabe bewusst.

Werke mit Absender

Die neue Selbstverortung Beethovens als Berufener zieht einen enormen Bedeutungszuwachs des einzelnen Werks nach sich. Ein numerisches Detail mag das erhellen. Haydn komponierte einhundertvier Symphonien, Mozart sechzig (wenn man zu den erhaltenen einundvierzig die nicht oder nur fragmentarisch erhaltenen hinzuzählt), Beethoven lediglich neun. Neun Unikate. Abgesehen davon, dass er kein Hofkapellmeister ist und daher nicht regelmäßig für ein stehendes Orchester schreiben muss, bedeutet jede Symphonie ein in sich abgeschlossenes, kräftezehrendes Projekt, einen jeweils völlig neuen Entwurf im Gestus der Selbstüberbietung, ja der Selbstüberforderung. Es »graue ihm vorm Anfang großer Werke«,[141] bekennt er einmal, und seine Skizzen belegen, dass er um jeden Takt, jeden Ton kämpfen muss. Beim Anblick der Autografen erschauert Stefan Zweig vor der »komprimierten Schöpfungswut seiner dämonisch überfüllten Natur«, Joachim Kaiser spricht von einem »Schlachtfeld«, einem »blutigen Operationssaal«[142].

Auch die Akribie, mit der Beethoven erstmals im großen Umfang Vortragsbezeichnungen einsetzt, betont den singulären Werkcharakter. Laxe Routine oder Eigenmächtigkeiten seitens der Interpreten sollen von vornherein ausgeschlossen werden. Mehr als einmal beschwert er sich über nachlässige Kopisten. »Nie wird eine Kopie so richtig abgeschrieben, als sie der Autor selbst schreibt«, notiert er voller Unmut ins Tagebuch.[143] Einmal, als er sich über »Fehler und Errata« beim Abdruck einiger seiner Quartette ärgert – »sie wimmeln wie die kleinen Fische im Wasser d.h. ins unendliche« –, spricht er sinnbildlich von körperlichen Schmerzen, die ihm derartige Schlampigkeiten bereiten: »Das heiß ich stechen, in Wahrheit, meine Haut ist ganz voller Stiche und Risse.«[144]

Gleich in seiner ersten *Klaviersonate Nr. 1 f-Moll, op. 2,1* demonstriert Beethoven die Entschlossenheit, übliche interpretatorische Unschärfen ab sofort zu unterbinden. In den letzten sieben Takten des Kopfsatzes stehen nicht weniger als drei Fortissimi in Folge – als müsse der ausführende Pianist binnen Sekunden wirklich daran erinnert werden. Ähnlich insistierende Anweisungen lassen sich in fast allen seinen Klaviersonaten finden. Nach der Erfindung von Mälzels Metronom fügt Beethoven ab 1816 überdies Metronomangaben hinzu, was den Interpretationsfreiraum weiter einengt – und seine *Hammerklaviersonate* lange als unspielbar gelten ließ, bis sich Liszt an das aberwitzige Tempo heranwagte.

Wie wichtig Beethoven die exakte Reproduktion und damit der Werkcharakter ist, zeigt auch ein Brief seines Freundes Ferdinand Ries aus dem Jahr 1825. Darin überbringt er Beethoven zwei gute Nachrichten: »Seit einigen Tagen bin ich aus Aachen zurück, und sage Ihnen mit dem größten Vergnügen, daß Ihre neue Sinfonie mit außerordentlicher Praecision aufgeführt, und mit dem größten Beifall aufgenommen worden ist.«[145] Ries berichtet also zunächst von der Exaktheit der Wiedergabe, dann erst vom Publikumserfolg; offenbar kennt er die Prioritäten Beethovens.

Die Aufwertung der einzelnen Komposition geht mit einem beachtlichen Aufschwung des öffentlichen Interesses einher. Bis etwa Mitte des 18. Jahrhunderts nimmt man Musikstücke »als Bestandteile eines Gesamtœuvres oder Exemplare einer Gattung« wahr, als Teil des musikalischen »Tagesbetriebs«.[146] Besprechungen der Werke Haydns oder Mozarts beispielsweise existieren zu deren Lebzeiten nur äußerst spärlich. Das ändert sich mit Beethoven; einerseits durch die Entstehung einer bürgerlichen Musikkultur mitsamt ihrem lebhaften Rezensionswesen, andererseits durch seinen Anspruch, das einzelne Werk als Solitär behandelt zu wissen, nicht mehr als Glied einer beliebig verlängerbaren Kette. Insbesondere die Symphonien werden zum Anlass breiter Debatten. Über jeder Uraufführung schwebt ein unausgesprochenes »Quo vadis, Beethoven?«. Ein Haydn ist immer ein Haydn, so scheint es, ein Mozart immer ein Mozart. Und über Rossini, Beethovens schärfsten Konkurrenten der späten Jahre, wird man spötteln, wenn man eine seiner Opern kenne, so kenne man sie alle. Beethoven hingegen steht für das Motto *expect the unexpected*.

In den immer zahlreicheren Konzertkritiken spürt man die Spannung, mit der jedes neue Werk erwartet wird. So erscheinen nach der Uraufführung der *Eroica* ungewöhnlich viele Artikel, in denen der neueste Überraschungscoup Beethovens als Kontroverse zwischen Verehrern und Verächtern zum Ausdruck kommt. Es gebe eben jene, so ein Rezensent, nach deren Meinung die »hohen Schönheiten« der *Eroica* erst nach ein paar tausend Jahren erfasst werden könnten, und die Gegenfraktion, die dem Werk jeden »Kunstwert«[147] abspreche. Mit einem Jahr Verspätung mischt sich dann auch Friedrich Rochlitz, Gründer und Herausgeber der *Allgemeinen Musikalischen Zeitung* ein. Er hebt die geistige Dimension der *Dritten Symphonie* hervor, indem er von der »reichen Kunst« spricht, mit der Beethoven »die Hauptgedanken einkleidet und durchführt«[148].

Es geht dabei weniger um Musikkritik im engeren Sinne als um eine Grundsatzdebatte, die wir eher aus der Moderne kennen: Ist das noch Kunst? Bei einem Haydn oder Mozart hätte man diese Frage gar nicht erst aufgeworfen, nur ein ästhetisches Urteil gefällt. Beethoven hingegen provoziert die Sinnfrage: Was ist Musik? Wie weit darf sie gehen? Sind seine Symphonien ein triumphaler Gipfelpunkt oder womöglich ein musikgewordener Nekrolog für die Gattung?

An Beethoven prallen solche Diskussionen keineswegs ab. Auch wenn er sich nach außen hin stoisch gibt, sind ihm die Reaktionen alles andere als gleichgültig. Dabei mischen sich Publikumsverachtung und die Suche nach Anerkennung durch ebendieses Publikum auf eigentümliche Weise. Nicht ohne leises Amüsement berichtet die Zeitschrift *Der Freymüthige* über die Uraufführung der *Eroica*: »Dem Publikum war die Symphonie zu schwer, zu lang, und B. selbst zu unhöflich, weil er auch den beifallklatschenden Teil keines Kopfnickens würdigte. Beethoven im Gegensatz fand den Beifall nicht auszeichnend genug.«[149]

Was ihn über die zuweilen ausbleibende Anerkennung hinwegtröstet, auch in der Leipziger *Allgemeinen Musikalischen Zeitung*, ist die Gewissheit, dass seine Musik ihn überleben wird. »Was die Leipziger Rindviehe betrifft, so lasse man sie doch nur reden«, winkt er nach mehreren Verrissen ab. »Sie werden gewiss niemand durch ihr Geschwätz unsterblich machen, so wie sie auch niemand die Unsterblichkeit nehmen werden, dem sie vom Apoll bestimmt ist.«[150] Selbstbewusste Worte. Auch darin unterscheidet sich Beethoven von seinen Vorgängern: Er ist der erste Komponist, der fest an die Unsterblichkeit seines Werks glaubt. Für uns Heutige mag das eine Selbstverständlichkeit sein, in Beethovens Welt ist es eine ungeheure Anmaßung. Als er zu komponieren beginnt, ist Musik noch eine leicht verderbliche Ware. Nur Kenner und Liebhaber setzen sich mit der musikalischen Vergangenheit auseinander, während die Konzertkultur der Höfe stets nach Neuem verlangt. In Beethovens Bonner Jugendzeit hat man die Symphonien der Mannheimer Schule gespielt, Carl Philipp Emmanuel Bach, Mozart, außerdem Operetten und Singspiele der leichteren Sorte. Auf die Idee, Werke von Josquin Desprez oder Johann Sebastian Bach aufzuführen, wäre niemand gekommen.

Ein musikalisches Geschichtsbewusstsein, verbunden mit retrospektiver Entdeckerlust, wird erst Felix Mendelssohn Bartholdy kultivieren, der 1829 Johann Sebastian Bachs *Matthäuspassion* rund hundert Jahre nach ihrer Entstehung erstmals wieder aufführt und damit die Bach-Renaissance des 19. Jahrhunderts einleitet. Beethovens Zeitgenossen dagegen kümmern sich wenig um das musikalische Erbe. Der Appetit auf frische Ware überwiegt. Der Konzertbetrieb bei Hofe und auch der langsam einsetzende bürgerliche Musikbetrieb lechzt nach Abwechslung. Es besteht noch eine zwanglose Einheit zwischen aktueller Musik und Publikum – eine heute schwer vorstellbare prästabilierte Harmonie. Erst Beethoven durchschneidet dieses Band des Einverständnisses. An ihm reibt man sich, über ihn regt man sich auf, für ihn begeistert man sich aber auch auf ganz neue Weise.

Ein weiterer Grund dafür, dass Beethovens ältere Komponistenkollegen weniger für die Nachwelt als für ihre Gegenwart schrieben, ist die erst zur Zeit Beethovens einsetzende Blüte des Musikverlagswesens. Als er in Bonn erste Erfahrungen im Orchester sammelt, liegen längst noch nicht alle Werke vergangener und zeitgenössischer Komponisten gedruckt vor. Man behilft sich größtenteils mit handschriftlichen Kopien, die im Archiv der Bonner Hofkapelle lagern. Es sind Abschriften für den Tagesbetrieb, nicht für die Ewigkeit. Eine Welle gedruckter Noten setzt erst mit den ungemein erfolgreichen Werken der Mannheimer Schule ein, doch selbst die betrachtet man kaum sub specie aeternitatis – unter dem Gesichtspunkt der Ewigkeit. Beethoven hingegen wird zum Ende seines Lebens hin den Löwenanteil seiner Korrespondenz mit Verlegern führen, die sein Werk im wahrsten Sinne des Wortes verewigen. Nichts darf verloren gehen, alles weist in die Zukunft.

Dieses Selbstverständnis wirkt sich auf sein Ethos als Komponist aus. Das Bewusstsein, unsterbliche Werke zu erschaffen, verbietet streng genommen die Kategorie der Gelegenheitskomposition. Eigentlich existiert sie nicht mehr für Beethoven, auch wenn er hier und da eher triviale Auftragswerke schreibt, um seine materielle Basis zu sichern. Selbst eine Festanstellung bei Hofe erwägt er nur, wenn der Existenzdruck zu groß wird. Als er 1808 in schwere finanzielle Bedrängnis gerät, tut sich die Möglichkeit auf, nach Kassel zu gehen, wo Napoleons Bruder »Jerôme Lustig« eine ganz und gar unrevolutionäre Pracht entfaltet. Über einen Mittelsmann lässt Beethoven Verhandlungen führen, steckt die Sache aber höchst listig seinen wohlmeinenden Wiener Freunden. Schließlich tun sich drei Mäzene zusammen und gewähren ihm eine Alimentierung, um Beethoven an diesem Schritt zu hindern. Doch dass er ernsthaft darüber nachgedacht hat, ist unwahrscheinlich. Hier darf man Schindlers Urteil Glauben schenken, wenn er feststellt: »Die politischen Grundsätze des Mannes, der ihn unwiderstehlich beherrschende Sinn zu uneingeschränkter Freiheit und Selbstständigkeit, geben diese Charaktereigenschaften wohl dem Gedanken Raum, daß der Meister sich an einem kaiserlichen oder königlichen Hofe hätte gefallen können, er, der pure Gegensatz von einem Hofmann, der lauten Haß gegen *liebedienerische, die Hofluft erzeugende Höflinge* im Herzen getragen?«[151]

Abgesehen von seiner politischen Gesinnung weiß Beethoven im Grunde, dass er für die musikalische Akkordarbeit einer solchen Position nicht geschaffen ist. Allein die um drei Jahre verzögerte Uraufführung der von Erzherzog Rudolph bestellten *Missa Solemnis* zeigt, dass er Auftragswerke nicht rechtzeitig abliefern kann und will, sondern erst dann, wenn er mit dem Resultat zufrieden ist. Die Verantwortung sich selbst und der Nachwelt gegenüber ist ihm wichtiger, selbst dann, wenn er Gefahr läuft, einen wohlmeinenden Gönner vor den Kopf zu stoßen. Als Graf Anton von Apponyi gegen Honorar ein Quartett bei ihm in Auftrag gibt, mag er gar nicht erst anfangen: »Auf meine wiederholte Ermahnung an diesen Auftrag machte Beethoven sich zweimal ans Werk«, berichtet Wegeler, »allein bei'm ersten Versuch entstand ein großes Violin-Trio (Op. 3), bei dem zweiten das Violin-Quintett (Op. 4).«[152]

Das Komponieren auf Bestellung widerspricht seiner Arbeitsweise. Er entwirft und verwirft, lässt angefangene Stücke manchmal jahrelang liegen und hütet den stetig anwachsenden Berg loser Blätter und Skizzenbücher wie einen Schatz. Allein zum *Streichquartett cis-Moll, op. 131,* existieren an die sechshundert Skizzenblätter. Welch ein Kontrast zu Mozart, der seinem Vater 1784 aus Wien schreibt: »Der ganze vormittag ist den scolaren gewidmet. Und abends hab ich fast alle tage zu spiellen« – allein im März 1784 sind es neunzehn Konzerte – »nun können sie sich leicht vorstellen, dass ich nothwendig Neue Sachen spiellen muß – da muß man also schreiben.«[153]

Mozarts ungeheure Produktivität findet in dieser Zeit größtenteils nachts statt, in einer Geschwindigkeit, die für Beethoven unvorstellbar wäre. Dieser Vergleich sagt natürlich nichts über die Qualität der entstandenen Werke. Er macht lediglich deutlich, dass Mozart sich weit weniger um seinen Nachruhm sorgte als um die Bewältigung seines gewaltigen Pensums. An Unsterblichkeit hat er ganz sicher nicht gedacht. Genauso wenig wie »Papa Haydn«, der ebenfalls seine liebe Not hatte, den unstillbaren musikalischen Appetit des Fürsten Esterhazy zu befriedigen.

Für Beethoven ist die Idee des Nachruhms bindend. Sein Sendungsbewusstsein, das bereits aus Bonner Tagen datiert, gewinnt mit dem Prometheus-Mythos eine verpflichtende Dimension. Ja, er fühlt sich von Apoll berufen, den er in seinem Brief über die Unsterblichkeit erwähnt. Schließlich ist es Apoll, der im Prometheus-Ballett die rohen Menschenkinder mithilfe der Musen besänftigt und durch die Künste zu besseren Menschen formt. Solche Zusammenhänge offenbaren Beethovens geheime Ambitionen: Selbst dem Menschen kann sich eine gewisse Göttlichkeit eröffnen, wenn er nach Bildung und Schönheit strebt. Und das tut Beethoven, unermüdlich, bis zu seinem Tode. Vielleicht hat er als Verehrer der griechischen Philosophen die entsprechende Stelle in Platons *Phaidon* gelesen: »Doch ins Geschlecht der Götter einzugehen steht niemandem zu, der nicht dem reinen Wissensstreben sich gewidmet hat und nicht in makelloser Lauterkeit von hier gegangen ist – es ist allein dem Freunde der Erkenntnis vorbehalten.«[154]

Kapitel 3

Gefährliche Liebschaften

Klavierstück a-Moll, WoO 59, »Für Elise« genannt, 1810

Er kann es einfach nicht lassen. Schließlich war da mal was mit der schönen Elisabeth. Inzwischen gehört sie einem anderen, aber Beethoven stört das nicht im Geringsten. Er flirtet mit ihr, er neckt sie, aus lauter Zuneigung kneift er sie sogar – shocking! – mehrmals in den Arm. Das Ganze wird dermaßen peinlich, dass sich die geplagte Dame schließlich von ihm wegsetzen muss. Immerhin weilt auch ihr Ehemann Johann Nepomuk Hummel an der Tafel, Komponist, Klaviervirtuose, Ex-Kapellmeister. Und der, wen wundert's, findet Beethovens gut gelaunte Zudringlichkeiten so gar nicht lustig.

Mauro Giuliani, der Gastgeber der kleinen Tischgesellschaft, ist ebenfalls irritiert. Sein schmales fein geschnittenes Gesicht umwölkt sich, nervös streicht er über seine imposanten Koteletten. Was bitte schön bedeutet dieses unwürdige Schauspiel? Dabei sollte es doch ein kunstsinniger, harmonischer Abend unter Musikern werden. Giuliani ist ein europaweit gefeierter Gitarrenvirtuose und hat an einigen Konzerten Beethovens als Cellist mitgewirkt. Hummel und Beethoven sind befreundet, Hummels Frau ist Sängerin – da könnte man meinen, alle verstünden sich glänzend. Weit gefehlt. Hummel zeigt sich verschnupft, seine Frau lächelt gequält, Beethoven versteht die ganze Aufregung nicht. Da beschweren sich immer alle, er sei so schrecklich mürrisch, aber wenn er sich dann mal aufgeknöpft gibt, ist es auch wieder nicht recht. Was hat er denn getan?

Das, was er mit Vorliebe tut: vergebene Damen umwerben. Ihn reizt die verbotene Frucht, und Elisabeth Röckel ist ein besonders verführerisches Exemplar. Klarer Blick, sinnlicher Mund, üppiges dunkles Haar, noch dazu mit einer schönen Stimme begabt, ja, das ist eine Frau nach Beethovens Geschmack. Kennengelernt hat er sie schon um 1808, da war sie erst fünfzehn. Mit siebzehn debütierte sie als Opernsängerin in Bamberg, wo man ihr eine strahlende Zukunft voraussagte. Jetzt ist sie Anfang zwanzig, eine voll erblühte frauliche Schönheit, und die Karriere schon wieder vorbei. Oder, wie es der Bamberger Theaterintendant Franz von Holbein formuliert: Sie wäre eine der berühmtesten Sängerinnen ihrer Zeit geworden, wenn sie daran nicht, »wer sollte es glauben – von einem der berühmtesten Kapellmeister jener Zeit – gehindert worden wäre.«[155]

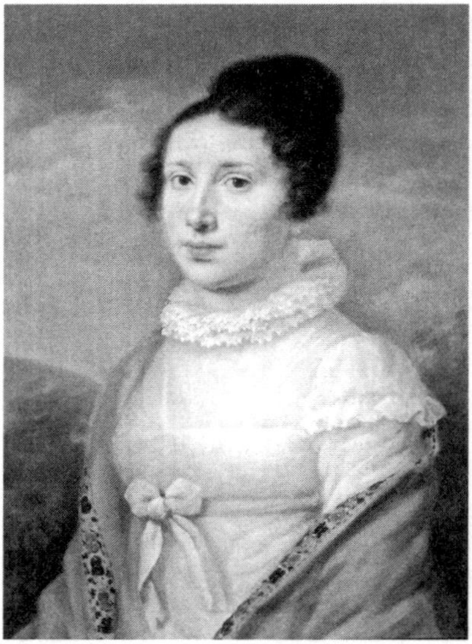

Abb. 5 Elisabeth Röckel (1793–1883), Opernsängerin; ab 1823 mit dem Pianisten Johann Nepomuk Hummel verheiratet, faszinierte sie auch Beethoven

Das war keineswegs abzusehen im Jahre 1811, als sie im Wiener Kärtnertortheater in der Oper *Die Schweizerfamilie* umjubelt wurde. Sogar Ignaz Franz Castelli, der Librettist der Oper und daher ein besonders kritischer Zuschauer, geriet damals in helles Entzücken: Schon ihre Gestalt nehme für sie ein, so wie ihre zarte Jugend und die darstellerische Ausdruckskraft. »Die reinste Natur, das heftigste Gefühl sprach aus jedem Worte, jedem Tone«[156], schwärmte Castelli, bezaubert von ihrer Anmut und ihrem himmlischen Lächeln. All diese Vorzüge fielen auch Johann Nepomuk Hummel auf, als er die Sängerin 1812 kennenlernte. 1813 wurde Elisabeth seine Frau, womit er das Ende ihrer künstlerischen Laufbahn einläutete.

Ein Jahr später trifft sie an der Tafel Mauro Giulianis auf Beethoven, der sie recht unverhohlen an die einstige Zuneigung erinnert. Wie um Himmels willen reagiert man darauf?

Elisabeth zupft ein wenig an ihren hochgesteckten Locken herum, während sie einen scheuen Seitenblick auf den Komponisten wagt. Besonders hübsch ist er ja nicht. Es gibt sogar Frauen, die ihn richtiggehend abscheulich finden mit der pockennarbigen Haut und den stechenden Augen. Dennoch kursieren die abenteuerlichsten Geschichten über Beethoven, der als passionierter Schürzenjäger gilt. Unwillkürlich schweifen Elisabeths Gedanken zurück ins Jahr 1808. Damals hat sie Beethovens »lebhaftestes Interesse«[157] erregt, jedermann weiß es, und jedermann meint, er müsse es unbedingt ausposaunen. So wie Ferdinand Hiller, ein wenig diskreter Freund der Familie. Schrecklich, dass im verklatschten Wien immer gleich alles ans Tageslicht gezerrt wird. Die Formulierung »lebhaftestes Interesse« gewährt natürlich einigen Interpretationsspielraum, doch Elisabeth wird sich hüten, Geheimnisse auszuplaudern. Als ehrbare Hausfrau und Mutter kann sie auf neuerliche Gerüchte verzichten. Mit Beethoven verderben will sie es sich aber auch nicht. Sie mag ihn, sie verehrt ihn. Deshalb macht sie gute Miene zum seltsamen Spiel.

Ihren Mann bewegen ähnlich gemischte Gefühle, möglicherweise ergänzt um rückwirkende Eifersucht. Damals, vor sechs Jahren, ist Elisabeth noch eine lebenshungrige junge Frau gewesen, und Beethoven war stets empfänglich für weibliche Reize, wie man hört. Zudem gibt es da gewisse musikalische Komplikationen. Der Taufname seiner lieben Ehefrau lautet Eva Maria, ihr Künstlername Elisabeth, manchmal nennt sie sich auch Elise. (Um die Verwirrung komplett zu machen, wird sie ab 1817 mit Betty unterschreiben.) Ein nachdenklicher Zug tritt in Hummels Gesicht. Dieses kleine Klavierstück geht ihm nicht aus dem Kopf. Heißt es wirklich *Für Elise*? Kein gutes Omen. Dann könnten Beethovens unpassende Vertraulichkeiten darauf beruhen, dass Elisabeth tatsächlich eine Ex-Geliebte ist, der er einst eine Komposition widmete. Dafür ist er ja bekannt. Sobald ihm eine Frau gefällt, umgarnt er sie mit seiner Musik.

Nein, nein. Unmöglich. Hummel bemüht sich um Contenance. Was soll man schon auf Gerüchte geben. Sicher ist doch nur, dass Beethoven zuweilen seinen ungelenken Charme spielen lässt und dann schon mal mit Anlauf ins nächstbeste Fettnäpfchen springt. Eine lässliche Sünde, oder? Man ist hier unter Künstlern, nicht in einem parfümierten Adelssalon. Also setzt Hummel eine gelassene Miene auf. Schließlich ist es nicht irgendwer, der seiner Gemahlin ebenso unschicklich wie ungeschickt nachstellt, sondern der große Ludwig van Beethoven. Hummel bewundert ihn, er genießt diese schmeichelhafte Freundschaft. Außerdem – niemals würde Hummel dies verraten, nicht einmal seine Frau weiß es – unterstützt er den Komponisten sogar finanziell. Die Dankesbriefe Beethovens bewahrt er in einem Geheimfach seines Schreibtisches auf, gut verborgen vor neugierigen Augen (KC, S. 140).

Er tauscht einen Blick des Einverständnisses mit Elisabeth. Alles in Ordnung, signalisiert sie ihm, so ist Beethoven nun mal, kein Grund also, hier den Spielverderber zu geben. Stoisch warten die beiden das Ende des Abends ab, dann verabschieden sie sich aufs Höflichste. Hummel führt seine Gemahlin hinaus, voller Genugtuung, dass er sich bestens im Griff hatte. Einen Beethoven weist man nicht zurecht. Und womöglich ist ja auch gar nichts passiert, damals, mit seiner Elisabeth. Hat man den ewigen Junggesellen Beethoven denn jemals in einer echten Liebesverbindung angetroffen? Vielleicht ist er gar nicht der Schürzenjäger, der er zu sein vorgibt? Warum sonst macht er ein so großes Geheimnis aus seinen Affären? Im Hinausgehen pfeift Hummel eine Melodie vor sich hin. E-Dis-E-Dis-E-H-D-C-A. Elisabeth sieht starr geradeaus.

Die Kunst der Bagatelle

Falls es so etwas wie musikalische Galanteriewaren gibt, dann ist dieses kleine Rondo in a-Moll der Inbegriff dafür. Schon der ornamental verspielte Beginn wirkt wie eine Tändelei mit Sekundintervallen. Einem Zeitlupentriller gleich, pendelt sich das Wechselspiel von E und Dis auf das E ein, bevor die Melodie hakenschlagend auf die Tonika hinabtanzt. Und als gelte nicht die Regel, dass jeder originelle Einfall seinen Zauber durch Wiederholung einbüßt, kehrt diese Wendung im Laufe des Stücks wieder und wieder. Muss man darin den »fast manisch gewordenen Hang zu verschiedensten Repetitionsmustern« des mittleren Beethoven sehen?[158] Oder die Kunst des Flirts, bei dem das Hinauszögern des Folgenden mindestens so reizvoll ist wie die Sache selber? Die entpuppt sich dann als einigermaßen harmlos. Zunächst jedenfalls.

Generationen von Klavierschülern haben sich an den Arpeggio-Figuren erfreut und ordentlich aufs Pedal gedrückt, um dem Hauptthema die nötige Wirkung zu verleihen. Ein F-Dur-Couplet wird danach eher flüchtig eingeschaltet, ein paar Läufe noch, eine rasche Modulation nach C-, dann nach E-Dur, und schon siegt wieder die schlanke Einfalt der gebrochenen Akkorde, die zwischen Moll-Tonika und Dur-Dominante hin und her schweifen. Mit ihren Zieltönen A, H, C und A, H, A formen sie eher einen Melodietorso als eine Melodie; zwar kann man einen Melodiebogen ausmachen, der die linke Hand mit einbezieht, doch wie so oft bei Beethoven ergibt sich eben auch eine Binnenmelodie, die in ihrer Schlichtheit eine überaus anmutige Wirkung entfaltet.

Auch ein wenig Theaterdonner darf nicht fehlen. Die linke Hand repetiert einige Takte lang den Grundton A, die rechte trumpft mit volltönenden Akkorden auf, zusehends dramatisiert durch aparte Verminderungen. Eine neu harmonisierte Variante, eine unerwartete Rückung nach B-Dur – nun ist das anfängliche a-Moll schon nicht mehr weit, auf dem die rechte Hand perlende Läufe zum Besten geben darf, bis nach einer chromatisch herabsausenden Tonleiter durch anderthalb Oktaven wieder die wohlbekannte Pendelbewegung einsetzt.

Für Elise. Spieltechnisch ein Klacks, strukturell überschaubar, noch dazu höchst eingängig – das ist der Stoff, aus dem Erfolge gemacht sind. Offenbar wartet das Stück mit der perfekten Mischung aus Eleganz und Erwartbarkeit auf, denn berühmt sind nicht die Zwischenteile, sondern lediglich das Hauptthema. Dessen Molltonart wirkt eher lyrisch als düster, schon allein des beachtlichen Tempos wegen. *Poco moto* – etwas bewegt, – ist das Stück überschrieben, sodass jede melancholische Färbung trotz der Molltonart und des *pianissimo* vermieden wird. Es dürfte eine der populärsten Klavierkompositionen Beethovens überhaupt sein. Eine Inkunabel des Klavierstundenrepertoires und wie die *Mondscheinsonate* millionenfach zitiert. Über Titel und Entstehung streiten freilich die Gelehrten.

Belegt ist ein erster Melodieentwurf von 1808 im Skizzenbuch zur *Pastorale.* Zu dieser Zeit macht Beethoven Bekanntschaft mit Elisabeth respektive Elise Röckel. Zwei Jahre später nimmt er sich die Melodie erneut vor. Diesmal notiert er ausgearbeitete Passagen auf einem Blatt, das außerdem Skizzen der *Egmont-Ouvertüre* und eines Marschs aufweist. Seltsamerweise verschwindet das Autograf des fertigen Stückes, nachdem Ludwig Nohl 1867 eine gedruckte Fassung veröffentlicht. Wer heute die Noten erwirbt, hält die Version von 1810 in Händen – obwohl Beethoven 1822 erneut daran feilt; ausführlich, jedoch ohne zu einem endgültigen Ergebnis zu kommen. Offenbar sollte es als Nummer zwölf seinen Bagatellenzyklus op. 119 abrunden. Hat Nohl etwa eigenmächtig ein Fragment vervollständigt und dann als originalen Beethoven ausgegeben?

Für die musikalische Betrachtung ist die geplante Zuordnung zu einem Bagatellen-Zyklus aufschlussreich. Mit Ausnahme der *Sechs Bagatellen op. 126* komponierte Beethoven seine pianistischen »Kleinigkeiten« in loser Folge und stellte sie erst für eine Veröffentlichung zusammen. Auch op. 119 ist solch ein Mix. Die Bagatellen sieben bis elf steuerte Beethoven 1821 zu einer Klavierschule des Wiener Kapellmeisters und Komponisten Friedrich Starke bei. Der bedankte sich überschwänglich und verwahrte sich gegen eine Unterschätzung dieser vermeintlichen Petitessen: »Der Kundige wird aber bald wahrnehmen, dass nicht nur der eigenthümliche Genius des berühmten Meisters sich in jedem Satze glänzend offenbart, sondern dass auch diese von Beethoven mit so eigener Bescheidenheit ›Kleinigkeiten‹ genannte Tonstücke für den Spieler ebenso lehrreich sind, als sie das vollkommenste Eindringen in den Geist der Composition erfordern.«[159]

Der apologetische Charakter der Äußerung zeigt, dass Beethovens Bagatellen nicht unumstritten waren. Je nach Blickwinkel konnte man in ihnen ein musikalisches Understatement sehen, eine »unschuldige Spielerey«[160], wie ein Rezensent schrieb, oder aber minderwertige Ausschussware. Zu dieser wenig freundlichen Ansicht gelangt der Verleger Carl Friedrich Peters, als Beethoven ihm die ersten sechs Bagatellen aus dem späteren op. 119 anbietet. Sie sind ganz unterschiedlichen Datums, teilweise stammen sie noch aus den 1790er-Jahren. Wie so oft steht Beethoven unter finanziellem Druck und nutzt eine Anfrage des Verlegers, um Liegengebliebenes aus seinem Privatarchiv zu verkaufen. Peters lehnt das Potpourri mit dem Argument ab, man könnte ihn eventuell des Betrugs zeihen, »denn daß diese(s) Werkchen von dem berühmten Beethoven sey, werden wenige glauben«.[161] Ein gnädigeres Schicksal erfahren die *Sechs Bagatellen op. 126* bei den Zeitgenossen. Von 1823 bis 1824 entstanden, sind sie von vornherein als in sich abgeschlossener Zyklus konzipiert, und die *Allgemeine Musikalische Zeitung* jubelt 1826, hier offenbare Beethoven mehr Neues und mehr kompositorische Substanz als mancher ganze Opernakt.[162]

Die kontroversen Bewertungen gründen sich nicht allein auf die in der Tat sehr unterschiedlichen Entstehungsbedingungen und die damit verbundenen Qualitätsschwankungen. Es geht auch um die Einordnung in das Gesamtœuvre Beethovens. So mancher fand die »kleine Form« eines Genies generell nicht würdig. Zu beiläufig, zu anspruchslos sei sie, eben keine »große Kunst«. So unterstellte man Beethoven einen Rückschritt, verglichen mit den ungleich komplexer angelegten Klaviersonaten.

Diese Vorurteile sind vor allem der Gattungsgeschichte der Bagatelle geschuldet. Anfang des 17. Jahrhunderts verstand man darunter kurze, schlicht gehaltene Vokal- und Instrumentalstücke, im 18. Jahrhundert betrachtete man sie vor allem unter dem spielerischen Aspekt. Obwohl bereits Couperin, Rameau und Carl Philipp Emmanuel Bach mit der »kleinen Form« experimentiert hatten und bei Weitem nicht nur Nebensächliches schrieben, erschienen sie wie oberflächliche Gelegenheitsarbeiten. Bagatellen kamen eben per definitionem unprätentiös daher, oft scherzhaft. Das trug ihnen den Ruf ein, sie seien hübsch, letztendlich aber trivial. Bei Beethoven erfuhren sie zunehmend eine Aufwertung. Das zeigt sich schon allein dadurch, dass er oft über längere Zeiträume hinweg daran arbeitete – so auch am Klavierstück *Für Elise*.

Man muss also davon ausgehen, dass es sich bei den Bagatellen »keineswegs um spontan niedergebrachte Geistes-oder Gedankenblitze, skizzenhafte oder al fresco-Stücke handelt«, sondern um Kompositionen mit ausdrücklich intendiertem Werkcharakter.[163] Die vermeintliche Schlichtheit entpuppt sich als freiwillige Selbstbeschränkung: Weniger ist mehr, Beiläufigkeit wird zur ästhetischen Strategie. Das ist eine vergleichsweise moderne Auffassung, wenn man bedenkt, dass Beethoven die Kunst des klavieristischen Beeindruckungspathos wie kein Komponist vor ihm beherrscht. Wie so oft durchbricht er die Erwartungen, und man muss schon zweimal hinhören, um im vermeintlich Einfachen den Reiz der Reduktion zu entdecken. Bahnbrechend wird jedoch seine Idee des Zyklus. Die Bagatellen des op. 126 kann man als Vorläufer jener Miniaturen sehen, wie sie Schumann später in seinen *Kinderszenen,* den *Papillons* oder in den *Davidsbündlertänzen* zusammenfasst. Statt Themen und Motive in einem zusammenhängenden größeren Klavierwerk zu verarbeiten, stellt Schumann kurze, prägnante Charakterstücke nebeneinander, die sich wie ein Patchwork zu einem größeren Muster ergänzen. Diese Tendenz zur Verknappung zugunsten eines zyklischen Werks nimmt Beethoven mit den Bagatellen vorweg. Überdies ist er der erste Komponist, der die Idee hat, mit der Sammlung »An die ferne Geliebte« einen Liederzyklus zu formen. Auch damit wird er zum Vorbild für die nächste Generation. Schubert, Schumann und Hugo Wolf entwickeln nach Beethoven ebenfalls Großformen, in denen sich die einzelnen Lieder zu einem komplexen Ganzen fügen.

Beim Klavierstück *Für Elise*, das mit seinen raschen atmosphärischen Wechseln fast anekdotisch wirkt, könnte man an einen imaginären Makrokosmos denken, der im Mikrokosmos der Bagatelle seine Entsprechung findet. »Mit der Kürze des Stücks wächst bei Beethoven oft das spezifische Gewicht, die Bedeutungsschwere der Musik«, urteilt Jürgen Uhde. »So steckt das Große im Kleinen, das Monumentale in der Miniatur.«[164] Im Grunde betrachten wir hier ein Paradox. Denn zum einen steht Beethoven für die Vergrößerung und »Ausdehnung«[165] der Formen: in der Symphonik, in den Klaviersonaten, in der Kammermusik; zum anderen aber eben auch für die äußerste kompositorische Konzentration auf engstem Raum. Das erklärt die schnelle Abfolge unterschiedlicher charakteristischer Teile im Rondo *Für Elise*. Der gefällige Anfang wirkt wie die Mimikry eines Salonstücks, das dann die aufgebaute Erwartung ungetrübten Genusses durchbricht. Fast brüsk werden die beiden Mittelteile dagegengesetzt. Der Stimmungsumschlag ereignet sich jeweils ohne ausgedehnte vorbereitende Überleitungen; jäh kommt das Bewegungsmuster der gebrochenen Akkorde zum Erliegen, etwas Neues beginnt.

Diese Heterogenität wurde oft als erzählender Duktus interpretiert, bei dem das kokette Werben des Beginns einmal vom munteren F-Dur-Teil, dann vom theatralischen Zwischenteil gestört wird. Und schon denkt man an die Doppeldeutigkeit des Begriffs Bagatelle, der neben »Kleinigkeit« auch mit dem Wort »Liebschaft« übersetzt werden kann. Offenbar kommt es zu Liebeskomplikationen. Doch wem gilt Beethovens Interesse?

Liebe mit Familienanschluss

Einigkeit herrscht darüber, dass der verschollene Autograph aus dem Nachlass der Wiener Bankierstochter Therese Malfatti stammt. Dann scheiden sich die Geister aber auch schon. Dass Herausgeber Ludwig Nohl aus Beethovens kryptischer Handschrift womöglich eine »Elise« statt einer »Therese« herausgelesen hat, halten die einen für wahrscheinlich, die anderen für völlig ausgeschlossen. Zugestehen muss man immerhin, dass »Für Elise« weit poetischer klingt als »Für Therese«. Ungeachtet dessen ist es ein detektivischer Sport für Beethovenforscher geworden, die wahre Widmungsträgerin aufzuspüren. Kandidatinnen gibt es reichlich, Spekulationen ebenfalls. Wenn Beethoven eine Komposition mit einer Widmung versieht, dann kann das nur zwei Gründe haben: entweder, weil er sich einen finanziellen Vorteil davon verspricht, oder aber, weil sich eine amouröse Hoffnung damit verbindet. Manchmal auch beides. War das Rondo ein Abschiedsgeschenk für Elise Röckel, als sie Wien Valet sagte? Warum aber besaß dann Therese Malfatti den Autographen?

Was Therese Malfatti als Adressatin infrage kommen lässt, sind die zarten Bande, die Beethoven zu ihr knüpft, wenn auch – Gott sei's geklagt – höchst einseitig. Die zeitliche Einordnung passt perfekt. Im Frühjahr 1810, kurz bevor die heute bekannte Fassung des Klavierstücks entsteht, ist Beethoven ein häufig gesehener Gast auf dem Landgut des Wiener Bankiers Jacob

Friedrich Malfatti, dessen Tochter er seit einiger Zeit den Hof macht. Nun ja, es ist eher ein Werben der Vernunft, nicht der glühenden Verliebtheit. Das Ganze hat den Beigeschmack des Arrangements. Vorausgegangen war der ersten Begegnung im Winter ein Brief an Ignaz von Gleichenstein, der sich mit Thereses Schwester Anne verlobt hatte. »Sei glücklich, ich bin's nicht«, schreibt Beethoven etwas sauertöpfisch und bittet den Freund, auch für ihn nach einer geeigneten Gemahlin Ausschau zu halten. Er brauche eine Frau, »die vielleicht meinen Harmonien einen Seufzer schenkt«. Darauf folgt die Mahnung: »Doch müßte es keine Elise Bürger sein ... Schön muß sie aber sein.«[166]

Wer in der Erwähnung dieser Elise einen brisanten Hinweis vermutet, landet in einer Sackgasse. Es handelt sich um eine leicht überspannte Schauspielerin und Schriftstellerin, die im Alter von 20 Jahren dem Dichter Gottfried August Bürger einen Heiratsantrag machte, ihn tatsächlich ehelichte, wegen erwiesener Untreue jedoch bald darauf wieder von ihm geschieden wurde. Beethoven möchte also ganz und gar keine solche Elise. Vielmehr wünscht er sich ein treues Weib, noch dazu ein schönes. Mehr Ansprüche stellt er nicht, und mehr kann er auch nicht erwarten. Die knapp zwanzigjährige Therese Malfatti ist dem Vernehmen nach eine glutäugige Schönheit, aber weder sonderlich gebildet noch übertrieben musikalisch. »Wie so mancher verliebte Mann verfiel er der Illusion, dass er das Objekt seiner Liebe umerziehen könnte, in diesem Falle zur Musikerin«, kommentiert Vladimir Karbusický Beethovens Ansinnen[167].

Ob Therese überhaupt gewillt sein könnte, einen doppelt so alten und nicht gerade pflegeleichten Mann zu heiraten, spielt selbstredend keine Rolle in Beethovens Vorstellungswelt. Auch der Standesunterschied bereitet ihm keinerlei Kopfzerbrechen. Er bestellt erst einmal exquisite Halstücher sowie Stoff für neue Hemden, um das junge Mädchen zu beeindrucken. Mit einem undatierten, vermutlich vom Jahresbeginn 1810 stammenden Brief an Gleichenstein übersendet er Therese überdies eine Klaviersonate. Keine geringe Morgengabe. Doch Beethoven ist von Enthusiasmus erfüllt, da er in der Familie Malfatti freundlich aufgenommen wurde. »Empfehl' mich ihnen allen«, schreibt er Gleichenstein, »mir ist so wohl bei ihnen allen; es ist, als könnten die Wunden, wodurch mir böse Menschen die Seele zerrissen haben, wieder durch sie geheilt werden.«[168]

In der Tat, die Wunden sind tief und längst noch nicht verheilt. Schon seit vielen Jahren ist Beethoven ein von unerwiderten Gefühlen gebeutelter, seit Kurzem auch restlos desillusionierter Mann. Der Jahresbeginn 1810 steht ganz im Zeichen der zweiten Vermählung Josephine von Deyms, geborene Brunsvik, nach der er sich zuletzt nur noch von ferne verzehren durfte. Mehr als eine Dekade lang hat ihn diese Frau in Atem gehalten, tief verstrickt in eine Amour fou ohne jede Aussicht auf Erfüllung. Ganz gleich, ob seine Avancen bei Therese Malfatti erfolgreich sein werden: Verglichen mit Josephine – strahlend, geistreich, amüsant, gebildet –, wird Therese immer nur ein matter Abglanz bleiben. Eine Lückenbüßerin.

Dass sein »leicht empfängliches und rasch-entzündliches Künstlertemperament« angesichts von Thereses attraktiver Erscheinung »rasch Feuer fangen musste«[169], wie Beethoven-Biograf Albert Leitzmann 1911 in zeittypisch verklärender Manier mutmaßt, gehört fraglos ins Reich der Mythen. Es ist wahr, Beethoven verbreitet die Legende, er verliebe sich häufig, heftig und sei ein amouröser Kurzstreckenläufer. Von seinem Klavierschüler und Freund Ferdinand Ries wissen wir, dass er gern mit rasch wechselnden Affären prahlt: »Da ich ihn einmal mit der Eroberung einer schönen Dame neckte, gestand er, die habe ihn am stärksten und längsten gefesselt, nämlich volle sieben Monate.«[170] Das Selbstbild des wankelmütigen Womanizers ist aber möglicherweise nur Fassade. Immerhin enthält die platonische On-off-Beziehung zu Josephine alle Anzeichen endlos durchlittener Gefühlsqualen. Die Hinwendung zu Therese Malfatti hingegen ist so rational durchdacht, dass man schwerlich von Leidenschaft oder gar inniger Seelenverwandtschaft ausgehen kann. Auch ein Beethoven ist eben nicht vor dem Irrtum gefeit, eine beliebige neue Frau könnte den Schmerz unglücklicher Liebe lindern. Nur – warum will er gleich heiraten?

So glamourös seine Existenz nach außen hin zuweilen wirken mag, im Alltag führt Beethoven ein eher glanzloses Singleleben. Zumeist haust er in kleinen verwahrlosten Arbeitswohnungen, wo er nur engste Freunde zu Hausmusik empfängt. Seine Mahlzeiten finden vorzugsweise in einfachen Gasthäusern statt, wenn er nicht ein frugales Essen aus der Hand seiner Bediensteten einnimmt. Für die verfeinerte Küche hat er so wenig übrig wie für das Zeremoniell in adeligen Kreisen. Seine öffentlichen und halb öffentlichen Auftritte absolviert er lediglich, um sich als Pianist und Komponist zu profilieren. Darüber hinaus nimmt er am gesellschaftlichen Leben, wenn überhaupt, dann nur als Zaungast teil.

Dieses unspektakuläre Dasein soll sich nun ändern. Sein Interesse an Therese Malfatti erwacht in einer Zeit, als er finanziell einigermaßen konsolidiert ist. Soeben haben seine Gönner, Erzherzog Rudolph sowie die Fürsten Lobkowitz und Kinsky, per Dekret für eine jährliche Apanage von 4000 Gulden zusammengelegt, um ihn in Wien zu halten. Damit ist der Kapellmeisterposten in Kassel vom Tisch, und Beethoven kann mit einem festen Einkommen in der Donaumetropole rechnen. Fürstlich ist das Salär nicht gerade, aber ein solider Grundstock für den täglichen Bedarf. Addiert Beethoven seine zu erwartenden Kompositionshonorare hinzu, könnte es durchaus für ein Leben zu zweit reichen.

Viel wichtiger aber: Seine Heiratspläne sind gleichbedeutend mit dem Wunsch, sich einer angesehenen Familie zugehörig zu fühlen.

Er möchte endlich in Kreisen Fuß fassen, in denen er sonst nur in seiner Eigenschaft als berühmter Musiker geduldet wird.

Nicht zuletzt der Vorfall auf Schloss Grätz hat ihm vor Augen geführt, dass er unbedingt eine Gattin von Stand braucht – und eine Familie, die ihn gesellschaftlich nobilitiert. Diesen Absichten scheinen die Malfattis auf ideale Weise entgegenzukommen. Man ist musikaffin, führt ein offenes Haus mit anspruchsvollen Geselligkeiten und ist vor Kurzem in den Adelsstand erhoben worden. Seit 1806 trägt Jacob Friedrich Malfatti den Titel »Edler von Rohrenbach zu Dezza«. So ganz unbekannt ist Beethoven die Familie im Übrigen nicht. Thereses wohlhabenden Cousin, den Arzt Johann Baptist Malfatti, konsultiert er bereits seit 1809 wegen seines Gehörleidens. Alles in allem verspricht die Verbindung mit Therese also eine erfolgreiche Integration in diese Großfamilie und damit die lang vermisste gesellschaftliche Anerkennung.

Salopp gesagt: Beethoven will sich hochheiraten. Doch so nachvollziehbar seine Überlegungen auch sein mögen, eines übersieht er: Die seinen Liebesangelegenheiten innewohnende Dramaturgie läuft in unschöner Regelmäßigkeit auf einen Affront zu.

Sein Faible für höhergestellte Frauen und der Traum vom sozialen Aufstieg, das sind gleich zwei Sollbruchstellen für eventuelle Heiratsabsichten.

Auch mit Therese Malfatti wird ihm kein Glück beschieden sein.

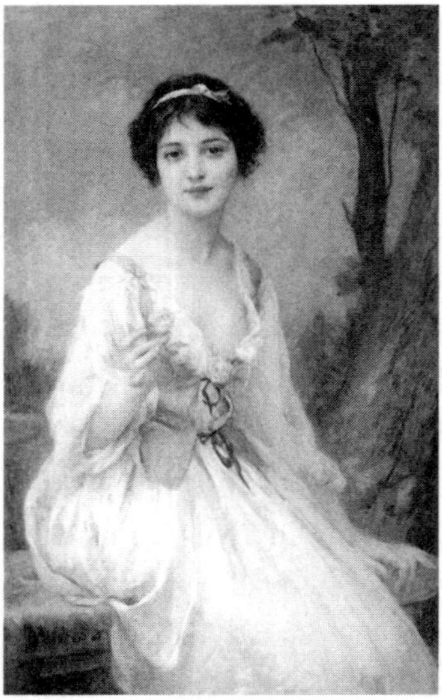

Abb. 6 Therese Malfatti (1792–1851) – der Tochter eines Wiener Kaufmanns, die später auch mit Franz Schubert befreundet war, machte Beethoven 1810 einen Heiratsantrag. Sie besaß das Autograph der *Für Elise* genannten Bagatelle.

Die erhaltene Abschrift des Klavierstücks *Für Elise* respektive »Für Therese« trägt das Datum des 27. April 1810. Vom Mai 1810 stammt ein Brief Beethovens, der allem Anschein nach Bezug darauf nimmt: »Sie erhalten hier, verehrte Therese, das Versprochene, und wären nicht die triftigsten Hindernisse gewesen, so erhielten Sie noch mehr, um zu zeigen, dass ich immer mehr meinen Freunden leiste, als ich verspreche.« Anders als die Sonate vom Jahresbeginn ist es ein Abschiedsgeschenk. Recht schroff haben die Eltern des jungen Mädchens zu verstehen gegeben, Beethovens Avancen seien unangemessen; Therese muss sie ebenfalls weit von sich gewiesen haben. Beethoven schiebt es auf ihre Flatterhaftigkeit, auch auf ihre fehlende Bildung, denn er zitiert recht hochmütig einen Satz aus Goethes *Egmont:* »Es wäre wohl zuviel gebaut auf Sie oder meinen Wert zu hoch angesetzt, wenn ich Ihnen zuschriebe: ›Die Menschen sind nicht nur zusammen, wenn sie beisammen sind, auch der Entfernte, der Abgeschiedene lebt uns‹. Wer wollte der flüchtigen, alles im Leben leicht behandelnden Therese so etwas zuschreiben?«[171]

Um das Maß der Herablassung vollzumachen, empfiehlt er Therese die Lektüre von Goethes *Wilhelm Meister* sowie Schlegels Shakespeare-Übersetzungen. Im Subtext: Eine belesenere Frau als sie hätte seine ernsten Absichten erkannt und ihn, Beethoven, für immer im Herzen behalten. Die Geringschätzung ist kaum zu überhören und klingt ein weiteres Mal an, wenn er im Hinblick auf das übersandte Klavierstück einen als Spielanweisung getarnten Seitenhieb folgen lässt: »Welchen Unterschied werden Sie gefunden haben in der Behandlung des an einem Abend erfundenen Themas, und so, wie ich es Ihnen letztlich niedergeschrieben habe! Erklären Sie sich das selbst, doch nehmen Sie ja nicht den Punsch zuhilfe.«[172] Leichtfertig, ungebildet und dem Alkohol zugetan, so schildert der enttäuschte Aspirant seine einst verehrte Therese. Nicht gerade gentlemanlike. Hängen die Trauben zu hoch, deklariert man sie als sauer – das unterscheidet gekränkte Eitelkeit von verletzten Gefühlen.

Weit interessanter jedoch als derartige menschliche Schwächen ist die angedeutete Genese des Stücks, immer vorausgesetzt, es geht hier um das Klavierstück *Für Elise*. Das »an einem Abend erfundene« Thema (in Wahrheit entstand es bereits 1808) lässt auf einen zurückliegenden gemeinsamen Abend am Klavier schließen, an dem Beethoven den Beginn für Therese anspielte. Womöglich hatte er die Wirkung dieser Klänge bereits an Elisabeth Röckel erprobt. Unter dieser Prämisse könnte man die tändelnd pendelnde Anmutung des Hauptthemas ohne Weiteres als musikalischen Flirt dechiffrieren. Der »Unterschied« hingegen, den Beethoven in seinem Brief anspricht, muss sich auf die Zwischenteile beziehen: auf den forschen F-Dur-Teil sowie den dramatischen Teil mit seinen düster auftrumpfenden Akkorden und den ostinat pochenden Begleittönen der linken Hand.

Therese solle sich diese Veränderungen »selbst erklären«, merkt Beethoven deutlich gereizt an. Offenbar verbirgt sich eine Botschaft in der auskomponierten Version von 1810. Dokumentiert Beethoven nachträglich die Störfaktoren einer missglückten Annäherung? Es wäre eine plausible Deutung der von Ludwig Nohl herausgegebenen Fassung mit ihren abrupten Stimmungswechseln. Warum Therese Malfatti das Autograph nie als Beethoven-Devotionale verkaufte, sondern bis zu ihrem Tode aufbewahrte, ist ihr Geheimnis geblieben. Vielleicht hat sie sich im Nachhinein doch sehr gern an jenen Abend erinnert, als ihr ein hochberühmter Komponist mit verführerischen Klängen den Hof machte.

Enttäuschungen mit System

Es gehört zu den Kennzeichen des Klavierstücks *Für Elise*, dass die Zwischenteile seltsam unverbindlich, ja uneigentlich daherkommen. Nichts kann die Grazie des Rondothemas nachhaltig stören, verlässlich kehren die vertrauten Wendungen zurück. Beethoven braucht nicht einmal einen imposanten Schluss. Sanft klingt die Melodie aus, als könne sie wie ein Perpetuum mobile jederzeit von Neuem beginnen. Damit bleibt der Charakter harmlos, ohne tiefere Gefühlsintensitäten, ohne gefährliche Fragezeichen. Sofern man die Fassung von 1810 mit den eher flachen Gefühlen zu Therese Malfatti in Verbindung bringt, hätte man einen möglichen Schlüssel für die emotionale Unverbindlichkeit. Auch das »lebhafte« Interesse an Elisabeth Röckel aus der Entstehungsphase – sei es 1808 nun ein kleiner Flirt oder eine kurzlebige Liaison gewesen – würde darin eine Entsprechung finden. Die große Liebe war bei beiden Damen nicht im Spiel, folgt man der musikalischen Physiognomie des Klavierstücks. Bagatellen eben, mehr nicht.

Als Beethoven im Mai 1810 seinen Abschiedsbrief an Therese verfasst, ist Familie Malfatti bereits in die Sommerfrische abgereist. Auf elegante Weise weiß man sich weiteren Heimsuchungen durch den Klavierlehrer auf Freiersfüßen zu entziehen. Um nur ja keine Missverständnisse aufkommen zu lassen, muss zusätzlich Ignaz von Gleichenstein als Überbringer der schlechten Nachricht herhalten, Beethoven solle sich seine Heiratspläne aus dem Kopf schlagen. So endet diese Episode recht sang- und klanglos.

Um sein Gesicht einigermaßen zu wahren, kann Beethoven der undankbaren Therese nur noch mitteilen: »Erinnern Sie sich meiner und gern – vergessen Sie das Tolle – sein Sie überzeugt, niemand kann Ihr Leben froher, glücklicher wissen wollen als ich, und selbst dann, wenn Sie gar keinen Anteil nehmen an Ihrem ergebensten Diener und Freunde Beethoven.«[173] Er hätte auch schreiben können: Schwamm drüber, so formelhaft wirkt dieser Abschied nach den kleinen Seitenhieben. Mit der lapidaren Entschuldigung »Vergessen Sie das Tolle« stellt er seine Annäherungen nachträglich als lässliche Verrücktheit dar. Dabei hatte er bereits brieflich in Bonn seinen Taufschein angefordert, um die nötigen Papiere für die Eheschließung parat zu haben. Ja, Beethoven sah die Heirat schon zum Greifen nah vor sich. Oder hat er sich das nur eingeredet? Was ihm mit den Malfattis widerfährt, muss schließlich ein Déjà-vu sein. Schon als Jugendlicher, der kein intaktes und schon gar kein kultiviertes Familienleben genießen konnte, suchte er die familiäre Symbiose mit Höhergestellten. Damals prägte sich ein Muster aus, das er bis ins Erwachsenenalter nahezu zwanghaft wiederholt: Er unterrichtet eine hochwohlgeborene Tochter, verehrt ihr eine Komposition, gesteht ihr seine Liebe – und riskiert eine Abfuhr, die dann auch auf dem Fuße folgt.

Die Chronik dieser Zurückweisungen beginnt früh. Im Alter von fünfzehn Jahren lernt Beethoven die zwölfjährige Gräfin Maria Anna Wilhelmine von und zu Westerholt-Gysenberg kennen, der er auf Geheiß der Eltern Klavierunterricht erteilt. Man schätzt ihn, nimmt ihn freundlich auf. Als Zwanzigjähriger darf er die Familie sogar auf eine Reise nach Münster begleiten. Eine – heute verschollene – Klaviersonate wird zur Liebesgabe. Maria Anna Wilhelmine macht Beethoven jedoch unmissverständlich klar, er sei kein geeigneter Kandidat, und heiratet einigermaßen standesgemäß einen Freiherrn. Es könnte ein Lehrstück sein.

Doch Beethoven laviert sich unterdessen schon in die nächste Kalamität. In Bonn schließt er sich den Breunings an, und nun ist es die Tochter Eleonore von Breuning, für die er Gefühle hegt. Mit unerfreulichen Konsequenzen. Ob er die Grenzen der Schicklichkeit überschreitet, seinen aufschäumenden Gefühlen mit einem Raptus Luft verschafft oder schlicht fremdflirtet, ist schwerlich zu sagen. Unter anderem munkelt man von einer gewissen Babette Koch, sehr viel mehr ist nicht bekannt. Das Ganze endet jedenfalls in einem Missklang. Erst 1793, ein ganzes Jahr nach seiner Ankunft in Wien, schreibt er Eleonore einen Brief, in dem er sie inständig um Verzeihung bittet. In Gedanken habe er oft mit ihr und ihrer Familie gesprochen, jedoch im Zustande größter Zerknirschtheit. »Da war's, wo mir der fatale Zwist noch vorschwebte, wobei mir mein damaliges Betragen so verabscheuungswürdig vorkam«, bekennt er reumütig. »O wie viel gäbe ich dafür, wäre ich imstande, meine damalige, mich so sehr entehrende, sonst meinem Charakter zuwiderlaufende Art zu handeln ganz aus meinem Leben tilgen zu können« (BB, S. 3).

Von seinem Freund Franz Gerhard Wegeler aus Bonner Tagen erfahren wir kein Sterbenswörtchen über diesen Zwischenfall. Mit gutem Grund: 1802 wird Eleonore, Lorchen genannt,

Wegelers Frau. Da macht es sich nicht gut, als Biograf des bewunderten Komponisten dieses delikate Kapitel zu beleuchten. Für Beethoven ist es jedoch mehr als eine bedeutungslose Jugendeskapade. Bis zu seinem Lebensende wird er blumengeschmückte gerahmte Verse von Eleonore sowie einen Scherenschnitt ihres Profils aufbewahren. Wenn er seinem nunmehr verheirateten Freund Wegeler schreibt, so versieht er die Briefe oft mit gewundenen Schlussformeln. »Glaubst du, dass es jemanden freuen wird, so grüß von meiner Seite« (BB, S. 12), formuliert er anfangs sehr vorsichtig, bald darauf: »Alles mögliche Schöne und Verbindliche an die Lorchen« (BB, S. 24). 1810 schließt er einen Brief mit den artigen Worten: »Umarme, küsse Deine verehrte Frau, Deine Kinder, Alles, was Dir lieb ist, im Namen Deines Freundes Beethoven«, 1816 dann: »Grüße mir die Deinigen – die Unsrigen. Dein Freund L.v.Beethoven«. Erst in einem späten Brief von 1826 wird er noch deutlicher: »Von Deiner Lorchen habe ich noch die Silhouette, woraus zu ersehen, wie mir alles Liebe und Guthe meiner Jugend noch theuer ist.«[174]

Das »Liebe und Gute seiner Jugend« ist wohl eher eine verschleiernde Floskel. Gemeint ist Eleonore, deren Namen Beethoven in der ersten Fassung seiner Oper *Fidelio*, *Leonore* betitelt, ein Denkmal setzt. Die Bitterkeit, die er hegt, behält er für sich. Nur im Entschuldigungsbrief an Eleonore spricht Beethoven vom künstlich »angefachten Zorn« durch Dritte. So seien sie »beide getäuscht« (BB, S. 4) worden. Man muss nicht lange rätseln, wer die entzweienden Vermittler waren. Für Beethoven ist es wenn nicht eine traumatische, so doch musterbildende Erfahrung: Seit dem Bonner Vorfall gehört die intervenierende Familie zu seinem Liebescode. Beethoven kommt als Fremder, bleibt als Freund und geht als Eindringling, dem die Familie mehr oder weniger energisch die Tür weist.

Warum aber präsentiert er sich 1810, nach seinem vergeblichen Werben um Therese Malfatti, seinem Freund Gleichenstein gegenüber als tief gekränkter Leidender? »Des Freundes Not, der sich im Sturm befindet, fühlst du nicht – oder darfst Du nicht fühlen«, klagt er. »Was wird man im Stern Venus Urania von mir denken?«[175] Man könnte meinen, insgeheim trauere er doch Therese hinterher, trotz des beleidigten Abschiedsbriefs. Die astronomische Chiffre hat allerdings literarischen Verweisungscharakter und führt zu seiner wahren Passion: Josephine von Brunsvik. »Venus als Urania ist in der Mythologie die Göttin der reinsten und edelsten Liebe«, erläutert Vladimír Karbusický die Anspielung.[176] Offensichtlich reflektiere Beethoven auf Schlegels Version des Pygmalionmythos: Als Venus Urania den von der Liebe enttäuschten Bildhauer antrifft, erbarmt sie sich seines Ungemachs und beschenkt ihn mit einer treulich liebenden Frau, indem sie seine weibliche Statue zum Leben erweckt.

Ist dies Beethovens literarisch inspirierte Vision? Dass ihn die himmlische Gerechtigkeit nach der Zurückweisung durch Therese mit einer wahrhaftigen Liebe belohnt? Ist es Josephine von Brunsvik, die sich entgegen jeder Wahrscheinlichkeit womöglich doch noch von der unnahbaren Statue in ein Wesen aus Fleisch und Blut verwandelt? Ein versteckter Hinweis darauf könnte sein, dass das bereits 1804 Josephine gewidmete Lied »An die Hoffnung« der Dichtung *Urania* von Christoph August Tiedge entstammt. Beethovens Intermezzo mit Therese Malfatti ist also nur die sehr kurze, sehr leidenschaftslose Version einer langen, leidvollen Geschichte, die ihn mit Josephine von Brunsvik verbindet. Und in dieser Passion tauchen wieder alle Elemente seines unglückseligen Liebesmusters auf.

Beethoven kennt Josephine seit 1799. Zu jenem Zeitpunkt ist er der unumstrittene Klavierstar Wiens, eine echte Celebrity. Genau der Richtige also, um adeligen Töchtern die Mitgift hochkultivierten Klavierspiels angedeihen zu lassen. Von Beethoven unterwiesen zu werden, obwohl dieser das Unterrichten bekanntermaßen hasst, kommt einem Ritterschlag gleich.

Dieser Meinung ist auch Gräfin Anna von Brunsvik. Die verwitwete, äußerst ambitionierte Mutter eines Sohnes und dreier unverheirateter Töchter lässt es sich daher nicht nehmen, persönlich bei Beethoven vorzusprechen. Womit könnte sie ihn überzeugen? Mit ihrem Namen? Ihrem Geld? Nein, sie hat bessere Trümpfe im Ärmel: ihre musikalisch begabten Töchter Josephine und Therese (ja, eine zweite Therese). Beide spielen dem berühmten Manne vor, Josephine vermutlich die *Pathétique,* ihr Glanzstück.

Beethoven zeigt sich entzückt. Während die nüchterne, etwas strenge Therese immer ein wenig im Schatten steht, ist Josephine ein Ausbund an Charme und Esprit. Im liberalen kosmopolitischen Geist erzogen, parliert sie mühelos auf Englisch und Französisch, ist literarisch beschlagen und auf unkonventionelle Weise selbstbewusst. Eine junge Frau mit Charisma. So lässt sich Beethoven breitschlagen, als Klavierlehrer zu fungieren, pro bono sogar. Was jetzt beginnt, folgt dem Plot, der ihm nur allzu vertraut sein müsste. Den Klavierunterricht, den er zunächst zweimal wöchentlich, dann fast täglich erteilt, dehnt er auf mehrere Stunden aus, sodass sich viele Gelegenheiten zu Gesprächen ergeben. Wie schon beim Grafen Westerholt-Gysenberg, bei den von Breunings und später bei den Malfattis wird er bald wie ein Familienmitglied behandelt. Als Begleiter der Brunsviks nimmt er an diversen gesellschaftlichen Ereignissen teil. Ob Bälle, Theateraufführungen oder Ausfahrten, stets ist Beethoven mit von der Partie. Selbst die heikle Pointe ist wieder die gleiche: Er verliebt sich in seine Klavierschülerin Josephine.

Musikalische Liebesbotschaften

Sehr wahrscheinlich sprühen von Anfang an die Funken, als Beethoven Josephine von Brunsvik kennenlernt. Die Pläne einer standesgemäßen Heirat verbieten allerdings jeden Gedanken an eine Verbindung. Einmal mehr wird Beethoven in seine Schranken verwiesen: Gleich 1799 ehelicht Josephine auf Drängen Anna von Brunsviks den wesentlich älteren Joseph Graf Deym von Stritetz. Josephine gebiert ihm insgesamt vier Kinder, empfängt Beethoven jedoch weiterhin als Klavierlehrer und Hausfreund, wenn auch seltener als zuvor. Kurz nach der Heirat verarbeitet er seine verletzten Gefühle in Liedvariationen über Goethes »Ich denke dein«. Die Komposition ist seinen beiden Klavierschülerinnen Therese und Josephine gewidmet und doch unzweifelhaft ein schmerzerfüllter Liebesgruß an die vergebene Josephine. Das Gedicht mit dem Titel »Nähe des Geliebten« klingt wie ein verschwörerischer Durchhalteappell: »Ich denke dein, wenn mir der Sonne Schimmer / Vom Meere strahlt; / Ich denke dein, wenn sich des Mondes Flimmer / In Quellen malt.« Die sehnsuchtsvolle Vergegenwärtigung mündet in der Gewissheit, dass emotionale

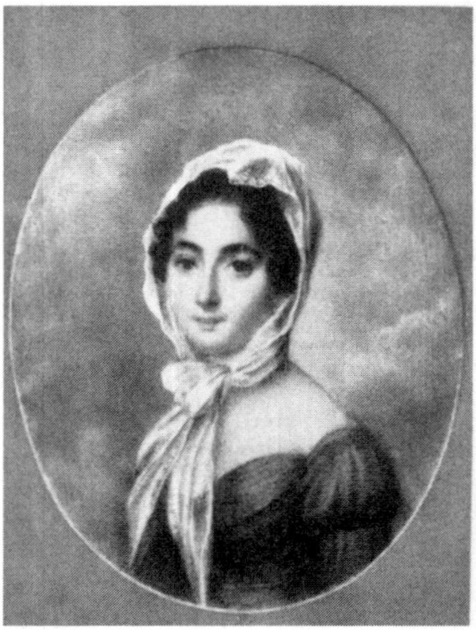

Abb. 7 Gräfin Josephine von Brunsvik, ab 1799 Josephine Gräfin Deym von Stritetz (1779–1821), war eine ungarische Adlige, der Beethoven ab 1799 in Wien Klavierunterricht erteilte und in die er sich unsterblich verliebte

Nähe alles überwindet: »Ich bin bei dir, du seist auch noch so ferne,/Du bist mir nah!/Die Sonne sinkt, bald leuchten mir die Sterne./O, wärst du da!«

Nun ist es wenig verwunderlich, dass ein belesener Mann wie Beethoven sein Leben im Spiegel großer Literatur betrachtet. Doch hier weist der literarische Bezug über ein gebildetes Apropos hinaus. Ist Beethoven verliebt in die Liebe? In das Leiden? Oder in die Vorstellung, seinen literarischen Helden nachzueifern? Als leidenschaftlichem Leser sind ihm die großen tragischen Liebesgeschichten der Weltliteratur vertraut. Insbesondere von Shakespeares *Romeo und Julia* ist er fasziniert. Wie sein Skizzenbuch belegt, steht ihm die dramatische Gruftszene vor Augen, als er das *Adagio affettuoso ed appassionato* des *Ersten Streichquartetts op. 18,1* komponiert. Im Jahr 1800 erklingt es im Rahmen einer Musiksoiree beim Ehepaar Deym von Stritetz. Unschwer wird die äußerst musikalische Josephine darin eine Melodie ausgemacht haben, die eine Reminiszenz an »Ich denke dein« ist. So wie im Klavierstück *Für Elise* lässt Beethoven die Musik sprechen, und durch die Musik ist er Josephine nah, delikaterweise in Gegenwart ihres Mannes.

Solche Anspielungen verraten ein inniges Ineinander von Kunst und Leben, von Liebe und Literatur. Beethoven kennt seine Klassiker, er kennt die zeitgenössische Dichtkunst, die Romankultur. Und wahrlich romanhaft verläuft seine virtuelle Liaison mit Josephine. Ein Hoffnungsschimmer zeigt sich am Horizont, als Graf Deym von Stritetz 1804 überraschend stirbt. Prompt intensiviert Beethoven seine Besuche bei Josephine, sehr zum Missfallen ihrer Familie. Oft bleibt er viele Stunden bei der jungen Witwe, ganz so, als dürfe er an lange bestehende Vertraulichkeiten anknüpfen. Alarmierte Briefe zirkulieren zwischen Josephines Geschwistern Charlotte, Therese und Franz. »Beethoven kommt sehr häufig, er unterrichtet Pepi (Josephine,

Anm. d. V.), das ist etwas gefährlich, gestehe ich dir«, informiert Charlotte ihre Schwester Therese und warnt kurz darauf Josephine: »Mache es dir zur Regel, ihn nie allein zu treffen; noch besser wäre es, ihn nie in deinem Hause zu sehen« (KC, S. 133f.).

Man weiß, wen man vor sich hat. Dieser Beethoven ist nicht nur ein ungebetener Galan, der gegen die gesellschaftliche Etikette verstößt, sondern auch ein unsicherer Kantonist, der gern mal nach rechts und links schaut. Zu allem Überfluss hat er unmittelbar nach Josephines Vermählung in der Familie gewildert, was vor allem Therese von Brunsvik schockiert. Im fiktiven – man könnte auch sagen: gefälschten – Tagebuch Thereses, das die fantasiebegabte Mariam Tenger 1876 unter dem Titel *Eine Schülerin Beethovens* veröffentlichte, liest sich das wie ein Groschenroman: »Eines Tages stürzt meine Cousine, die reizende Giulietta Guicciardi, zu mir in's Zimmer, wirft sich mir wie eine Theaterprinzeß zu Füßen und ruft mit schluchzender Stimme: Rathe du mir, Du kalte Weise! Ich möchte ja so überaus gern meinen Verlobten, den Gallenberg heimschicken und den wunderschönen garstigen Beethoven – heiraten. Wenn – wenn ich nur nicht – so tief herabsteigen müsste!«[177]

So weit das Rührstück. Was ist wirklich passiert? Nach der raschen Verheiratung Josephines heuert Beethoven im Herbst 1801 als Giuliettas Klavierlehrer an. Für die Tochter aus gutem Hause ist der strenge, unbeherrschte Mann zunächst eine Plage. Schon beim kleinsten Fehler reißt er die Noten vom Pult, wirft sie auf die Erde und trampelt mit den Füßen darauf herum.[178] Doch die wohlbekannte Konstellation Klavierlehrer-Klavierschülerin ist einfach zu verführerisch, um dauerhaft Strenge walten zu lassen. So dauert es nicht lange, bis sich ganz andere Gefühle in Beethoven regen, obwohl Giulietta erst zarte fünfzehn ist. Voller Euphorie berichtet er seinem Freund Wegeler im November 1801 von einem wundersamen Stimmungsaufschwung: »Diese Veränderung hat ein liebes zauberisches Mädchen hervorgebracht, die mich liebt, und die ich liebe, es sind seit 2 Jahren wieder einige seelige Augenblicke.« Die Zeitspanne von zwei Jahren bezieht sich auf den Beginn seines Hörleidens, ebenso gut kann man das Jahr 1799 aber auch mit Josephines Vermählung in Verbindung bringen. »Es ist das erstemal, daß ich fühle, daß – Heiraten glücklich machen könnte«, fügt Beethoven hinzu. »Leider ist sie nicht von meinem Stande … Ich muss mich nun noch wacker herumtummeln« (BB, S. 23).

Eine lapidare Conclusio. Dramatisch klingt das alles nicht, eher nach der Genugtuung, von Giulietta geliebt zu werden, nachdem sich Josephine ihm entzogen hat. Spielt Beethoven mit dem Feuer, um sie eifersüchtig zu machen? Rächt er sich für die Zurückweisung? Dann wäre ein subtiles Detail des Racheplans, dass er Giulietta eine ganze Klaviersonate widmet, die *Mondscheinsonate*. Ein prächtiges Präsent für eine unbedarfte Fünfzehnjährige. Und eine kompromittierende Geste für einen unverheirateten Teenager. Beethoven ist berühmt. Solche großzügigen Gaben bleiben kaum verborgen und könnten leicht den Ruf ruinieren. Für die Familie ist der Fall klar: Dieser Mann kommt für Giulietta nicht infrage. Niemals. 1803 heiratet sie wie geplant ihren Verlobten Graf Wenzel Robert von Gallenberg, einen unbedeutenden, aber adeligen Bühnenkomponisten.

Ob Beethoven sie wirklich geliebt hat? Das bejaht Ludwig Nohl, einer der ersten Beethovenbiografen, der eigens eine Nichte der Brunsvik-Schwestern in dieser Causa befragte. Die Stiftsdame Gräfin Maria von Brunsvik erzählte ihm, dass Beethovens »tiefe Liebe zu meines Vaters Kusine, Gräfin Guicciardi oftmals besprochen worden war«.[179] Auch Anton Schindler ist die Episode einer ausführlichen Erörterung wert. Dabei stützt er sich auf ein Gespräch mit Beethoven aus dem Jahre 1823, bei dem von Giuliettas Ehemann die Rede ist. Schindler war ihm zufällig in der Bibliothek des Kärntnertortheaters begegnet, und bei dieser Gelegenheit habe sich Gallenberg »anstößige Äußerungen über den Meister erlaubt«. Man kann sich lebhaft vorstellen, dass Giuliettas Gatte nicht gut auf den übergriffigen Musikus zu sprechen war. Beethoven reagiert unwirsch. »Ich war sein unsichtbarer Wohlthäter«, notiert er ins Konversationsheft. Um der armen Giulietta zu helfen, will er Gallenberg mit einer größeren Geldsumme unter die Arme gegriffen haben. Auf Französisch fährt er fort: »J'étois bien aimé d'elle et plus que jamais son époux« – ich wurde sehr von ihr geliebt und mehr als jemals ihr Ehemann.

Man beachte die Akzentverschiebung. Es geht Beethoven darum, geliebt worden zu sein, nicht etwa darum, dass auch er verliebt gewesen sein könnte. Als Giulietta ihn dann nach einem längeren Italienaufenthalt aufgesucht habe, in Tränen aufgelöst, habe er sie abblitzen lassen. »Je la méprisois« – in etwa: Ich habe sie nicht beachtet, oder auch: Ich habe sie verachtet. So teilt sie das Schicksal Therese Malfattis. Wer einen Beethoven verschmäht, hat dessen Sympathien verwirkt.

Die Leiden des nicht mehr ganz so jungen Beethoven

Josephine spielt in einer ganz anderen Liga als Giulietta. Die Heirat mit einem anderen kann Beethoven ihr leichten Herzens verzeihen, sonst hätte er sich 1804 nicht erneut um sie bemüht. In diesem Jahr entsteht das Lied »An die Hoffnung«, das er ihr zueignet. Der Text lässt an Eindeutigkeit nichts vermissen: »O Hoffnung! Lass, durch dich empor gehoben, / den Dulder ahnen, dass dort oben / ein Engel seine Tränen zählt!« Kann ein musikalisches Geschenk sprechender sein? Und Hoffnungen macht Josephine ihm durchaus. Becirct von seinem Klavierspiel und getröstet von stundenlangen Gesprächen, erwachen nun auch in ihr die ganz großen Gefühle. Bald senden sie einander leidenschaftliche Briefe, höchst konspirativ in Büchern versteckt. »Als ich zu Ihnen kam – war ich in der festen Entschlossenheit, auch nicht einen Funken Liebe in mir keimen zu lassen«, beteuert Beethoven, »Sie haben mich aber überwunden – ob Sie das wollten? – oder nicht wollten? – Diese Frage könnte mir J. wohl einmal auflösen. – Ach, Himmel, was mögt ich Ihnen noch alles sagen – wie ich an Sie denke – was ich für Sie fühle.«[180]

Liest man Josephines erhaltene Entwürfe der Antworten, so scheint sie ihm die Giulietta-Eskapade nicht weiter zu verübeln. Auch wenn sie sich mit allzu heißen Liebesschwüren zurückhält, genießt sie den Gefühlssturm. Bahnt sich da etwa eine skandalöse Mesalliance an? Familie Brunsvik steht kopf. Ernsthafte Bedenken gibt es durchaus, nicht nur klassebedingten Dünkel. Falls Josephine diesen liebestrunkenen Bürgerlichen heiratet, verliert sie den Adelsstand und somit das Sorgerecht für ihre vier Kinder. Gleichwohl bemüht sich Beethoven nicht sonderlich um Diskretion. Er weiht sogar Fürst Lichnowsky ein, der das Josephine gewidmete Lied »An die Hoffnung« auf dem Klavier des Komponisten entdeckt. Angeblich reagiert Lichnowsky wohlwollend. Nichts wünsche der Fürst so sehr, schreibt Beethoven 1804 an Josephine, »als daß ein solches Verhältnis zwischen Ihnen und mir entstehen möge«.

Mit der Preisgabe ihres süßen Geheimnisses muss er Josephine einen gehörigen Schreck eingejagt haben. Ohne Frage ist er zu weit gegangen – entweder, weil er sich seiner Sache sehr sicher ist, oder weil ihn sein Stolz auf diese Eroberung jeden Taktgefühls beraubt. Jetzt kann Josephine nur noch auf Fürst Lichnowskys Verschwiegenheit hoffen. Währenddessen setzt Beethoven seine Avancen fort. Wortreich zerstreut er jeden

Verdacht, er sei auf eine banale Affäre aus: »Lange – Lange – Dauer – möge unsrer Liebe werden – sie ist so edel – so sehr auf wechselseitige Achtung und Freundschaft gegründet.«[181] Seine Briefe klingen immer beschwörender: »O geliebte J., nicht der Hang zum andern Geschlecht zieht mich zu Ihnen, nein, nur Sie, Ihr ganzes Ich, mit allen seinen Eigenheiten – haben meine Achtung – alle meine Gefühle – mein ganzes Empfindungsvermögen an Sie gefesselt.«[182]

Bei solchen Zeilen könnte man hellhörig werden. Denn Inhalt, Tonfall und Stil ähneln jenem Briefroman, der wie kein zweiter die Generation Beethovens prägte: Goethes *Die Leiden des jungen Werther*. Einen Werther-Anhauch hat Beethovens große Liebesgeschichte allein schon wegen der Dreieckskonstellation. Die geliebte Frau ist einem anderen versprochen, und auch nach dem Tode des Grafen Deym von Stritetz bleiben die unsichtbaren Schranken bestehen. So bedarf es einer besonderen Legitimation dieser Liebe: Um die ethische Bonität des Helden zu gewährleisten, müssen die Gefühle umso reiner sein. Daher wird die Frau entsexualisierend überhöht. »Sie ist mir heilig. Alle Begier schweigt in ihrer Gegenwart«, heißt es im *Werther,* »nicht der Hang zum andern Geschlecht zieht mich zu Ihnen« bei Beethoven.

Damit erteilt er der verbotenen Liebe gleichsam die moralische Absolution. Hier fallen keine Erotomanen übereinander her, hier korrespondieren edle Seelen, die füreinander bestimmt sind – jedenfalls aus der Perspektive des männlichen Helden. »Sie wäre mit mir glücklicher geworden als mit ihm! O er ist nicht der Mensch, die Wünsche dieses Herzens alle zu füllen«, ruft Werther aus. Beethoven weist auf »die große Ähnlichkeit in so manchen Sachen, im Denken und Empfinden«[183] hin, womit er den Beweis führt, dass Josephine mit keinem anderen Mann so glücklich werden könne wie mit ihm.

Es gibt weitere frappierende Übereinstimmungen. So werden sowohl im *Werther* als auch bei Beethoven der Angebeteten heilende Kräfte zugesprochen. »Was Lotte einem Kranken sein muß, fühl' ich an meinem eigenen Herzen, das übler dran ist als manches, das auf dem Siechbette verschmachtet«, legt Goethe seinem Werther in den Mund. Verwandt schreibt Beethoven von seinem »wirklichen Leiden«, ohne die beginnende Taubheit expressis verbis anzusprechen, jedoch mit der Andeutung: »Ein Ereignis machte mich lange Zeit an aller Glückseligkeit des Lebens hienieden zweifeln – nun ist es nicht mehr halb so arg, ich habe Ihr Herz gewonnen.«[184] Eine deutliche Parallele ist auch die zunehmend suizidale Grundierung der Passion. »Sie, Sie, mein Alles, meine Glückseligkeit«, seufzt Beethoven in einem Brief vom Dezember 1804. »Wäre auch Sie nicht, die mich wieder an das Leben angekettet, auch ohne dieses wäre sie mir alles.«[185]

Die subtile emotionale Erpressung ist offensichtlich. Hier klingt ganz wie im *Werther* eine zum Äußersten entschlossene Haltung an, und Josephine wird die Rolle der Retterin aus Todesnot aufgedrängt. »Stille schlage nun mein armes Herz«, fügt Beethoven hinzu, »weiter kannst du nichts –. Für Sie – immer für Sie – nur Sie – ewig Sie – bis ins Grab nur Sie – Meine Erquickung – mein Alles.« Auch das Romeo-und-Julia-Motiv schwingt mit: »Sie schwor zu lieben ab, und dies Gelübd / Ist Tod für den, der lebt, nur weil er liebt«, heißt es vergleichbar bei Shakespeare. In Beethovens Diktion aber erkennt man unschwer den Tonfall Goethes. Sogar die Schlussfloskeln klingen ähnlich: »Leb' wohl, Engel des Himmels!«, verabschiedet sich Werther, »Leben Sie wohl, Engel meines Herzens«, schreibt Beethoven.[186]

1805 übersendet er Josephine eine neuerliche musikalische Botschaft: das *Andante grazioso con moto* in F-Dur. Wie die

Elise ist das Klavierstück *con moto*, mit Bewegung, zu spielen, und es besteht kein Zweifel mehr, dass seine eigene innere Bewegung gemeint ist. Doch diesmal hat sich Beethoven gar nicht erst mit einer Bagatelle aufgehalten. Stattdessen bringt er der über alles geliebten Frau ein Opfer dar, das dieser großen Liebe wahrhaft würdig ist. Ursprünglich hatte er das *Andante* als langsamen Satz der *Waldsteinsonate* konzipiert, was den hohen kompositorischen Anspruch ausweist. Später wird Beethoven es *Andante favori* nennen, weil es, so berichtet Czerny, so häufig bei Konzerten gewünscht wurde. Es muss eine spontane Entscheidung gewesen sein, den Satz der Sonate zu entreißen und Josephine zu schenken. Beethoven besitzt nicht einmal eine Kopie, weshalb er die Noten kurz darauf für die Drucklegung zurückborgen muss.

Josephine wird die Botschaft dennoch verstanden haben: Diese Musik fungiert als Postillon d'Amour. Mit den fast stammelnden Worten: »hier Ihr – Ihr Andante«, überreicht Beethoven ihr ein *dolce,* also zart und süß zu spielendes Liebesbekenntnis voller Seufzermotive. Mühelos kann Josephine ihren eigenen Namen im punktierten Vier-Ton-Motiv wiedererkennen. Jo-se-phi-ne wispert es ihr entgegen, immer wieder, in verschiedenen Beleuchtungen, Tonlagen und Tempi, von Verzierungen umspielt, in Variationen versteckt. Wenn man das Stück heute hört, muss man unwillkürlich an das Schubertlied »Ich schnitt' es gern in alle Rinden ein« denken, in dem es heißt: »Auf jeden weißen Zettel möcht' ich's schreiben: / Dein ist mein Herz, und soll es ewig bleiben.« Fast manisch wird das Josephine-Motiv wiederholt. Mal erklingt es choralhaft ernst, mal galant verspielt, dann wieder draufgängerisch. Vielleicht hat Beethoven einst in Bonn auf ähnliche Weise Personen fantasierend porträtiert, wenn man ihn im Breuning'schen Salon dazu aufforderte.

Auffallend ist gleich in Takt dreizehn ein eigentümlich taumelndes Hin und Her in Sekundschritten: achtmal hintereinander ereignet sich diese G-E-F-Tändelei, die entfernt an die E-Dis-E-Girlanden in *Für Elise* erinnert. Und natürlich wiederholt sich das Wechselspiel noch mehrfach. Doch dies ist kein amüsantes Kabinettstückchen. Fast scheint es, als liebkose Beethoven seine Josephine mit Tönen. Ein zärtlicher Schleier liegt über dem *Andante,* auch eine ungeheure Behutsamkeit. Diese Musik bedrängt nicht, sie ist ein sanftes, wenngleich nachdrückliches Werben. So komponiert ein Mann, der sich in Rücksicht übt. Offenbar will Beethoven Josephine nicht überwältigen, nur musikalisch offenbaren, was er ihr bereits in Worten gestanden hat.

Wie viel Kraft ihm diese Zurückhaltung abverlangt, zeigt die etwa gleichzeitig, 1804 bis 1805, entstandene *Klaviersonate f-Moll op. 57.* All seine tobenden Gefühle, die er dem *Andante* vorenthält, überschwemmen diese Sonate. Ihrer stürmischen Expressivität wegen wird sie gut drei Jahrzehnte später vom Verleger August Cranz den Beinamen *Appassionata,* »die Leidenschaftliche«, erhalten. Und das ist noch untertrieben. Sofern Beethoven jemals die sich herausbildenden Konventionen der Klaviersonate respektierte, hier schert er sich um gar nichts mehr. Unaufhörlich zertrümmert er sein musikalisches Material, setzt grelle Effekte, erzeugt fahle Klangfarben, jagt Läufe im donnernden *Fortissimo* über die Tasten. Wo man Auflösungen erwarten könnte, lauern neue Konflikte, wo sich Beruhigung anbieten würde, bringt Beethoven das nächste Pulverfass zur Explosion. Unheilvoll erklingt wieder und wieder ein schicksalhaftes Klopfmotiv im ersten Satz. Adolf Bernhard Marx beschreibt die Sonate als einen »Sturm der Seele«, als »Wut und Klage, Fessel und Flucht«.[187] Von Josephines *Andante* ist sie so weit entfernt wie von der Affektkontrolle eines Haydn oder

Mozart. Es gibt keine Mäßigung mehr, keinen Trost, nur radikale Subjektivität. Das »Brüchigwerden, ja die Widerlegung aller sonatenhaften Bühnenhaftigkeit«[188] konstatiert Joachim Kaiser. Angesichts dieser wütenden Dekonstruktion des Sonatengenres versteht man Adornos Einlassung, Beethoven gewähre uns das System der bürgerlichen Musik »nur untergehend«.[189] Wirkt das *Andante* noch geradezu formvollendet, rennt die *Appassionata* gegen jegliche Form an. Eine Fülle von Motiven türmt sich aufeinander, virtuose Klangkaskaden und eigentümliche Stockungen wechseln einander ab. Beethoven kämpft. Unüberhörbar.

Hoher Ton und tiefer Fall

Josephine von Brunsvik, verwitwete Deym von Stritetz ist fünfundzwanzig Jahre alt und Mutter von vier Kindern, als Beethoven in einen wahren Liebesrausch verfällt. Sie hat eine überraschend sinnliche Vernunftehe hinter sich, wie zahlreiche erotische Briefe zeigen, die von Beethovenforscherin Rita Steblin entdeckt wurden. Jetzt genießt sie den himmelstürmenden Überschwang der Gefühle, und fast möchte man meinen, dass sie schwankend wird. »Mein Herz haben Sie schon längst, lieber Beethoven«, bekennt sie 1805, »wenn Ihnen diese Versicherung Freude machen kann, so empfangen Sie sie – Aus dem reinsten Herzen.«[190]

Beethovens Flehen bleibt also nicht völlig unerhört. Dennoch kann sich Josephine nicht mit Haut und Haar für ihn entscheiden. Immer häufiger lässt sie sich verleugnen, wenn er vorstellig wird, und Beethoven meint auch zu wissen, wem er dies zu verdanken hat. Wieder einmal ist die Familie gegen ihn. Das will er sich nicht mehr bieten lassen. So poltert er in einem Brief: »Ich versuche es diesen Abend, ob ich Sie geliebte liebe, liebe J. finde; ist es nicht, nun so fluche ich Ihren Verwandten alle Übel an den Hals.«[191] Etwa zur selben Zeit schreibt Therese von Brunsvik hochbesorgt an ihre Schwester Charlotte, dass Josephine langsam zur Vernunft kommen sollte: »Ihr Herz muss die Kraft haben, nein zu sagen, eine traurige Pflicht, wenn nicht die traurigste aller!«[192] Aber Josephine scheint ausbrechen zu wollen. Man erzählt sich, sie verbringe den Sommer 1805 heimlich mit Beethoven in dem kleinen Kurort Hetzendorf, weit weg von Wiens aufgeheizter Gerüchteküche.

Wie nah sie einander in der ländlichen Abgeschiedenheit kommen, ist ungewiss, dass sie das Bett teilen, eher unwahrscheinlich. Er solle sich mit ihrer platonischen Liebe begnügen, lässt Josephine ihn wissen. »Nicht mein Herz zerreißen – Nicht weiter in mich dringen – Ich liebe Sie unaussprechlich – wie ein frommer Geist den anderen – Sind Sie dieses Bündnisses nicht fähig? – Andrer Liebe bin ich für jetzo nicht empfänglich.«[193] Offenbar siegt die adelige Räson über das Liebeswüten, und nicht zuletzt die Angst vor einer ungewollten Schwangerschaft erklärt wohl Josephines eiserne Standhaftigkeit. Wie gesagt: Als Witwe hat sie sowohl einen Ruf als auch das Erziehungsrecht für ihre Kinder zu verlieren. Gegen Ende des Sommers klingen ihre Antworten auf Beethovens Briefe zunehmend kühler. Welcher Liebende möchte schon nüchterne Sätze lesen wie: »Lieber guter Beethoven! Meinem Versprechen gemäß erhalten Sie, den ersten Posttag nach meiner Ankunft, Nachricht von mir.«[194]

Im Herbst 1805 bricht dann die ganze Verzweiflung aus Beethoven heraus. »Liebe, geliebte, einzige J.!«, beginnt ein Brief vom September. »Wie oft habe ich geliebte J. mit mir selbst gekämpft, um das Verbot, welches ich mir auferlegte, nicht zu überschreiten – aber es ist vergebens, Tausende Stimmen flüstern mir immer zu, daß Sie meine einzige Freundin, meine einzige Geliebte sind – ich vermag es nicht mehr zu halten, was ich mir selbst auferlegt, o liebe J., lassen Sie unbekümmert auf jenem Wege wandeln, worauf wir so oft glücklich waren.«[195] Sein Drängen und seine Beteuerungen verhallen. Zwei lange Jahre vergehen, bis Beethovens Mut sinkt. Verständlicherweise. »Ist es wirklich an dem – daß Sie mich nicht mehr sehen wollen – so gebrauchen Sie Offenherzigkeit – ich verdiene sie gewiß um Sie«, schreibt er sichtlich zermürbt im Jahre 1807.[196] Es hat etwas Herzzerreißendes, wie tapfer er das Offensichtliche ignoriert. Doch noch immer hält ihn Josephine an der langen Leine, statt ihn endlich freizugeben. »Bescheidenheit« habe sie daran gehindert, ihm früher zu antworten, gibt sie vor und fährt im munteren Parlando fort: »Nun sagen Sie mir, wie es Ihnen geht, was Sie machen?« Nach wie vor sei sie ihm freundschaftlich zugetan. »Oder glaubt mein *Freund* Beethoven, darf ich Sie wohl so nennen, ich habe mich geändert. – Was würde mir dieser Zweifel anders sagen, als Sie selbst wären nicht mehr derselbe?«[197]

Es ist eine recht perfide Art, ihm den Ball zurückzuspielen. Als habe er sich nicht die Brust aufgerissen, in aller Aufrichtigkeit, als sehe sie nicht die Leiden, die sie ihm zufügt. Jahre später wird Therese von Brunsvik dieses unwürdige Hin und Her in einem Brief thematisieren, der sich mit dem weiteren Schicksal ihrer Schwester beschäftigt. Denn Josephine wird alles verlieren, ihre Kinder, ihre Gesundheit, ihr Geld. »Ob Jo nicht straffe leidet wegen *Luigi's* Weh!«, sinniert Therese. »Seine Gattin – was hätte sie nicht aus dem *Heros* gemacht!« (KC, S. 157.) Einstweilen leidet der »Heros«. 1807 meldet sich Beethoven noch einmal mit den resignativen Worten: »Besser ist's für Ihre wie meine Ruhe, Sie nicht zu sehen.«[198] Das klingt eher nach einer impliziten Frage als nach einem Entschluss. Josephines Schweigen ist beredt genug. Im Herbst des Jahres versandet der briefliche Kontakt, nachdem sich die beiden Liebenden vermutlich noch einmal in Baden gesehen haben. Diffuse Hoffnungen mögen bei Beethoven dennoch überdauert haben, bis Josephine am 13. Februar 1810 recht überraschend dem estnischen Freiherrn Christoph von Stackelberg das Jawort gibt.

Für Beethoven muss es ein herber Schlag sein. Der Mann, der ihm da vorgezogen wird, ist weder eine gute Partie noch wirklich standesgemäß, da ein Baron auf den unteren Adelsrängen rangiert und dieser Stackelberg noch dazu protestantischen Glaubens ist. Am härtesten aber wird Beethoven getroffen haben, dass aus der Verbindung bereits 1809 ein uneheliches Kind hervorgegangen ist. Seine tugendhafte Josephine hat sich diesem Mann also einfach ohne Trauschein hingegeben? Und das, obwohl auch Familie Brunsvik ihn rundheraus ablehnt? Warum hat sie dann nicht ihm, Beethoven, jene Vereinigung gewährt, die er zuletzt so stürmisch einforderte? Gut zehn Jahre hat er sich nach Josephine verzehrt, um sie geworben, ihr sein Herz zu Füßen gelegt. Vergebens. Statt ihn am Ende doch noch zu erhören, hat sie quasi den erstbesten Mann mit ins Bett genommen, der ihr über den Weg stolperte. Das Unheil nahm seinen Lauf, als Josephine beim berühmten Pädagogen Pestalozzi in der Schweiz vorstellig wurde, um einen Hauslehrer für ihre Söhne zu finden. Pestalozzi empfahl ihr Baron Stackelberg. Auf einer längeren Reise sind sie dann einander in die Arme gesunken, der esoterisch angehauchte Privatlehrer und die Witwe aus dem höheren Adel.

Alle glühend vorgetragenen Argumente, warum nicht sein kann, was nicht sein darf, sind bei Stackelberg offenbar wie fortgewischt: die moralischen Skrupel, die unstandesgemäße Verbindung, die Furcht vor einer Schwangerschaft. Trotz dieser Bedenken hat sich Josephine auf eine folgenreiche Affäre eingelassen, die im Nachhinein qua Heirat einen legitimen Rahmen erhält.

Beethoven muss sich fühlen, als hätte Josephine ihn an der Nase herumgeführt. Hat sie ihm nur etwas vorgespielt? Oder gar mit ihm gespielt – geschmeichelt durch die Liebe eines berühmten Komponisten, den sie nie als Liebhaber geschweige denn als Ehemann in Betracht zog? Die Vermählung mit Stackelberg hätte eine finale Demütigung sein können. Spätestens jetzt hätte Beethoven Grund genug gehabt, sich endgültig von Josephine zu lösen. Doch seine Obsession schwelt weiter.

Die unsterbliche Geliebte

Auch wenn nach 1807 allenfalls sporadische Kontakte zwischen Josephine und Beethoven bestanden haben mögen, aus den Augen verlieren sie einander keineswegs. Und dann verfasst Beethoven drei Liebesbriefe, die alles übertreffen, was er in dieser Hinsicht je zu Papier gebracht hat. Sie wurden wohl nie abgeschickt, Schindler findet sie 1827 nach dem Tode Beethovens. Unter dem Titel »An die unsterbliche Geliebte« gehen sie in die Musikgeschichte ein.

»Mein Engel, mein Alles, mein Ich«[199], beginnt das Briefkonvolut, und nun wechseln sich emotionale Ausbrüche und sachliche Details in einem stakkatohaften Mix ab. Mal geht es um das Quartier und die strapaziöse Anreise, dann wieder um die desolate Lage zweier Liebender, die zusammengehören und doch voneinander getrennt sind. Getrennt sein müssen? »Kann unsre Liebe anders bestehn als durch Aufopferung, durch nicht alles verlangen«, stellt Beethoven die alles entscheidende Frage, »kannst Du es ändern, daß Du nicht ganz mein, ich nicht ganz dein bin?«

Als diese Briefe im Jahre 1840 auftauchten, gaben sie den Startschuss zu einer beispiellosen Schnitzeljagd innerhalb der Beethovenforschung. Selbst die Widmung des Klavierstücks *Für Elise* verursachte keinen annähernd vergleichbaren Aufruhr. Melderegister wurden durchforstet, Reisedaten überprüft, Briefwechsel auf Hinweise durchsucht. Nach endlosen akribischen Recherchen ermittelte man Ort und Datum der Niederschrift – Teplitz, 6. und 7. Juli 1812 – und fand heraus, dass Beethoven sich auf ein aufwühlendes Ereignis, womöglich eine Liebesnacht am 3. Juli in Prag, beziehen müsse. Sogleich begann sich das Namenskarussell zu drehen. Antonie Brentano, Amalie Sebald, Marie Erdödy und natürlich auch Elisabeth Röckel wurden ausführlich erörtert. Einen Sinn ergeben diese Briefe jedoch nur, wenn man die angedeutete längere Beziehung, das Verzichtsmotiv und die stilistische Verwandtschaft zur Josephine-Korrespondenz zwischen 1804 und 1807 in Betracht zieht. Wie schon in den früheren Schreiben an Josephine beruft sich Beethoven auf eine emotionale Nähe, die alle äußeren Zwänge überwindet.

»Ach, wo ich bin, bist auch du mit mir, mit mir und dir rede ich. Mache daß ich mit dir leben kann«, bestürmt er die Adressatin, »welches Leben!!!! so!!!! ohne dich (…) Wie du mich auch liebst – stärker liebe ich Dich doch – Doch nie verberge Dich vor mir. – Gute Nacht! (…) Ach Gott – so nah! So weit!« In dem für Josephine vertonten Goethe-Gedicht »Ich denke dein« hieß es ganz verwandt: »Du seist auch noch so ferne,/Du bist mir nah!« Obwohl namentlich keine Adressatin genannt wird, erkennt man unschwer den emotionalen Überschwang jener Briefe, die Beethoven einige Jahre zuvor an die verwitwete Josephine schrieb: die gleiche ekstatische Offenbarung der Gefühle, der gleiche beschwörende Ton, die gleiche atemlose Reihung von Sätzen und Halbsätzen. Es ist das Hohelied der Liebe, im

Zustand größter Erregung verfasst und mit einem Bleistift niedergeschrieben, den Beethoven von der Adressatin bekommen hat – ein äußerst vertrauliches Geschenk zu jener Zeit.

Es ist schlicht undenkbar, dass Beethoven diese Zeilen einer Frau schrieb, die er erst seit Kurzem kannte. Seine Emphase muss auf einer langen gemeinsamen Geschichte beruhen. Schließlich ist die Liste von Frauen recht lang, denen er amourös grundierte Briefe schickte, und doch gleicht kein Brief diesen Geständnissen. Wieder oszilliert Beethoven zwischen der konkreten Einforderung des Zusammenlebens und Anzeichen eines fatalistischen Rückzugs; dann sieht er sich als Spielball mythischer Kräfte: »Bleibe mein treuer, einziger Schatz, mein Alles, wie ich Dir. Das übrige müssen die Götter schicken, was für uns sein muß und sein soll.« Am nächsten Morgen, dem 7. Juli, fügt er hinzu: »Schon im Bette drängen sich die Ideen zu Dir, meine unsterbliche Geliebte, hier und da freudig, dann wieder traurig, vom Schicksal abwartend, ob es uns erhört.« Dabei ist es doch fraglos Josephine, die sich entscheiden muss, kein unverrückbares Schicksal. Von Beethovens Seite gibt es jedenfalls keinerlei Bedenken mehr. Wie schon Jahre zuvor zieht er die Alles-oder-nichts-Karte: »Leben kann ich entweder nur ganz mit Dir oder gar nicht.« Allerdings hat er aus der quälenden Hinhaltetaktik Josephines gelernt. Dieses Mal deutet er nicht nur eine Todessehnsucht an, er stellt auch ein Ultimatum: Entweder bekennt sich Josephine ohne Wenn und Aber zu ihm, oder er entzieht sich ihr, bis erst das Jenseits sie vereint. »Ja, ich habe beschlossen, in der Ferne so lange herumzuirren, bis ich in Deine Arme fliegen kann und mich ganz heimatlich bei Dir nennen kann, meine Seele von Dir umgeben ins Reich der Geister schicken kann.«

Eine Rekonstruktion der vorhergehenden Ereignisse erhärtet die These, dass nur Josephine gemeint sein kann. Bereits im Juni 1812 war ihre Ehe in eine schwere Krise geraten, nachdem Stackelberg sie durch den leichtsinnigen Ankauf eines mährischen Guts fast um ihr gesamtes Vermögen gebracht hatte. Ein harmonisch vereintes Paar waren sie nie gewesen. Nun hatte Josephine endgültig genug von ihrem glücklosen, ziemlich weltfremden Mann. Mit emanzipierter Entschlossenheit setzte sie Stackelberg unter Druck, der finanziellen Misere abzuhelfen. Sie wollte ihn »zwingen, thätig zu werden, verschloß seine Kleidungsstücke, Wäsche – er, zornig, machte eine Scene und verließ das Haus«, berichtet Therese von Brunsvik. »Wir sahen ihn sechs Monate nicht.«[200]

Während Stackelberg schmollte, versuchte Josephine, ihre ökonomische Zukunft zu regeln. Zu diesem Zweck unternahm sie eine Reise nach Prag, wo sie unter anderem Erzherzog Rudolph um finanzielle Unterstützung ersuchen wollte. Aus ihrem Tagebuch wurden für die fragliche Zeit alle Seiten säuberlich herausgeschnitten, allem Anschein nach von der besorgten Familie Brunsvik. Allerdings sprach Therese am 9. Juni noch eine Warnung aus: »Bleibe standhaft, Josephine.«[201] Was auch immer dann in der Nacht des 3. Juli 1812 geschehen ist, es muss derart brisant gewesen sein, dass man es getilgt hat. Beethoven wollte an diesem Abend Karl August Varnhagen von Ense in Prag besuchen; eine Verabredung, die er versäumte, wofür er erst sechs Wochen später brieflich um Verzeihung bat. Er lebe in Teplitz »allein – allein! allein! allein!«, beginnt seine Entschuldigung leicht melodramatisch. »Es war mir leid, lieber Varnhagen, den letzten Abend in Prag nicht mit Ihnen zubringen zu können, ich fand es selbst für unanständig, allein ein Umstand, den ich nicht vorhersehen konnte, hielt mich davon ab«; mehr verrät Beethoven nicht, jedenfalls nicht in Schriftform, kündigt jedoch an: »mündlich näher darüber« (BB, S. 80).

Vielleicht ist er Josephine zufällig begegnet, vielleicht war es auch eine Entscheidung in letzter Minute, sie zu treffen. Dass sie sich noch um ihren Ruf sorgte, ist schwer vorstellbar nach den Umständen ihrer anfänglichen Beziehung zu Baron Stackelberg. Ganz so tugendhaft ist sie beileibe nicht. Daher spricht alles dafür, dass sie Beethovens Drängen erlag. Quälten sie danach Schuldgefühle? Vom 8. Juli 1812 datiert eine Tagebucheintragung, in der sie klagt: »Ich habe heute einen schweren Tag. – Die Hand des Schicksals ruht düster auf mir.«[202] Was sie bedrückt, behält sie für sich. Vielleicht ist es das Eingeständnis, dass es keine Perspektive für diese »amour fou« gibt. Vielleicht hegt sie aber auch eine düstere Vorahnung.

Denn anders als in Shakespeares *Romeo und Julia* – »denn Schönheit, die der Lust sich streng enthält,/Bringt um ihr Erb die ungeborne Welt« – wird neun Monate später ein Kind geboren. Es ist ein Mädchen. Getauft wird es auf den Namen Minona, möglicherweise nach der Sängerin in James McPhersons pseudokeltischem Gedichtepos *Ossian* benannt, das Goethe für Friederike Brion übersetzte. Im *Werther* steigt es zu einem Schlüsseltext auf. Dreimal liest der Titelheld seiner Lotte daraus vor, unter anderem die Passage: »Da trat Minona hervor in ihrer Schönheit, mit niedergeschlagenem Blick und thränenvollem Auge.« In einem Brief an seinen Verleger Gottfried Härtel bezeichnet Beethoven den *Ossian* einmal als eines seiner liebsten Bücher. So setzt sich die romanhafte Anmutung der Liebesbeziehung von Beethoven und Josephine vermutlich mit einer wehmütigen Anspielung auf das Kind ihrer Liebe fort. Aus Josephines Umfeld ist zu hören, Minona ähnele Beethoven, nicht etwa Stackelberg. Das Mädchen habe eine kräftige Statur und sei mit einem gewissen musikalischen Talent begabt. Einige kleinere Kompositionen Minona von Stackelbergs liegen heute im Archiv der Gesellschaft der Musikfreunde in Wien. Minona stirbt 1897. Fotos der alten Dame zeigen einen verschlossenen Gesichtsausdruck und eine energisch-markante Kinnpartie, die an ihren mutmaßlichen Vater erinnern.

Überwältigend viel spricht also für ein intimes Beisammensein in jener Nacht des 3. Juli 1812. Danach trennen sich die Wege der Liebenden vorerst. Beethoven reist verstört nach Teplitz, Josephine gerät im Herbst 1812, als sich ihre Schwangerschaft abzeichnet, in Erklärungsnöte. Flugs versöhnt sie sich mit Stackelberg. Ihr Sohn Fritz Deym erzählt in seinen Lebenserinnerungen, Minonas Geburt habe die Eltern wieder aneinandergeschmiedet, sie seien von warmer Zärtlichkeit erfüllt gewesen.[203] Nach allem, was man über Josephines Raffinesse weiß, ist es wohl ein geschickter Schachzug, den ungeliebten Gatten wieder an sich zu binden. Nur so kann sie den Schein eines ehelich gezeugten Kindes aufrechterhalten. Dass die Empfängnis in eine Phase fiel, in der sie Stackelberg vor die Tür gesetzt hatte, mag dem Gatten nicht weiter aufgefallen sein. Ein Rechenkünstler war er dem Vernehmen nach ohnehin nicht, und die Erleichterung über die unerwartete Aussöhnung ließ ihn wohl keinen weiteren Verdacht schöpfen. Minona wäre nicht das erste Kuckuckskind, das eine brüchige Ehe kittete. Wenn auch in diesem Falle nur kurz; vor Josephine lag ein langer Leidensweg.

Nach weiteren Zerwürfnissen mit Stackelberg, der zeitweilig ihre Kinder entführte, verfiel sie wieder einem Pädagogen, dem etwas windigen Mathematiklehrer Karl Eduard von Andrehan-Werburg. 1815 gebar sie ihm ihr achtes Kind. Im Jahr darauf traf sie Beethoven vermutlich noch einmal in Baden bei Wien. Gänzlich vereint durften die Liebenden erst im Tode sein, ganz so, wie es Beethoven in einem seiner Briefe prophezeit hatte. Als

Josephine 1821 stirbt, wird sie auf dem Währinger Friedhof in Wien beerdigt. Beethoven besucht den Friedhof so häufig, dass Anton Schindler 1827 beschließt, auch ihn dort beisetzen zu lassen.

Ein schwer vermittelbarer Kandidat

Die Briefe »An die unsterbliche Geliebte« erschüttern bis heute. Filterlos, atemlos wie ein Joycescher Bewusstseinsstrom, gehen sie an den Rand der totalen Seelenentblößung. Warum aber hat Beethoven seine Herzensergießungen vermutlich nie abgeschickt, obwohl er schreibt: »Ich weine, wenn ich denke, daß Du erst wahrscheinlich Sonnabends die erste Nachricht von mir erhältst«? Zögerte er im letzten Moment? Oder sandte ihm Josephine diese kompromittierenden Briefe womöglich zurück? Betrachtete sie es als Fehler, dass sie nach all den Jahren dem Ansturm ihres Verehrers nachgegeben hatte?

Bisher richtete sich fast die gesamte Aufmerksamkeit darauf, welche Frau in dieser geheimnisumwitterten Nacht zugegen war. Da es sich aller Wahrscheinlichkeit nach um Josephine handelt, ergeben sich neue Fragen. Die Liebenden kennen sich lange, vertrauen einander, sind zwei Erwachsene, die wissen, was sie tun. Umso mehr verwundert, dass es kein sonderlich erfüllendes und schon gar kein zukunftsweisendes Erlebnis gewesen sein kann. Belegt ist, dass Beethoven bereits während der Niederschrift der Briefe in eine tiefe Krise stürzt. Offenbar ist ihm Josephine sogleich wieder entglitten. »Beethoven närrischer, schweigsamer als je zuvor«, notiert Graf Karl Joseph von Clary-Aldringen, der ebenfalls in Teplitz weilt, am 7. Juli 1812 in sein Tagebuch.[204] An jenem Tag also, an dem Beethoven den zweiten der drei Briefe schreibt, ist ihm offenbar bewusst, dass seine Zeilen vergebens sind – nur noch letzte Aufschreie, die nichts mehr ändern können. Jenseits aller Spekulationen um die Prager Liebesnacht stellt sich daher die Frage, warum diese erotische Eruption ein Schlusspunkt und kein Neubeginn war. Wachten die Liebenden ernüchtert auf?

Josephine war eine in Liebesdingen erfahrene und auch recht unerschrockene Frau; über Beethovens Liebesleben wissen wir wenig mehr, als dass ihm eine bemerkenswerte Chronique scandaleuse zugesprochen wird. Offizielle Verbindungen ging er nie ein. Sicherlich hätte es genügend »passende« Frauen gegeben, die für eine Heirat infrage gekommen wären – und sei es, dass er wie Goethe seine Christiane Vulpius gefunden hätte, eine Frau aus dem Volk mit dem Herzen auf dem rechten Fleck. All sein Sehnen richtete sich jedoch auf Frauen, die entweder unerreichbar blieben oder wie Antonie Brentano nach einer kurzlebigen Affäre Reißaus nahmen. War es eine Verkettung unglückseliger Zufälle? Oder bevorzugte er unbewusst Frauen, die ihm nicht zu nahe kommen konnten?

Im Mai 1812 schreibt Beethoven in sein Tagebuch: »Du darfst nicht Mensch seyn, für dich nicht, nur für andre; für dich gibt's kein Glück mehr als in dir selbst in deiner Kunst.«[205] Das klingt programmatisch, nach Aufopferung und Verzicht im Namen der Kunst. Zwei Monate später wird dieses Motto in Prag womöglich auf die Probe gestellt: Siegt die Kunst oder Josephine? Allem Anschein nach trägt die Kunst den Sieg davon. Beethovenforscher wie Hans-Josef Irmen führen denn auch das Entsagungsargument ins Feld, wenn es um Beethovens Singleexistenz geht. In Wahrheit sei er gar nicht willens und in der Lage gewesen, sich auf eheliche Verpflichtungen einzulassen: »Sein Selbstverständnis als freier Künstler brach stets in panischer Angst Brücken zum anderen Geschlecht ab, wenn eine sanktionierbare

Bindung in Sicht kam.«[206] Diese Erklärung ist natürlich anschlussfähig zum Mythos des Helden, der seiner höheren Sache wegen auf irdische Freuden verzichtet. Wer einer Berufung folgt, so die Annahme, hat kein Interesse an Ehe, Familie, Kindergeschrei.

Beethovens Werben um Josephine beweist allerdings das Gegenteil. Dreizehn Jahre lang versucht er sie zu überzeugen, die Frau an seiner Seite zu werden – samt ihrer vierköpfigen Kinderschar. Nur zieht Josephine ihn nie ernsthaft als Partner in Betracht. Obwohl sie couragiert genug ist, sich auf den unstandesgemäßen Stackelberg einzulassen (und waghalsig genug für einen Seitensprung mit ihrem dubiosen Mathematiklehrer), hält sie den unsterblich verliebten Komponisten stets auf Abstand. Nur eine einzige Nacht gewährt sie ihm. Geliebt hat sie ihn zweifelsohne. Was störte sie an Beethoven? Seine Unberechenbarkeit? Seine schwankenden finanziellen Verhältnisse? Oder fand sie ihn am Ende gar nicht für eine Partnerschaft geeignet?

Nach heutiger Einschätzung würde man Beethoven wohl schwer vermittelbar nennen. Sein unausgeglichenes Wesen, sein Jähzorn, auch seine depressiven Verstimmungen vertrieben manchen Freund und vereitelten vermutlich längere Beziehungen. Auch die Taubheit ist ein nicht zu unterschätzendes Problem für den Beziehungsalltag, zumal Beethoven durch seine Krankheit stärker als ohnehin schon zur Misanthropie neigte. Niemand wusste das besser als Josephine. Ein umgänglicher Gefährte wäre Beethoven auch für sie nicht geworden. Bei aller Genialität zeigte sich eine emotionale Unreife, die ihn eher zu einem weiteren betreuungsintensiven Familienmitglied als zur starken Schulter prädestinierte. Beethoven nannte sich selbst einmal ein altes Kind: Er fordert viel, geben kann er wenig. Jeder soll ihm zu Diensten sein – Anton Schindler, Karl Holz, Nikolaus Zmeskall, Franz Oliva und viele mehr.

Je älter er wird, desto deutlicher offenbaren sich Eigenschaften eines narzisstisch gestählten Einzelgängers. Da sich Bindungsmuster – auch negative – früh verfestigen, scheint seine familiäre Prägung ein lebenslanges Handicap gewesen zu sein. Ein vertrauensvolles Verhältnis zum Vater war aus naheliegenden Gründen ausgeschlossen, die Beziehung zur Mutter wirkt problematisch. Zwar behauptet Beethoven in einem frühen Brief, sie sei ihm eine »gute liebenswürdige Mutter, meine beste Freundin« (BB, S. 1) gewesen. Dieses Urteil muss man jedoch relativieren. Wie so oft entschuldigt er sich in dem Schreiben für die Säumigkeit einer brieflichen Antwort und führt hierfür den Tod der Mutter an. Da klingt es einfach besser, von einer innigen Bindung zu sprechen. Betrachtet man die reale Rolle, die Maria Magdalena van Beethoven im Leben ihres Sohnes spielte, so entsteht ein vollkommen anderer Eindruck.

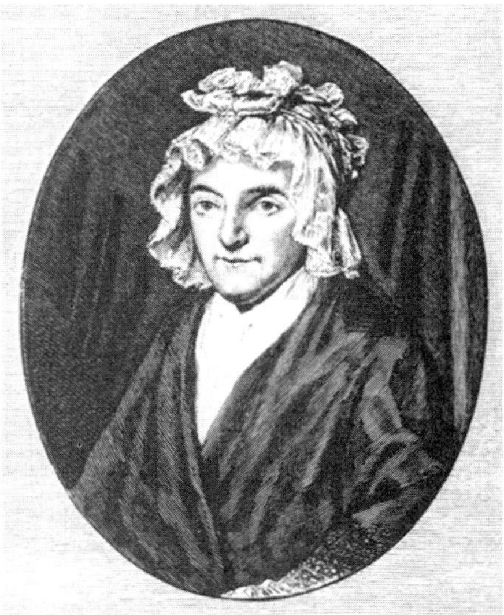

Abb. 8 Maria Magdalena van Beethoven, geborene Keverich (1746–1787), war die Mutter des Komponisten.

Alles, was man über sie weiß, spricht für eine merkwürdig apathische Frau, die ihren Kindern weder Liebe noch Geborgenheit geben konnte. Auch eine glückliche Ehe konnte sie ihren Kindern nicht vorleben. Bereits im Alter von sechzehn Jahren war Maria Magdalena Leym, geborene Keverich, verheiratet worden, mit achtzehn hatte sie ihren Mann und das Kind aus der ersten Ehe verloren. Solche Schicksalsschläge hinterlassen Spuren. Und dann geriet sie auch noch an den haltlosen Choleriker Johann van Beethoven. Sie habe das Heiraten als »ein wenig freud«, danach aber als eine Kette des Leidens betrachtet, erzählt Maria Cäcilia Fischer, die Beethovens Mutter nie lachen gesehen hat.[207] Schwermütig sei sie gewesen, erschöpft von insgesamt acht Geburten und den zunehmend schwierigen familiären Verhältnissen. Nur drei ihrer sieben Kinder aus der Ehe mit Johann van Beethoven überlebten. Schützte sie die jüngeren Brüder Kaspar Anton Karl und Nikolaus Johann vor den Gewalttätigkeiten ihres Mannes? Opferte sie ihren Ältesten? Oder war ihr das Schicksal ihrer Kinder letztlich gleichgültig?

Eine »beste Freundin« hätte wohl kaum tatenlos zugesehen, wenn ihr kleines Kind vom alkoholisierten Vater misshandelt wird. Überhaupt zeigt Madame Beethoven wenig Interesse an der Erziehung. Meist überlässt sie ihre Kinder den Mägden; die setzen die Kleinen dann auf die Steinfliesen des Erdgeschosses und kümmern sich nicht weiter um sie. Sogar die Nachbarn intervenieren, weil die drei Jungen unbeaufsichtigt auf dem kalten Steinboden herumkrabbeln und dabei leicht auf die Straße geraten könnten.[208] Offenbar ist Maria Magdalena van Beethoven mit dem Familienleben überfordert. Mehrfach beschwert sich der Hausbesitzer über den Lärm in der Beethovenschen Wohnung, worauf Ludwigs Mutter »mit Jähzorn und Widerspruch« reagiert.[209] Zudem wird von den Fischers moniert, Madame Beethoven lasse ihre Kinder verwahrlosen. Dies bestätigt Joseph

Wurzer, ein ehemaliger Mitschüler Ludwigs. Als Halbwüchsiger hatte er sogar gemutmaßt, Beethovens Mutter sei verstorben, »denn Louis van Beethoven zeichnete sich ganz besonders durch Unsauberkeit, Vernachlässigung udw. Seines Äußeren aus« (KC, S. 1107).

In einem bürgerlichen Haushalt wie dem der Beethovens wäre durchaus zu erwarten gewesen, dass der Nachwuchs sauber gekleidet, gewaschen und gekämmt auftritt. Offenbar fehlte Maria Magdalena die Energie, ihren Kindern die nötige Fürsorge angedeihen zu lassen, und gerade die Apathie der Mutter wird Beethoven in gewisser Weise zum Verhängnis. Heute weiß man, dass Vernachlässigung oft ein Zeichen mangelnder emotionaler Bindung ist. Selbst wenn Beethoven später beteuert, seine Mutter habe ihn geliebt, so ist das nicht ungewöhnlich. Auch vernachlässigte, ja sogar misshandelte Kinder stehen loyal zu ihren Eltern. Aufschlussreicher sind deshalb die empirisch erforschten Folgen: Unwertgefühle, Depressionen, Süchte. All diese Symptome treten früh bei Beethoven auf und begleiten ihn ein Leben lang – einschließlich der Alkoholsucht, die ihm eine schmerzhafte Leberzirrhose einträgt. Der ausführliche Bericht seines letzten Arztes Andreas Wawruch entsetzt unter anderem deshalb, weil Beethoven bis zuletzt den dringenden ärztlichen Rat in den Wind schlägt, bei seinem desolaten Gesundheitszustand weniger »geistige Getränke« zu konsumieren. Lieber nimmt er furchtbare Schmerzen in Kauf.[210]

Die selbstzerstörerische Tendenz ist unübersehbar, desgleichen die Unwertgefühle, die Beethoven ein fast krankhaftes Misstrauen gegenüber Menschen bescheren. Die Signatur seiner Beziehungen ist deshalb der Abbruch. Lieber beendet er die Sache selbst, als sich echten oder eingebildeten Verletzungen auszusetzen. Dieses emotionale Nomadentum spiegelt sich in seinen annähernd siebzig Wohnungswechseln wider. Beethoven ist immer auf der Flucht. So wie er weitgehend unfähig ist, Beziehungen aufrechtzuerhalten, hält er es nie lange an einem Ort aus. Manchmal hat er drei Wohnungen gleichzeitig – eine alte, eine neue und eine weitere zu Kurzwecken auf dem Land. Zufrieden ist er nie. Mal passt die Aussicht nicht, mal ist der Geräuschpegel zu hoch, und auch seine rasch wechselnde Dienerschaft muss erleben, dass er ein ewig hadernder Geselle ist.

Eine weitere Konsequenz der Vernachlässigung seitens der Eltern in früher Kindheit ist die unterentwickelte Fähigkeit, angemessen für sich zu sorgen. Freunden und Gönnern wird lebenslang das ungepflegte Erscheinungsbild des Komponisten auffallen. So fasst Czerny seinen ersten Eindruck vom dreißigjährigen Beethoven zusammen, der Meister habe ihn mit seiner zerlumpten Jacke »an die Abbildung des Campe'schen Robinson Crusoe« erinnert. »Das pechschwarze Haar sträubte sich zottig, à la Titus geschnitten, um seinen Kopf. Der seit einigen Tagen nicht rasierte Bart schwärzte den unteren Teil seines ohnehin brunetten Gesichts noch dunkler.« Einen nicht minder schauerlichen Eindruck macht auf den damals zehnjährigen Czerny der Arbeitsraum: »Ein sehr wüst aussehendes Zimmer, überall Papiere und Kleidungsstücke verstreut, einige Koffer, kahle Wände, kaum ein Stuhl, ausgenommen der wackelnde beim Walterschen Fortepiano.«[211] Viele Besucher zeigen sich irritiert über die Unordnung, die Unsauberkeit, die deutlichen Anzeichen der Verwahrlosung. Man kann das als bohemehafte Idylle goutieren, letztlich aber offenbaren diese Schilderungen das Bild eines Mannes, der sich selbst abwertet.

Kurz nach seiner Ankunft in Wien ist Beethoven noch von guten Vorsätzen beseelt. In den ersten Tagebucheintragungen finden sich die Posten »Perrückenmacher, Ueberrock, Stiefel, Schuhe«, desgleichen »schwarze seidene Strümpfe – einen Ducaten, ein paar Winter seidene Strümpfe, 1 Gldn. 40 *x*, Stiefel 6 Gldn., Schuh 1 Gldn. 30 *x*« und der Hinweis auf einen »Andreas Lindner, Tanzmeister«.[212] Theoretisch weiß Beethoven also durchaus, wie man in Gesellschaft aufzutreten hat. Bald ist es jedoch vorbei mit den guten Vorsätzen. Entweder hat er nicht die psychische Kraft, oder es ist eine Folge seiner Unwertgefühle, dass er immer wieder verwahrlost.

Sein heruntergekommenes Äußeres ist dermaßen ungewöhnlich, dass er einmal sogar für einen Landstreicher gehalten wird. Im Sommer 1825 bezieht er in einem Nebengebäude des Badener Schlosses Guttenbrunn Quartier, um ausgedehnte Spaziergänge zu unternehmen. Oft streift er den ganzen Tag umher, verirrt sich zuweilen, so auch an diesem Abend. Es dunkelt schon, zaudernd steht er vor einem Haus und späht in die erhellten Fenster. Die Bewohner alarmieren die Polizei. Niemand glaubt dem abgerissenen Mann mit dem wirren Haar, er sei ein berühmter Komponist. Daher bedarf es des eigens herzitierten Musikdirektors der Wiener Neustadt, um das Missverständnis aufzuklären und die Entlassung aus polizeilichem Gewahrsam zu erwirken.

Zusammengefasst ergeben seine Persönlichkeitsmerkmale nicht gerade das Profil eines Traummanns. Ohne Genderstereotype zu bemühen, dürfte auf der Hand liegen, dass weder ein verwahrlostes Äußeres, cholerische Anwandlungen noch gesteigerter Alkoholkonsum anziehend auf Frauen wirken. Die Berliner Sängerin Amalie Sebald beispielsweise wird oft zu Beethovens Geliebten gezählt. Sie trifft ihn unter anderem im schicksalhaften Sommer 1812 in Teplitz, und Beethoven bemüht sich durchaus um sie: »Wenn Sie es anständig heißen, allein zu mir zu kommen, so könnten Sie mir eine große Freude machen; ist aber, dass Sie dieses unanständig finden, so wissen Sie, wie ich die Freiheit aller Menschen ehre« (BB, S. 84). Amalie bestreitet allerdings eine Affäre, wie ihr Neffe Albrecht Ritschl überliefert. Er wird mit den Worten zitiert: »Albrecht pflegte später häufig von dem ›verunglückten Onkel Beethoven‹ zu sprechen, der Amalie hätte heiraten wollen, woran sie aber nie gedacht hätte, einmal, weil er katholisch war, und dann, weil er in seinem äußerlich arg verwahrlosten Zustande keinen anziehenden Eindruck auf sie machen konnte« (KC, S. 879).

Ähnlich urteilt Robert Minder über die Freundschaft Beethovens zu Bettina von Arnim. Die Verbindung sei rein platonisch gewesen, wegen »seiner außerordentlichen Hässlichkeit, von der Bettina mehr als irgendein anderer betroffen war und die bewirkte, dass diese Frau, die in die Schönheit verliebt war, es niemals in Beethoven sein konnte«.[213] Gewiss, es gibt viel Schwärmerisches zu lesen, etwa von Antonie Brentano, die zeitweilig sogar als »unsterbliche Geliebte« gehandelt wurde. »Seine dunkel beschattete Stirne enthält unter hoher Wölbung den Sarkophag der Tonkunst, aus welchem er verklärte Gestalten erweckt« (KC, S. 99), dichtet sie enthusiastisch. Das liest sich verehrungsvoll, ist jedoch ohne Frage eine Verklärung, die vor allem die Autorin schmückt. Antonie Brentano war stolz auf die Freundschaft mit dem berühmten Komponisten. Als sie, um das Erbe ihres Vaters zu regeln, 1810 nach Wien zieht, wird Beethoven zum täglichen Besucher. Antonie kränkelt häufig, er spielt dann für sie im Nebenzimmer Klavier – zwei Leidensgenossen, die eine Wahlverwandtschaft verbindet. Sie verehre Beethoven tief, schreibt Antonie ihrem Bruder Clemens Brentano, »er wandelt göttlich unter den Sterblichen, sein höherer Standpunkt gegen die niedere Welt und sein kranker Unterleib verstimmen ihn nur Augenblicklich« (KC, S. 98).

Das liest sich nicht gerade sinnlich. Sehr viel nüchterner noch fällt das Urteil der Pianistin Lisette von Bernhard aus. Beethoven sendet ihr häufig frisch gedruckte Klavierwerke »mit einem kleinen freundlichen oder auch scherzhaften Briefchen«. Sie weiß das zu schätzen – als Musikerin, nicht als Frau. Später bekennt sie, »dass ihr der häßliche Beethoven gar keinen Eindruck« gemacht habe« (KC, S. 59). Ähnlich wird es seinen pubertierenden Klavierschülerinnen Giulietta Guicciardi und Therese Malfatti ergangen sein.

Nun gleicht bekanntermaßen die Gabe des Charmes so einige äußere Makel aus. Nach allem, was Zeitgenossen über Beethoven berichten, sind seine Umgangsformen allerdings nicht nur ausgesprochen ungehobelt, zuweilen wirken sie sogar abstoßend. Der Geiger Joseph Michael Böhm wird Zeuge, wie Beethoven bei einem gemeinsamen Essen übel riechende Eier einfach aus dem Fenster wirft (KC, S. 81), von Felix Mendelssohn Bartholdy erfahren wir, dass Beethoven, als ihm seine Bewunderin Dorothea von Ertmann auf dem Klavier vorspielte, »die Lichtputze zum Zahnstocher gebraucht habe« (KC, S. 265). Carl Blöchlinger von Bannholz erzählt, seine Mutter sei »darüber desparat« gewesen, »wenn Beethoven sein buntes Schnupftuch herauszog, es in die flache Hand legte, sich räusperte und dann einen Fladen draufspuckte, den er einige Zeit betrachtete, bevor er das Schnupftuch wieder zusammenlegte und in die Tasche schob« (KC, S. 77).

Er führt sich auf wie ein verkommener Junggeselle, der es nicht besser weiß oder wissen will. Als Heiratskandidaten empfiehlt ihn das definitiv nicht. Jede einigermaßen kultivierte Frau – und genau die möchte Beethoven gewinnen – würde Abstand nehmen, wenn sie mit derart unappetitlichem Verhalten konfrontiert wäre. Was die inneren Werte betrifft, weiß Antonie Brentano immerhin viel Gutes zu berichten: »Sein ganzes Wesen ist einfach, edel, gutmütig, und seine Weichherzigkeit würde das zarteste Weib zieren« (KC, S. 99). Allein, ganz so edel verhält sich Beethoven keineswegs. Seine Vorliebe für vergebene Frauen nimmt oft bizarre Züge an, nicht nur bei Elisabeth Röckel. So scheitert er bei einem wenig taktvollen Versuch, mit der verheirateten Pianistin Marie Bigot anzubandeln. In einem launigen Brief schlägt er ihr eine gemeinsame Kutschfahrt vor: mit Kind, ohne den Gatten, der ja leider, leider bestimmt keine Zeit habe. Damit bereitet Beethoven seiner Freundschaft zu dem Ehepaar ein unrühmliches Ende. Vergebens setzt er einen Entschuldigungsbrief auf, denn darin entgleist er erneut, mit der unsäglichen Bemerkung: »Selbst die heiligste Freundschaft kann oft noch Geheimnisse haben.«[214] Für den düpierten Gatten sicherlich kein vertrauenerweckendes Aperçu.

Ist Beethoven überhaupt je über kleine Affären hinausgekommen? Sein Freund Wegeler räsoniert ausführlich über dieses Thema, und zwar in einem durchaus apologetischen Ton. Zunächst zitiert er den Komponisten und Beethovenfreund Ignaz von Seyfried, der in dieser Hinsicht skeptisch ist: »Beethoven war nie verheiratet und, merkwürdig genug, auch nie in einem Liebesverhältniß.« Dem widerspricht Wegeler vehement: »Beethoven war NIE ohne Liebe.«[215] Er versteigt sich sogar dazu, Beethovens Verflossene aufzuzählen. So erfahren wir aus Jünglingszeiten etwas über die Liebe zu Jeanette d'Honrath aus Köln, »einer schönen, lebhaften Blondine«, die jedoch – man ahnt es mittlerweile – verlobt war und einen anderen heiratete,[216] oder über Beethovens »liebevollste Zuneigung zu einer schönen und artigen Fräulein v.W.«. Gemeint ist Gräfin Westerholt-Gysenberg, die Beethovens Gefühle genauso wenig erwiderte wie die blonde Jeanette.

Wegeler nennt die Gräfin eine »Werther-Liebe«. Damit verstärkt er den Eindruck, den auch die wertherische Liebesgeschichte mit Josephine hinterlässt: Beethoven liebt systematisch chancenlos. Bewusst oder unbewusst sucht er sich Frauen aus, die unerreichbar bleiben. Mit Blick auf die Couch könnte man ergänzen: so unerreichbar wie seine Mutter. Das Inzestverbot setzt sich fort als Heiratsverbot, selbst flüchtige erotische Begegnungen dürften aufgrund sozialer Barrieren oder eines Eherings kategorisch ausgeschlossen sein, wenn Beethoven liebte, da »jede seiner Geliebten höheren Ranges war«.[217] Allein das Wort Geliebte ist offensichtlich eine Übertreibung Wegelers. Eher handelte es sich wohl um Damen, die Beethoven verehrte oder in die er verliebt war. Umso seltsamer klingt Wegelers Versicherung: »In Wien war Beethoven, wenigstens, so lange ich da lebte, immer in Liebesverhältnissen und hatte mitunter Eroberungen gemacht, die manchem Adonis, wo nicht unmöglich, doch sehr schwer geworden wären.«

Wo fand Beethoven Liebe? Oder wenigstens sinnlichen Genuss? Sein Hinweis, länger als sieben Monate könne ihn keine Frau erotisch fesseln, lässt auf rein körperliche Beziehungen schließen, die weder im Bürgertum noch in Adelskreisen toleriert worden wären. Am leichtesten könnte er solche rasch wechselnden Liebschaften im libertären Theatermilieu geknüpft haben, und so deutet seine Tändelei mit Elisabeth Röckel wohl tatsächlich auf eine zurückliegende Affäre hin. In diesem Zusammenhang fallen auch Namen anderer Sängerinnen wie Anna Milder-Hauptmann. Immerhin behauptete er einmal, er könne keine Frau lieben, »die seine Kunst nicht zu würdigen verstände« (KC, S. 343).

Des Öfteren wurde auch gemutmaßt, Beethoven sei ein reger Bordellbesucher gewesen. Was dafür spricht, sind einige Hinweise, die er selbst gibt. So warnt er seinen Bruder Nikolaus Johann vor Prostituierten mit den Worten: »Ich hoffe, daß Dir Dein Aufenthalt in Wien immer besser gefallen wird. Nimm Dich nur in Acht vor der ganzen Zunft der schlechten Weiber« (BB, S. 10). Er selbst scheint diesen Rat ungern zu beherzigen. Mit Vorliebe geht er in den Prater, den man zu Beethovens Zeit keineswegs der sittsamen Bekanntschaften wegen aufsucht. Eines seiner Stammlokale ist der »Wilde Mann«. Unternehmungslustig schreibt Beethoven an Ignaz von Seyfried: »Ich vermute, dass ich dort keine wilden Männer sondern schöne Grazien antreffen werde, und dafür muss ich mich auch noch erst harnischen« (BB, S. 50). Was bedeutet, dass er sich für diese »Damen« durchaus in Schale wirft.

Vermutlich kam Beethoven ohne erotische Erfahrungen nach Wien, doch das änderte sich bald. Es soll sein beleibter Geigerfreund Ignaz Schuppanzigh gewesen sein, der ihn in einer feuchtfröhlichen Nacht mit den käuflichen Freuden bekannt machte. Sofern dieses Gerücht der Wahrheit entspricht, kam Beethoven offenbar auf den Geschmack. In einer Reihe von Briefen an seinen engen Freund Nikolaus Zmeskall von Domanovecz entdeckte Maynard Solomon weitere verdeckte Anspielungen auf Prostituierte.[218] Beethovens Gesundheit ist das eindeutig abträglich. In eines seiner Konversationshefte kopiert er 1819 eine Anzeige aus dem *Intelligenzblatt* Nr. 84 vom 14. April: »L.V. Lagneau, Die Kunst aller Arten der Lustseuche zu erkennen, zu heilen, u. sich davor zu hüten – sichern etc.etc. 4te verbesserte Ausgabe.«[219] Es liegt nahe, dass es einen konkreten Anlass für diese Notiz gibt. Auch die moralischen Nebenwirkungen seines Hangs zum horizontalen Gewerbe – falls er ihn denn tatsächlich hegte – machen ihm zu schaffen. Das Dilemma zwischen ethischen Ansprüchen und triebhafter Befriedigung ist ihm durchaus bewusst. »Sinnlicher Genuß ohne Vereinigung der Seelen ist und bleibt viehisch«, vertraut er seinem Tagebuch an, »nach selben hat man keine Spur einer edlen Empfindung, vielmehr Reue.«[220]

Männerfreundschaften

In Frauen findet Beethoven zumeist mütterliche Vertraute. Die verwitwete Gräfin Anna-Marie Erdödy gehört dazu, die sich trotz der üblichen Zwischenfälle unermüdlich für seine Belange als Komponist einsetzt. Bei ihr kann Beethoven auf Nachsicht hoffen, wie seine vielen Entschuldigungsbriefe zeigen: »Meine liebe Gräfin, ich habe gefehlt, das ist wahr, verzeihen Sie mir; es ist gewiß nicht vorsätzliche Bosheit von mir, wenn ich Ihnen wehgetan habe« (BB, S. 62), schreibt er ihr beispielsweise. Sie ist es auch, die die jährliche Apanage der drei Gönner Lichnowsky, Kinsky und Erzherzog Rudolph vermittelt. Dennoch, es ist kompliziert mit den Frauen. Bettina Brentano gehört zum Typus des aufdringlichen Groupies, die Schriftstellerin Friederike Susan begnügt sich wenigstens damit, aus gebührendem Abstand Sonette über ihn zu schreiben.

Seinem Wesen nach scheint sich Beethoven sehr viel wohler mit Männern zu fühlen. Mit Freunden kann er im Wirtshaus sitzen, derbe Witze reißen, zwanglos musizieren. »Sie brauchen keinen schwarzen Rock anzuziehen, da wir nur unter Männern sind«, lädt er zum Beispiel Nikolaus Zmeskall zu abendlicher Hausmusik ein.[221] Zmeskall ist ihm ohnehin einer der Liebsten. Schier unerschöpflich sind die Anreden, die Beethoven für den Beamten der ungarischen Hofkanzlei erfindet, der ihm auch als Cellist und Komponist nahesteht: lieber bester Zmeskall, liebstes Schaf, Kommandant morscher Festungen, Musikgräferl, Freßgraf, Baron Dreckfahrer, ordinärer Federnschneider. Seinen Freunden kann Beethoven eben auch mal Rustikales zumuten. »Nun leb wohl, bester Hauskexel«, verballhornt er den Namen des Rechnungsrats Hauschka, »ich wünsche dir einen offenen Stuhlgang und den schönsten Leibstuhl« (BB, S. 36).

Anderen Freunden begegnet er mit nahezu zärtlicher Liebe. Wenn man auch den deutlich emotionaleren Briefstil jener Zeit berücksichtigen muss, so atmen manche der ausgetauschten Schreiben eine Innigkeit, die Beethoven selbst bei guten Freundinnen vermissen lässt. Einer dieser Freunde ist der Theologe Carl Amenda. Als Beethoven ihn um 1798 kennenlernt, hat Amenda ein Engagement als Hauslehrer bei Constanze Mozart und fungiert als Vorleser beim Fürsten Lobkowitz. Er ist ein ausgezeichneter Geiger, gebildet, sensibel. Nachdem sie sich bei einem Abendessen kennengelernt haben, wundert sich der Gastgeber am darauffolgenden Tag: »Was haben Sie gemacht? Sie haben Beethovens Herz erobert!« (KC, S. 10) Bald sind die beiden unzertrennlich. »Spaziergänge werden nun gemeinschaftlich unternommen, so daß das Publikum, wenn es einmal nur Einen von ihnen auf der Straße sah, sogleich ausrief: ›Wo ist denn der Andere?« (KC, S. 10) Der eher schreibfaule Beethoven sendet Amenda lange Briefe, in denen er ihm seine Sorgen und Nöte anvertraut – sogar das streng gehütete Geheimnis seines Hörleidens. Der Ton wird zusehends intimer. Amenda sei einer »derjenigen, die mein Herz auserwählt hat« (BB, S. 17), gesteht Beethoven. Wenngleich er Wien nur sehr ungern verlässt, plant er sogar eine gemeinsame Konzertreise nach Italien und hofft: »Du bleibst hernach ewig bei mir.« Ein ums andere Mal versichert Beethoven ihn seiner Gefühle: »Mein Herz schlägt so zärtlich wie immer für Dich« (BB, S. 18).

Doch selbst diese Herzensfreundschaft kann der unstete Komponist nicht aufrechterhalten, sehr zum Leidwesen Amendas. Der wendet sich 1806 an den Klavierbauer Andreas Streicher: Er hätte Beethoven sein »ganzes Leben widmen mögen, und nun bin ich so unglücklich, auch gar nichts von ihm zu hören«. Warum aber kann Beethoven sein Denken und Fühlen über so viele Jahre an Josephine binden, die ihm immer wieder einen Korb gibt? Ist Josephine die Liebe seines Lebens oder eine Projektion? Die Beteuerung, es gehe ihm nicht um die »geschlechtliche« Vereinigung, kann zwar dem Bemühen geschuldet sein, seine ehrenwerten Absichten zu unterstreichen; gleichwohl entsteht der Eindruck, dass diese Liebe ein unkörperliches poetisches Gebilde ist. Nirgendwo schreibt Beethoven über Josephines Äußeres, etwa über Schönheit oder Anmut, was mit dem gebotenen Zartgefühl ja möglich gewesen wäre. Ist alles nur höherer Wahn?

Der Katzenjammer nach der Liebesnacht in Prag könnte ein Indiz dafür sein. Halb versteckt im Strom der Liebesbekenntnisse, rudert Beethoven im dritten Teil des Briefs an die »unsterbliche Geliebte« zentimeterweise zurück. »In meinen Jahren jetzt bedürfte ich einiger Einförmigkeit, Gleichheit des Lebens«, gibt er zu bedenken, »kann diese bey unserm Verhältniße bestehn?« (BB, S. 29) Da ist er, der Boden der Tatsachen. Beethoven fürchtet um seine Ruhe und seine Tagessroutine, falls es zu einer legitimen Verbindung kommt. Und siehe da, auf einmal spricht auch er von Zwängen: »Ach Gott, blick in die schöne Natur und beruhige Dein Gemüt über das Müssende« (BB, S. 28). Vielleicht enthüllt der leise Zweifel noch ganz andere Enttäuschungen. Beide, Josephine wie Beethoven, mussten möglicherweise einsehen, dass es nur zu liebevoller Freundschaft reicht, nicht aber zu erotischer Erfüllung. Weil es eine homoerotische Komponente in Beethovens Liebesleben gibt?

Seine gefühlsbetonten Männerfreundschaften könnten dies ebenso nahelegen wie die notorisch illusorischen Heiratspläne. In keinem bekannten Falle hält Beethoven um eine Frau an, deren Jawort realistisch wäre. Vollends im Sorgerechtsstreit um seinen Neffen Karl ab 1815 sehen Forscher wie Editha und Richard Sterba homophile Züge. Nie kämpfte Beethoven so leidenschaftlich um Josephine wie um diesen Jungen. Zugleich steigert er sich in eine fast groteske Misogynie. Die männerbündlerische Sphäre, in der sich Beethoven lange bewegte, der illuminatische Einfluss, der eine gewisse Frauenfeindlichkeit in sich trägt, könnten hier zum Tragen gekommen sein. Schon die Heirat seiner Brüder hatte er zu hintertreiben versucht. Beiden Schwägerinnen unterstellte er, ihre Männer zugrunde richten zu wollen. Als Kaspar Karl nach längerer Krankheit stirbt, verdächtigt er dessen Witwe Johanna, sie habe den eigenen Mann vergiftet. Beethoven besteht auf einer Obduktion durch seinen Arzt Doktor Bertolini, der Verdacht erweist sich als unbegründet (KC, S. 63). Dennoch wird Johanna van Beethoven zur Zielscheibe wüstester Verleumdungen. Die Unterschlagung von Schmuck ist aktenkundig, Beethoven bezichtigt sie darüber hinaus der Lüge, des Betrugs, des Diebstahls, der Prostitution. »Diese Nacht ist die Königin der Nacht bis 3 Uhr auf dem Künstlerball gewesen, nicht allein mit ihrer Verstandesblöße, sondern auch mit ihrer körperlichen«, schreibt er Cajetan Giannattasio del Rio, dem Direktor des Internats, in dem er seinen Neffen zwei Jahre lang parkt. »Für 20 fl., hat man sich in den Ohren gesagt, dass sie – zu haben – sei! O schrecklich! Und unter diesen Händen sollen wir unseren kostbaren Schatz nur einen Augenblick vertrauen? Nein, gewiß nicht« (BB, S. 112). Mit solchen

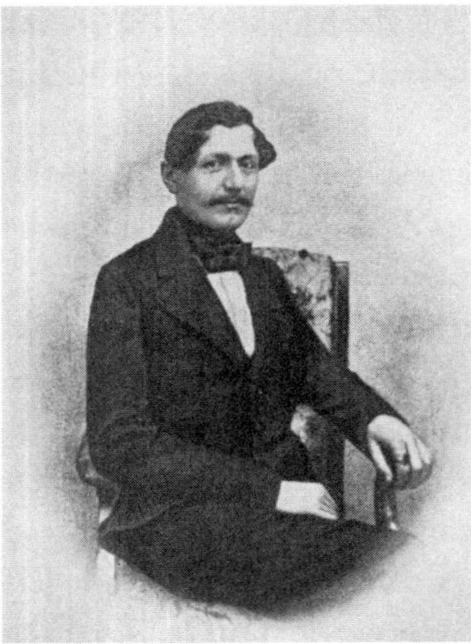

Abb. 9 Karl van Beethoven (1806–1858) als erwachsener Mann

Unterstellungen will er verhindern, dass Karls Mutter ihren Sohn sieht, und der Internatsdirektor willigt in das Besuchsverbot ein.

Parallel erstickt er Karl mit seiner bevormundenden Liebe. Als wolle er seine emotionalen Defizite ausgleichen und alles nachholen, was er in den vergangenen Jahrzehnten versäumt hat, stürzt er sich mit nahezu wahnhafter Distanzlosigkeit auf den Jungen. Er überwacht medizinische Bäder des Neunjährigen, lässt ihm beim Schneider leinene Unterhosen nähen und stellt Czerny für den Klavierunterricht ab. Briefe an Karl unterzeichnet Beethoven bald mit dem Zusatz »Dein Vater«, auch »Dein treuer wahrhafter Vater« (BB, S. 150). Während des gerichtlichen Gezerres um Karl scheut er nicht davor zurück, den Jungen emotional zu manipulieren. Es geht um Kontrolle, um Besitzansprüche, nicht um das Wohl eines Heranwachsenden. »Meiner Liebe entgehst du nicht«, könnte man Ödön von Horváth zitieren. Beethoven zeigt diese Liebe durch Ratschläge, Vorwürfe, zunehmend durch aggressive Zurechtweisungen. Nach seinem Internatsaufenthalt wohnt Karl zumeist bei ihm, und des Öfteren geraten die beiden aneinander, einmal sogar handgreiflich.

Karl steht permanent unter Rechtfertigungszwang. »Ich habe dir doch schon hundert Mahl gesagt, daß ich bey einem meiner Mitschüler die gegenstände wiederhohle, die im Collegium vorgetragen werden, weil ich nicht im Stande bin, es allein zu thun«, schreibt er einmal ins Konversationsheft, weil sein Onkel über jede Sekunde seines Lebens informiert werden will.[222] Der Druck steigt stetig. »Der Knabe muß Künstler werden oder Gelehrter, um ein höheres Leben zu leben und nicht ganz im Gemeinen zu versinken«, erklärt Beethoven einem befreundeten Komponisten (KC, S. 174).

Karl kann jedoch keine der hohen Erwartungen erfüllen. Erst wird die verordnete Musikerlaufbahn ad acta gelegt, dann die angestrebte Karriere als Wissenschaftler, und natürlich muss er nebenher auch den Sekretär und Buchhalter seines Onkels spielen. »Galitzin hat Ihnen 700 Rubel geschickt, wovon sie Dir aber nur 550 gegeben haben«, informiert er beispielsweise seinen Onkel im Konversationsheft. »Also noch 150 Rubel müssen wir bekommen.«[223]

Mit fortschreitendem Alter mehren sich die Zeichen, dass Karl ausbricht. Er fängt an zu trinken und verbringt seine Tage in Billardsalons, was zu immer schwereren Auseinandersetzungen führt. Beethoven ist vollkommen unfähig, einen angemessenen Umgang mit dem entgleisenden Jungen zu finden. Selbst Karls Selbstmordversuch im Jahre 1826 bringt ihn nicht zur Vernunft. Seine Reaktion zeugt von völliger Empathielosigkeit. Nachdem er erfährt, dass Karl überlebt hat, ruft er aus: »Aber die Schande, die er mir angetan; ich habe ihn doch so sehr geliebt!«[224] Als er den verletzten Karl im Krankenhaus besucht, erkundigt er sich nach dem Patienten mit der Frage: »Liegt bei Ihnen mein Neffe, der liederliche Mensch, der Lump?«[225] Zum endgültigen Bruch kommt es erst, als Karl gegen den Willen seines Onkels zum Militär geht.

Für Editha und Richard Sterba ist bereits Beethovens krankhafte Eifersucht auf seine Schwägerinnen ein Zeichen dafür, dass er Probleme mit dem anderen Geschlecht haben könnte und deshalb prinzipiell keine Gattinnen an der Seite seiner Brüder Nikolaus Johann und Kaspar Karl ertrage. Eine derart ausgeprägte Frauenfeindlichkeit deute mit hoher Wahrscheinlichkeit auf unterdrückte homosexuelle Neigungen hin. Gesichert und belegt ist jedoch nichts. Sofern Beethoven homoerotische Neigungen verspürte, gelang es ihm, sie sorgsam zu kaschieren. Immerhin: Homosexualität galt als kriminell, und es drohten Gefängnisstrafen, wenn man sich bei gleichgeschlechtlichen Affären ertappen ließ. So weit kommt es vermutlich auch gar nicht.

Es ist eher eine vage homophile Anmutung, die in Beethovens Beziehungen zu Männern mitschwingt. Im Grunde konstruiert er sich eine männliche Wahlfamilie. Sie besteht aus seinen ehemaligen Schülern Carl Czerny und Ferdinand Ries, seinen Sekretären Anton Schindler und Karl Holz sowie einem verschworenen Freundeskreis aus Franz Gerhard Wegeler, Stephan von Breuning, Nikolaus Zmeskall von Domanovecz und einigen erprobten Weggefährten wie Ignaz Ritter von Seyfried. Über diesem Ensemble thront er als Pater familias. Mal bestellt er jemanden aus der Runde ins Gasthaus, mal erteilt er Aufträge, die erledigt werden müssen.

Karl hätte der Schlussstein dieser Beziehungsarchitektur sein können, doch er sperrt sich den Vereinnahmungsversuchen. Es ist das dritte und letzte Experiment des Zusammenlebens, das scheitert. 1804 hatte Beethoven eine gemeinsame Wohnung mit Stephan von Breuning im Roten Haus in der Alservorstadt bezogen. Allein die Tatsache, dass er ausgerechnet den Bruder seiner Jugendliebe Eleonore als Wohnungsgenossen erwählt, verleiht diesem Arrangement eine delikate Anmutung. Einst in Bonn waren sie beide Geigenschüler des Vaters von Ferdinand Ries gewesen; die familiäre Freundschaft, die im Hause Breuning begonnen hatte, setzt sich in Wien fort, als der vier Jahre jüngere Breuning 1801 dorthin übersiedelt. »Steffen Breuning ist nun hier, und wir sind fast täglich zusammen«, berichtet Beethoven Franz Gerhard Wegeler. »Es tut so wohl, die alten Gefühle wieder hervorzurufen, er ist wirklich ein guter herrlicher Junge geworden« (BB, S. 81).

Sogleich wird er in das System Beethoven integriert. Stephan von Breuning wirkt am Libretto des *Fidelio* respektive der *Leonore* mit und bearbeitet den Text erneut für die Aufführung von 1806. Durch Beethovens Streitlust – vielleicht sind es Gefühle der Eifersucht – wird diese Freundschaft mehrfach auf die Probe gestellt. »Ich weiß es, ich habe dein Herz zerrissen«, schreibt Beethoven dem düpierten Freund. »Leidenschaft bei Dir und mir – aber Misstrauen gegen Dich ward in mir rege. – Es stellten sich Menschen zwischen uns, die Deiner und meiner nie würdig sind.« Der Brief schließt mit dem Eingeständnis: »Als ich Dich so lange nicht um mich sah, empfand ich es erst recht lebhaft, wie teuer du meinem Herzen bist und ewig sein wirst. Du wirst wohl auch wieder in meine Arme fliehen wie sonst« (BB, S. 81).

Wie stets währt der Frieden nicht lange, es bleibt ein Auf und Ab der Gefühle. Auch die Wohngemeinschaft hält nicht lange. Bezeichnenderweise ist es Beethoven, der auszieht. Elf Jahre währt das Zerwürfnis, bevor es zur Aussöhnung kommt. Ob er vor zu viel Nähe flüchtet, ob ihn homoerotische Neigungen überwältigen oder ob er ein tägliches Miteinander grundsätzlich nicht aushält – dies ist im Nachhinein nicht zu klären.[226]

Erhalten ist lediglich der Briefwechsel, der große Vertrautheit ebenso dokumentiert wie schwere Zerwürfnisse. Wie nah Stephan von Breuning Beethoven steht, zeigt sich 1826. Nach Karls Selbstmordversuch wird Breuning die Vormundschaft übertragen, ein großer Vertrauensbeweis Beethovens. Stephan von Breuning heiratet zweimal, seine erste Frau ist die Tochter von Beethovens Arzt Doktor Vering. Als Kinder geboren werden, besucht Beethoven die Familie regelmäßig und findet besonderen Gefallen an dem kleinen Gerhard von Breuning, den er seinen Ariel nennt. »Der Knabe wird ihm das, was ihm Karl hätte sein sollen, über den er sich mit Stephan Breuning immer wieder leidvoll ausspricht«, kommentiert Beethovenbiograf Joseph August Lux diese Erweiterung der Wahlfamilie.[227] Übrigens stirbt von Breuning zwei Monate nach Beethovens Tod im Alter von nur zweiundfünfzig Jahren – angeblich unter dem traumatischen Eindruck der Versteigerung von Beethovens Hinterlassenschaften.

Viele Forscher sind der Meinung, er sei der engste Freund des Komponisten gewesen.

Ein weiteres Kapitel der Männerfreundschaft schlägt der Geiger Karl Holz auf, der in den späten Jahren vor allem als Trinkkumpan Beethovens von sich reden macht. Nachdem sich Beethoven mit Anton Schindler überworfen hat, rückt Holz 1825 als Sekretär nach. Wie schon seinen Freund Zmeskall zeichnet Beethoven auch ihn mit allerlei Nicknames aus – Spanholz, Holz Christi, Mahagoniholz und, sehr beziehungsreich, Trinkulos. Schindler ist entsetzt. Er fürchtet um den Ruf des Meisters, der mit dem deutlich jüngeren Holz durch die Wirtshäuser zieht. Ausführlich ergeht sich Schindler über den schlechten Charakter des Geigers. Einen Hang zum Intrigieren hat Holz durchaus. Er ist es, der den Neffen 1825 beim Onkel denunziert und damit große Turbulenzen auslöst. »Er spielt den ganzen Tag Billard mit Schlossergesellen. Zuckerbäckertochter aus der Kotgasse«, schreibt Holz betreffs Karl ins Konversationsheft. Beethoven tobt, Schindler schlägt die Hände über dem Kopf zusammen, alles ist in Aufruhr. Nicht zuletzt diese Episode beleuchtet das engmaschige Netz der Interessen und Gefühle, in dem Beethoven lebt. Zuweilen wirkt diese Wahlfamilie wie ein geheimer Männerbund, dann wieder wie ein Intrigantenstadl, in dem jeder um die Gunst des Meisters kämpft. Frauen wären darin fehl am Platze gewesen, und selbst Josephine hätte diese männliche Phalanx wohl kaum aufbrechen können.

Eine ergänzende These zum Thema offener oder latenter Homosexualität vertritt der Historiker Wolfgang Burgdorf. Abgesehen von angeborenen Dispositionen könne man homophile Orientierungen auch als Protest gegen überstrenge und gewalttätige Väter sehen. Unter anderem untersuchte Burgdorf die Beziehung zwischen Friedrich II. und seinem Kammerdiener

Gabriel Michael Fredersdorf, der »preußischen Pompadour«.[228] Gemäß dieser These würde eine mögliche Hinwendung Beethovens zum eigenen Geschlecht aus dem Konflikt mit dem Vater resultieren. Plausibel wäre das schon deshalb, weil Beethoven die Ehe der eigenen Eltern als schwierig und daher wenig nachahmenswert erlebte. Johann van Beethoven eignete sich nicht als Vorbild, weder in musikalischer noch menschlicher Hinsicht. Möglicherweise hat Beethoven das Scheitern des Vaters – die Verarmung, die Trunksucht, die blinde Gewalt – als Überforderung durch das einengende Familienleben wahrgenommen. So wäre es nachvollziehbar, dass ihm das traditionelle Familienmodell wenig attraktiv erscheint. Seine Wahlfamilie unter Freunden hingegen garantiert ihm sowohl Freiheit als auch ein verlässliches Sozialleben, ohne dass er die Verbindlichkeit von Ehe und Familie auf sich nehmen muss.

Was bleibt, ist Musik. Und eine Locke Beethovens, die Elise Röckel ihm auf dem Sterbebett abschneidet. Es ist ein dramatisches Lebewohl. Eigentlich wollte sie ihn gar nicht mehr besuchen, um ihn so in Erinnerung zu behalten, wie sie ihn gekannt, vielleicht auch geliebt hatte: auf der Höhe seiner Kraft. Doch durch Hummel lässt Beethoven ausrichten, es sei sein innigster Wunsch, sie einmal noch zu sehen. So eilt seine Elise denn doch ins Schlafgemach des Sterbenden. Der Verleger Schott hat gerade eine Kiste Wein geschickt, und Beethoven verlangt nach einem Glas davon. Obwohl man ihm davon abrät, trinkt er es in einem Zug aus. Das Letzte, was Elise für ihn tun kann, ist eine Geste der Menschlichkeit: Heftig würgend, mit hochrotem Kopf, erbricht sich Beethoven in ihr rasch hingehaltenes Taschentuch. Betretenes Schweigen. Zum Abschied schenkt er ihr seine letzte Schreibfeder.

Kapitel 4

Die Welt als Wille und Musik

Symphonie Nr. 5 c-Moll op. 67, »Schicksalssymphonie« genannt, 1808 uraufgeführt

Der 22. Dezember 1808 ist ein klirrend kalter Tag. Auch die Besucher des Theaters an der Wien frieren erbärmlich. Seit Stunden harren sie in dem ungeheizten Theatersaal aus, und zu allem Überfluss müssen sie nicht nur den eisigen Temperaturen trotzen, sie brauchen vor allem gute Nerven. Mit nahezu gargantueskem Appetit auf die lang ersehnte Publikumsresonanz mutet Ludwig van Beethoven seinen Anhängern ein schwer verdauliches musikalisches Menü zu. Zunächst erklingt die *Pastorale,* dann die *Schicksalssymphonie,* das *Vierte Klavierkonzert* sowie die Arie »Ah, perfido«. Anschließend lässt es sich Beethoven nicht nehmen, mit gleich zwei Klavierimprovisationen zu seiner *Chorfantasie* überzuleiten.

Vier Stunden Musik. Große, anspruchsvolle Musik. Am Ende ist das Publikum vollkommen erschöpft. Manche haben den ungeheizten Saal schon verlassen, ratlos und verstimmt. Wer Sinn für Dramatik besitzt, ist allerdings voll auf seine Kosten gekommen. Es sind die Nebenwirkungen von Beethovens Ertaubung, die dieses Musikereignis zu einem zweifelhaften Vergnügen machen. Das ist tragisch, manchmal auch unfreiwillig komisch, denn beim *Vierten Klavierkonzert* ereignen sich wahre Slapstickszenen auf dem Podium. Mit ausladenden Gesten stößt Beethoven zwei Kerzenleuchter vom Flügel. Anschließend müssen zwei Chorknaben die Leuchter halten, einer von ihnen fängt sich eine Maulschelle des grobmotorischen Beethoven ein.

Leider lässt die Qualität der Darbietungen zu wünschen übrig. Das Orchester, das Beethoven dirigiert, besteht aus zweitklassigen Musikern, weil ihm Salieri die Crème der Instrumentalisten für dessen eigenes Konzert weggeschnappt hat. In Ermangelung öffentlicher Konzertsäle gibt es nur vier Tage im Jahr, in denen sogenannte Akademien, also Konzerte, stattfinden dürfen: die »Norma-Tage«, jeweils an den beiden Tagen vor Ostern und Weihnachten. In diesen begehrten Zeitfenstern machen sich die Wiener Komponisten gegenseitig Konkurrenz, und Beethoven zieht auf der Jagd nach den völlig überbuchten Musikern den Kürzeren. So muss er sich zähneknirschend mit zweiter Wahl begnügen. Ein weiteres Handicap kommt hinzu: Wie so oft sind die Notenkopien erst in letzter Minute fertig geworden, sodass es kaum Zeit für Proben gegeben hat. Es holpert hier, es scheppert dort, bei der Aufführung der *Chorfantasie* ereignet sich der Kollaps: Beethoven muss abbrechen und wieder von vorn anfangen.

Den Erfolg der *Fünften Symphonie* können diese Startschwierigkeiten nicht aufhalten. »In diesem Mann wohnt eine göttliche Macht«, wird Balzac unter dem Eindruck der *Schicksalssymphonie* aufseufzen. »Was wir Schriftsteller darstellen, ist begrenzt, was Beethoven uns gibt, ist unendlich.«[229]

Überwältigung und Gewalt

Es ist ein Überfall im Fortissimo. Vier Töne, eine große Terz, mehr braucht Beethoven nicht, um den markantesten Aufschlag der abendländischen Symphonik hinzulegen. Fanfarengleich, binnen weniger Sekunden, erzeugt dieses knappe Motiv gespannteste Aufmerksamkeit. Die geringfügig abgewandelte

Wiederholung, einen Ton tiefer, kleine Terz, erhöht noch die Spannung – und täuscht die naheliegende Erwartung eines losbrechenden Sturms. Stattdessen formen sich filigrane aufwärtssteigende Achtelketten aus dem motivischen Nukleus, bis er in abfallenden Sekundschritten neue Wucht erhält; diesmal als Frage-und-Antwort-Logik harmonisiert, in rasch wiederholten Dominant-Tonika-Wechseln. Erst in Takt 21 kommt das Wechselspiel zum vorläufigen Stillstand: auf der Dominante, im offenen Fragemodus, aus dem sich ein hoher Geigenton wie ein Pfeil löst und in donnerndem f-Moll landet. Abermals atemlose Spannung. Wohin wird das alles führen?

Um den Geniestreich Beethovens zu ermessen, mit einem Minimum musikalischen Materials ein Maximum an Wirkung zu erzielen, muss man sich nur vorstellen, diese Eröffnung stünde in C-Dur. Dann wäre es ein eigenwillig rhythmisiertes »Hänschen klein«. Doch Beethoven wählt c-Moll sowie einen auftaktigen Beginn. Und schon hören wir das kraftvolle Fanal einer Musik, die so entschlossen auftrumpft, als hätten nicht Streicher und Klarinetten, sondern Pauken und Trompeten das Startsignal gegeben. Jedes Kind kann diesen Anfang singen, wenn auch meist eine Triole geträllert wird, statt die zweite der drei Achtelnoten zu betonen. Das Motiv ist gleichermaßen simpel wie suggestiv, seine Eingängigkeit das Resultat äußerster Komplexitätsreduktion. Statt eines kantablen Themas wählt Beethoven ein stenogrammartiges Kürzel. Das habe zu wenig Würde, mäkelte Louis Spohr, der das Motiv als »fast trivial und nicht gerade originell«[230] abkanzelte.

Schon die *Erste Symphonie C-Dur op. 21* überraschte durch einen ungewöhnlichen Beginn, einen Septakkord. Doch in der *Fünften* wagt Beethoven einen Einstieg, der bereits jenes »épater le bourgeois« ahnen lässt, das mit Rimbaud und Baudelaire zum Schlachtruf literarischer Avantgarden werden wird. Sicher ist, dass er den Erfahrungshorizont seines Publikums kennt und mit Bedacht auf jede vorbereitende Einleitung verzichtet. Aber warum der überfallartige »Raptus«?

Wie auch immer man das Motiv empfindet, sei es als Provokation, Machtdemonstration oder Aufmerksamkeit heischende Fanfare – zunächst kann man es im wörtlichen Sinne als Geste verstehen. Bisher wurde kaum die physiologische Dimension in Beethovens Werk untersucht, hier ist sie evident. Erste Skizzen zur *Fünften Symphonie* entstehen im Jahr 1800, als Beethovens Hörfähigkeit bereits eingeschränkt, aber längst noch nicht erloschen ist. Da er seine Ideen zu dieser Zeit am Klavier erprobt, entspricht das unisono herausgeschleuderte Motiv zwei beidhändig gespielten leeren Oktaven, die im geforderten Fortissimo gleichsam in die Tastatur gehämmert werden müssen. Diesen körperlichen Kraftakt hört man auch der orchestralen Fassung an. Faustschlägen gleich, die während eines Streits auf die Tischplatte sausen, verschafft sich Beethoven Gehör.

Die aggressive Geste ist umso effektvoller, als über der Zielnote des Terzsprungs jeweils eine Fermate steht. Ohne diese Fermaten würden die ersten Takte wesentlich an Spannung verlieren. Es geht um Bruchteile von Sekunden, die gleichwohl einen eklatanten Unterschied ausmachen. Dies ist ein weiterer Coup Beethovens. Die Fermate, die ein Innehalten verlangt, stellt das subjektive Zeitempfinden über die objektivierte Zeit eines gleichmäßig pulsierenden Metrums; das mathematisch exakte Ordnen von Zeit gerät ins Stocken, um das Ungeheuerliche nachhallen zu lassen. Was der verblüffte Hörer erlebt, kann man mit dem antiken Konzept der Enthymesis beschreiben: als Einfühlung in eine körperlich mitbedingte Gefühlslage. Bei den Fermaten des Symphoniebeginns spielt der Atem eine zentrale Rolle. Neben dem Herzschlag ist er der wichtigste körperliche Grundrhythmus und ändert sich je nach emotionaler Verfassung.

Wir atmen auf, wir halten den Atem an, es verschlägt uns den Atem. Mit den Fermaten bildet Beethoven gleichsam überwältigte Atemlosigkeit ab und nimmt damit die Wirkung des Motivs kompositorisch vorweg – eines der wahrscheinlich raffiniertesten musikalischen Beispiele antizipierter Wirkung.

Es sind solche Mikrostrukturen winzigster Abweichungen, die dem Beginn zusätzliche energetische Wucht verleihen. Daher wirken die ersten Takte wie ein Weckruf. Oder wie ein »dreist geführter erster Streich«, nach dem Beethoven »die Voreiligkeit der zunächst unbewiesenen Behauptung danach umso deutlicher argumentierend aufarbeiten muss«, so der Musikwissenschaftler und Dirigent Peter Gülke[231]. Damit bewegt sich Gülke unverkennbar auf dem Gebiet der musikalischen Rhetorik, in dem der Komponist als Redner fungiert. Doch was wird hier behauptet? Könnte es sein, dass sich sogar eine sprachliche Botschaft in dem prägnanten »ta-ta-ta-taaa« verbirgt?

Aus den Briefen Beethovens geht hervor, dass er in der Tat prosodisch denkt, also Worten und Sätzen deren innewohnende Musikalität ablauscht. Beispielsweise unterlegt er die konziliante Aufforderung, der Adressat möge sich recht bald wieder melden, mit einer ländlerartigen kleinen Melodie im gemütvollen Drei-Halbe-Takt: »Scheut euch nicht, scheut euch nicht.« In einem anderen Brief vertont er die Klage, ganz allein auf sich gestellt zu sein, mit einer absteigenden Melodie in a-Moll, vorzutragen im elegischen *Adagio:* »Allein, allein, allein«. (BB, S. 113) Musikalisierungen solcher Art finden sich in vielen weiteren Briefen, etwa an den Komponisten und Musikverleger Tobias Haslinger: »Bester To- – – – – – – – – « beginnt eine muntere Melodie in C-Dur, versehen mit dem Hinweis, »für die übrigen Konsonantierungen und Vokalisierungen ist heute keine Zeit übrig« (BB, S. 185). In einem anderen Brief an Haslinger findet Beethoven dann Zeit für die Vertonung gleich mehrerer Sätze, die mit einem gebrochenen d-Moll-Akkord unter den Silben »O To-bi-as!«[232] beginnt.

Die wohl berühmteste Prosodie ist das »Lebewohl« seiner *Klaviersonate Es-Dur op. 81a.* Beethoven notiert die melancholisch umflorte Abschiedsformel über den ersten drei Tönen der *Adagio*-Einleitung: eine bleischwer absinkende Melodie, die vom anfänglich deutbaren Es-Dur über die – gefühlte – Dominante zur parallelen Molltonart c-Moll führt. Wie wichtig ihm die musikalisierten Silben sind, zeigt ein Brief an seinen Verleger, in dem er gegen den französischen Titel »Les Adieux« protestiert. Das sei unpassend, da zu allgemein, verglichen mit dem intimeren »Lebewohl«, das er den ersten drei Melodietönen der rechten Hand zugedacht hat. Bei Beethoven sind Worte so wenig austauschbar wie Noten.

Ohne Frage ergäbe sich für Linguisten wie Musikwissenschaftler ein reizvolles experimentelles Feld, dem Anfangsmotiv der *Fünften Symphonie* rhythmisch und rhetorisch kompatible Sätze wie »Auf in den Kampf!« oder »Lasst mich in Ruh!« zu unterlegen. (Scherzhaft hingegen ließ der Geiger Joseph Joachim seinen Freund Johannes Brahms wissen, bei gemeinsamen Auftritten müsse sein Name stets vor dem des Komponisten auf Plakaten genannt werden; nur so ergebe sich der Beethoven gemäße Rhythmus: »Jo-a-chim-Brahms«.) Welchen Gefahren derartige Experimente im musiktheoretischen Kontext unterliegen, haben nicht zuletzt die schauerlichen Versuche Arnold Scherings in seiner Doppelfunktion als Musikwissenschaftler und Mitglied der Reichsmusikkammer gezeigt. Ausgehend von der These, bei Beethoven handele es sich grundsätzlich um eine »Transsubstantiation des poetischen Ausdrucks in die Musik«, dichtete Schering 1934 für das Thema des dritten Satzes einen Text im Stile abgeschmacktester Führerlyrik: »Stark ist der Held, der uns erwählt! Der uns befreit, der Retter naht!« Im Ungeiste dieser dilettantisch gereimten Sinngebung deutet Schering den vierten Satz denn auch als Triumph Hitlers: »Der Held und Retter erscheint im vollen Glanze des großen Menschen und Politikers, umjubelt und umspielt von den Tausenden, die ihn ersehnten.«[233]

Bei allem begründeten Widerwillen: Einen Funken Wahrheitsgehalt enthält Scherings Interpretation durchaus. Von jeher hat man Beethovens Symphonik als ein »gemeinschaftsbildendes« Phänomen betrachtet; so formuliert es der ideologisch vollkommen unverdächtige Paul Bekker, der sich 1933 gezwungen sah, erst nach Paris, dann nach New York zu emigrieren. »Mit genialer Vergrößerungskraft«, so Bekker, dehne Beethoven seine Symphonien »vom subjektiven Bekenntnis eines Einzelnen aus zum Erlebnis einer idealen Gesamtheit«. Sie seien »Reden an die Menschheit«.[234] Diesen Gedanken greift Adorno gut ein halbes Jahrhundert später unter gesellschaftstheoretischen Vorzeichen auf: »Die Beethovensymphonien waren, objektiv, Volksreden an die Menschheit, die, indem sie das Gesetz ihres Lebens vorführten, sie zum unbewussten Bewusstsein ihrer Einheit bringen wollten, die den Individuen sonst in ihrer diffusen Existenz verborgen ist.«[235]

Doch welche Einheit wird hier gestiftet? Ist Beethoven der Lichtbringer, der das noch unfreie bürgerliche Vor-Bewusstsein in die Sphäre politisch wachen Selbst-Bewusstseins überführt? Oder findet hier womöglich eine Vereinnahmung des Individuums im Namen ästhetisch erzwungener Kollektivierung statt? Paul Bekker spricht nicht nur vom redenden, sondern auch vom »handelnden Charakter«[236] Beethovenscher Symphonik. In dieser Traditionslinie könnte man den herrisch daherkommenden Beginn der *Fünften Symphonie* als Befehl verstehen, mit dem Beethoven das Publikum seinem Willen unterwirft. Der Hörer nehme »eine feldherrenhafte Geste wahr«, meint auch

Martin Geck. Er verweist auf das »Beethoven paradigm« der Musikphilosophin Lydia Goehr, die Konnotationen imperialistischer Gewalt in den Symphonien Beethovens nachspürt.[237] Das würde dem Begriff der Überwältigung eine demagogische Färbung verleihen – und den Beginn der *Fünften Symphonie* als groß angelegten Manipulationsversuch entzaubern.

Weit weniger martialisch charakterisierte E. T. A. Hoffmann Beethovens Implikationen. Er stellte die Fünfte unter ein Motto: *per aspera ad astra* – durch Mühsal zu den Sternen, oder, populärer: durch Nacht zum Licht. Entsprechend betrachtete Hoffmann die vier Sätze als Etappen eines Kampfs, der vom düsteren c-Moll zum siegreich strahlenden C-Dur des Finalsatzes führt. Auch der Kontrahent dieses Kampfes war rasch ausgemacht. »So klopft das Schicksal an die Pforte«,[238] soll Beethoven seinem Intimus Anton Schindler anvertraut haben, als sie über den Beginn der Symphonie sprachen. Auf diese Weise ließ sich das berühmte »ta-ta-ta-taaa« als Klopfmotiv deuten, und das Werk erhielt seinen nicht minder berühmten Beinamen *Schicksalssymphonie*.

Die Macht des Schicksals

Alles nur Kolportage? Zunächst wurde Schindlers Erklärung begeistert aufgenommen und weitergetragen, vor allem durch den deutsch-russischen Musikschriftsteller Christian Wilhelm von Lenz, der die *Fünfte Symphonie* auf die Formel brachte: »Eine Schicksalstragödie für Weltbühnen. Kampf. Sieg.«[239] Diese Formulierung war eine Steilvorlage für Mythenbildungen, was das einsam ringende Genie betrifft. Bedauerlicherweise erwiesen sie sich auch als anschlussfähig für nationale wie kriegerische

Diskurse; andernfalls hätte Bismarck kaum äußern können, immer wenn er Beethoven höre, regten sich in ihm Gefühle der Tapferkeit. Zu Anfang des 20. Jahrhunderts wurde die Erläuterung Schindlers dann – unter anderem durch Heinrich Schenker – als bloße Erfindung abqualifiziert. Mittlerweile hält man den Schicksalstopos im Hinblick auf die *Fünfte Symphonie* wieder für wahrscheinlich. Nicht nur, weil sich viele Aussagen Schindlers dann doch als authentisch erwiesen, sondern weil die angriffslustige Anmutung des Beginns mit jenen Worten korrespondiert, die Beethoven im November 1801 seinem Freund Wegeler schreibt: »Ich will dem Schicksal in den Rachen greifen; ganz niederbeugen soll es mich gewiss nicht« (BB, S. 24).

Was für ein Bild, was für eine Kampfansage. Hier spricht ein unerschrockener Held, einem Heiligen Georg gleich, der es mit dem Drachen aufnimmt. Der Griff in den Rachen, die Flucht nach vorn, das scheint dem Wagemut zu entsprechen, der dem Anfang der *Fünften Symphonie* die tollkühne Entschlossenheit verleiht. »Nur des Schwächlings Saiten zerreißt der Eisenfinger des Geschicks«, lautet eine der Zeilen aus Zacharias Werners Stück *Söhne des Thals,* die er in sein Tagebuch überträgt. So hat man Beethoven von jeher stilisiert: als grimmig-wackeren Recken, der weder Tod noch Teufel fürchtet, wenn es gilt, sich gegen alle Widrigkeiten zu behaupten. Und so hat man auch die *Schicksalssymphonie* gelesen. Das Eröffnungsmotiv schien gleichsam eine Charakterstudie seines Schöpfers zu sein. »Si non per portus, per muros, per muros, per muros« (BB, S. 177), schreibt Beethoven einmal seinem Verleger Schlesinger. Frei übersetzt: Wenn nicht durch die Tür, dann eben mit dem Kopf durch die Wand. In diesem Duktus ist auch der Anfang der *Fünften Symphonie* komponiert, als ein nahezu trotziges »Ich will«. Insofern klopft hier womöglich gar nicht das Schicksal an die Pforte, sondern Beethoven selbst ist es, der vom ersten Takt an zum Kampfe bläst.

Seine Briefe und Tagebücher offenbaren, dass das Schicksal sein Lebensthema ist. Es springt ihn an, es lässt ihn nicht los. Zumeist tritt es in Gestalt eines mythischen Verhängnisses auf, von dem er sich zu befreien sucht: »O Vorsehung, – laß einmal einen reinen Tag der Freude mir erscheinen«, fleht er unter dem niederschmetternden Eindruck seiner beginnenden Taubheit, »so lange schon ist der wahren Freude inniger Widerhall mir fremd!«[240] Neben unglücklichen Liebschaften und wiederkehrenden Existenznöten fasst Beethoven vor allem das Nachlassen seines Gehörsinns als Urteilsspruch eines feindlich gesinnten Fatums auf.

Die Anzeichen seiner Erkrankung gesteht er seinem Freund Wegeler in einem Brief vom Juni 1800. Darin spricht er vom »neidischen Dämon«, der ihn heimgesucht habe. Die Schauspieler im Theater verstehe er nur noch, wenn er in der ersten Reihe sitze, hohe Töne könne er gar nicht mehr wahrnehmen. Schon seit drei Jahren stelle er fest, dass sein Gehör abnehme und seine Darmbeschwerden stärker würden. Daran habe auch die Therapie seines Arztes Doktor Frank nichts ändern können. »Frank wollte meinem Leib den Ton wiedergeben durch stärkende Medizinen, und mein Gehör durch Mandelöl, aber prosit, daraus ward nichts, mein Gehör ward immer schlechter, und mein Unterleib blieb immer in der vorherigen Verfassung.« (BB, S. 19) Die Perfidie seines Leidens quält ihn besonders. »Hätte ich irgendein anderes Fach, so ging's noch eher, aber in meinem Fach ist das ein schrecklicher Zustand.« (BB, S. 20) Ein tauber Komponist, so fürchtet er, sei ein gefundenes Fressen für seine Feinde. Er schämt sich seiner Krankheit. »Ich bitte dich«, beschwört er Wegeler, »von diesem meinem Zustand niemandem, auch nicht einmal der Lorchen, etwas zu sagen, nur als

Geheimnis vertrau ich's dir an.« (BB, S. 20) Die Verzweiflung lässt ihn an allem zweifeln: »Ich habe schon oft den Schöpfer und mein Dasein verflucht.«[241]

Zeitweise kapituliert Beethoven und zeigt Züge ergebener Todessehnsucht. Voller Demut schreibt er 1802 im sogenannten Heiligenstädter Testament, einem Brief, der an seine Brüder gerichtet ist, aber wie die Briefe an die »unsterbliche Geliebte« nie abgeschickt wurde: »Mit freuden eil ich dem Tode entgegen – kömmt er früher als ich Gelegenheit gehabt habe, noch alle meine Kunst-Fähigkeiten zu entfalten, so wird er mir troz meinem Harten Schicksaal doch noch zu frühe kommen, und ich würde ihn wohl später wünschen – doch auch dann bin ich zufrieden, befreyt er mich nicht von einem endlosen Leidenden Zustande?«[242] Ähnlich fatalistisch äußert er sich in einer Tagebuchnotiz von 1816: »Zeige deine Gewalt, Schicksal! Wir sind nicht Herrn über uns selbst; was beschlossen ist, muss seyn, und so sey es dann!«[243]

Aber es gibt auch den Kämpfer Beethoven, der sich seinem Schicksal entgegenstemmt. Schon in seinem Brief an Wegeler fällt der Satz: »Ich will, wenn's anders möglich ist, meinem Schicksal trotzen, obschon es Augenblicke meines Lebens geben wird, wo ich das unglücklichste Geschöpf Gottes sein werde.« (BB, S. 20) Auf der Suche nach Heilung unterzieht er sich verschiedensten Kuren. Tees, Tinkturen, lauwarme Bäder, Verbände mit Baumrinde, jedes empfohlene Mittel probiert er aus. Unermüdlich durchforstet er auch einschlägige Zeitungsanzeigen, um die vielversprechendsten Methoden in seinen Konversationsheften festzuhalten. So hält er die Werbung für eine »electro-vibrations Maschine bey schwerhörigkeit und gänzlicher Taubheit« fest und notiert sich die »Schwefelräucherungsanstalt mit Vibrationen«[244] eines gewissen Dr. Mayer.

Eine der niederschmetterndsten Nebenwirkungen ist für ihn

die soziale Isolation. Das »Heiligenstädter Testament« enthüllt das ganze Elend seiner Situation. »Mit einem feurigen Lebhaften Temperamente gebohren selbst empfänglich für die Zerstreuungen der Gesellschaft, muste ich früh mich absondern, einsam mein Leben zubringen«, schreibt Beethoven und schildert auch seine Hemmungen, die ihn vom gesellschaftlichen Leben ausschließen: »Doch war's mir noch nicht möglich den Menschen zu sagen: sprecht lauter, schreyt, denn ich bin Taub, ach wie wär es möglich, daß ich die Schwäche eines Sinnes angeben sollte, der bey mir in einem Vollkommenern Grade als bey andern seyn sollte.« Daher sieht er sich bereits 1802 als einen zukünftigen Eremiten, der sich in das Gefängnis seiner Gehörlosigkeit zurückziehen muss. »Doppelt Wehe thut mir mein unglück, indem ich dabey verkannt werden muß, für mich darf Erholung in Menschlicher Gesellschaft, feinere unterredungen, Wechselseitige Ergießungen nicht statt haben, ganz allein fast nur so viel als es die höchste Nothwendigkeit fodert, darf ich mich in Gesellschaft einlassen, wie ein Verbannter muß ich leben« (BB, S. 38).

Es ist ein Schicksalsschlag, und es ist nicht der einzige. So vergeblich Beethoven auf Linderung seines Gehörleidens hofft, so unersprießlich sind auch seine Versuche, gegen das Schicksal der bürgerlichen Geburt anzurennen, das ihn von höhergestellten Frauen trennt. »O mögen Sie doch einigen Werth drauf legen, durch Ihre Liebe meine Glückseligkeit zu gründen«, beschwört er Josephine und argumentiert, alsbald fertiggestellte Kompositionen könnten ihn auf eine Stufe mit ihr stellen: »In kurzer Zeit werde ich meiner und Ihrer würdiger da stehn.«[245] Seine *Fünfte Symphonie* gehört in den Kontext der Liebesgeschichte mit Josephine. Von 1804 bis 1807 währt die Hochphase der Hoffnung, ein Jahr später schließt Beethoven die Symphonie ab. Ist sie ein Einspruch gegen die Beharrungskraft des

Faktischen, wie es sich ihm in Form der Ständegesellschaft entgegenstellt? Ein komponiertes Aufbegehren, das zumindest musikalisch die Liebe obsiegen lässt?

Das Rätsel der *Fünften Symphonie*

Für Beethovens Zeitgenossen war unglückliche Liebe keine Deutungsoption. Die Briefe an Josephine lagen rund hundertfünfzig Jahre lang unter Verschluss, erst 1957 gerieten sie an die Öffentlichkeit. Heute hält man sich ohnehin mit derlei biografischen Interpretationen zurück. Schon Harry Goldschmidt bemerkte im Hinblick auf die *Fünfte Symphonie*, dass eine »ins Persönliche verengte Interpretation« zu kurz greife. Andernfalls hätte im Laufe der Rezeptionsgeschichte keine derartige kollektive Begeisterung entstehen können: »Niemals wäre die Handschrift sonst so überpersönlich, musikalische Sprache der Massen im Idealgebrauch des Wortes geworden.«[246] Muss man am Ende doch Berlioz recht geben, wenn er über die *Fünfte* urteilt, sie sei die Pioniertat völlig autonomer Musik? »Unbestritten die berühmteste von allen«, urteilt der französische Komponist, »und auch nach unserer Ansicht die erste, worin Beethoven seiner weiten Phantasie freien Lauf gelassen hat, ohne eine fremde Idee zur Führung oder als Stütze zu nehmen.«[247]

Was beim flüchtigen Lesen wie ein Verdikt gegen die Enträtselungsmaschinerie der Interpreten wirkt, ist keineswegs ein Deutungsverbot. War die *Eroica* noch von der Leitidee des Heroischen bestimmt, erklärt Berlioz die *Fünfte Symphonie* zum Ideenkunstwerk sui generis, das keine »fremden« Programme brauche. Es beruhe allein auf der künstlerisch-musikalischen Schöpferkraft des Komponisten und könne unmittelbar, ohne

Erläuterungen erfasst werden. Mit anderen Worten: Die Idee ist kein außermusikalisches Konzept, die Musik selbst ist Idee. Wie diese dann vom Hörer interpretiert wird, unterliegt keiner vorgegebenen Deutung mehr, nicht einmal Fachleute dürfen Interpretationshoheit beanspruchen. Diese Sichtweise erklärt vermutlich die ungeheure Wirkmacht der *Fünften Symphonie*: Ihr Geheimnis, ihr Faszinationszauber liegt in der Vieldeutigkeit. Man weiß nicht, worum es konkret geht, spürt jedoch, *dass* es um etwas geht. Was das ist oder sein könnte, entscheidet allein der Hörer.

Auf formale Grenzüberschreitungen ist Beethoven durch sein früh begonnenes Fantasieren bestens vorbereitet. Während andere Komponisten vor der schöpferischen Eigenständigkeit üblicherweise verschiedene Stadien durchliefen – das Studium der Kompositionsprinzipien, das Kopieren vorhandener Werke, epigonales Komponieren –, geht Beethoven den umgekehrten Weg: Zunächst improvisiert er, auch noch während seiner Studien bei Neefe, danach erst beschäftigt er sich mit den kompositorischen Regeln. Er tut es ein Leben lang. Nach dem eher unbefriedigenden Unterricht bei Haydn lässt er sich von Salieri in der Kunst der italienischen Oper unterweisen; und immer wieder nimmt er Kontrapunktunterricht, unter anderem bei Johann Baptist Schenk und einige Jahre lang bei Johann Georg Albrechtsberger, der über seinen Schüler sagt: »Gehen Sie mir mit dem, der wird nie etwas ordentliches machen.«[248]

Die Verfeinerung seines theoretischen Wissens hindert Beethoven keineswegs daran, sich über Regeln hinwegzusetzen. Eine Anekdote von Ferdinand Ries belegt diese Haltung. Bei einem Spaziergang macht er seinen Lehrer auf zwei reine Quinten in einem Streichquartett aufmerksam und gibt zu bedenken, dass sie verboten seien. »Nun! Und wer hat sie denn verboten?«, fragt Beethoven aufgebracht. »Marpurg, Kirnberger, Fuchs etc. etc., alle Theoretiker«, antwortet Ries schon ein wenig kleinlauter, woraufhin Beethoven ausruft: »Und so erlaube ich sie!«[249] (Schindler, in seiner Funktion als *his master's voice*, bringt es auf den Punkt: »daß das Genie in solcher Potenz, wie es Beethoven besaß, Selbstregel ist.«[250])

Diese Freiheit führt zu einigen Irritationen seitens des Publikums, und auch mit der *Fünften Symphonie* erntet Beethoven zunächst einmal Unverständnis. Gleich nach der Uraufführung wird sie mit »Angriffen und Verketzerungen« überschüttet, wie Schindler berichtet. »Nach dem Haydnschen und Mozartschen Katechismus fand sich für das Späherauge der alten Schulknaben gar manches in dieser Sinfonie, das, weil nicht dagewesen oder von der Schulregel verpönt, nicht nur getadelt, sondern auch noch lächerlich gemacht worden.«[251] Schon allein das Tempo des ersten Satzes verstört manchen Zuhörer. Das *Allegro soll* »con brio«, mit Feuer, gespielt werden, und um sicherzugehen, dass auch die Dirigenten nach ihm feurig genug agieren, fügt Beethoven später der gedruckten Partitur, die 1826 bei Breitkopf & Härtel erscheint, eine Metronomangabe hinzu: Halbe gleich 108. Das ist das vom Komponisten intendierte Tempo und eine spektakuläre Geschwindigkeit für das Konzertpublikum jener Tage. Doch Beethoven verteidigt sowohl das rasante Tempo als auch die Verwendung des Metronoms, das sich Mälzel 1815 patentieren ließ. Die alten italienischen Satzbezeichnungen hätten ausgedient: »Was kann widersinniger sein als Allegro, welches ein für allemal lustig heißt, und wie weit entfernt sind wir oft von diesem Begriffe des Zeitmaßes, so dass das Stück selbst das Gegenteil der Bezeichnung sagt?« (BB, S. 120) Wenn es eines Beweises für dieses Argument bedarf, so ist es der erste Satz der *Fünften Symphonie*, den man wohl kaum als lustig bezeichnen würde.

Zur »Selbstregel« Beethovens gehört die Suche nach neuen

Ausdrucksmöglichkeiten ebenso wie deren souveräne Kombination mit tradierten Formprinzipien. Er nimmt, was er im Sinne seiner ästhetischen Vision braucht. Das führt noch bis weit ins 19. Jahrhundert hinein zu Konfusion. Selbst wohlgesinnte Musiktheoretiker darauffolgender Generationen kapitulierten vor der »regellosen« Komplexität der *Fünften Symphonie.* Sie schien sich jeder Analyse zu verweigern. Der rationalen Durchdringung stellte Adolf Bernhard Marx deshalb das intuitive Verständnis gegenüber – ein bemerkenswerter Akt der Demut. »Wir werden uns nicht dahin verirren, hier noch erläutern zu wollen, was nur gehört werden braucht, um von allen verstanden zu werden«, gibt Marx klein bei, und auch Hugo Riemann verzichtet lieber auf die »musikalische Zergliederung«[252]. Rainer Cadenbach erklärt die Ratlosigkeit der professionellen Musikanalytiker mit dem theatralen Eindruck, den die *Fünfte* hinterlasse. Sie sei eher ein Schauspiel, eine Tragödie, die sich nicht durch eine Betrachtung kompositorischer Details erklären lasse.[253] Angesichts der dramatischen Gesamtwirkung könne die herkömmliche musikwissenschaftliche Analyse dann nur noch kleinlich wirken.

Gleich der erste Satz stellte die Theoretiker vor Probleme. Er ist ungewöhnlich kurz, mehr Statement als Rede und Gegenrede, wie es dem Hörer vertraut war. Diese Knappheit verschiebt die Proportionen innerhalb der symphonischen Konstruktion und räumt dem *Andante,* dem *Scherzo* und vor allem dem ausgedehnten Finale ein größeres Gewicht ein. Außerdem gestaltet Beethoven den Kopfsatz monothematisch, ebenfalls ein ungewöhnlicher Vorgang. Der starke erste Impuls setzt sich bis zum Ende fort, ohne dass nennenswerte Seitenthemen eingeführt werden. Fast könnte man von einem hastigen Präludium sprechen, mit dem Beethoven schon ankündigt, dass die Symphonie von vornherein auf das Finale zustürmt. Auch die motivische

Arbeit legt diesen Schluss nahe. »Der Zusammenhang im 1. Satze entsteht nicht durch motivische Strukturbildung nach klassischem Muster«, beschreibt Dieter Rexroth das Verfahren, »sondern durch die rhythmische Energie, aus der Beethoven eine durchgehende Motorik entwickelt.«[254]

Eine weite Irritation stellte – wie schon in der *Eroica* – die Heterogenität der musikalischen Mittel dar. Beethoven verarbeitete unter anderem französische Revolutionsmärsche im Finale, griff in den anderen Sätzen aber auch auf tradierte Formen zurück. Heute ist kaum noch zu ermessen, wie neu und ungewöhnlich Beethovens gleichsam eklektizistisches Verfahren war. Weitet man den Begriff des musikalischen Materials auf Formen aus, so ist Beethoven der erste Komponist, der heterogene Stile als Gleichzeitigkeit des Ungleichzeitigen zu einem neuen Formganzen zusammenschweißt. Mit Egon Friedell kann man in dieser Arbeitsweise eine zeittypische künstlerische Programmatik sehen, »deren Sinn und Aufgabe die Synthese des gesamten Kulturinhalts« sei. »Diese Tendenz war es, die Goethe beim ›Faust‹ und ›Wilhelm Meister‹ leitete, Beethoven bei seinen Symphonien, Hegel bei seiner Enzyklopädie.«[255]

Wie ein Seismograf registriert und bündelt Beethoven antithetisch koexistierende Ideen wie Gefühl und Ratio, Regel und Regelbruch, Formbeherrschung und Fantasie im unabhängigen Schöpfertum, aus dem das Kunstwerk seine umfassende Wirkmacht bezieht. Wie schon bei der *Eroica* gilt: Repräsentativ für die höheren Stände soll diese Musik definitiv nicht mehr sein. Aus ihr spricht ein unabhängiges Ich, das die ungeschriebenen ästhetischen Vereinbarungen der feudalen Konsenskultur aufkündigt. Die Symphonie gehört, emphatisch gesprochen, allen. Sie betrifft jeden Einzelnen, und idealiter fühlt sich jeder Hörer gemeint. Beethoven geht es um eine universale Sprache, die keiner Worte mehr bedarf. Das macht die *Fünfte Symphonie* zu einem ästhetischen Manifest mit gesellschaftspolitischen Implikationen. Ein neues Wir formiert sich, unabhängig von Herrschaftssystemen.

Der französische Dirigent François-Xavier Roth deutet die Symphonie deshalb mehr noch als die *Eroica* als eine Hommage an aufklärerische Emanzipation und revolutionäre Befreiung: »Der Wind, der Sturm, der durch dieses Werk weht, kommt von diesen neuen philosophischen Aspekten der französischen Revolution und explodiert im Finale.« Diese Interpretation ist allerdings auch kulturell bedingt, da in Frankreich die Etikettierung als *Schicksalssymphonie* nicht gebräuchlich ist. Dort wird das Finale ganz im Geiste der einstigen Revolutionsmusik als »Chant de victoire« aufgefasst.[256] Schlüssig ist das insofern, als das berühmte Klopfmotiv in jenem Heft mit französischer Revolutionsmusik auftaucht, das Beethoven von Rodolphe Kreutzer erhielt. Als man die *Fünfte* kurz nach der Wiener Uraufführung in Paris spielte, soll ein Veteran aus Napoleons Armee »Vive l'Empereur!« ausgerufen haben.

Die Schrecken des Erhabenen

Wer sich hingegen auf die Totalität des Schauspiels einließ, machte ganz andere Erfahrungen. Die erschütterten Bewunderer der *Fünften Symphonie* empfanden die Musik ganz im Geiste Edmund Burkes und Kants als das Erhabene, in der Ausprägung des *delightful horror*. Nur die Natur könne Schrecken einflößen, stellte Burke fest. Kant verglich die Erfahrung des Erhabenen mit dem Beobachten eines Gewitters aus sicherer Entfernung: Es wirke nicht unmittelbar bedrohlich, sondern könne als grandioses Naturschauspiel sogar erkenntnisfördernd genossen werden. Beide Philosophen trauten der Musik solche Wirkungen keineswegs zu; Burke verwehrte sich im Namen der Schönheit gegen »heftige und schwere Töne«, Kant, dem es ohnehin an musikalischer Expertise gebrach, hielt die Instrumentalmusik generell für nichtssagend.

Dennoch lässt sich die Definition des Erhabenen auf Beethoven übertragen. In seiner Musik, so der Eindruck des aufgeschlosseneren Publikums, war die Natur in Gestalt ungebändigt hervorbrechender Gefühle präsent. Beethovens Kompositionen setzten dem klassizistischen Schönheitsideal ein Erlebnis des Wilden, Ungeordneten gegenüber, das man als *delightful horror* empfand. Allerdings nicht aus genießendem Abstand heraus, wie Kant im Hinblick auf grandiose Naturschauspiele meinte, sondern als Teil des Schauspiels. Der Künstler entäußert sich, der Hörer findet sich in dieser Entäußerung wieder. Unversehens fallen die Schranken zwischen Komponist und Publikum. Aus dem distanzierten Zuhörer wird ein involvierter Teilnehmer, und selbst ein Experte wie der Musikwissenschaftler Adolf B. Marx konnte sich diesem Sog nicht entziehen.

Mit den Kategorien der Wirkung und Überwältigung, die im Begriff des Erhabenen mitgedacht sind, erübrigen sich strenge Kompositionsregeln. Diese Verlagerung von der allgemeingültigen Form zum individuellen Ausdruck hatte Beethoven früh mit seinen freien Klavierfantasien erprobt. Im Vordergrund stand die emotionale Dimension, und sein Publikum gab ihm recht: Viele zeitgenössische Schilderungen sprechen von gerührter Überwältigung, wenn Beethoven improvisierte, von Verzückung, Tränen, sogar Ohnmachten. Höchst planvoll wurden die Zuhörer Wechselduschen der Gefühle ausgesetzt. »Jetzt brauste sein Spiel dahin gleich einem wild schäumenden Cataracte«, staunte der Komponist Ignaz von Seyfried, »nun sank er zurück, abgespannt, leise Klagen aushauchend, in Wehmuth zerfließend.«[257]

Auch in seinen auskomponierten Werken folgte Beethoven zunehmend dieser Logik des Alogischen. Der Zuhörer wurde überrascht, manchmal geradezu überrumpelt. Martin Geck verweist in diesem Zusammenhang auf Karl Heinz Bohrer. Und in der Tat nimmt Beethoven vorweg, was Bohrer knapp zwei Jahrhunderte später die »Ästhetik der Plötzlichkeit« nennen wird: der Verstoß gegen die kulturelle Norm, die radikale Subjektivität der Zeitauffassung, das Ereignis des »gefährlichen Augenblicks«.[258] Speziell Bohrers These einer »Nötigung zur Erkenntnis« durch das Überrumpelnde, Unwahrscheinliche, Unerklärliche weist zurück auf Beethoven. Generationen von Musikwissenschaftlern haben gerätselt, wie es ihm gelang, derart starke Betroffenheit auszulösen, auch und insbesondere durch die *Fünfte Symphonie*. Er wusste sein Publikum zu erschüttern. Mehr noch, er versetzte es in einen Zustand der Selbstergriffenheit, die – darin liegt das Geheimnis – immer auch Selbsterkenntnis in sich birgt.

Die Symphonie, historisch entstanden aus dem Vorspiel zu einem Theaterstück – und damit ein musikalisches Kaleidoskop der zu erwartenden Ereignisse –, ist bei Beethoven kein reizvolles Potpourri unterschiedlicher Stimmungen, Taktmaße, Charakteristika mehr. Die Gegensätze sind also keineswegs um der unterhaltsamen Abwechslung willen konstruiert. Vielmehr ist extrem Kontrastierendes als Einheit gedacht. Oder, mit Hegel gesprochen: Das Ganze ist das Wahre. In der *Fünften Symphonie* vereint Beethoven ein nie gekanntes Spektrum musikalischer Ausdrucksformen in einem einzigen Werk, doch da er es darüber hinaus vermag, mit äußerster psychologischer Delikatesse seine Zuhörer zu berühren, lädt die Musik zur Identifikation ein. Genau das ist der »gefährliche Augenblick«, von dem Bohrer spricht. Die bange Selbsterkenntnis: All das bin ich – auch das tief Melancholische und bedrohlich Abgründige.

Diese neue Haltung zur Musik, in der man analog zum Naturschauspiel das Erhabene als Selbsterfahrungsangebot empfand, beflügelte Beethovens Zeitgenossen, Musik auf das eigene Erleben als menschlicher Natur durchzublenden. Wenn Ludwig Rellstab den ersten Satz der *Mondscheinsonate* schildert, bedient er sich daher Metaphern, die das Emotionale wie ein Naturphänomen schildern. »Und plötzlich bog der Strom in einem höhnisch jubelnden C-Dur unwiderstehlich hinein. In kühnen stolzen Rhythmen schritt der triumphierende Sieger einher. Doch Ruhe konnte die wilde, empörte Brust nicht finden, immer heftiger tobte es in sich selbst; schneidende Dissonanzen schlugen wie hellzuckende Blitze in das donnerähnliche Rollen der wogenden Bässe hinein, es war ein tobender Vulkan, der sich selbst verzehrt, u. endlich unter dumpfem Krachen in sich selbst zusammenstürzt, Nacht rings umher!«[259]

Beethovens musikalischer Gestus wird als Ausdruck von Naturgewalten gedeutet. Zugleich nehmen Rellstab und andere Zeitgenossen einen Kampf konkurrierender Kräfte wahr, den auch Anton Schindler aus dem Munde seines Herrn gehört haben will: als »Kampf zwischen den zwei Prinzipien«.[260] In der *Fünften Symphonie* ist dieses Ringen ästhetisches Programm. Die Zuhörer empfanden die musikalische Dramatik als aufwühlendes Geschehen, ja sie schienen selbst in den Strudel der musikalischen Ereignisse gezogen zu werden. Das war absolut neu. Das Publikum gab sich hin. So leidenschaftlich, wie kein Haydn, kein Mozart es je erlebt haben dürften.

Mit sicherem Gespür hatte Beethoven eine zukunftsweisende Tendenz erfasst: den veränderten Blick auf die emotionale Dimension von Musik. Als sie sich Ende des 18. Jahrhunderts aus dem Kontext von repräsentativem Zeremoniell und adeligem Plaisir löste, entstand eine bürgerliche Musikkultur, in der man einen persönlichen Bezug zum Gehörten suchte. Im Namen von

Bildung und Charakterbildung wollte man musikalische Darbietungen auf das eigene Erleben projizieren können. Die Improvisation wie auch die »regellose« Komposition kamen diesem Bedürfnis entgegen. Ein Roman jener Zeit brachte das neue Musikverständnis auf den Punkt, wenn es über den klavierspielenden Helden heißt: »Sein Studium aber ging darauf, die Musik zur eigentlichen Sprache der Empfindungen zu machen, wozu sich die artikulierten Töne nicht sowohl schickten, als die unartikulierten; die das Ganze nicht erst zerstückten, um es dann wieder zusammenzustellen, sondern die es gleich, so wie es ist, ganz und in seiner Fülle lassen.« Was Karl Philipp Moritz hier beschreibt, ist ein Misstrauen gegen das traditionelle Komponistenhandwerk, an dessen Stelle die Musik als Sprache des Gefühls rückt. Entsprechend gestanden Beethovens Anhänger ihm zu, jenseits wohltemperierter Artigkeiten die Extreme auszuloten.

Für die Anhänger Beethovens besaß dieses »anything goes« nicht nur den Reiz des Überraschenden, sie entdeckten auch eine völlig neue Kategorie der ästhetischen Erfahrung: Authentizität. Der Komponist schien mit seiner unverwechselbaren Persönlichkeit präsent zu sein. Er appellierte an das Einfühlungsvermögen seiner Zuhörer, wenngleich er eine universale Musiksprache formulierte.

Fantasieren und Komponieren

In der *Fünften Symphonie* zieht Beethoven die volle Konsequenz aus den Freiheiten, die er sich über Jahre hin erarbeitet hat. Er zeige sich »am allervortheilshaften in der freyen Phantasie«, meinte früh ein Rezensent der *Allgemeinen Musikalischen Zeitung*. »Und hier ist wirklich ganz außerordentlich, mit welcher

Leichtigkeit und zugleich Festigkeit in der Ideenfolge B. auf der Stelle jedes ihm gegebene Thema nicht etwa nur in den Figuren variirt, sondern wirklich ausführt.«[261] Eine anregende Beobachtung, die zeigt, dass es bei Beethoven fließende Übergänge zwischen Improvisieren und Komponieren gab, die dem Kenner auffielen. »Idee« und »Ausführung« weisen über die bloße Improvisation hinaus, die sich bei vielen damaligen Pianisten ohnehin in sinnfreier Virtuosität erschöpfte.

Dass Beethovens kompositorische Arbeit stark von seinen Auftritten als »fantasierender« Pianist beeinflusst war, ist unter anderem von Czerny belegt. Dabei handelt es sich nicht nur um die Fantasie als notiertes Genre, sei es die »Sonata quasi una fantasia«, die *Klavierfantasie op. 77* oder die *Chorfantasie op. 80*. Vielmehr geht es um ein neues Kompositionsverfahren. »Oft reichten ein paar einzelne, unbedeutende Töne hin, um aus denselben ein ganzes Tonwerk zu improvisieren«, weiß Czerny. Er nennt unter anderem das Finale der *Dritten Symphonie* sowie die *Klaviersonate Nr. 5 c-Moll op. 10,1*.[262] Ein weiteres Indiz für den fließenden Übergang fügt sich an. Kennzeichnend für die auskomponierte Fantasie war seit dem 16. Jahrhundert die Verwendung volkstümlicher Zitate, als bewusst »kunstlose« Sprezzatura im künstlerischen Kontext. Gewissermaßen eine rustikal-folkloristische Würze, die der Fantasie Leben einhauchte. Beethoven hat sich dieses Prinzips vielfach bedient, etwa durch die Integration französischer Revolutionsmusik in die *Eroica*, aber auch in wesentlich delikateren Zusammenhängen. Czerny nennt hier das russische Thema im letzten Satz des *Streichquartetts Nr. 7 F-Dur op. 59,1*, das Beethoven wie zwei weitere Quartette dem Fürsten Andrei Kirillowitsch Rasumowsky widmete.[263]

Das Ineinandergleiten von Improvisation und Komposition gefiel freilich nicht jedem. 1859 äußerte Adolf Bernhard Marx einige Vorbehalte gegen Beethovens drei Klavierkonzerte op.

15, 19 und 37, die zwischen 1801 und 1804 gedruckt erschienen. Marx hielt sie für ästhetisch fragwürdig. Man merke ihnen an, dass sie aus der Etablierungsphase Beethovens in Wien stammten, aus jener Zeit also, als er sich Zugang zu höchsten Kreisen verschaffte, indem er als Virtuose auftrat. Marx spricht von dem willkürlichen Vorsatz, auf Kosten der kompositorischen Qualität der »Bravour« des Pianisten eine Bühne zu geben.[264] Sein Verdacht: Beethovens Improvisationen hätten einen ungünstigen Einfluss auf sein Komponieren gehabt, und deshalb spielt Marx das »regellose« Fantasieren gegen die regelbewusste Komposition aus. Wer sich an die vorgegebenen Strukturen halte, statt zu fantasieren, so Marx' Quintessenz, der gewinne an musikalischer Substanz.

In der Tat legt Beethoven viel Wert auf Effekte. Darüber führt er häufig Gespräche, wie seine Konversationshefte belegen, etwa wenn von Cherubini die Rede ist.[265] Marx' Einwände wirken also auf den ersten Blick recht gut begründet. Sowohl in den Klaviersonaten als auch in den Klavierkonzerten Beethovens begegnen uns immer wieder Passagen, die man als effektvoll, aber auch redundant empfinden kann – leerlaufende Akkordspielereien, kadenzartige Einschübe, tonleiternde Läufe, deren Hin und Her funktionslos wirkt. Dies sind Momente, in denen ein Pianist vor allem seine Fingerfertigkeit beweisen kann. Sie diskreditieren jedoch nicht den Sinnzusammenhang. Vielmehr ist es eine Qualität Beethovens, dass sich seine Werke gleichsam aus dem Klang entwickeln, nicht aus einer mathematisch durchgestalteten Architektonik heraus. Man spürt bei aller Formbeherrschung eine organische Dimension. Die Musik lebt, sie pulsiert, sie atmet.

Möglich wird das durch seine besondere Arbeitsweise. Bevor Beethoven vollends ertaubte, komponierte er ausschließlich am Klavier. Während andere Komponisten ihre Werke buchstäblich niederschrieben, übrigens in einer unglaublichen Geschwindigkeit, wie die Beispiele Johann Sebastian Bachs und Mozarts zeigen, spann Beethoven den ersten Ideenimpuls stets am Instrument weiter. So wie er Partituren mit größter Geistesgegenwart a prima vista spielen konnte, das Wesentliche sofort erfassend, konzipierte er selbst die künftige Klanggewalt des Orchesters an den Klaviertasten. Das heißt, er überprüfte Komponiertes nicht nur nachträglich, sondern überließ sich häufig klavierspielend dem Fluss seiner Eingebungen. Danach erst folgten die vielen Revisionen, Änderungen und Verfeinerungen, die seine Autographen eindrucksvoll belegen.

Auch Ferdinand Ries beobachtet diese für damalige Gepflogenheiten ungewöhnliche Kompositionsweise. Während eines Spazierganges habe Beethoven unaufhörlich vor sich hin gebrummt. »Auf meine Frage, was es sei, sagte er, ›da ist mir ein Thema zum letzten Allegro der Sonate eingefallen‹ (in f-Moll Opus 57). Als wir in's Zimmer traten, lief er, ohne den Hut abzunehmen, ans Clavier«, staunt Ries. »Nun tobte er wenigstens eine Stunde lang über das neue, so schön dastehende Finale in dieser Sonate.«[266] Solch temperamentvolles Fantasieren entfaltet eine andere Dynamik als logisch planendes Komponieren. Es gewährt mehr Spontaneität, verlässt die Bahnen des Erwartbaren, zeitigt Überraschendes. Genau darin liegt die Faszination begründet, die wir bis heute empfinden. Beethoven kennt und nutzt die musikalischen Idiome seiner Zeit, bereichert sie jedoch durch unerwartete Brechungen.

Übrigens machte ihn das Verfahren pianistisch entwickelter Ideen zu einem ausgesprochen unbequemen Mieter. »Beethovens Arbeiten waren an keine Tageszeit gebunden«, erinnert sich Czerny. »Immer arbeitete seine rege Fantasie, oft stand er um Mitternacht auf und erschreckte seine Nachbarn mit den kräftigsten Accorden, mit Poltern, Singen etc. Seine Stimme war beym Singen ganz abscheulich.«[267]

Mit dem neu erschlossenen Reichtum an Ausdrucksnuancen trifft Beethoven den Nerv der Romantiker, die ihn als ihren Wegbereiter einhegen, wenn sie ihn nicht gleich umstandslos zu einem der Ihren zählen. Richtungsweisend für das Beethovenbild des beginnenden 19. Jahrhunderts gerät die begeisterte Besprechung der *Fünften Symphonie* durch E. T. A. Hoffmann von 1810 in der *Allgemeinen musikalischen Zeitung:* »Beethovens Musik bewegt die Hebel der Furcht, des Schauers, des Entsetzens, des Schmerzes und erweckt eben jene unendliche Sehnsucht, welche das Wesen der Romantik ist.«

Diese Charakterisierung ist in klarer Abgrenzung zu Haydn und Mozart gedacht. »Der Ausdruck eines kindlich, heitern Gemüts herrscht in Haydns Kompositionen«, erklärt Hoffmann, bei Mozart hört er eine »Ahnung des Unendlichen«, aber »ohne Marter«, denn »Liebe und Wehmut tönen in holden Stimmen«. Hoffmanns Präferenzen äußern sich schon durch diese Verharmlosung Haydns und Mozarts zu liebenswürdigen, aber auch ein wenig flachen Rokokofiguren. Sein enthusiastisches Resümee: »Beethovens Instrumentalmusik öffnet uns das Reich des Ungeheueren und Unermesslichen. Glühende Strahlen schießen durch dieses Reiches tiefe Nacht, und wir werden Riesenschatten gewahr, die auf- und abwogen.«[268]

Neben der Betonung des Nächtlichen, Schattenhaften – bevorzugte Topoi der Romantik – fällt hier der ausdrückliche Hinweis auf die Instrumentalmusik ins Auge. Musik ohne Text konvergiert mit dem romantischen Unsagbarkeitstopos: Da, wo Worte versagen, spreche die Musik es aus. Implizit wehrt sich Hoffmann, neben seiner literarischen Karriere selbst Kapellmeister und Komponist, gegen die Unterstellung, nur zusammen mit einem Text könne Musik sprechend werden. Beethovens *Fünfte*

Symphonie scheint das Gegenteil zu beweisen, denn Hoffmann nimmt eine ungekannte Skala der Emotionen und shakespearehaft tiefe Gehalte wahr, Leidenschaft, Erschütterung, Unendlichkeit. In seinen Augen avanciert Beethoven zum Leitbild, was die lang erhoffte Aufwertung der Instrumentalmusik betrifft.

Deren Aussagekraft wurde immerhin von höchster philosophischer Warte bezweifelt. Für die französischen Aufklärer war Musik ohne Worte ein wahres Ärgernis; d'Alembert und Diderot lehnten sie ab, da es ihr an verbindlichen Inhalten im Sinne eindeutiger Empfindungen gebreche. Rousseau verwarf sie als bloßen »Plunder«, Bernard de Fontenelle wurde mit der unwirschen Frage berühmt: »Sonate, que me veux tu?« – Sonate, was willst du mir eigentlich sagen? Im Deutschland des Idealismus sah es nicht viel besser aus. Der von Beethoven verehrte Kant diskreditierte textlose Musik als ein »Spiel mit ästhetischen Ideen« ohne tieferen Gehalt, »wodurch am Ende nichts gedacht wird«.[269] Hegel, übrigens im selben Jahr wie Beethoven geboren, insinuierte gar etwas »Gedanken- und Empfindungsloses« der Instrumentalmusik, da ihr der Makel der »Stoffleere« anhafte.[270]

Als Antagonist Hegels erhebt erst Schopenhauer die Musik zur Königin der Künste, mit der Pointe, dass er Beethoven zum Kronzeugen für die Rechtmäßigkeit dieser Inthronisierung stilisiert. Der streitbare Philosoph, der täglich Flöte spielt, erlöst die Instrumentalmusik vom Verdacht der Belanglosigkeit: »Die Worte sind und bleiben für die Musik eine fremde Zugabe, von untergeordnetem Werthe, da die Wirkung der Töne ungleich mächtiger, unfehlbarer und schneller ist, als die der Worte.«[271] Während andere Kunstgattungen nur Ideen nachahmten, bilde die gestaltlose Musik den Willen an sich ab: »so ganz verständlich und doch so unerklärlich«, weil sie »alle Regungen unseres innersten Wesens wiedergibt«, heißt es in Schopenhauers *Welt als Wille und Vorstellung*.[272]

Die Welt als Wille und Musik, könnte man Schopenhauer paraphrasieren, und darin eine auf Beethoven geradezu maßgeschneiderte Deutung sehen. Als erkenntnistheoretische Prämisse kommt sie einem Paukenschlag gleich. Alles Philosophieren erfordert Genauigkeit, es geht um Beweisführung, Anschauung, intelligible Argumente, die nach einem konkreten Gegenstand und einer genauen Sprache verlangen. Aus diesem Grund muss Kant und Hegel die Instrumentalmusik suspekt bleiben. Wo ist die Idee, wo der Stoff, der Inhalt? Schopenhauer hält sich nicht lange mit solchen Kategorien auf. Für ihn sind Ideen, oder, konkreter: Opernhandlungen und Liedtexte nur das Zufällige, Akzidentelle, nicht das Eigentliche. Noch die albernste musikalische Posse enthalte eine erkenntnisfördernde Dimension: »weil die Musik nicht, gleich allen andern Künsten, die *Ideen,* oder Stufen der Objektivation des Willens, sondern unmittelbar den *Willen selbst* darstellt«.

Die Tatsache, dass der Hörer die emotionalen Bewegungen der Musik unmittelbar mitvollzieht, sie selber empfindet, ja sogar übernimmt, ist Schopenhauer Beleg genug für seine Behauptung: »So ist hieraus auch erklärlich, daß sie auf den Willen, d.i. die Gefühle, Leidenschaften und Affekte des Hörers, unmittelbar einwirkt, so daß sie dieselben schnell erhöht, oder auch umstimmt.« Daher fügt sich Beethovens Symphonik lückenlos in das Denkgebäude ein, das Schopenhauer auf dem Urgrund allen Seins, dem Willen, errichtet: »So zeigt uns eine Beethoven'sche Symphonie die größte Verwirrung, welcher doch die vollkommenste Ordnung zum Grunde liegt, den heftigsten Kampf, der sich im nächsten Augenblick zur schönsten Eintracht gestaltet: es ist *rerum concordia discors,* ein treues und vollkommenes Abbild des Wesens der Welt, welche dahin rollt, im unübersehbaren Gewirre zahlloser Gestalten und durch stete Zerstörung sich selbst erhält.«

Schon oft hatte man Beethovens Musik als Austragungsort widerstreitender Ideen, Gefühle, Konzepte gedeutet. Durch Schopenhauers Metaphysik der Musik wird diese vermeintliche Unübersichtlichkeit nun philosophisch nobilitiert.

Insbesondere die *Fünfte Symphonie* kann man als Beleg für die Plausibilität der Schopenhauerschen These heranziehen. Das Eröffnungsmotiv mit seiner vorwärtstreibenden Motorik erscheint wie die musikgewordene Willenskraft. Und wirken nicht die schier endlos aneinander gereihten Triumphgesten des *Allegro*-Finalsatzes mit seinem imperialen Jubel, den marschartigen Rhythmen und dem massiven Blechbläsereinsatz – erstmals erklingen Posaunen in einer Symphonie – wie eine Parabel auf jene Welt, die »durch stete Zerstörung sich selbst erhält«? Man hat das kompositorisch weitgehend entwicklungsfreie Auftrumpfen im vierten Satz als Affirmation empfunden, auch als naiven Siegestaumel. Denkt man die Schopenhauersche Deutung weiter, so hört man in den zackigen Marschthemen allerdings auch die zerstörerischen Stiefeltritte der Marschierenden, die über die Besiegten hinwegstampfen. Wäre Schopenhauer nicht ein derart erbitterter Anti-Hegelianer, könnte man von einer immanenten Dialektik sprechen: Solch ungenierte Siegesfeiern ziehen neue Kriege nach sich. Keine Zerstörung ohne anschließende Ordnung, keine Ordnung ohne neuerliche Zerstörung, das ist Schopenhauers Sicht auf den Lauf der Welt. Oder, aus Beethovens Perspektive schicksalhafter Kämpfe betrachtet: Wer wie im Finalsatz der *Fünften* so viele Bekräftigungen des bereits Errungenen braucht, traut dem Frieden nicht.

Selten war der häufig zitierte Satz Adornos, es gebe kein richtiges Leben im falschen, so angebracht wie hier. Beethoven kann ein »Happy End« nicht anders konzipieren denn als triumphale Siegesfeier. Eine friedvollere Vision der Auflösung, etwa als Versöhnung des Disparaten, ist offenbar nicht denkbar. Um mit der

Dialektik der Aufklärung zu sprechen, muss jeder gewaltsame Sieg als Vorstufe weiterer Niederlagen, jede Befreiung als Vorstufe neuer Unfreiheit betrachtet werden. Somit wäre Beethovens Ich noch kein reflektiertes Selbst, das die Mechanismen von Herrschaft und Knechtschaft durchschaut und nach herrschaftsfreien Lösungen sucht. Übertragen auf die zeitpolitischen Ereignisse, drängt sich die Analogie zur Französischen Revolution geradezu auf; daher spricht Peter Gülke denn auch im Hinblick auf den ersten Satz der *Fünften Symphonie* von einer »robespierreschen Unerbittlichkeit des *Allegro con brio*«.[273]

Die *Pastorale* als Gegenentwurf zur absoluten Musik

Als sei es damit nicht genug der Dialektik, folgt auch die Musikgeschichte keinem Prinzip, das man unumwunden als Fortschritt bezeichnen könnte. Angesichts der Feststellung Hoffmanns und Schopenhauers, mit Beethoven sei die umfassende musikalische Autonomie erreicht, muss die Programmmusik des 19. Jahrhunderts jedenfalls wie eine Regression wirken, steht sie doch im Zeichen eines tendenziellen Autonomieverlusts. Jetzt wird Musik wieder explizit mit inhaltlichen Bedeutungen aufgeladen, durch poetische Programme, darstellende Tonmalerei, durch die Symphonische Dichtung als Genre. Kurioserweise kann Beethoven auch für diese Entwicklung Pate stehen. Denn es gehört zu den typischen Widersprüchen seiner ästhetischen Unabhängigkeit, dass er zeitgleich mit der *Schicksalssymphonie* eine weitere komponiert, die ihr diametral gegenübersteht: die *Sechste Symphonie.* Ursprünglich will er sie als seine fünfte beziffern, zusammen bilden sie das perfekte Gegensatzpaar autonomer und klangmalender Musik. Unter Beethovens Dirigat werden beide Symphonien sogar mit den noch vertauschten Nummern gemeinsam uraufgeführt: am 22. Dezember 1808, im Theater an der Wien.

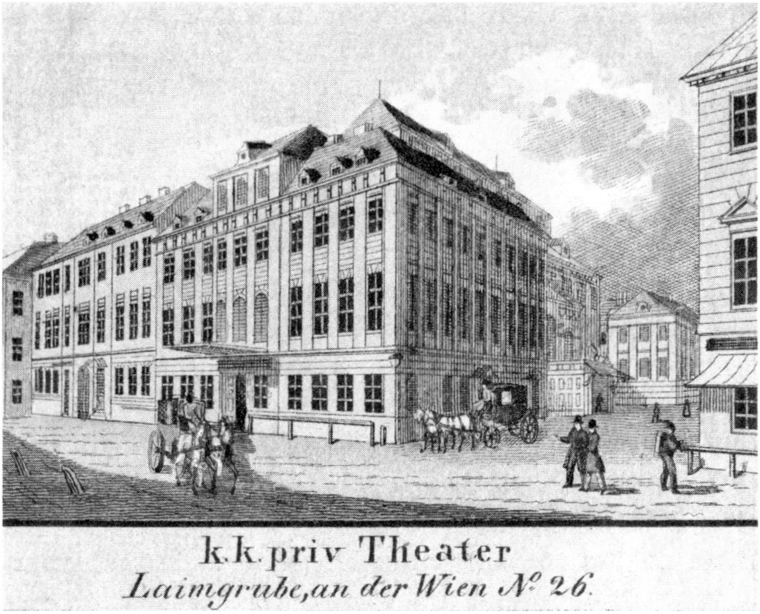

Abb. 10 Im Theater an der Wien fanden nicht nur die ersten öffentlichen Aufführungen der *Zweiten Symphonie* (1803), der *Eroica* (1805), der *Fünften* und *Sechsten Symphonie* (1808) und der Oper *Fidelio* (1805/06) statt, Beethoven wohnte auch 1803/04 in einer zum Theaterkomplex gehörigen Wohnung.

Während die *Schicksalssymphonie* der Deutung bedarf, wirft die *Sechste* kaum Fragen auf: »Pastoral-Sinfonie oder Erinnerungen an das Landleben« betitelt Beethoven das Werk. Zwar gibt er dem Hörer eine als Warnung zu verstehende Gebrauchsanleitung mit – »mehr Ausdruck der Empfindung als Malerei« –, dennoch wird die *Pastorale* weithin als Programmmusik aufgefasst. Diese Deutung liegt schließlich nahe angesichts der Satzüberschriften: *Allegro ma non troppo* – Erwachen heiterer Empfindungen bei der Ankunft auf dem Lande, *Andante molto mosso* – Szene am Bach, *Allegro* – Lustiges Zusammensein der Landleute, *Allegro* – Gewitter, Sturm, *Allegretto* – Hirtengesang. Frohe, dankbare Gefühle nach dem Sturm.

Beethoven weiß um das heikle Unterfangen seines Konzepts und bemüht sich deshalb, naheliegenden Missverständnissen kompositorisch vorzugreifen. In seinen Skizzenbüchern findet sich der Satz, dass »jede Mahlerei, nachdem sie in der Instrumentalmusik zu weit getrieben, verliehrt«. Ferdinand Ries berichtet, dass Beethoven »über musikalische Malereien häufig lachte und schalt, besonders über die kleinlichen der Art«,[274] die er in Haydns *Schöpfung* und in dessen *Jahreszeiten* kritisierte. Dennoch sind die naturhaften Verweise der *Pastorale* akustisch überdeutlich präsent. Es ist Beethoven selber, der die Rufe von Kuckuck, Wachtel und Nachtigall eigens in der Partitur kenntlich macht. Quecksilbrig dahinfließende Sechzehntel der Streicher versinnbildlichen das Plätschern des Bachs, und die schon in der Barockmusik überaus beliebte Schilderung eines Unwetters, wie es Pachelbel beim *Gewitter im Aprilen* oder Vivaldi in seinen *Jahreszeiten* vorführt, darf ebenfalls nicht fehlen. Visuelle Assoziationen sind unvermeidlich und fügen sich fürs Publikum zu einem panoramatischen Gemälde ländlicher Idylle.

Natürlich – möchte man fast sagen – leistet Anton Schindler dieser Deutung kräftig Vorschub. Zunächst gesteht er zu, Beethovens Ausflüge aufs Land hätten der seelischen Erquickung gedient, gemäß seiner »Hauspostille« von Christian Sturm *Die Natur als eine Schule für das Herz*. Darin heiße es schließlich:

»Wohlan, ich will ein Schüler dieser Schule werden.« Doch Schindler will noch mehr erfahren haben. Auf einem gemeinsamen Spaziergang in der Nähe von Heiligenstadt habe Beethoven ihm, sinnend an eine Ulme gelehnt, eröffnet: »Hier habe ich die Szene am Bach geschrieben, und die Goldammer da oben, die Wachteln, Nachtigallen und Kuckucke ringsum haben mitkomponiert.«[275] Ganz so klischeehaft wird es kaum gewesen sein. Bekannt ist jedoch, dass sich Beethoven durchaus durch konkrete Höreindrücke inspirieren ließ. Czerny erlebte einmal, welche rhythmischen Eingebungen in freier Natur möglich waren: »Als er einst, im Sommer 1803, bey seinem Landaufenthalt in Heiligenstadt bei Wien einen Reiter an seinem Fenster vorbey galoppieren sah, gab ihm das gleichmäßige Trappen die Idee zum Thema des Finale seiner d-Moll-Sonate op. 29 Nr. 2.« Weit interessanter noch ist eine andere Beobachtung Czernys: »Als er einst, nach seiner eignen Erzählung, an einem Frühlingsmorgen im Augarten spatzierte (sic) und das Untereinanderzwitschern der Vögel hörte, fiel ihm das Thema zum Scherzo der 9ten Sinfonie ein.«

Nachgerade mulmig aber muss es den Exegeten der *Fünften Symphonie* zumute werden bei einer weiteren Einlassung Czernys: »Der Gesang eines Waldvogels, des Ammerling« – hier fügt er das Notenbild der magischen drei schnellen G und das lang gezogene Es ein – »gab ihm das Thema zur c-mol-Sinfonie, und wer ihn fantasieren gehört hat, weiß, was er aus den unbedeutendsten paar Tönen zu entwickeln wußte.«[276] Das ist alles?, möchte man nachgerade entsetzt ausrufen. Kein Schicksal? Keine glühenden Blitze in dunkelster Nacht, kein weltumspannender Wille, sondern ein – Ammerling? Artur Rubinstein bemerkte einmal, dass Beethoven zuweilen leibhaftig hinter der Wand hervortrete, wenn man eines seiner Werke spiele. Hier scheint es fast, als trete Beethoven hinter einer Tapetentür hervor, um seinen engagierten Deutern zuzuzwinkern. Ein Ammerling, Leute, das ist alles.

Bei der *Pastorale* wirken dergleichen Inspirationen nicht einmal annähernd entzaubernd. Sie liegen offen zutage, programmatisch formuliert und musikalisch unüberhörbar. Doch Schindler verlegt sich am Ende auf die nahelegende visuelle Interpretation: »Wie der Maler seine Landschaft in allen Partien abrundet und Übereinstimmung in das Ganze bringt, so auch Beethoven in diesem Tongemälde.« Um das Missverständnis abzurunden, nennt er die *Pastorale* wie auch die *Fünfte Symphonie* »sinfonische Dichtung« – ein Terminus, den Liszt für seine explizit erzählenden Werke aufgreifen wird. Da hilft es auch nichts mehr, dass Schindler beteuert, es handele sich um eine »freie Dichtung, die sich an nichts Äußerliches anlehnt«; das Etikett Progammmusik ist in der Welt.[277]

So kommt es, wie es kommen muss: Flugs wird die *Pastorale* als Eingeständnis Beethovens gewertet, er habe sich von der autonomen Musik verabschieden müssen, weil deren Gehalt allzu vage bleibe. »Ist es der blossen Instrumentalmusik, so kunstvoll sie auch der Meister nach ästhetischen Regeln geordnet haben mag, schwer, eine bestimmte Empfindung in dem Gemüthe des Zuhörers zu erregen«, orakelt die *Allgemeine Musikalische Zeitung* 1812, »so sind doch die Versuche, mehr Licht in diese noch dunkle Region zu bringen, unseres Dankes werth.« Vollends die »totale Entgrenzung« im Finale der *Neunten Symphonie* mit ihrer Rückkehr zum Wort wertet man nun als Beleg, das Instrumentale reiche selbst Beethoven nicht mehr aus.[278] Das Konzept autonomer Musik sei an seine Grenzen geraten. Diese Mutmaßung wirft rückwirkend auch ein neues Licht auf die nichtprogrammatischen Kompositionen Beethovens.

Dramen für die hörende Fantasie

Im Laufe des 19. Jahrhunderts wittert man allerorten literarische Sujets. Wagner sieht in Beethovens Tonwerken »nur in letzter Linie Musik, in erster Linie aber einen dichterischen Gegenstand enthalten«. Damit zieht er sich den Unmut des Dirigenten Hans von Bülow zu. Der verbittet sich die »Verirrung in das Gebiet der Programm-Schmiederei«, charakterisiert die Symphonien Beethovens aber immerhin als »Drama für die hörende Fantasie«.[279]

Diese Formulierung von Bülows ist erhellend für die *Fünfte Symphonie,* denn sie lenkt den Blick von vermeintlichen Abbildungen realer innerer und äußerer Kämpfe Beethovens in die irreale Sphäre des Visionären und des Traums. Obwohl der Begriff des Unbewussten erst von Freud geprägt werden wird, klingt er – wie übrigens auch in Schopenhauers Definition des Willens – bereits an, da dem vernünftigen Wachbewusstsein die unwillkürliche Tätigkeit der fantasierenden, tagträumenden Seele gegenübergestellt wird. »Das Schicksal in und außer uns, oder wie wir das bedeutende Ding nennen wollen, redet dieselbe Sprache, wie unsere Seele im Traume«, legt der Naturphilosoph und Mystiker Gotthilf Heinrich Schubert 1814 fest[280].

Mit dem Begriff des Traums verbindet sich die Potenzierung von Bedeutungen und Handlungsoptionen; Beethovens *Schicksalssymphonie* könnte man unter diesen Vorzeichen als utopisches Träumen verstehen, in dem die Fesseln der Realität gelöst sind. »So lehren uns die Träume, dass wir über die Grenzen, die wir selber ziehen, immer auch schon hinaus sind«, konstatiert Herbert Schnädelbach und zitiert Wagners Hans Sachs: »All Dichtkunst und Poeterei ist nichts als Wahrtraum-Deuterei.«[281]

Diese These wie auch Schopenhauers weltdeutende Interpretation Beethovens hat den Vorteil, dass triviale biografische

Rückbezüge oder nachträglich hineingelesene poetische Programme ausgeschlossen sind. Andererseits ist Hugo Riemanns Bemerkung, das Werk sei nie völlig vom Menschen zu trennen, nicht ganz von der Hand zu weisen. Weit intensiver als in den Symphonien Haydns oder Mozarts hören wir bei Beethoven die musikalische Verarbeitung von Konflikten, deren dramatische Zuspitzung sowie verschiedene Strategien der Lösung.

Mit Beethoven rundet sich der Begriff autonomer Musik zur »absoluten« Musik. Entsprechend hoch ist der Respekt, den nachfolgende Komponisten ihm zollen. Allen voran Brahms, der es aus demütiger Verehrung lange nicht wagt, an Beethovens Symphonik anzuschließen. »Ich werde nie eine Symphonie komponieren«, klagt er dem Dirigenten Herrmann Levi sein Leid. »Du hast keinen Begriff davon, wie es unsereinem zu Mute ist, wenn er immer so einen Riesen hinter sich marschieren hört.« Unglaubliche zweiundzwanzig Jahre liegen zwischen den ersten Entwürfen und der Uraufführung seiner *Ersten Symphonie* 1876. Umso heftiger ärgert sich Brahms, dass man sie Beethovens Zehnte nennt, weil »jeder Esel« die thematische Verwandtschaft des Finalsatzes mit jenem der *Neunten* Beethovens heraushöre. Noch dazu wird Brahms in allerlei Spekulationen hineingezogen. Kritiker wittern in seiner *Ersten Symphonie* eine Schilderung des delikaten Dreiecksverhältnisses zwischen ihm, Brahms, Clara Schumann und ihrem Mann Robert. Selbstverständlich nur in Bezug auf »Ideen und Stimmungen« – ein Ehedrama für die höhere Fantasie.

Das Faszinierende solcher Diskussionen liegt in der Tatsache begründet, dass Beethoven es vermochte, sie überhaupt erst auszulösen. Kein anderer Komponist zuvor hat derartige Projektionsflächen für Grundsatzdebatten geboten. Keinem anderen ist zugetraut worden, außermusikalische Gehalte rein kompositorisch, durch Instrumentalmusik zu transportieren. Da mutet es schon wie eine ironische Pointe an, dass die illustrativen Qualitäten Beethovens heute auf ganz andere Weise genutzt werden: als Filmmusik. Beethovens Instrumentalwerke wurden bisher in annähernd 1200 Filmen verwendet, wie Aaron Greenberg aufgelistet hat. Darunter in so bekannten Hollywoodproduktionen wie *Star Trek – Insurrection*, *Mission: Impossible*, *Club der toten Dichter* und *The King's Speech*.[282] So ereilt das Ideenkunstwerk ein Schicksal, das sich selbst ein Beethoven wohl nicht hätte träumen lassen: Im Kino wurde die autonome Musik wieder zur dienenden Klangkulisse.

Kapitel 5

Scherz, Satire, Ironie und wiederkehrende Geldnöte

»Alla ingharese quasi un capriccio« G-Dur für Klavier, op. 129,
»Die Wut über den verlorenen Groschen, ausgetobt in
einer Kaprize« genannt, ca. 1795–1798

Ausg'schamter Spitzbub!«, macht der Vermieter seinem Ärger Luft. Wütend schlägt er die Tür hinter sich zu und poltert die Treppe hinunter. Nein, er wird sich nicht länger vertrösten lassen. Falls dieser Musikus nicht endlich die Miete rausrückt, wird er ihn mitsamt seinem Klavier auf die Straße setzen. Zahlungsrückstand ist Zahlungsrückstand. Was soll man sich denn noch alles bieten lassen?

Seit der Herr van Beethoven eingezogen ist, hat man nichts als Scherereien mit dem Mann. Oft bearbeitet er die ganze Nacht lang sein Instrument, und dann singt und brummt und krächzt er dazu, dass es ein Graus ist. Auch seine Geige und seine Bratsche liegen immer griffbereit, um die Ohren der Nachbarn zu malträtieren. Kommt abends Besuch, wird so laut gelärmt, dass schon mal gar keiner im Haus ein Auge zukriegt.

Zugegeben, eigentlich ist er ein recht unterhaltsamer Geselle. Man hört, er stamme aus dem Rheinland, da sollen die Leute ja Frohnaturen sein und nie um einen Scherz verlegen. Die Sache mit der Frohnatur sei dahingestellt, doch wenn dieser Beethoven von seinem weiblichen Faktotum als der »schnellsegelnden Fregatte, der wohledelgebornen Frau Schnaps« spricht, dann ist das schon ganz erheiternd. Nun ja, aber er übertreibt es selber mit den geistigen Getränken. Hätte man sich ja denken können. So ein Junggeselle, noch dazu ein Künstler, der führt eben ein Lotterleben. Man muss sich ja nur die Mengen an Weinflaschen ansehen, die das Personal tagein, tagaus in die Wohnung schleppt. Apropos Personal. Das wechselt der gnädige Herr öfter als die Hemden. Dauernd gibt es Streit. Mal verdächtigt er die Magd, dass sie etwas von der teuren Veroneser Salami abzweigt, mal schmeckt ihm der Braten nicht, dann wieder zankt er sich mit dem Gesinde, weil er einfach zänkisch ist. Neulich hatte dieser narrische Künstler doch sogar ein ganz zerkratztes Gesicht von einer tätlichen Konversation mit seinem Diener (KC, S. 345).

Vom Zustand der Wohnung ganz zu schweigen. Morgens steht der berühmte Herr Beethoven halb nackt vor der Waschschüssel und übergießt sich so ausdauernd mit Wasser, dass das ganze Zimmer schwimmt. Die Nachbarn unter ihm beschweren sich wegen der Rinnsale, die durch die Decke sickern. Aber jetzt ist Schluss mit den Kapriolen. Entweder der feine Herr zahlt, oder er kann sich gefälligst eine neue Bleibe suchen. Ob er das überhaupt verstanden hat, so zerstreut, wie er immer wirkt?

Doch, doch, die Botschaft ist sehr wohl angekommen. Als es wenig später an der Wohnungstür klopft, vergewissert sich Ludwig van Beethoven erst einmal, ob nicht womöglich der aufgebrachte Hausbesitzer zurückgekehrt ist. Gottlob hat der sich getrollt. Mit einiger Erleichterung blickt Beethoven in das sanfte Theologengesicht Carl Amendas. Sogleich klagt er dem Freund sein Ungemach. Das Leben sei teuer in Wien, seit längerer Zeit habe er keine Einnahmen, es reiche so gerade fürs Tägliche. Aber die Miete? Woher nehmen und nicht stehlen?

Um seinen abgebrannten Freund Beethoven aufzumuntern, erinnert ihn Carl Amenda an die besseren Momente dieses Jahres. Der Kalender zeigt das Jahr 1800. Das erste eigene öffentliche Konzert am 2. April im Kaiserlich-Königlichen National-Hof-Theater nächst der Burg war doch zweifellos ein hoffnungsvolles Signal. Zwar hat die Uraufführung der *Ersten Symphonie* nicht gerade Begeisterungsstürme hervorgerufen, ist von der Kritik aber immerhin als »interessant« befunden worden. Und im selben Monat, am 18. April, erklang die Hornsonate, vorgetragen vom Virtuosen Johann Wenzel Stich, besser bekannt unter seinem wohlklingenden Künstlernamen Giovanni Punto.

Beethoven winkt ab. Zwei Konzerte, zwei Achtungserfolge. Sonderlich lukrativ waren sie nicht. Jetzt geht es auf den Sommer zu, und mittlerweile herrscht Ebbe in der Kasse. Dabei ist er alles andere als untätig. Aus den herumliegenden Notenblättern greift er einige heraus und zeigt sie Amenda. Es sind Skizzen zu den ersten sechs Streichquartetten. Bis die fertig sind, muss er allerdings irgendwie die Zeit überbrücken. Er braucht Geld. Keine Almosen hier und da, sondern ein festes Salär. Doch Fürst Lichnowsky, sein Gönner der ersten Stunde, ziert sich noch, das in Aussicht gestellte Jahresgehalt zu zahlen. Vielleicht im Sommer, hat der Fürst verlauten lassen. So lange kann Beethoven nicht warten.

Was also tun? Weiterziehen, mit Sack und Pack, wie so oft schon? Ein Wohnungswechsel käme jetzt äußerst ungelegen, wo er doch einen klaren Kopf braucht für die Quartette. Carl Amenda betrachtet lange die Notenstöße auf dem Klavier. »Wir werden eine Lösung finden«, erklärt er salbungsvoll, und Beethoven kann nicht anders, als ihn zu umarmen. »Du bist kein Wiener Freund«, seufzt er, »nein, du bist einer von denen, wie sie mein vaterländischer Boden hervorzubringen pflegt.«

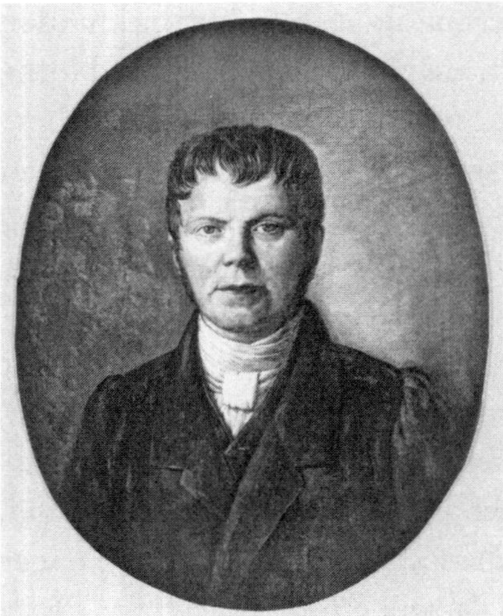

Abb. 11 Carl Amenda (1771–1836), deutschbaltischer Theologe, Violinspieler und Freund Beethovens

Amenda räuspert sich verlegen. Worauf will Beethoven hinaus? Will er sich etwa Geld borgen? Hm. Der Theologe hat eine bessere Idee. »Deiner Misere ist leicht abzuhelfen: Ich gebe dir jetzt ein Thema vor, du komponierst Variationen dazu, und die bringe ich dann dem garstigen Hausbesitzer. Soll der sie doch verkaufen, dann hat er seine Miete.« Von diesem Vorschlag ist Beethoven so gar nicht begeistert. Komponieren auf Kommando? Unter Zeitdruck? Nicht mit ihm.

Aller Protest hilft nichts. Kurzerhand sperrt Amenda seinen Komponistenfreund ins Musikzimmer ein. »In drei Stunden komme ich wieder!«, ruft er durch die geschlossene Tür. »Dann musst du mit den Variationen wenigstens begonnen haben!« Nun ja, um der Wahrheit die Ehre zu geben: So ganz glaubt Amenda selbst nicht dran. Sicher, für ein Genie wie Beethoven wäre diese Aufgabe mit Leichtigkeit zu bewältigen, doch wenn man ihn zu etwas zwingen will, kann er störrisch wie ein Esel sein.

Drei Stunden später steckt Amenda den Schlüssel ins Schloss, schiebt die Tür auf und tritt ins Musikzimmer. Mit undurchdringlicher Miene hockt sein Freund am Klavier. »Und?«, erkundigt sich Amenda vorsichtig. »Schon angefangen?« Mit einem Ausdruck größter Verachtung drückt ihm Beethoven einen eng beschriebenen Papierbogen in die Hand. »Hier, da hast du den Wisch« (KC, S. 11). Ein flüchtiger Blick genügt. Trotz der kryptischen Notenschrift erkennt Amenda sogleich, dass er es mit einem vollendeten Werk zu tun hat. Wenn ihn nicht alles täuscht, könnte es eine gewisse Ähnlichkeit mit jenem temperamentvollen Klavierstück haben, das Beethoven schon vor einigen Jahren komponiert hat, dieses lustige kapriziöse Rondo, das er nur engen Freunden vorspielt. Ein musikalischer Spaß, gewissermaßen.

Hoffnungsvoll macht sich Amenda auf den Weg zum Vermieter. Es bedarf einiger Überredungskünste, den guten Mann von der unkonventionellen Bezahlung zu überzeugen. Was dieses Blatt voller rasch hingeworfener Hieroglyphen denn schon wert sein könne? Man kommt überein, dass Amenda auf den Hausbesitzer warten soll, während der versucht, den Notenbogen zu verkaufen. Nachdenklich sieht Amenda ihm hinterher. Selbst wenn die Sache klappt, ist das Ganze nur ein Tropfen auf den heißen Stein. Er macht sich ernsthafte Sorgen um seinen Freund. So eine freischwebende Künstlerexistenz, das kann doch auf die Dauer nicht gut gehen. Wie könnte Beethoven nur seinen permanenten finanziellen Nöten abhelfen? Vielleicht mit einer Konzerttournee?

Na, das wird neuerliche Proteste geben. Amenda kennt seinen Freund Ludwig. Der scheut ohnehin die Unannehmlichkeiten größerer Reisen, und für die Rolle als umherziehender Pianist wird er sich nur schwer erwärmen lassen. Amenda gibt sich einen Ruck. Da muss er wohl selbst ran. Ja, er wird seinem Freund vorschlagen, ihn bei einer Konzerttournee durch Italien zu begleiten. Die Geldsorgen müssen ein Ende haben, und so eine Reise zu zweit könnte doch ein wunderbares Abenteuer werden.

Wenig später kehrt der Vermieter zurück. Seinem zufriedenen Gesichtsausdruck nach zu schließen, hat er einen saftigen Preis für die Variationen erzielt. Amenda registriert es voller Genugtuung. Endlich hat dieser Ignorant verstanden, welch berühmten Künstler er unter seinem Dach beherbergt. Erleichtert will sich Amenda verabschieden, als ihn der Vermieter am Ärmel zupft: Ob es da vielleicht noch so einen Notenzettel gebe?

Der Preis der Freiheit

Als Ludwig van Beethoven am 26. März 1827 stirbt, staunen seine Nachlassverwalter nicht schlecht: Er hinterlässt ein erkleckliches Vermögen. 1819 hatte Beethoven in Aktien der »Privilegierten oesterreichischen Nationalbank« investiert, 500 Gulden pro Aktie, und die Wertsteigerung verlief erfreulich: Bereits 1825 hatte sich der Wert mehr als verdoppelt. Das Aktiendepot war Beethovens eiserne Reserve gewesen, die er seinem Neffen Karl zugedacht und deshalb nicht angerührt hatte. Hinzu kamen halbjährliche Dividenden, Sonderausschüttungen, Druckhonorare. Ganz anders, als seine Klagen hätten vermuten lassen, war Beethoven am Ende seines Lebens ein wohlsituierter Mann. Auf die heutige Kaufkraft umgerechnet, beliefen sich seine Rücklagen auf etwa 145 000 Euro. Diese Summe ermittelte der Historiker Roman Sandgruber,[283] der sie auch gleich in Relation zum Vermögen anderer Komponisten dieser Zeit setzte. Es war immerhin halb so viel, wie der begüterte Haydn am Ende seines langen erfolgreichen Lebens vorzuweisen hatte, und ein Drittel der Summe, die der glänzend verdienende Kaiserliche Hofkapellmeister Antonio Salieri zusammentragen konnte.[284]

Arm war Beethoven also keineswegs. Richtig ist aber auch, dass er fast sein Leben lang immer wieder in finanzielle Turbulenzen geriet. Selbst mit knapp dreißig Jahren, im Frühjahr 1800, weiß er manchmal nicht, wie er die Miete aufbringen soll. Das hat er sich sicherlich ganz anders vorgestellt, als er 1792 nach Wien zog, ausgestattet mit seinem Gehalt als Bonner Hofmusiker. Allerdings musste er schnell lernen, dass die Lebenshaltungskosten in Wien wesentlich höher lagen als im beschaulichen Bonn. Weit niederschmetternder aber: Die heimatliche Einnahmequelle versiegt schneller als gedacht. Als französische Truppen 1794 die linksrheinischen Gebiete des Kurfürstentums besetzen, flieht der Hofstaat samt Herrscher, womit die Regentschaft von Maximilian Franz vorzeitig endet.

Von nun an ist Beethoven ganz auf sich gestellt: zu jung für einen Kapellmeisterposten, zu unbekannt, um von seinen Kompositionen leben zu können, viel zu ehrgeizig für einen untergeordneten Orchesterjob als Bratscher oder Organist. Wovon lebt er also? Seine Auftritte als Klaviervirtuose bei der kunstsinnigen Elite Wiens bringen die ersten Honorare, und vermutlich lohnen sich sogar die dubiosen Pianistenduelle: Mozart hatte einst nach seinem Sieg über Muzio Clementi zweihundert Gulden vom Kaiser erhalten. So viel ist den adeligen Gastgebern Beethovens das Spektakel sicherlich nicht wert, aber ganz leer geht der junge Musiker wohl kaum aus. Anfangs unterstützt ihn vor allem Fürst Karl von Lichnowsky, der als Illuminat eng mit dem Grafen Waldstein befreundet ist. Zweieinhalb Jahre wohnt Beethoven im Palais der Lichnowskys, zunächst in einer Dachkammer, dann in im zugigen Erdgeschoss, zum Schluss in der Beletage. Sein Freund Franz Gerhard Wegeler, der wegen der französischen Besetzung Bonns von 1794 bis 1796 in Wien lebt, kann der daheimgebliebenen Eleonore von Breuning 1795 vermelden: »Beethoven läßt Dich vielmahl grüßen. Er komponirt sehr schön, und steht hier in großem Ansehn. Er wohnt bei einem Fürsten, der ihn ganz als Freund behandelt.«[285]

Doch es zieht Beethoven fort, in die Eigenständigkeit. Auch andere wohlhabende Adelige finden Gefallen daran, den jungen Musiker zu fördern, und so kann er sich bald eine eigene kleine Wohnung leisten. Gleichwohl bleibt seine Existenz ein riskantes Unterfangen, zumal sie so gut wie unerprobt ist. Heute würde man sagen: Beethoven erfindet sich selbst. Zu seiner Zeit gibt es noch kein Vorbild für ein erfolgreiches Dasein als freier Komponist, an dem er sich orientieren könnte. Ein eher entmutigendes Beispiel ist Johann Baptist Schenk, bei dem er ab 1793 ein Jahr lang Kompositionsunterricht nimmt. Schenk hat einige Singspiele verfasst, muss sein Leben aber eher kümmerlich als Musiklehrer fristen. Nicht gerade erstrebenswert für Beethoven, der das Unterrichten verabscheut.

Bisher hat sich nur einer konsequent hochgearbeitet, aber dessen Genius strahlt so hell, dass man nur geblendet sein kann. Wer wollte sich an ihm messen? Und wer wollte wie er mit Schulden zu Grabe getragen werden? Es ist wahr, Wolfgang Amadeus Mozart hatte einige Schritte auf dem Weg zur Unabhängigkeit getan. Allerdings hatte er durch seine immens erfolgreichen Tourneen und seine Nähe zum Kaiserhof stets brillante Verdienstmöglichkeiten – das Singspiel *Die Entführung aus dem Serail* beispielsweise entstand als Auftragswerk Kaiser Josephs II. Ab 1787 bezog Mozart überdies als Hofkomponist ein Jahresgehalt von achthundert Gulden aus der kaiserlichen Privatschatulle. Für den Spitzenverdiener waren das freilich Peanuts.

Nach eigenen Angaben nahm Mozart für seine Auftritte tausend Gulden pro Abend, eine astronomische Summe zu jener

Zeit. Seine Tätigkeit als Klavierlehrer ließ er sich mit zwei Gulden pro Stunde bezahlen, während sich, zum Vergleich, eine Magd mit zwölf Gulden im Jahr begnügen musste. Außerdem profitierte Mozart von Widmungen an zahlungskräftige Auftraggeber und nicht zuletzt von üppig sprudelnden Tantiemen. Vor allem seine Opern wurden zur Gelddruckmaschine. Allein die Aufführungen des *Don Giovanni* brachten ihm – so errechnete es *Die Zeit* – Einkünfte im Wert von 38 000 Euro nach heutigem Geldwert ein. Der Historiker Otto Biba schätzt, dass Mozarts Durchschnittsverdienst mindestens dem eines Universitätsprofessors entsprach und damit dem Einkommen der oberen Mittelschicht.[286]

Ein vernünftiger Umgang mit Geld gehörte bekanntlich nicht zu Mozarts Gaben. Er liebte den Luxus, machte seinen Schneider reich und verlor exorbitante Summen beim Glücksspiel. Obwohl man ihm den sagenhaften Jahresverdienst von zeitweise zehntausend Gulden nachsagte, geriet er zusehends in die ökonomische Schieflage. Leider zeigten sich seine Mäzene so unzuverlässig wie Fortunas Gunst bei Billard und Kartenspiel. Da Mozart eine unüberwindliche Aversion gegen das Zurücklegen von Geld hegte, blieb ihm nichts anderes übrig, als regelmäßig seinen begüterten Logenbruder Michael Puchberg um Geld zu bitten. Eine große Enttäuschung wird hingegen sein ehemaliger Schüler und Gönner Fürst Karl von Lichnowsky gewesen sein, denn der hielt sich in den letzten Lebensjahren Mozarts auffällig zurück. Möglicherweise missfiel ihm, dass der Komponist seinen Ruf durch Spielschulden ruinierte, vielleicht war Lichnowsky seines einstigen Protegés aber auch einfach nur überdrüssig. In die Jahre gekommene Wunderkinder büßen einiges an Charisma ein. Sehr viel attraktiver schien es da, sich mit einem frischen jungen Talent zu schmücken, das Lichnowsky wenig später in Beethoven fand.

Der Widerspruch zwischen Mozarts finanziellen Achterbahnfahrten und seinem Rang als berühmter Komponist, dem man fast kritiklos zujubelte, ergab ein störanfälliges Modell, dessen Probleme auch Beethoven beschäftigen sollten. Eine glückliche Hand in Gelddingen war ihm so wenig beschieden wie Mozart. Auf der einen Seite hegte er eine irrationale Angst vor Verarmung, bei der sicherlich das abschreckende Beispiel seines verschuldeten Vaters eine Rolle spielte; penibel führte er Buch über die kleinsten Ausgaben. Auf der anderen Seite warf er das Geld zum Fenster hinaus, wenn er, wie erwähnt, einen persönlichen Diener engagierte oder ein Reitpferd erwarb, nur um Fürst Lichnowsky zu imponieren.

Es ist jedoch kein Luxusleben im eigentlichen Sinne, das Beethovens Barschaft immer wieder aufzehrt. So mondän wie Mozart wohnt er nie, und auch in Kleidung und Essen investiert er wenig. »Man aß bei ihm sehr schlecht«, erinnert sich der Geiger Joseph Michael Böhm. »Vieles war ganz ungenießbar: die Suppe wie Wasser, das Fleisch zäh, das Fett ranzig. Man musste natürlich von all dem nichts merken lassen, um den ohnehin sehr reizbaren Hausherrn nicht aufzuregen« (KC, S. 82). Dafür verschlingen die vielen Umzüge hohe Summen, weil Beethoven während der Übergangsphasen manchmal mehrere Wohnungen parallel gemietet hat und im Sommer stets aufs Land zieht. Auch für die Prozesskosten während des Sorgerechtsstreits um Karl gibt er ein Vermögen aus; Beethoven bekennt später, er habe den Neffen »seiner nichtswürdigen Mutter abgekauft«.

Seine Arbeitsweise verleitet ihn ebenfalls zu unbedachten Ausgaben. Eine wenig strukturierte Zeiteinteilung und der Hang zur Prokrastination bescheren ihm ein spezifisches Problem: Oft bleibt ihm vor Aufführungen keine Zeit, die Stimmen für Kammerbesetzungen oder Orchesterwerke selber auszuschreiben. So muss er teure Kopisten beschäftigen, wie Wegeler fassungslos berichtet: »Erst am Nachmittag des zweiten Tages vor der Aufführung seines ersten Concerts (*Klavierkonzert C-Dur op. 15*, Anm. d. V.) schrieb er das Rondo ... im Vorzimmer saßen vier Copisten, denen er jedes fertige Blatt einzeln gab.«[287] Um einen Eindruck zu erhalten, in welchen Dimensionen sich diese Last-Minute-Aktionen bewegten: Beethovens Lieblingskopist Wenzel Schlemmer ließ sich später die Anfertigung einer einzigen Partitur der *Missa solemnis* mit stolzen sechzig Gulden bezahlen.

So zerrinnt Beethoven das Geld zwischen den Fingern. Desgleichen nagt seine Freigebigkeit an der Existenz. Belegt ist ein Darlehen von zehntausend Gulden an seinen Bruder Karl, das vorübergehend Beethovens Ersparnisse zunichtemacht (KC, S. 601). Überdies vermutet man, dass er seine unsterbliche Liebe Josephine großzügig unterstützt, als sie ihre letzten Jahre allein und mittellos zubringt. Eine seltsame Indifferenz in Gelddingen ist ihm ganz sicher zu eigen. Ein Zeitgenosse erzählt: »Beethoven, der mit vollen Händen schenkte, pflegte, um seine Verachtung gegen das Geld, als ihn zur Arbeit bewegendes Element auszudrücken, die fünf Finger der rechten Hand zusammengehalten zum Munde zu führen, sie dann, den Arm ausstreckend, auseinander zu schnellen und auszurufen: ›Geld ist nichts!‹« (KC, S. 943.) Wandelt er auf Freiersfüßen, lehnt er sogar ein Honorar für den Klavierunterricht ab, so geschehen bei Josephine von Brunsvik und Giulietta Giuccardi. Auch Franz Grillparzer stellt diese Verachtung des schnöden Mammons fest. Als er Beethoven einmal in einer Kutsche mitnimmt, findet er danach einen Geldschein auf dem Sitz. Grillparzer will den Schein nicht annehmen, da er seinen Freund eingeladen hatte. Beethoven, schon auf der Straße stehend, besteht wiederum darauf, Grillparzer einzuladen. »Denn er war ein altes Kind«, folgert der

Schriftsteller, »und man durfte in allen dem practischen Leben angehörenden Dingen nicht auf practisches Verständniß bei ihm rechnen« (KC, S. 407).

Geht es um die Löcher in Beethovens Haushaltskasse, muss man wohl auch seinen Hang zu Wein und Wirtshäusern erwähnen, darin seinem Vater nicht unähnlich. Schindler, der den Tagesablauf seines Meisters minutiös dokumentiert, hält auch diesen Punkt fest: Es gehöre zu Beethovens Ritualen, regelmäßig mittags und abends ein Gasthaus aufzusuchen, sofern er keinen gesellschaftlichen Verpflichtungen nachkomme. Da Beethoven nicht geizig ist, wenn er sich aushäusig verlustiert, hält er des Öfteren seine Begleiter frei, und auch daheim bewirtet er Gäste großzügig mit Strömen von Wein. Ein sympathischer Zug. Und ein nicht unerheblicher Kostenfaktor. Zu guter Letzt sei erwähnt: Falls er tatsächlich der käuflichen Liebe zugeneigt war, wird er bei den professionellen Damen ebenfalls ein hübsches Sümmchen auf den Nachttisch des Hauses gelegt haben.

Alles in allem beweist er eine bemerkenswerte Unfähigkeit, für stabile finanzielle Verhältnisse zu sorgen. Das bleibt seinen Freunden nicht verborgen. So resümiert Wegeler: »Beethoven, unter höchst beschränkten Umständen erzogen, kannte nicht den Wert des Geldes und war dabei nichts weniger als ökonomisch.«[288] Man wird hinzufügen können: und verblüffend geschäftstüchtig.

Die Ökonomisierung des Soziallebens

Nach seiner Ankunft in Wien begreift Beethoven schnell, dass er aus seiner Musik einen »business case« machen muss. Geschickt weiß er die Klaviatur gesellschaftlicher Beziehungen zu bespielen, mit Bittbriefen, Widmungen, Angeboten für Auftragswerke. Sein Soziallebenist seine Geschäftsgrundlage, doch immer nur nach Maßgabe ökonomischer Interessen. Carl Amenda gehört zu den wenigen Vertrauten, denen er diese berechnende Haltung unverblümt offenbart. In dem entsprechenden Brief vom Juli 1801 ersetzt Beethoven die Namen mit Sternchen; die Rede ist, so wird vermutet, von Nikolaus Zmeskall und dem Geiger Ignaz Schuppanzigh: »Er ist und bleibt zu schwach zur Freundschaft, ich betrachte ihn und *** als bloße Instrumente, worauf ich, wenn's mir gefällt, spiele, aber nie können sie edle Zeugen meiner innern und äußern Tätigkeit, ebensowenig als wahre Teilnehmer von mir werden, ich taxiere sie nur nach dem, was sie mir leisten« (BB, S. 17).

Sehr viel wahrscheinlicher spricht er in diesem Brief von Fürst Lichnowsky und Erzherzog Rudolph, was die auffallende Geheimniskrämerei der Sternchen weit plausibler erscheinen ließe. Denn so eifrig Beethoven auch Netzwerke knüpft, stets steht ihm Sinn und Zweck dieser Bekanntschaften vor Augen – und das gilt in besonderem Maße für seine Beziehungen zum Adel. Manches freundschaftlich angewärmte Verhältnis ist kühl kalkuliert, und einige menschliche Enttäuschungen in dieser Sphäre geben Beethoven letztlich recht, auf innere Distanz zu gehen.

Eine zentrale Rolle in diesem Beziehungsschach spielt Erzherzog Rudolph. Der Bruder Franz' II. (ab 1804 Franz I., Kaiser von Österreich) ist ein Unterstützer der ersten Stunde. Mit wahrer Noblesse sieht er über das ungebärdige Auftreten Beethovens hinweg. Auf Vermittlung Graf Waldsteins nimmt er Musikunterricht bei dem jungen aufstrebenden Talent, ist selbst ein virtuoser Pianist, komponiert recht beachtlich und behandelt seinen zwei Jahre jüngeren Lehrer mit freundschaftlicher Offenheit. Beethoven widmet ihm so viele Werke wie keinem anderen seiner adeligen Wohltäter. Ein besonders anrührendes Zeugnis dieser Freundschaft ist die *Klaviersonate Nr. 26 Es-Dur op. 81a, Les Adieux*. Mit der Komposition beginnt Beethoven 1809, als napoleonische Truppen auf Wien zumarschieren und die kaiserliche Familie nach Buda flieht. 1810, inzwischen ist der Erzherzog zurückgekehrt, vollendet er das Werk.

Es ist eine musikalische Liebeserklärung. Schon die ersten absteigenden Melodietöne, den drei Silben des Satztitels »Lebewohl« unterlegt, vermitteln grenzenlose Trauer, verstärkt durch ein überraschendes c-Moll auf dem Zielton. Es ist zwar die parallele Molltonart zu Es-Dur, dennoch erwartet man die Tonika – und versinkt gleichsam in einem Abgrund. Die Wirkung ließe sich mit einem Traum vergleichen, in dem man einen Schritt auf vermeintlich festen Boden tut, stattdessen aber ins Leere tritt. So vermittelt der Beginn schicksalhafte Schwere, tiefe bekenntnishafte Melancholie.

Auf diesem subtilen emotionalen Level bewegt sich die gesamte Sonate. Beethoven bedient sich dabei nicht nur der probaten Seufzermotive, er wagt sich auch in Neuland. Der zweite Satz, »Abwesenheit« überschrieben, beginnt harmonisch mit einem Skrjabinschen Taumeln. Modulierend durchstreift Beethoven daraufhin fernes Terrain, begibt sich auf chromatische Wanderungen, verirrt sich scheinbar in tonartfremde Bezirke. Die tonale Funktionalität scheint aufgehoben, gleichsam als Abbild des unsicher in der Ferne schweifenden Erzherzogs. Eine weitere Besonderheit sind nervöse Ausbrüche in Hundertachtundzwanzigsteln, die die Spielanweisung eines ruhigen

Schreitens im Andante konterkarieren; so verleiht Beethoven dem langsamen Satz die Unruhe sehnsuchtsvoller Erwartung und antizipiert schon die Freude der Rückkehr. Musikalisch bereiten diese Ausbrüche denn auch den Jubel des Wiedersehens vor, der im dritten Satz mit nahezu kindlichem Überschwang ausbricht.

Keine Frage, die außergewöhnliche Expressivität der Sonate lässt auf eine innige Beziehung der beiden Männer schließen. Doch als gewiefter Schachspieler weiß Beethoven, dass er in Zugzwang gerät, sofern diese wichtige Figur auf eine bedrohliche Position rückt. Hat er seinen Förderer eine Weile vernachlässigt, heißt es, eilfertig zu Kreuze zu kriechen. »Ihro kaiserliche Hoheit! Schon über vierzehn Tage bin ich wieder mit meinem mich plagenden Kopfweh behaftet«, bringt er eine der ältesten Ausreden der Welt an den hochwohlgeborenen Mann. Doch alles ist steigerungsfähig – man muss sich nur naiv stellen. »Da ich mit jedem Tage glaubte, es sei der letzte meines Übels, so habe ich nichts deswegen zu wissen gemacht, auch selbst, weil ich glaubte, daß, da Ihro Kaiserliche Hoheit so lange nicht um mich geschickt hatten, Sie mich selbst nicht brauchten.« Darauf folgt, sehr klug, die gebührende Reue: »Sehr beschäftigt mit mir selbst, glaubte ich nicht, dass Ihro Kaiserliche Hoheit auf mich ungehalten sein, wie ich nun doch beinahe glauben muß. – Unterdessen hoffe ich mich bald selbst vor Ihr Tribunal verfügen zu können« (BB, S. 59f.).

Der Preis der Freiheit ist hoch. Er lautet Unterwürfigkeit, und sei sie auch nur gespielt. Im Grunde ist Beethoven auch keineswegs frei, sondern muss sich allzeit zur Verfügung halten. Als er 1811 den obigen Entschuldigungsbrief verfasst, steht er bereits im Genuss der jährlichen finanziellen Zuwendung seitens des Trios Kinsky, Lobkowitz, Erzherzog Rudolph. Als Sahnehäubchen hätte er sich den offiziellen Titel eines Kaiserlichen Kapellmeisters gewünscht, selbstverständlich ohne jede Dienstverpflichtung. Diese Ehre bleibt ihm versagt. Er wird bezahlt, das ist alles, wenn auch nicht wenig.

Wo bleibt das Amt, das seine Verdienste würdigt? In seinem ersten Wiener Jahrzehnt zieht Beethoven eine Anstellung als Kapellmeister oder Hofkompositeur zumindest vage in Betracht, wie man einem Brief an Franz Wegeler aus dem Jahre 1800 entnehmen kann (BB, S. 121). Realistisch betrachtet, sind die Chancen gering. Komponieren im Akkord ist Beethovens Sache ohnehin nicht, und gegen Antonio Salieris Strahlkraft ist schwer anzukommen. Als sich Beethoven in Wien niederlässt, sitzt der italienische Komponist seit Langem fest im Sattel des Wiener Musikbetriebs. Für Quereinsteiger ist da kein Platz. 1774 erhält Salieri den begehrten Titel eines Kaiserlichen Kammerkomponisten und wird zum Kapellmeister der Italienischen Oper in Wien ernannt; diese wird zwar zwei Jahre später geschlossen, bei der Wiedereröffnung 1783 ist es aber wiederum Salieri, der den Kapellmeisterposten erhält. 1788 folgt der nächste Karriereschritt: Man beruft Salieri ins glanzvolle Amt des Kaiserlichen Kapellmeisters an die Hofmusikkapelle. Bis 1824 währt die Ära Salieri, der als höchst erfolgreicher Opernkomponist eine weit größere Popularität genießt als Beethoven. Damit ist der Weg nach oben versperrt.

Eigene öffentliche Konzerte zu veranstalten liegt für Beethoven in der Anfangszeit noch außerhalb des Vorstellbaren. Solche »Akademien« würden beträchtliche Investitionen und einen immensen organisatorischen Aufwand erfordern. Schon im Vorfeld müssten Musiker engagiert und Subskribenten gewonnen werden, überdies gibt es in Ermangelung eines öffentlichen Konzertsaals die bereits angesprochenen Raumprobleme. Über Burgtheater und Kärtnertortheater wacht einem Zerberus gleich der Besitzer Peter Anton Freiherr von Braun, ein eitler Gschaftlhuber, dessen Gunst nur über gute Beziehungen zu erwerben ist. Und von den Benefizkonzerten an den »Norma«-Tagen kann Beethoven keinerlei Honorar erwarten, obwohl er allein 1795 drei Auftritte als Pianist absolviert. Das öffentliche Konzertwesen steckt noch in den Kinderschuhen. 1812 wird Beethovens Freund und *Fidelio*-Librettist Joseph Sonnleithner die »Gesellschaft der Musikfreunde in Wien« gründen, den späteren Wiener Musikverein; das erste Konzert dieser Institution findet jedoch erst 1831 statt, und es dauert noch weitere knapp vierzig Jahre, bis 1870 das Wiener Konzerthaus mit dem berühmten Großen Musikvereinssaal eingeweiht wird.

Immerhin, 1819 verspricht Erzherzog Rudolph, als künftiger Erzbischof von Olmütz werde er seinen Komponistenfreund zum dortigen Kapellmeister berufen. In dieser Lebensphase Beethovens muss man es bereits als Gnadenakt Rudolphs betrachten, denn Orchester- und Chorproben oder Dirigate wären wegen der nun fast vollständigen Ertaubung kaum möglich. Es kommt ohnehin nicht mehr dazu. Im März 1820 hätte die *Missa solemnis* anlässlich der Inthronisation Rudolphs als Erzbischof erklingen sollen; Gott werde ihn erleuchten, dass seine schwachen Kräfte zur Verherrlichung dieses Feiertags beitragen, kündigte Beethoven an. Fertig wird die *Missa* erst 1823. Das Hochamt der Bischofsweihe findet ohne ihn statt, und der Erzbischof erwähnt den versprochenen Kapellmeisterposten nie wieder.

Beweise seiner Unzuverlässigkeit hatte Beethoven schon vorher zur Genüge geliefert. Etwa als er sich 1819 beim Erzherzog für die verspätete Gratulation zur bevorstehenden Bischofswürde entschuldigt. Seine Säumigkeit begründet Beethoven – wenig glaubhaft – damit, er sei mit den höfischen Gepflogenheiten nicht vertraut. Ein Hofmann sei er nie gewesen und werde es auch nie sein, stellt er fest, beteuert aber, dass ihn nicht bloß »kaltes Interesse« leite, »sondern wahre innige Anhänglichkeit mich allzeit an Höchstselben gefesselt und beseelt hat« (BB, S. 129). Wie Liebesschwüre nutzen sich auch solche Ergebenheitsadressen irgendwann ab. Die wiederkehrende Pflichtvergessenheit Beethovens ist sicherlich der Grund, warum ihm Erzherzog Rudolph nie einen festen Posten in Wien vermittelt – obwohl er als Angehöriger der mächtigen Kaiserfamilie durchaus seine Verbindungen hätte spielen lassen können. Offenbar kennt er seinen unkonventionellen Lehrer nur zu gut und weiß, dass sich Beethoven niemals geschmeidig in eine Institution einfügen würde.

Nach der Inthronisation Rudolphs als Erzbischof lockert sich diese feinsinnige Freundschaft, der Beethoven diverse musikalische Denkmale setzte. Das »Lebewohl«-Motiv verarbeitet er noch einmal im »Gloria« der *Missa solemnis,* für den Beginn der Passage »qui tollis peccata mundi – miserere nobis«. Darin wird um Erbarmen gefleht. Eine späte Entschuldigung dafür, dass die Messe nicht rechtzeitig fertig geworden war? Eine musikgewordene Beschwörung alter Freundschaft, die sich durch weitere Zuwendungen erweisen soll? Noch eine zweite Anspielung fügt Beethoven in das »Gloria« ein: ein Thema, das er dem Erzherzog einst als Kompositionsaufgabe gestellt hatte. Rudolph absolvierte sie damals mit vierzig Variationen, die Beethoven meisterlich nannte. Aus diesen Bezügen schließt die Musikwissenschaftlerin Birgit Lodes, dass die Überschrift des »Kyrie« – »Von Herzen – möge es wieder – zu Herzen gehn!« – nicht die Menschheit allgemein, »sondern Rudolph ganz persönlich anspricht«.[289] Die fortschreitende Entfremdung kann Beethoven mit dieser Hommage nicht mehr verhindern.

Das Erzherzog-Kapitel verdeutlicht, welche Vorteile entstehen und welche Gefahren lauern, wenn allein das Netzwerk über die Karriere bestimmt. Ohne Protektion von ganz oben geht nichts in Wien. Der Human Factor will berücksichtigt sein, und einem unangepassten Künstler wie Beethoven fällt das zuweilen schwer. Letztlich erweist sich die Perspektive eines offiziellen Amts also schon früh als Illusion. Sehenden Auges begibt sich Beethoven deshalb auf den freien Markt, ja er erfindet diesen Markt letztlich mit und wird zum Agenten seiner selbst. Das macht ihn, der Not gehorchend, erfinderisch bei der Akquise von Geldmitteln. Allerdings muss er feststellen, dass so manches »Instrument«, auf dem er gewinnbringend spielen möchte, schon mal verstimmt ist. Dann sieht er sich gezwungen, umständlich gewundene Entschuldigungsbriefe zu schreiben oder seine Mäzene zu charmieren. »Liebe liebe liebe liebe liebe Gräfin«, beginnt einmal ein Brief an Gräfin Marie Erdödy, ein anderer schließt mit »Ich erwarte Ihre Vergebung« (BB, S. 98 und 62).

Zu Engpässen kommt es dennoch immer wieder. Des Öfteren muss sich Beethoven Geld von Freunden leihen oder stillschweigende Unterstützungen annehmen, wie sie ihm sein Freund Hummel gewährt. Zweimal bittet er den Klaviervirtuosen Ignaz Moscheles um Geldzuwendungen durch die Londoner Philharmonische Gesellschaft (KC, S. 608). Am meisten wurmt ihn, dass ihm in der größten Not nichts anderes übrig bleibt, als einige Kompositionen seinem Bruder Johann zu verpfänden, dem zu Geld gekommenen Gutsbesitzer. Dieser »Kainsbruder« (BB, S. 155) sei kein redlicher Mensch, wütet Beethoven, Johann sei »von schmutzigem Geiz besessen« (KC, S. 974). Das Geld nimmt er trotzdem. Für einen stolzen Charakter sind solche Canossagänge sicherlich entwürdigend. Mit seinem ausgeprägten Freiheitsbedürfnis sind sie jedoch, neudeutsch gesprochen, alternativlos.

Dabei hätte es durchaus eine gangbare Alternative gegeben, theoretisch: ein Kapellmeisterposten in der Provinz, an einem der vielen Herrscherhöfe der deutschen Kleinstaaten beispielsweise. Allerdings bemüht sich Beethoven nie ernstlich darum, so wenig wie er seine hochfliegenden Pläne verwirklicht, nach Paris oder später nach London zu gehen. Aus einer Konzertreise auf Vermittlung – und in teilweiser Begleitung – Fürst Lichnowskys, die Beethoven bereits 1796 nach Prag, Dresden, Leipzig und Berlin führt, ergeben sich keine Angebote. Danach unternimmt er keine derartigen Reisen mehr. Neben dem 1808 avisierten Posten am Kasseler Hof Jérôme Bonapartes bietet sich nur einmal noch eine konkrete Gelegenheit durch die Olmützer Kapellmeisterstelle, die sang- und klanglos ad acta gelegt wird.

Wirklich aktiv wird Beethoven nur in Wien. Zunächst 1807, als sich die Theaterlandschaft der Stadt entscheidend verändert. 1806 hatte Freiherr von Braun seine Spielstätten verkauft. Um weiterhin Theater- und Opernaufführungen zu gewährleisten, beruft der Kaiser kunstsinnige Hochadelige zu Leitern einer »Theater-Unternehmungs-Gesellschaft«. Auch Fürst Lobkowitz und Fürst Esterhazy sind mit im Boot. Im Winter 1807 ersucht Beethoven um ein »Engagement«. Er fordert viel: zweitausendvierhundert Gulden Gehalt, Einnahmebeteiligungen, ein jährliches Benefizkonzert in Eigenregie. Dafür verspricht er eine Oper pro Jahr, außerdem wahlweise »eine kleine Operette« oder andere »Gelegenheitsstücke«. Keine weiteren Verpflichtungen – es ist eine Luxusstelle, die ihm vorschwebt. Seine Expertise bestehe darin, dass ihn »von jeher nicht so sehr Broterwerb als vielmehr das Interesse der Kunst, die Veredelung des Geschmacks und der Schwung seines Genius« (BB, S. 45f.) geleitet habe. Es gibt überzeugendere Bewerbungsschreiben. Der Antrag wird abgelehnt.

Zwei heillos verspätete Versuche, doch noch irgendwo unterzukommen, unternimmt Beethoven wiederum in Wien. Wahrscheinlich bereut er mit zunehmendem Alter und abnehmender Gesundheit, dass er sich so wenig um feste Anstellungen gekümmert hat. Im Vertrauen darauf, allein sein Werk könnte ein sicheres Auskommen gewährleisten, war er in der Rushhour seiner Laufbahn als freier Komponist nie ernstlich um einen regulären Kapellmeisterposten bemüht gewesen. Nun ist es zu spät. 1822 versucht er, Nachfolger des Wiener Hofkomponisten Anton Teyber zu werden; doch Teyber hatte sich brav hochgearbeitet, als Hoforganist in Dresden und als Cembalist unter Salieri, sodass der Posten des Hofkomponisten, letztlich ein Gnadenakt des Kaisers, schlüssig wirkte. Der frei flottierende Beethoven, der bislang niemandem konsequent gedient hatte, wird abgewiesen. Erschwerend kommt hinzu: Moritz von Lichnowsky und der Leiter der Hofkapelle, Graf Moritz von Dietrichstein, hatten sich für ihn eingesetzt, doch Beethoven, freiheitsliebend und zerstreut, wie er ist, kam nicht dazu, die von Dietrichstein bestellten Auftragswerke zu komponieren – ein großer Fehler, wie sich nun herausstellt. Ein Jahr später, 1823, sucht er Kontakt zur Familie Esterhazy, die einst Haydn als Kapellmeister beschäftigt hatte. Auch dieser Versuch scheitert.

Von anderen Bewerbungen ist nichts bekannt. Allzu sehr ist Beethoven an Wien gebunden. Selbst die mit Amenda geplante Italientournee sagt er ab, als sein Freund aus familiären Gründen in die baltische Heimat zurückkehrt. Eine Hassliebe fesselt Beethoven an die Donaumetropole, von Anfang an, und er bleibt, obwohl die Stadt zunehmend seinen Unwillen erregt. »Der Wiener, der weiß von Essen und Trinken zu sprechen, und singt und klimpert Music von wenig Bedeutung anitzo, oder die er selbst fabrizierte«, beschwert er sich 1824 gegenüber einem Besucher. »Für das Gute, das Kräftige, kurz für die wahre Musik, hat man keinen Sinn mehr! Ja, ja, so ist's, ihr Wiener! Rossini und Consorten, die sind Eure Helden!« (KC, S. 970f.)

Aber sosehr er auch die Oberflächlichkeit und Unaufrichtigkeit der Wiener beklagt: Hier knüpft er sein analoges Social Network, hier gelingt es ihm, ein gesellschaftliches Leben nach ökonomischen Erwägungen aufzubauen. Und die wenigen Freundschaften, auf die er sich einlässt, verleihen ihm zumindest phasenweise emotionale Stabilität. Aus dem ursprünglich befristet geplanten Studienaufenthalt wird eine lebenslange Beheimatung.

Die Haut zu Markte tragen

Wie pragmatisch Beethoven schon in seinen Wiener Anfängen agiert, zeigen unter anderem seine Kompositionen für Blasinstrumente. Er lernt schnell, dass man als Künstler auch Überlebenskünstler sein muss. Bläserensembles sind beim Adel sehr beliebt, da schon mit kleiner Besetzung große Klangeffekte möglich sind, während ein ganzes Orchester deutlich kostspieliger wäre. Für seinen Kurfürsten hatte er bereits ein Bläseroktett und ein Rondino komponiert, nun schreibt er unter anderem ein Quintett für Klavier und Bläser, 1796 uraufgeführt, und 1799 ein Septett für Violine, Viola, Cello, Kontrabass, Klarinette, Horn und Fagott. Letzteres erlebt auf der Stelle einen rauschenden Erfolg. Sogar Maria Theresia ist entzückt. Recht freuen mag sich Beethoven nicht daran; offenbar empfindet er das Werk im Nachhinein als Zugeständnis an den Geschmack seiner adeligen Klientel. »Das Septett (op. 20) konnte er nicht leiden und ärgerte sich über den allgemeinen Beifall, den es erhielt«,[290] erinnert sich Czerny.

Das Spiel der Dedikationen ist in den ersten Jahren ohnehin nicht einträglich genug, um davon leben zu können. Erst später wird man Beethoven stattliche Summen zahlen: Fürst Lobkowitz ist die Widmung der 1801 erschienenen *Streichquartette op. 18* ein Honorar von vierhundert Gulden wert, für die *Eroica* zahlt er siebenhundert Gulden und zusätzlich achtzig Golddukaten, um sich das Voraufführungsrecht zu sichern. Doch zu dieser Zeit ist Beethoven schon ein anerkannter Komponist. Anfangs fließen diese Geldmittel nicht so üppig. Als junger Musiker lebt er daher zunächst von Auftrittshonoraren. Regelmäßig spielt er bei den Freitagskonzerten Fürst Lichnowskys sowie bei den Fürsten Kinsky, Lobkowitz, Rasumowsky oder auch beim Diplomaten Gottfried van Swieten. Ein unschätzbarer Vorteil dieser Engagements besteht immerhin darin, dass die hauseigenen Musiker jedwede kammermusikalische Komposition aufführen, die Beethoven ihnen aufs Notenpult stellt. Als besonders fruchtbar erweist sich die Zusammenarbeit mit Ignaz Schuppanzighs Streichquartett, das beim Fürsten Rasumowsky in Diensten steht. Auf diese Weise kann Beethoven verschiedene kammermusikalische Formen und Instrumentierungen erproben und weiterentwickeln.

Früh wird ihm allerdings klar, dass er eine größere Öffentlichkeit suchen muss als die Musikzirkel adeliger Salons. Angesichts der beschränkten Aufführungsmöglichkeiten kein leichtes Unterfangen. Wie könnte er unabhängiger von launischen Förderern werden? Paradoxerweise ist es ausgerechnet Fürst Lichnowsky, der den Grundstein dafür legt. 1794 widmet Beethoven ihm die *Klaviertrios Es-Dur, G-Dur* und *c-Moll.* Sie werden im Palais des Fürsten aufgeführt, in Anwesenheit illustrer Gäste, zu denen auch Beethovens Lehrer Haydn und Salieri gehören: »beide als Rokokorepräsentanten nach der alten Mode gekleidet mit gepuderter Perücke und Seitenlocken, gestickter Weste und Schnallenschuhen; Beethoven nachlässig angetan in der ›freieren Weise der überrheinischen Mode‹, die bereits Ausdruck einer neuen Zeit ist.«[291] Zukunftsweisend wird dieser Abend aus einem anderen Grund: 1795 lässt Fürst Lichnowsky die drei Trios im Wiener Verlag Artaria drucken, in dem bereits Haydn und Mozart veröffentlicht haben. Die Kosten für den Druck übernimmt der Fürst. Dennoch überreicht er Beethoven die hohe Summe von zweihundert Gulden, die er taktvoll als Verlagshonorar deklariert.

Beethoven nennt die Trios sein op. 1. Damit signalisiert er einen künstlerischen Neubeginn nach den Werken der Bonner Zeit. Ein Neubeginn ist es aber vor allem, weil seine Sichtbarkeit durch die Veröffentlichung sprunghaft ansteigt. Auch finanziell zahlt sich die Sache aus, da Fürst Lichnowsky als getreulicher Impresario dafür sorgt, dass seine adeligen Freunde Druckexemplare der Trios erwerben. Dank dieser fürstlicherseits befeuerten Nachfrage kann Beethoven schließlich siebenhundert Gulden Honorar in Empfang nehmen.

Es ist ein großer Schritt zur Vermarktung seiner selbst. Aus dem freien Künstler wird ein Unternehmer in eigener Sache. Nach und nach erscheinen bei den Cousins Carlo und Francesco Artaria weitere Werke im Druck. Sie bescheren Beethoven die dringend benötigten zusätzlichen Einkünfte und nicht zuletzt auch überregionale Resonanz. So ist es nur eine Frage der Zeit, bis andere Verlage auf den Neuzugang der Wiener Musikszene aufmerksam werden. Geschmeichelt stellt Beethoven fest, dass man ihn heftig umwirbt. Binnen weniger Jahre bringt er es so weit, dass er sich die Verlage nach Belieben aussuchen kann. Unter anderem verhandelt er mit den Verlegern Franz Anton Hoffmeister, Tranquillo Mollo, Johann Traeg, Giovanni Cappi, und er nimmt sich viel Zeit, Angebote zu vergleichen und Honorare auszuhandeln.

Im Laufe der kommenden Jahre entwickelt Beethoven ein erstaunliches unternehmerisches Gespür. Die Musikkultur wandelt sich, sie wird zum Allgemeingut gebildeter Stände. Häusliches Musizieren kommt in Mode, immer häufiger steht ein Klavier in bürgerlichen Haushalten. Diese Entwicklung ruft naturgemäß eine gesteigerte Nachfrage nach Klaviernoten hervor. Ein neuer Markt entsteht, und Beethoven springt früh auf den Trend: Als wacher Marktbeobachter komponiert und arrangiert er vermehrt für das Tasteninstrument. Auf Anfragen wartet er nicht lange, stattdessen ergreift er selbst die Initiative und nimmt Kontakt zu Musikverlagen auf.

Heute berührt es merkwürdig, wie nüchtern er seine Werke anpreist. Zum Jahresbeginn 1801 unterbreitet er dem Leipziger Verleger Franz Anton Hoffmeister ein ausführliches Angebot. Beethoven kennt den Komponisten und Dirigenten noch aus Wien. Im Jahre 1800 hat Hoffmeister zusammen mit dem Organisten Ambrosius Kühnel das *Bureau de musique* ins Leben gerufen, einen der jungen aufstrebenden Verlage, die jetzt wie Pilze aus dem Boden schießen. (Nach dem Tode Kühnels wird Hoffmeister 1814 seinen Verlag einem gewissen Carl Friedrich Peters verkaufen, der den noch heute existenten C. F. Peters Verlag gründet.) Was Beethoven besonders für das *Bureau de musique* einnimmt, ist die vierzehnbändige Ausgabe der Klavierwerke Johann Sebastian Bachs, eine der ersten Veröffentlichungen des Verlags. Schon bei seinem Lehrer Neefe hatte er das »Alte Testament« der Pianisten, das *Wohltemperierte Klavier*, gründlich studiert. Noch weiß er nicht, dass Hans von Bülow seine, Beethovens, Sonaten dereinst als das »Neue Testament« der Klavierliteratur bezeichnen wird.

»Für jetzt trage ich Ihnen folgende Sachen an«, wendet sich Beethoven an den Verleger Hoffmeister. »Septett (wovon ich Ihnen schon geschrieben; zu mehrerer Verbreitung und Gewinst ließe es sich auch auf das Klavier arrangieren) 20 Dukaten, Sinfonie 20 Dukaten (*Erste Symphonie C-Dur op. 21*, Anm. d. V.) Concert 10 Dukaten (*Klavierkonzert Nr. 2 B-Dur, op. 19*, Anm. d. V.), Große Solo Sonate (allegro, adagio, Minuetto, Rondo) 20 Dukaten. Diese Sonate hat sich gewaschen, geliebtester Herr

Bruder!« Ausführlich erläutert er auch, wie die Preise zustande kommen. Sie richten sich nicht etwa nach Umfang oder ideellem Wert der Kompositionen, nein, mit untrüglichem Geschäftssinn bestimmt Beethoven sein Honorar nach der zu erwartenden Verkäuflichkeit der Noten. »Sie werden sich vielleicht wundern, daß ich hier keinen Unterschied zwischen Sonate, Septett, Sinfonie mache; weil ich finde, daß ein Septett oder Sinfonie nicht so viel Abgang findet als eine Sonate, deswegen tue ich das, obschon eine Sinfonie unstreitig mehr gelten soll« (BB, S. 26f.).

Beethovens Selbstbewusstsein und Geschäftstüchtigkeit wachsen stetig. Einige Monate zuvor hatte er noch vorgeschlagen, Hoffmeister solle die Preise festsetzen: »Und da Sie weder Jud' noch Italiener, und ich auch keins von beiden bin, so werden wir schon zusammenkommen« (BB, S. 26) Mit der letzten Einlassung – die ein heute unerträgliches Ressentiment offenlegt – will er seine kaufmännische Redlichkeit beweisen und jegliches Feilschen um Honorare unterbinden. Schließlich fürchtet Beethoven stets, ausgebootet zu werden. Zugleich macht er genau diese Möglichkeit dem Verleger mit beißender Ironie schmackhaft. Über die infrage kommenden Kompositionen heißt es in dem Brief: »Wenn der Hr. Bruder ebenso gewissenhaft sind, als manche andre ehrliche Stecher, die uns arme Komponisten zu Tod stechen, so werden Sie schon auch wissen, wenn Sie herauskommen, Nutzen davon zu ziehen« (BB, S. 25). Es ist natürlich eine ziemlich ausgekochte Strategie, dem Verleger weiszumachen, es handele sich um ein unwiderstehliches Angebot. Wer würde nicht hellhörig werden, wenn man ihm anbietet, auf Kosten des Künstlers Gewinne einzustreichen?

Solche Briefe geben einen Einblick in Beethovens Verhandlungsgeschick und offenbaren einen überraschenden Galgenhumor. Von Sendungsbewusstsein und höheren Missionen ist nicht die Rede, das Augenmerk liegt ganz nüchtern auf Preisen und Gewinnaussichten. Schon 1801, ein Jahr nach der Auseinandersetzung mit seinem Vermieter, hellt sich Beethovens Situation deutlich auf. Die Verlagsbeziehungen gestalten sich zunehmend gewinnbringend, die Auftragslage verbessert sich, und im Sommer zuvor hat Fürst Lichnowsky endlich die lang ersehnten regelmäßigen Zahlungen gewährt.

Ich-AG Beethoven

Im Juni 1801 erstattet Beethoven seinem Freund Wegeler in Bonn Rapport: »Seit vorigem Jahr hat mir Lichnowsky, der so unglaublich es Dir auch ist, wenn ich Dir sage, immer mein wärmster Freund war und geblieben (kleine Mißhelligkeiten gab's ja auch unter uns) (und haben nicht ebendiese unsere Freundschaft mehr befestigt?) –, eine Summe von 600 Gulden ausgeworfen, die ich, solang ich keine für mich passende Anstellung finde, ziehen kann.« Beethoven brüstet sich damit, er habe nun sechs, sieben Verleger an der Hand »und noch mehr, wenn ich mir's angelegen sein lassen will; man akkordiert nicht mehr mit mir, ich fordere, und man zahlt« (BB, S. 19).

Das ist vielleicht etwas dick aufgetragen; wie viele, die ausziehen, um in der Ferne ihr Glück zu suchen, möchte auch Beethoven in der Heimat den Eindruck erwecken, er sei ein gemachter Mann. Immerhin: Sein Ballett *Die Geschöpfe des Prometheus* erlebt im März des Jahres 1801 seine Premiere, und die Hornsonate erklingt nochmals bei einem Wohltätigkeitskonzert im Redoutensaal. Viel wichtiger aber: Durch die Drucklegungen seiner Werke hat er sein Geschäftsmodell wesentlich erweitert und eine nachhaltige Einnahmequelle erschlossen. Mit fast vierzig Verlagen steht Beethoven im Laufe seines Lebens in Verbindung. Anders als noch Haydn oder Mozart, die ausschließlich bei Artaria veröffentlichten, kann er durch die vielen Interessenten souverän über Preise verhandeln und, wenn es ihm gefällt, die Verlage gegeneinander ausspielen.

Bei den Verlegern gilt er als harter Verhandlungspartner. Besonders um die Korrektur bereits gedruckter Noten entbrennt immer wieder Streit. »Fehler – Fehler – Sie sind selbst ein einziger Fehler!«, schimpft Beethoven in einem Brief, den er nach Leipzig zu Breitkopf & Härtel schickt. »Dort muß ich selbst hin, wenn ich will, daß meine Werke – nicht als bloße Fehler erscheinen« (BB, S. 70). Natürlich bequemt er sich nicht eigens nach Sachsen, die Probleme bleiben daher bestehen. Oft können die Verlagsmitarbeiter, die Note für Note in Kupferplatten ritzen müssen, Beethovens rasch hingeworfene Notenkürzel nicht richtig entziffern.

Auch bei der Autorisierung der Druckfahnen verfährt Beethoven höchst kreativ. Anton Diabelli – einer der vielen Komponisten jener Zeit, die ihr Glück auch als Musikverleger versuchten – weigert sich daher schon mal, ihm überhaupt einen Andruck vorzulegen. Im letzten Moment fallen Beethoven oft noch bessere Varianten ein, was dann die teure und mühselige Arbeit des Notenstechens zunichtemacht.

Ausgeteilt wird trotzdem. »Für die Zukunft verbitte ich mir alles Geklebe in meinen Werken«, lässt Beethoven den Verlag Steiner & Comp. wissen, »weil ich sonst nicht die in der Musikalischen Zeitung besprochene Langmut, sondern meinen gerechten Unmut über Eselsohren aussprechen werde« (BB, S. 100). Wenn ihm etwas zu lange dauert, entlädt sich seine Ungeduld in ähnlich scherzhaften, gleichwohl grimmigen Wortspielen. »Ich wünschte Ihnen eine Xanthippe, wie dem heiligen griechischen Sokrates zuteilwurde«, herrscht er Breitkopf & Härtel an, »damit ich einmal einen deutschen Verleger, welches viel sagen will, verlegen, ja recht in Verlegenheit erblicke« (BB, S. 77f.). Den Adressaten kann man nur ein dickes Fell wünschen.

Auch über Beethovens Honorarforderungen stöhnen viele Verleger. Joseph Riedl, der mehrere Kompositionen veröffentlicht, beschwert sich, Beethoven sei »ungeheuer teuer mit seinen Arbeiten«. Riedl hält die hohen Preise für einen »Künstlerspleen« (KC, S. 175). Beethoven sieht das anders. Er definiert seinen Wert nach eigenem Gutdünken und argumentiert mit seinem ungesicherten Status, wenn er gegenüber Hoffmeister und Kühnel die hohen Forderungen verteidigt: »Ich wollt Euch alles schenken, wenn ich damit durch die Welt kommen könnte; aber – bedenkt nur, alles um mich her ist angestellt und weiß sicher, wovon's lebt« (BB, S. 37). Ein geschickt eingeflochtener Hinweis, der an das Mitleid der Verleger appelliert. Denn im selben Brief jubelt Beethoven ihnen op. 41 und 42 unter. Es sind keine Neukompositionen, sondern Arrangements zweier Streichtrios, die er nicht einmal selber bearbeitet hat, weil er – wie er hochfahrend darlegt – weder die Zeit noch die Geduld für solche Dinge habe.

Dann wieder ist Beethoven zu erstaunlichen Zugeständnissen bereit. Einem englischen Verleger bietet er die *Hammerklaviersonate op. 106* mit vorauseilender Kompromissbereitschaft an: »Sollte die Sonate nicht recht seyn für London, so könnte ich eine andere schicken oder Sie können auch das Largo auslassen u. gleich bey der Fuge das letzte Stück anfangen, oder das erste Stück alsdenn das Adagio u. zum 3-ten das Scherzo u. Nr. 4 samt Largo u. Allegro risoluto ganz weglassen.«[292] Man reibt sich die Augen: Der große Beethoven backt so kleine Brötchen? Noch dazu bei einer Inkunabel wie der *Hammerklaviersonate*? So verhält sich nur ein Künstler, der das Business über seine Ambitionen stellen muss und sich dem Markt rückhaltlos ausliefert.

Freilich ist es ein unübersichtliches Gelände, auf das er sich begibt. Urheberrechte sind lange noch kein juristisch einklagbares Eigentum des Künstlers, Raubdrucke an der Tagesordnung. Sobald eine Ausgabe erscheint, kann jeder sie nachdrucken. Beethoven geht dann leer aus; sein Honorar bezieht sich immer nur auf die Erstausgabe. So zirkulieren viele unautorisierte Drucke, die oft sehr nachlässig ediert sind und von Fehlern wimmeln. Als er beginnt, seine Aktivitäten europaweit auszudehnen, ist es daher ein wichtiges Anliegen, dass die von ihm autorisierten Werke zeitgleich in den verschiedenen Ländern erscheinen. Nur so ist eine gewisse Exklusivität zumindest für eine Weile gesichert.

Vor diesem Hintergrund wird das Risiko deutlich, das Verlage mit einem Erstdruck eingehen. Ihre Investitionen in Komponisten- und Notenstecherhonorare sind verloren, sobald Trittbrettfahrer die Noten kurz darauf einfach kopieren und dann preiswerter anbieten. Wie komplex die Thematik ist, wird offenbar, als Beethoven 1815 in Geschäftsbeziehungen zu Robert Birchall in London tritt. Für das stattliche Honorar von einhundertdreißig holländischen Golddukaten verkauft er dem Verleger ein Paket aus vier Kompositionen: die *Violinsonate op. 96*, das *Erzherzog-Trio op. 97*, den Klavierauszug der *Siebten Symphonie op. 92* sowie das monumentale Werk *Wellingtons Sieg oder die Schlacht bei Vittoria op. 91*. Man kommt überein, die Erscheinungsdaten in England mit der Veröffentlichung bei Beethovens Wiener Verleger Sigmund Anton Steiner abzugleichen.

Das klingt vernünftig, doch Beethoven steht nicht gerade auf freundschaftlichem Fuße mit der Vernunft. Hartnäckig hält er die schriftliche Rechteübertragung zurück, die er Birchall zugesagt hat. Als Mann, der auf den Penny schaut, beharrt er zunächst auf der Erstattung seiner Portokosten und der Kopistenhonorare, die er selbst gezahlt hat, summa summarum zehn

Dukaten: »Für einen Engländer Sehr wenig, aber destomehr für einen armen österreichischen Musikanten!«[293] Das Resultat der Verzögerung besteht darin, dass nichts klappt wie geplant. Steiner bringt die *Violinsonate* im Juli 1816 heraus, Birchall erst im Oktober, beim Klavierauszug der *Siebten Symphonie* hat Steiner ebenfalls die Nase vorn. Birchall wiederum veröffentlicht *Wellingtons Sieg* zwei Monate vor Steiner.

Das sind schwierige Momente für die Ich-AG Beethoven, bei der sich künstlerische und organisatorische Kompetenzen nicht immer die Waage halten. Zur Konfusion trägt bei, dass Beethoven manches Werk mehrfach verkauft oder gar nicht erst abliefert. Als die »Gesellschaft der Musikfreunde in Wien« unter Vorsitz Erzherzog Rudolphs ein Oratorium bei ihm bestellt, nimmt er gern den Vorschuss von vierhundert Gulden, lässt aber nichts weiter von sich hören. »Da erschien, in möglichst zarten Ausdrücken, eine schriftliche Erinnerung an die übernommene Verpflichtung«, erzählt Ignaz von Seyfried. Beethoven antwortet brummig, er habe den Auftrag nicht vergessen, dergleichen lasse sich nicht übereilen, er werde sein Wort halten. Das Ende vom Lied: »Er konnte aber, leider! Nicht Wort halten!« (KC, S. 897.)

Ein bezeichnendes Beispiel für seinen quecksilbrigen Umgang mit Mäzenen und Widmungsträgern ist die Veröffentlichungsgeschichte der *Fünften* und *Sechsten Symphonie*. Die Arbeit an beiden Werken nimmt er um 1803 auf. Drei Jahre später trifft Beethoven jenen Grafen Oppersdorff auf Schloss Grätz, der ihn vor dem tätlichen Zorn Fürst Lichnowskys beschützt. Auf Spaziergängen findet man Gefallen aneinander, auf dem nahe gelegenen Schloss Oppersdorffs führt der Graf sein hauseigenes, nicht gerade professionelles Orchester vor: Es spielt Beethovens *Zweite Symphonie*. Man ist voneinander angetan, und Franz von Oppersdorff bittet Beethoven, auch ihm eine

Symphonie zu widmen. Oder besser gleich zwei. Versprochen wird ihm unter anderem die *Schicksalssymphonie*, doch Beethoven widmet ihm schließlich die *Vierte,* die im Herbst 1806 zur Vollendung gelangt. Der enthusiastische Oppersdorff zahlt Beethoven 1807 sowohl fünfhundert Gulden für die fertige als auch den Vorschuss für eine weitere Symphonie, was, wie üblich, jeweils das exklusive Aufführungsrecht für einen Zeitraum von sechs Monaten einschließt.

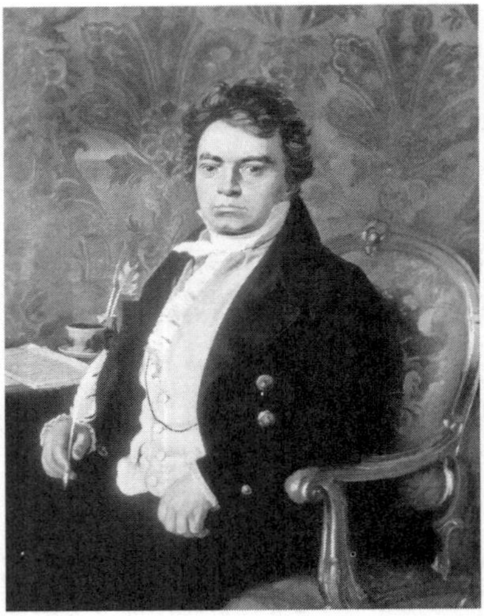

Abb. 12 Dieses anonyme Gemälde zeigt Beethoven im Jahr 1806

Offenbar ist der honorige Spender noch nicht mit dem Wankelmut des bewunderten Komponisten vertraut. Denn der überlegt es sich anders. Eine gewisse Schlitzohrigkeit ist Beethoven nicht abzusprechen, wenn er mit seinen Auftraggebern jongliert. Die Rechte an der *Vierten Symphonie* bietet er dem Verlag Breitkopf & Härtel an und legt als Kaufanreiz *die Fünfte* und *Sechste* obendrauf. Letztlich verfährt er nicht anders als ein Händler auf dem Hamburger Fischmarkt, der Kunden damit lockt, zum

Fisch gebe es obendrein eine Bananenstaude und eine Palme. Breitkopf & Härtel kann nicht widerstehen, Graf Oppersdorff geht leer aus. Nur die – wertlos gewordene – Widmung der *Vierten Symphonie* bleibt für ihn übrig, denn im Frühjahr 1807 erlebt dieses Werk seine Erstaufführung im Palais Lobkowitz. Nun hofft Oppersdorff auf die nächste Symphonie, nicht ahnend, dass Beethoven ihm auch diese vorenthalten wird: Symphonie fünf und sechs sind schließlich bereits verkauft, und er dediziert sie weit gewinnbringender Fürst Lobkowitz und Graf Rasumowsky. Verständlicherweise reagiert Oppersdorff tief beleidigt. Beethoven gerät in die Bredouille. Reine Not habe ihn gezwungen, die Symphonien anderweitig zu verkaufen, schreibt er dem geprellten Grafen. Den zweiten Vorschuss behält er jedoch, ohne jemals etwas dafür zu liefern.

Im Dschungel des Verlagswesens

Die Nachwelt ignorierte die merkantile Begabung Beethovens weitgehend. Lieber wob man am Mythos des armen Künstlers, mit dem schon Mozart verklärt worden war. »Der arme Dichter bat um Brot, man gab ihm einen Stein«, münzte der dilettierende Komponist und Hobbyverleger Wilhelm Christian Müller ein Gedenkgedicht für den Schriftsteller Samuel Butler auf Beethoven um (KC, S. 610). In dem Gedicht heißt es: »Steh, Wandrer, Butlers Bild zu sehn! Solang er noch am Leben, fand sich kein gütger Mäzen, ihm nur ein Mittagsmahl zu geben. Nun haut man ihn, nach seinem Tod, in prächt'gen Marmor ein.« Mit anderen Worten: Man hätte Beethoven, statt ihm ein prächtiges Grabmal zu errichten, lieber zu Lebzeiten ausreichende Geldmittel zukommen lassen sollen.

Beethovens Freund Ignaz von Seyfried macht eine andere Rechnung auf. Der für alle verblüffende Wohlstand, der nach dem Tode des Komponisten zutage tritt, sei darauf zurückzuführen, dass seine Werke »sonderlich in letzterer Zeit, einen sehr ansehnlichen Gewinn abwarfen, und das Verlagsrecht der Symphonien, Quartette, etc. etc. von den Musikhandlungen der Herren Steiner und Comp., Schott's Söhne, Schlesinger u.a. höchst anständig honorirt wurden« (KC, S. 889).

In der Tat weiß Beethoven seine Schäfchen ins Trockene zu bringen, obwohl und weil er manchmal wahre Verwirrspiele um den Verkauf seiner Kompositionen anzettelt. Vollends, als sein Bruder Kaspar Karl in die Vermarktung einsteigt, wird es kompliziert. 1794 war Kaspar Karl nach Wien übergesiedelt, hatte sich glücklos als Klavierlehrer und Arrangeur versucht und danach eine Stelle bei den österreichischen Steuerbehörden ergattert. Rechnen kann er nachweislich. Sein bauernschlaues, wenig kultiviertes Wesen macht ihn allerdings zu einem schwierigen Kompagnon. Oft weiß die eine Hand nicht, was die andere tut. Vier Jahre lang, von 1802 bis 1806, fungiert der intellektuell limitierte und etwas prahlerische Kaspar Karl als Sekretär seines Bruders. Gern spricht er im Pluralis Majestatis, wenn er die Kompositionen des berühmten Ludwig van anpreist. Leiden kann ihn niemand. Vor allem Schindler wird nicht müde, Kaspar Karls geistlose Unfähigkeit herauszustreichen; einen »Cassirer« (KC, S. 353) nennt ihn abfällig der Dirigent und Herausgeber der *Linzer Musikalischen Zeitung* Franz Xaver Glöggl.

In diese Zeit fällt eine Episode, die den Wildwuchs des noch jungen Verlagsbetriebs ebenso illustriert wie Beethovens zuweilen tolldreisten Umgang mit unerwünschten Veröffentlichungen. Nachdem er die Rechte an seinem *Streichquintett C-Dur op. 29* bereits an den Verlag Breitkopf & Härtel veräußert hat, kündigt der Artaria Verlag im Winter 1802 ebenfalls eine Ausgabe des Quintetts an. Ob die Noten gestohlen wurden oder ein Musiker sie nach einer Probe entwendet hat, kann nicht ermittelt werden. Die Sache ist doppelt misslich, da Beethoven das Werk dem bekannten Wiener Kunstsammler und Mäzen Moritz Graf von Fries gewidmet hat und der Zeitraum der exklusiven Aufführungsrechte noch nicht verstrichen ist, falls Artaria vorprescht. (Beethoven wird dem Grafen später seine *Siebte Symphonie* widmen.) Bei Breitkopf & Härtel reagiert man eisig. Wer kann schon wissen, ob Beethoven nicht vielleicht ein doppeltes Geschäft getätigt hat? Vehement wird er zur Rückerstattung des bereits gezahlten Honorars aufgefordert.

Nun beginnt eine wahre Briefeschlacht, in der Kaspar Karl nicht etwa gegen die räuberischen Artaria-Cousins, sondern gegen Breitkopf & Härtel zu Felde zieht. So dürfe man nicht mit einem berühmten Komponisten umspringen, behauptet er kess. Auch die Besitzer des Artaria Verlags fahren starkes Geschütz auf. Juristisch fühlen sie sich auf der sicheren Seite, da keinerlei Copyrights einklagbar sind. Bald kommen Anwälte ins Spiel, und ein Krisenstab wird gebildet, bestehend aus dem Grafen Fries und dem Diplomaten Georg von Griesinger, der als Vermittler im Auftrage Breitkopf & Härtels fungiert. Griesinger macht sich keinerlei Illusionen über die geschäftliche Bonität der beiden Beethovens. Mehrmals hatte er Gottfried Härtel bereits über die windigen Praktiken Kaspar Karls Bericht erstattet; in seinen Briefen thematisierte er die »übertriebenen Forderungen« und die undurchsichtige Taktiererei rund um die *Eroica*, die er »etwas verdächtig« fand, weshalb er Härtel schon früher zur Vorsicht bei den Beethovenbrüdern geraten hatte (KC, S. 379 und S. 383).

Nun versucht Griesinger neuerlich sein Glück als Mediator. Doch alles Antichambrieren nützt nichts: Es erscheinen schließlich zwei Ausgaben des Quintetts. Um seine Loyalität zu

Breitkopf & Härtel unter Beweis zu stellen, muss Beethoven die Leser der *Wiener Zeitung* mittels einer Anzeige darüber in Kenntnis setzen, die bei Artaria und dem assoziierten Mollo Verlag erschienene Ausgabe sei fehlerhaft und somit völlig unbrauchbar.

Die Pointe dieser leidigen Sache ist ein Lausbubenstreich Beethovens. Unter dem Vorwand, er wolle die Fassung des Artaria Verlags wenigstens korrigieren, lässt er sich alle fünfzig gedruckten Exemplare zusenden. Immerhin kennt man einander lange, und die Verleger betrachten es als versöhnliche Geste Beethovens. Als sie die Druckexemplare wieder in Empfang nehmen, raufen sie sich die Haare: Die Notenbögen strotzen vor dicken Tintenflecken und sind damit unverkäuflich. Es ist das Werk von Ferdinand Ries, den Beethoven angewiesen hat, auf den Papierbögen herumzuklecksen. Man kann sich die klammheimliche Genugtuung Beethovens lebhaft vorstellen. Allerdings ist es nur ein Etappensieg. Verständlicherweise schäumen die Artaria-Cousins und Tranquillo Mollo vor Wut. Gemeinsam ziehen sie nun gegen Beethoven vor Gericht, und am Ende muss der kleinlaute Komponist seine Behauptungen aus der *Wiener Zeitung* öffentlich zurücknehmen. Damit sind seine Geschäftsbeziehungen zum Artaria Verlag vorerst Geschichte. Die Gewinner dieser Fehde sind natürlich Breitkopf & Härtel, die einen wichtigen Konkurrenten losgeworden sind. Erst Jahre später wird Beethoven erneut mit Artaria zusammenarbeiten.

Ein Zankapfel auf dem Gebiet der Veröffentlichungen bleiben die Arrangements. Kaspar Karl fordert schon mal Geld für einen »originalen Beethoven«, der in Wahrheit eine Bearbeitung von Ferdinand Ries ist. Der wiederum stellt klar, dass nur vier Werke unter der Bezeichnung »Arrangé par l'auteur même« echt seien, und liefert damit auch gleich einen Beleg der cleveren Vielfachverwertung Beethovens: »Aus seinem berühmten

Septett arrangirte er: 1. ein Violin-Quintett und 2. ein Clavier-Trio. 2. aus seinem Clavier-Quintett mit vier Blasinstrumenten bildete er das Clavier-Quartett mit drei Saiteninstrumenten. 3. arrangirte er für Clavier das St. von Breuning dedicirte Violin-Concert (Op. 61) und dedicirte es auf dem Titelblatte der Julia von Breuning-Wering (sic!). Viele andere Sachen wurden von mir arrangirt, von Beethoven durchgesehen, und dann von seinem Bruder Kaspar, unter Beethovens Namen, verkauft.«[294]

Ja, Karl nimmt es nicht so genau, wenn das große Geld winkt. Sonderlich diplomatisch geht er auch nicht vor. Bei Verhandlungen mit Breitkopf & Härtel trumpft er einmal so mächtig auf, dass er 1805 plötzlich ohne Vertrag dasteht. Eindeutig hat er zu hoch gepokert. So bleiben unter anderem die *Eroica*, das *Tripelkonzert op. 56* sowie drei Klaviersonaten vorerst ungedruckt. Und nicht nur das. Unglücklicherweise hat Kaspar Karl einen wichtigen Multiplikator brüskiert, denn im selben Verlag erscheint die tonangebende *Allgemeine Musikalische Zeitung*. Wie kaum anders zu erwarten, revanchiert man sich bei Breitkopf & Härtel mit schlechten Kritiken der *Dritten Symphonie*. Ein Schelm, wer das für journalistische Freiheit hält. Zwar erntet die *Eroica* nicht nur in dem Leipziger Fachblatt Kopfschütteln, die Zusammenhänge sind in diesem Falle jedoch evident. Beethoven tobt, Kaspar Karl hält dagegen, rückgängig machen kann er das Malheur nicht.

Die Zwistigkeiten zwischen den ungleichen Brüdern erreichen einen weiteren Höhepunkt, als Beethoven die *Sonaten op. 31* dem Verleger Nägeli in Zürich zusagt, während Kaspar Karl sie für ein höheres Honorar einem anderen Verlag verkaufen will. »Es war öfters deswegen unter den Brüdern Wortwechsel, weil Beethoven sein einmal gegebenes Wort halten wollte«, rekonstruiert Wegeler die unerfreuliche Auseinandersetzung. »Als die Sonaten auf dem Puncte waren, weggeschickt zu werden, wohnte Beethoven in Heiligenstadt. Auf einem Spaziergange kam es zwischen den Brüdern zu neuem Streite, ja endlich zu Thätlichkeiten.« Zu Wegelers größtem Leidwesen kann sich Beethoven trotz dieser Prügelei nicht entschließen, Kaspar Karl aus dem Geschäft zu verbannen. Er hängt an seinem jüngeren Bruder, auch wenn er dessen Verhalten rügt: »Erst zeigte er es ihm unter der wahren, verachtungswürdigen Gestalt«, seufzt Wegeler, »dann verzieh er ihm alles, sagte ihm aber auch eine üble Zukunft vorher, wenn er sein Leben und Betragen nicht völlig ändere.«[295]

Nach vielen weiteren Misshelligkeiten endet die Zusammenarbeit schließlich 1806. Zu Beethovens Entsetzen – und vielleicht zu seinem Glück – heiratet Kaspar Karl jene Frau, die sein großer Bruder sofort zur Todfeindin erklärt und später mit Prozessen überzieht, um seinen Neffen Karl zu sich zu holen. Drei Jahre nach dem Bruch beklagt sich Beethoven bei Johann van Beethoven: »Gott gebe nur dem andern Herrn Bruder einmal statt seiner Gefühllosigkeit – Gefühl – ich leide unendlich durch ihn, mit meinem schlechten Gehör brauche ich doch immer Jemanden, und wem soll ich mich vertrauen?«[296]. Eine gute Frage, denn selbst sein getreuer Mitarbeiter Ries verlegt sich darauf, nebenher ein paar eigene Krümel vom großen Kuchen abzuzweigen. Wohlweislich verschweigt er, dass er hinter Beethovens Rücken Geschäfte mit Nikolaus Simrock macht, für den er die sechs *Streichquartette op. 18* bearbeitet und die drei *Streichtrios op. 9* als Klaviertrios arrangiert.

Auch Johann van Beethoven mischt sich kräftig ein. Als Ludwig ihm 1822 mehrere Werke als Pfand für ein Darlehen überlässt (die *Lieder op. 121b, op. 122* und *op. 128,* die *Ouvertüre op. 124* und die *Bagatellen op. 126*), sagt er sie parallel dem Leipziger Verleger Heinrich Albert Propst für 100 Dukaten zu. Und muss gleich wieder einen Rückzieher machen. »Diese Werke gehörten alle meinem Bruder, der mir, da meine Umstände eben ›noch‹ nicht sehr glänzend, eine *Summe* hierauf vorgeschoßen u. so eigentlich Eigentümer davon geworden«, erklärt er dem Verleger. Da Johann van Beethoven »selbst Handelsmann«[297] sei, halte dieser die Preise für zu niedrig. Das Ende vom Lied: Die betreffenden Werke gehen für 130 Dukaten an den Schott-Verlag. Bedauerlicher Zwang oder clevere Verhandlungstaktik? Nun ja, die finanziellen Vorteile des »good cop – bad cop«-Rollenspiels in der Version »redlicher Komponist – geldgieriger Bruder« liegen auf der Hand.

Das größte Talent, sich in schwierige Situationen zu manövrieren, ist Beethoven jedoch selbst vorbehalten. 1825 verspricht er den Schlesingers in Berlin zwei Quartette, überlässt jedoch eines davon dem Wiener Artaria Verlag. Daraufhin komponiert er ein weiteres, das er aber nicht etwa Schlesinger, sondern dem Schott-Verlag zur Veröffentlichung schickt. Erst das nächste Quartett, es ist mittlerweile das vierte, landet bei Schlesinger. Es scheint, als sei es Beethovens Manie geworden, sich bloß nicht auf einen Verlag festzulegen. Offenbar möchte er seine Kompositionen breit streuen, um immer aufs Neue seinen Marktwert zu testen.

Eine Messe wird zum Pokerspiel

Der Enkel eines Weinhändlers und Urenkel eines Hochstaplers hat es weit gebracht. Er ist ein hochgebildeter, hochambitionierter Komponist, der in den besten Kreisen verkehrt. Doch wenn es ans Geschäft geht, kann er es ohne Weiteres mit seinen Vorfahren aufnehmen. Ein besonders irrwitziges Spiel treibt Beethoven rund um die *Missa solemnis*. Versprochen ist sie dem Verleger Nikolaus Simrock. Der deponiert das Honorar 1820 schon mal vorsorglich bei einem Teilhaber in Frankfurt, damit Beethovens Freund Franz Brentano es dort abholen kann, sobald er die Partitur abliefert. Als enger Freund Beethovens weist der arglose Brentano dem Komponisten das Geld jedoch im Voraus an. Er ahnt nicht, dass die Vollendung des Werks noch in weiter Ferne steht. »Halten Sie mich ja nicht für einen Schuften oder ein leichtsinniges Genie«, schreibt Beethoven ein Jahr später, nachdem Brentano die Partitur angemahnt hat. Er sei ernstlich krank – diese Entschuldigung kennen wir schon –, und auch die Beteuerungen folgen dem üblichen Muster: »Zweifeln Sie nicht an meiner Rechtschaffenheit, ich denke öfter an nichts, als dass Ihr gütiger Vorschuss auf das baldigste getilgt werde« (BB, S. 134f.).

Nun, da wird kräftig an der Wahrheit herumgeschraubt. Denn die *Missa* ist noch lange nicht fertig; was Beethoven allerdings nicht daran hindert, mit dem Vorschuss in der Tasche frohgemut Alternativen zu sondieren. Peters in Leipzig und Schlesinger in Berlin werden gegeneinander ausgespielt, schließlich macht Peters das Rennen. Dieser zahlt eine so hohe Summe, dass er Beethoven das heilige Versprechen abnimmt, für immer darüber zu schweigen. Somit hat der Komponist bereits zweimal abkassiert. In den nächsten Jahren fließt viel Tinte aufs Briefpapier, denn Beethoven hat alle Hände voll zu tun, Peters und Simrock hinzuhalten, findet jedoch die Zeit, noch vier weitere Verlage zu kontaktieren. Jedem bietet er natürlich Exklusivität an. Mittlerweile ist er zum Jongleur mit sechs Bällen avanciert.

1823, drei Jahre nach dem ursprünglichen Anlass und vier Jahre nach den ersten Skizzen, ist die *Missa solemnis* endlich fertig – wird aber weder gedruckt noch aufgeführt. Beethoven hält sie zurück, weil er fieberhaft über weitere Marketingstrategien nachdenkt. Zu viel ist lange noch nicht genug. Daher verfällt er auf die blendende Idee, man könnte die Messe verschiedenen gekrönten Häuptern Europas anbieten, inklusive Widmung, Honorar, Aufführungsrecht und den damit verbundenen Sperrfristen für den Druck. Was kümmern ihn Verlagsverträge?

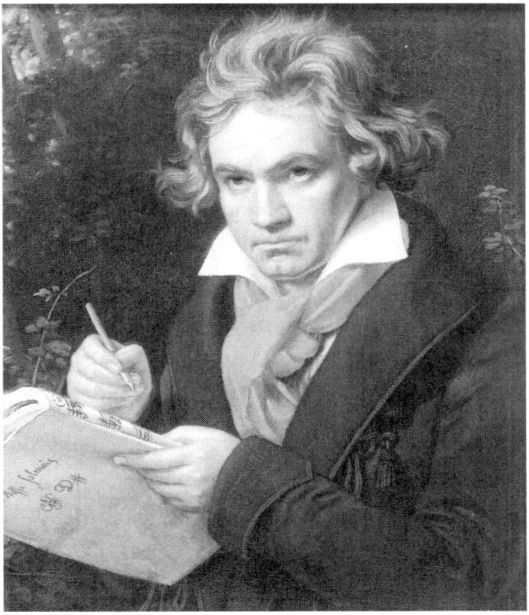

Abb. 13 Ludwig van Beethoven mit der Partitur der *Missa solemnis*

So startet er eine beispiellose Werbeoffensive mittels achtundzwanzig Bittschreiben. Unter anderem kontaktiert er den verehrten Cherubini in Paris, der das Vorhaben unterstützen soll, auch den französischen König zur Subskription zu bewegen. Dafür appelliert Beethoven, kleiner hat er's nicht, an die weltverbindende Kraft der Kunst und die Solidarität der Künstler: »L'art unit tout le monde, wie viel mehr wahre Künstler, et peut-être Vous me dignez aussi, de me mettre auch zu rechnen unter diese Zahl« (BB, S. 144), ins Deutsche übersetzt: Die Kunst vereint die ganze Welt, wie viel mehr eint sie wahre Künstler, und vielleicht erweisen Sie mir die Ehre, mich auch dazuzurechnen. Das Echo fällt eher mäßig aus. Beethoven schreibt sogar Goethe an, der sich am Weimarer Hof für ihn verwenden soll, ihn jedoch keiner Antwort würdigt. Am Ende hat er zehn einigermaßen erlauchte Subskribenten, darunter den sächsischen König, die ihm handgeschriebene Fassungen der Partitur für jeweils fünfzig Dukaten abnehmen wollen. Allerdings gilt nach wie vor: Zu viel ist nicht genug. Parallel korrespondiert Beethoven selbstverständlich weiter mit seinen sechs Verlagen und eruiert zusätzlich auch in London die Möglichkeiten. Vielleicht springt ja noch ein siebter Verlag auf den fahrenden Zug?

Was die Uraufführung der *Missa solemnis* betrifft, entscheidet er sich schließlich für einen Außenseiter: Auf Vermittlung des glänzend vernetzten russischen Grafen Nikolaus Borisowitsch Galitzin, der sogar den Zaren zur Subskription bewegen kann, wird die *Missa solemnis* im April 1824 unter großem Jubel in St. Petersburg uraufgeführt. Einen Monat später, im Mai 1824, erklingen das Kyrie, das Credo und das Agnus Dei in Wien, im Rahmen einer »Großen musikalische Akademie von L. v. Beethoven«, in der auch die *Neunte Symphonie* zur Uraufführung gelangt.

Die Frage des Drucks ist damit noch lange nicht geklärt. Beethoven lässt sich Zeit, weitere Optionen auszuloten. Mitten in die Verhandlungen mit dem Mainzer Verlag Schott's Söhne platzt dann 1825 die Nachricht, es gebe bereits eine Druckfassung. »Daß sollte die Messe gestochen sein, scheint mir nicht möglich zu sein«, beteuert Beethoven überrascht, räumt aber ein, er habe auf Treu und Glauben dem Leiter eines Singvereins eine Abschrift zu rein privaten Zwecken überlassen. In Wahrheit hat er dem besagten Leiter eine Partiturabschrift zur Subskription zukommen lassen, und so hatte der Chorleiter bereits 1824 Teile der Messe aufgeführt. Solche Dinge werden natürlich planvoll verschwiegen. »Er schrieb mir viel Schönes über die Messe, und daß man von Hof aus das Vertrauen in ihn setze«, fügt Beethoven treuherzig hinzu. Mit anderen Worten: Er wisse von nichts. Um die Schuld von sich zu weisen, schiebt er jedwede Verantwortung auf seine Berliner Verleger Schlesinger, denen nicht über den Weg zu trauen sei. »Beide, Père et fils, haben mich um die Messe etc. bombardiert, ich würdigte beide keiner Antwort, da ich bei einer Musterung sie längst ausgestoßen« (BB, S. 156f.).

Zwar ist Schotts Verdacht insofern unbegründet, als in Paris zwischenzeitlich die *Messe op. 86,* nicht etwa die *Missa solemnis* erschienen ist. Doch Beethoven tanzt mittlerweile auf so vielen Hochzeiten, dass selbst er vermutlich den Überblick verloren hat. Wurde schon erwähnt, dass er inzwischen auch mit Zelters Berliner Singakademie, dem Frankfurter Chor Cäcilien-Verein sowie diversen Kulturinstitutionen verhandelt?

Schlussendlich erscheint die *Missa solemnis* erst nach seinem Tod, und zwar bei Schott. Über die Beweggründe für seine waghalsigen Jonglierkünste schweigt sich Beethoven aus. Mit einiger Sicherheit kann man aber sagen, dass ihn neben trivialen ökonomischen Erwägungen eine ganz andere Überlegung leitet: Zunehmend erfüllt ihn das Bewusstsein, die Welt schulde ihm etwas. Er ist Mitte vierzig, ein chronisch kränkelnder, ertaubter Künstler, der immer noch Honoraren hinterherjagen muss. Obwohl er seinen Bewunderern so viel gegeben hat, kann er nicht mehr auf ehrenvolle Posten hoffen. Sein ganzes Leben hat er der Musik geopfert, nun sieht er sich selbst als Opfer, das Anspruch auf eine angemessene Entschädigung respektive Belohnung hat. Also nimmt er sich, was ihm nach eigenem Empfinden zusteht, selbst wenn er sich dafür äußerst zweifelhafter Methoden bedienen muss.

So etwas wie ein Unrechtsbewusstsein plagt ihn jedenfalls nicht. So wenig wie im Januar 1818, als er der Kaiserlichen Finanzbehörde mitteilt, er genieße eine Einnahme von jährlich 1500 Gulden und habe außerdem nichts, wovon er Steuern zahlen müsse. Rechnet man seine Verlegerhonorare, die Konzerterlöse und nicht zuletzt seine Apanage aus dem Dekret der Fürsten Lobkowitz, Kinsky und des Erzherzogs Rudolph hinzu, ist es ein klarer Fall von Steuerhinterziehung. Dabei kann Beethoven vor allem die Apanage schwerlich vergessen haben: In der Zwischenzeit hat er hart dafür kämpfen müssen.

Im Jahr 1812 verunglückt Fürst Kinsky bei einem Reitunfall – man munkelt über einen alkoholisierten Ausritt –, Fürst Lobkowitz ist bereits zahlungsunfähig, und durch die napoleonischen Kriege ist es zu einer empfindlichen Geldentwertung gekommen. Die Summe, die Erzherzog Rudolph zu diesem Zeitpunkt als Einziger der drei Unterzeichner des Dekrets noch zahlt, hat nur noch ein Fünftel der ursprünglichen Kaufkraft. Nach zähen Prozessen holt sich Beethoven 1815 alles zurück, sogar inflationsbereinigt. Mit Kinskys Erben schließt er einen Vergleich, wie ein offizielles Dokument bestätigt, rückwirkend werden ihm überdies die entgangenen Zahlungen erstattet.[298] Auch seine Klage gegen Fürst Lobkowitz wird positiv entschieden; dessen Insolvenzverwalter zahlen ihm nun den vereinbarten Betrag und ebenfalls die entgangenen Gelder.[299] Es ist ein bemerkenswerter Sieg. Beethoven hat seine Zähne gezeigt; er ist kein Almosenempfänger mehr, dem man jederzeit etwas verweigern kann, vielmehr reklamierte er seine Ansprüche aus dem Dekret mit aller Konsequenz. Nach den gewonnenen Prozessen bezieht er bis zu seinem Ableben eine jährliche Summe von dreitausendvierhundert Gulden.[300]

Dass er seine Steuererklärung fälscht, betrachtet er offenbar als Kavaliersdelikt. Er sieht einfach nicht ein, warum er als verdienstvoller Komponist zur Kasse gebeten werden soll. Gleichwohl geriert er sich gern als armer Künstler, was nicht unwesentlich zur Legende des darbenden Beethoven beiträgt. 1816, ein Jahr nach dem siegreichen Prozess, erhält er Besuch von dem Mediziner und Liedkomponisten Karl Bursy. In seinem Reisetagebuch vermerkt Bursy, Beethoven sei in einer demoralisierten Verfassung gewesen: »Über die jetzigen Zeiten klagte er, und zwar aus mehreren Gründen. Die Kunst steht nicht mehr so hoch über das Gemeine, ist nicht mehr so geachtet, und besonders nicht so geschätzt in Bezug auf die Belohnung. Beethoven klagte über schlechte Zeiten in pecuniärer Hinsicht.« Das pessimistische Fazit des Komponisten: »Es geht hier lumpig und schmutzig zu. Es kann nicht ärger sein. Von oben herab bis unten ist alles Lump. Niemandem kann man trauen.« (KC, S. 173)

Doch es gibt eben auch die spielerische, gewitzte Seite Beethovens, den virtuosen Jongleur. Zuweilen scheint es, als habe er einen sinistren Spaß daran, seine Bewunderer an der Nase herumzuführen. Dies zeigt zumindest seine Reaktion auf eine recht dreiste Schummelei seines einstigen Schülers Ries. Die Geschichte ereignet sich, als Graf Johann Georg von Browne den Sommer in Baden bei Wien verbringt und Ferdinand Ries zum Ergötzen der versammelten Beethovenianer allabendlich die Werke des Meisters zum Besten gibt. Bis es Ries zu langweilig wird. Aus dem Handgelenk improvisiert er eines Abends einen eigenen Marsch. Zu seinem diebischen Vergnügen feiert man das Werkchen als einen unübertrefflichen Geniestreich Beethovens.

Allein, das Vergnügen des einstigen Eleven währt nicht lange. Am nächsten Tag kommt Beethoven angereist, und unter dem Applaus der Anwesenden wird Ries aufgefordert, die neue

Komposition in Gegenwart ihres Schöpfers zu wiederholen. Es ist die denkbar peinlichste Situation, am liebsten würde Ries im Erdboden versinken. Mit hochrotem Kopf spielt er das Stück erneut. Vor lauter Aufregung stümpert er kräftig herum und muss erleben, wie man danach den konsternierten Beethoven auch noch beglückwünscht. Schuldbewusst erwartet er das Donnerwetter des Komponisten. Doch Beethoven bricht in Lachen aus. »Sehen Sie, lieber Ries! Das sind die großen Kenner, welche jede Musik so richtig und so scharf beurtheilen wollen. Man gebe ihnen nur den Namen ihres Lieblings; mehr brauchen sie nicht.«[301]

Es ist eine Erkenntnis, die bis in unsere Gegenwart ihre Gültigkeit bewahren wird: Die Bekanntheit des Labels ist wichtiger als die Qualität des Produkts. Übrigens kommt Beethoven selbst durch diese Farce noch auf seine Kosten: Der begeisterte Graf Browne bestellt drei vierhändige Märsche bei ihm. Man sieht, auch ein Beethoven beherzigt das Motto: Take the money and run. Und noch etwas wird deutlich – sein wirklich umwerfender Humor.

Verlorene Groschen und andere Kalamitäten

Was dachte sich Anton Schindler, als er auf die Idee verfiel, das *Klavierstück Alla ingharese quasi un capriccio G-Dur* mit dem Titel »Die Wut über den verlorenen Groschen, ausgetobt in einer Kaprize« zu versehen? Schindler-Verächter sehen darin nur eine weitere Eigenmächtigkeit des übergriffigen Sekretärs. In diesem Falle brachte er jedoch zusammen, was durchaus zusammengehört: Beethovens Sinn für Scherze und seine wiederkehrenden Geldnöte. Beides kombinierte Beethoven einmal in dem Wortspiel, alle seine Noten brächten ihn nicht aus den Nöten, und er schreibe Noten überhaupt nur aus Nöten.

Humor ist seine Überlebensstrategie. Und der permanente Existenzdruck, unter dem er steht, entlädt sich hörbar in dem Klavierstück *Alla ingharese*: als lustvolle Übertreibung, fast als Groteske. »Ewas Lustigeres gibt es schwerlich, als diese Schnurre«, schrieb Robert Schumann begeistert. »Hab' ich doch in einem Zug lachen müssen, als ich's neulich zum ersten Male spielte.«[302] Von einem Werk voll des drastischen, tiefsinnigen Humors spricht Paul Bekker.[303]

Mit den heutigen Hörerfahrungen denkt man unwillkürlich an die hektisch klimpernde Filmmusik alter Stummfilmklassiker. Die hüpfende Melodie mit der trotzigen doppelten Sechzehntelbewegung D-C-D-C-A, das hektische Tempo, die hämmernden Akkorde der linken Hand, all das würde sich bestens für eine Verfolgungsjagd à la Buster Keaton oder Charlie Chaplin eignen. Visuelle Assoziationen legt schon Schindler mit dem erfundenen Titel nahe. Der Fama nach sollen die raschen Wiederholungsmuster der rechten Hand eine kreiselnde Münze nachahmen. Es existiert sogar die Legende, Beethoven habe aus dem Fenster schauend einen Straßenjungen beobachtet, der wütend nach einer verlorenen Münze gesucht habe.

Anekdotisch wirkt das Stück mit seiner ratternden Motorik in jedem Fall. Spätestens wenn die tonleiterhaften Läufe hin und her hetzen, stellt sich die Assoziation einer Slapstick-Komödie ein, und man fragt sich: Kann das wirklich ernst gemeint sein? Oder ist das ein weiterer jener Momente, von denen Artur Rubinstein spricht – dass Beethoven plötzlich mit einem schalkhaften Lächeln hinter der Tapetentür hervortritt? Das Genre des *Capriccio* deutet darauf hin, und das *quasi* kann man getrost übersehen, so viel kapriziöser Witz lauert in dem Klavierstück. Es vermischt die Rondoform mit der Variationsform, und selbst die rondotypische Wiederkehr des Themas enthält eine gewisse Komik, ganz so, als sei der Pianist in einem bizarren Labyrinth gefangen, aus dem er vergeblich einen Ausweg sucht. Ganz gleich, welche verrückten Finten er ersinnt, stets landet er wieder bei seinem Thema – die Wiederholung wird zur zwanghaften Skurrilität.

Als Meister der Effekte muss Beethoven solche kuriosen Wirkungen bewusst kalkuliert haben. Zufall sind sie gewiss nicht. Man spürt förmlich, wie er kleine Frechheiten aus seinem Material herauskitzelt, wenn er die komische Kurzatmigkeit des Themas in immer neue Rasereien treibt. Warum aber hat er dieses vergnügliche Werk nie veröffentlicht? Zweifellos hätte es ein Verkaufsschlager werden können. Klaviertechnisch stellt es, abgesehen von der Geschwindigkeit, keine größere Herausforderung dar, und es wäre sicherlich ein Bravourstück unterhaltsamer Hausmusik geworden. Doch es erscheint erst 1828, ein Jahr nach seinem Tode, bei Anton Diabelli, der es sich bei der Nachlassversteigerung gesichert hatte.

Über die Entstehungszeit wurde mehr als ein Jahrhundert lang gerätselt, da das Autograph verschollen war. Hans von Bülow hielt es für ein Spätwerk, was er aus »einer Reihe charakteristischer Züge« schloss.[304] Den Ruch eines unbedeutenden Nebenwerks hatte es da längst verloren. Schumann hielt es sogar für wertvoller als große Orchestermusik: »Und wahrlich, hält einmal bei einer Auferstehung der Künste der Genius der Wahrheit die Waage, in welcher dies Groschencapriccio in der einen Schaale und zehn der neusten pathetischen Ouverturen in der andern lägen, – himmelhoch fliegen die Ouverturen.«[305]

Erst 1945 tauchte das Autograph in den USA wieder auf und wurde sogleich aufmerksam analysiert. Taktweise fehlende Begleitungen in der originalen Handschrift sprachen nun dafür, dass es sich womöglich um ein unvollendetes Werk handele.

Gegen seine Gewohnheit hatte Beethoven auch keinerlei dynamische Zeichen gesetzt, ein weiteres Indiz dafür, dass das Klavierstück unfertig geblieben war. Dafür konnte man jetzt die Entstehungszeit eingrenzen. Man legte sie auf einen Zeitraum zwischen 1795 bis 1798 fest und prägte im schönsten Wissenschaftsjargon den Begriff eines späten Frühwerks. Diese Einordnung warf ein neues Licht auf das Stück. Die Phase zwischen 1795 und 1798 markiert die Hochzeit der Virtuosenkarriere Beethovens und den hoffnungsvollen Beginn seiner gedruckten Veröffentlichungen. Sofern man das Klavierstück als Dokument seines damaligen Seelenzustands interpretiert, kann man es als Flucht nach vorn deuten, hakenschlagend um immer neue Auswege bemüht. Hier sitzt ein Getriebener am Klavier, einer, der seinem Geld hinterherjagen muss.

Die Wahl einer humorvollen Musiksprache erscheint unter diesen Bedingungen geradezu folgerichtig. Denn der Witz, so definiert es Freud, »ermöglicht die Befriedigung eines Triebes (eines lüsternen und feindseligen) gegen ein im Weg stehendes Hindernis, er umgeht dieses Hindernis und schöpft somit Lust aus einer durch das Hindernis unzugänglich gewordenen Lustquelle«.[306] Die Lustquelle wäre hier die künstlerische Freiheit, die des Geldes wegen eingeschränkt ist. Insofern enthüllt der überdrehte Charakter des Stücks die ganze Energie eines Mittzwanzigers, der ein Ventil für seine unterdrückten musikalischen Impulse sucht. In dem Rondo pfeift er auf Konventionen und denkt gar nicht daran, irgendwelche Erwartungen zu erfüllen. Musiktheoretisch ist das durchaus belegbar. So weist der Musikwissenschaftler Andreas Ballstaedt darauf hin, es gebe »Auffälligkeiten im harmonischen Bereich, Fortschreitungen und Modulationsfelder«, die äußerst kühn und damit sehr ungewöhnlich für diese Schaffensperiode seien. Das Gleiche gelte für die erst »den späten Beethoven kennzeichnende Technik der Motivabspaltung, die gleichsam einzelne Momente des Themas verselbständigt«.[307]

Es ist also gut möglich, dass Beethoven bereits in dieser frühen Phase gewagte Experimente anstellt. Innerlich fühlt er sich unabhängig, wird aber immer wieder von dem Zwang ausgebremst, formal Untadeliges abzuliefern. In dem Rondo spielt er sich phasenweise buchstäblich frei, wenngleich von den Zwängen der Konvention verfolgt. Ein Entkommen verspricht das schwindelerregend rasche Tempo, das ihm einige Abweichungen erlaubt. Dazu gehört musikalisch die zunehmende Veränderung des Themas bei den Wiederholungen; je weiter das Stück voranschreitet, desto deutlicher wird das Prinzip des Rondos zugunsten der Variation aufgegeben, in einer ungeheuren Vielfalt der Formen und Stile.

Das Genre des Capriccios rechtfertigt diese Freiheiten durchaus, ganz so, wie auch die Fantasie Regeln bricht. Mit dem Zusatz *Alla ingharese* – auf ungarische Art – verschafft sich Beethoven einen zusätzlichen Freibrief. Folkloristisch inspirierte Kompositionen durften von jeher aus dem Rahmen fallen. Ein berühmtes Beispiel ist das *Alla Turca,* der Finalsatz aus Mozarts *Sonate A-Dur KV 331,* der ähnlich exaltiert daherkommt; an Rasanz und Impulsivität steht ihm das Beethovensche Rondo in nichts nach. Und auch Beethoven erwies dieser exotischen Spielart seine Reverenz, mit seinem »Türkischen Marsch«, dessen Thema er seinen *D-Dur-Variationen op. 76* entnahm und für das Werk *Die Ruinen von Athen* bearbeitete. In Wien war neben der türkischen vor allem die ungarische Volksmusik en vogue, ihres ungezügelten Temperaments und der rasanten Tempi wegen. In der Hauptstadt Kakaniens, zu dem schließlich auch Ungarn gehörte, hatte man viel Sinn für diese funkensprühenden Klänge und Rhythmen. Kaum ein Unterhaltungslokal kam ohne die obligatorische »Zigeuner«-Kapelle aus.

Beethoven, ein passionierter Prater- und Wirtshausbesucher, wird diese Kapellen oft gehört haben. Selbst ein impulsives Gemüt, hat er vielleicht eine gewisse Wahlverwandtschaft entdeckt, die ihn zu seinem Klavierstück *Alla ingharese* inspirierte.

So bleibt die Frage offen, warum er das mitreißende Rondo beiseitelegte, bevor es ganz fertig war, und warum er es auch später nie für den Druck vollendete. Immerhin gab Beethoven sukzessive viele kleinere, auch ältere Kompositionen heraus, oft ohne Opuszahl. Fürchtete er einen Imageschaden? Das ist gut vorstellbar, da er als bedeutender Komponist wahrgenommen werden wollte, nicht etwa als Unterhaltungskünstler. Die unbezweifelbare Komik des Stücks passte nicht recht zum Bild, das er von sich zeichnen wollte. Obschon auch in späteren Werken des Öfteren ein bizarrer Humor durchscheint, ist er darauf bedacht, stets den Schein des Seriösen zu wahren.

Wie sehr ihm daran gelegen ist, zeigt eine Auseinandersetzung mit dem Schott Verlag im Sommer 1825. Im Journal *Cäcilia* hatte der Verlag zwei durchaus scherzhafte gemeinte Kanons veröffentlicht, die Beethoven seinem Freund, dem Verleger und Komponisten Tobias Haslinger, gewidmet hatte. Sie sollten der Auflockerung einer biografischen Skizze Haslingers in der *Cäcilia* dienen – unter anderem durch den Kanon *O Tobias WoO 182*. Doch Schott stellt ungefragt eine launige Briefpassage Beethovens hinzu, was den größten Zorn des Komponisten erregt: »Ich konnte es mir aber kaum träumen lassen, dass Sie eine Privatkorrespondenz missbrauchen und einen solchen Scherz dem Publikum vorlegen würden.« Er fühlt sich bloßgestellt (BB, S. 173).

In der betreffenden Passage beweist Beethoven ein bemerkenswertes Talent zur Parodie. Knapp skizziert er Lebensstationen Haslingers und macht sich über dessen Kompositionsunterricht bei Johann Joseph Fux lustig. Fux hatte das Standardwerk der Kontrapunkt- und Fugentheorie *Gradus ad Parnassum* verfasst; Beethoven erbat es sich von Haslinger, als er Erzherzog Rudolph Kompositionsunterricht erteilte, ließ seinen Intimus Karl Holz aber wissen: »Fugenmachen ist keine Kunst.«[308] So wird das Lehrbuch zur Einladung für spöttische Wortspiele, denn der Titel bezeichnet ursprünglich den stufenweisen Aufstieg zum Berg der Musen. In der monierten Passage fabuliert Beethoven launig: »Tobias findet sich als Gehilfe des berühmten sattelfesten Kapellmeisters Fux – und hält die Leiter zum *Gradus ad Parnassum* desselben ... da er nun zu Schwänken aufgelegt ist, so verursacht er durch ein Rütteln und Schütteln derselben, daß mancher, der schon ziemlich emporgestiegen, jählings den Hals bricht.« In diesem Stil geht es weiter, mit ironischen Spitzen gespickt. Der parodistische Lebensabriss endet mit einem weiteren Wortspiel, in dem die sogenannte Fux'sche Wechselnote (Fux spricht in seinem musiktheoretischen Werk *Gradus ad Parnassum* von der *nota cambiata,* einer Note, die auf dissonante Weise vom Melodiefluss »abspringt«) zum Schuldschein umgedeutet wird. Bei einem Pedanten wie Fux in die Lehre zu gehen, lässt Beethoven durchblicken, habe für Haslinger nur in brotloser Kunst enden können: »Die Schule der Wechselnoten durchgegangen, behält er nichts davon als die Wechsel, und so schafft er seinen Jugendfreund und wird endlich Mitglied mehrerer inländischer *geleerter* Vereine.« (BB, S. 157f.)

Besonders die Veröffentlichung des letzten Satzes erbittert Beethoven. »Das Wort ›*geleert*‹, welches mit zum Ganzen des humoristischen Umrisses gehört, könnte in einem Kreise, wo man sich scherzend unterhält, wohl gelten«, erklärt er dem Verleger. »Nie aber fiele es mir ein, es öffentlich statt ›*gelehrt*‹ hinzusetzen. Das hieße den Spaß zu weit treiben!« (BB, S. 173) Beethoven besteht auf einer unverzüglichen Gegendarstellung. Die Verve, mit der er sie einfordert, enthüllt eine gewisse Furcht, mit seiner

Parodie missverstanden oder gar zum Spaßmacher abgestempelt zu werden. Seinen eigenwilligen Humor offenbart er nur im Freundeskreis, und es wird ihm nicht entgangen sein, dass er damit häufig aneckt. Scherz, Satire und Ironie sind nun mal heikle Kommunikationsformen, sofern man nicht mit dem erheiterten Verständnis Eingeweihter rechnen kann.

Seinem Freund Nikolaus Zmeskall gegenüber macht er sich über die ganze Angelegenheit einfach nur lustig: »Das Ding wird gedruckt, zum Besten aller armen Tobiasse.« Bei der Gelegenheit ergießt er auch gleich noch seinen Spott über den Leipziger Verleger Peters, der dringend auf ein neues Werk wartet: »Gleichgültig dagegen, welcher Höllenhund mein Gehirn beleckt oder zernagt«, schreibt er dem Freund, »der Höllenhund in Leipzig kann warten und sich derweilen mit Mephistopheles, dem Redakteur der Leipziger Musikal. Zeitung, in Auerbachs Keller unterhalten, welchen letztern nächstens Beelzebub, der oberste der Teufel, bei den Ohren nehmen wird.« (BB, S. 174)

Der Tonfall dieses Briefes spiegelt viel von dem wider, was im *Alla ingharese* anklingt: Es ist homerisches Gelächter und purer Übermut, grimmig abgetönt. Durch den Humor erhebt sich Beethoven über alles und jeden, als sei er der Fliegende Robert. Sein Klavierstück *Alla ingharese* ist eine Parodie aus der Vogelperspektive. Clownesk spielt Beethoven mit den Möglichkeiten und führt wie in einem kompositorischen Bauchladen vor, was seine ignoranten Auftraggeber gern hören wollen: galante Wendungen, lyrische Abschnitte, ein gerüttelt' Maß Drama. Doch sofort wird all das wieder lächerlich gemacht: durch koboldhafte Sprünge und Triller, kecke Dissonanzen, komisch grollende Akkorde im tiefen Bereich der Klaviatur.

In diesem Sinne ist das Klavierstück uneigentlich: Es ist Musik über Musik, wie sie sehr viel später Strawinsky komponieren wird. Damit erregte Strawinsky den allergrößten Zorn Adornos, und was der Philosoph Strawinsky vorwirft, gilt in positiver Hinsicht auch für Beethovens Rondo: das »Sekundengeschwirr des Jahrmarkts«, das »bajazzohaft Beseelte«, »die Aura der Bohème«.[309] Vor allem das grotesk beschleunigte Tempo vermittelt einen parodistischen Eindruck – zuweilen surren die Läufe über die Tasten wie im Rimski-Korsakowschen *Hummelflug*. Manche Arabesken der rechten Hand sind sogar so gesetzt, dass der Eindruck entsteht, der Pianist habe sich verspielt. Damit führt Beethoven gleich mehrere Anforderungen des damaligen Musikparketts ad absurdum: die makellose Virtuosität, die ihm als Pianist abverlangt wird, die musikalischen Idiome, die man von ihm erwartet, die Befolgung formaler Prinzipien, die man als Qualitätskriterium betrachtet. Dieses Rondo ist eine Provokation. Es streckt all den Auftraggebern und Kritikern Beethovens die Zunge heraus. Umso verständlicher, dass er es nie veröffentlichte.

Der grimmige Humor eines Außenseiters

Ein Genie mit Humor? Diese Dimension Beethovens verlor sich weitgehend im Nebel der Mythenbildung, sowohl in musikalischer als auch charakterlicher Hinsicht. Im Zuge fortschreitender Verklärung geriet sein Vergnügen an Wortspielen und sarkastischen Kommentaren immer mehr in Vergessenheit – während Mozart heute vielfach auf den kichernden Verfasser der Bäslebriefe reduziert wird. Man wollte den großen Beethoven ernst, heroisch, tragisch. Die Vorstellung eines einsam ringenden Helden vertrug sich weder mit musikalischen Scherzen noch sardonischem Lachen. Dabei ist Beethoven mit dem Griff ins Grobe ebenso vertraut wie mit der feinsinnigeren Kunst der

Ironie. Freunde wie Feinde Beethovens kennen seine Spottlust, die von harmlosen Verunglimpfungen bis zu fantasievollen Beleidigungen reicht.

Johanna van Beethoven, die verhasste Frau seines Bruders Kaspar Karl, nennt er wegen ihres vermeintlich lockeren Lebenswandels »Königin der Nacht«, die Gemahlin seines Bruders Johann bekommt aus naheliegenden Gründen das Etikett »Fettlümmerl« (KC, S. 343). Johann hingegen bezeichnet Beethoven wegen seines vornehmen Getues als »Staatsbruder«, dessen Apothekerberuf verhunzt er zum »Abdecker« (KC, S. 963). Die Verleger von Schott's Söhne sind die »Mainzer Gassenbuben« (BB, S. 171), der beleibte Geiger Ignaz Schuppanzigh muss sich den Spitznamen »Mylord Falstaff« gefallen lassen. Den Komponisten und Mitbegründer der »Gesellschaft der Musikfreunde in Wien« Vinzenz Hauschka tituliert Beethoven als »Bestes Erstes Vereinsmitglied der Musik-Feinde des österreichischen Kaiserstaats« (BB, S. 125).

Es lauert etwas Aggressives in diesem Humor. Sofern der leicht misanthropische Beethoven aber guter Dinge ist, fallen lobende Bonmots wie jenes, Johann Sebastian Bach sei in seiner Allgewalt kein Bach, sondern ein Meer (KC, S. 279). Oder er verpackt die Kritik an seinem Konkurrenten Rossini in der vergnügt herablassenden Bemerkung, Rossini sei »ein guter Theatermaler« (KC, S. 898). Insbesondere wenn Beethoven der Damenwelt gefallen möchte, kann er ein amüsanter Unterhalter sein. »Sein neckisches Wesen, die kleinen witzigen Ausfälle, sind so originell als Mensch wie als Musikdichter«, schwärmt Fanny Giannattasio del Rio, die Tochter des Internatsleiters, der zwei Jahre lang Beethovens Neffen betreut. Sie fügt allerdings hinzu: »Ich wünschte nur, dass er recht oft käme, damit auch jene kleinen Unbequemlichkeiten, welche sich öfters in seinem Umgange finden, verlören« (KC, S. 303). Über die angesprochenen

»Unbequemlichkeiten« muss man nicht lange rätseln. Er sei ein »tactloser, kindischer Mensch«, merkt selbst sein guter Freund Franz Grillparzer an (KC, S. 406). Etwas Anarchisches, Abgründiges blitzt in Beethovens Humor auf, weit entfernt von harmloser Heiterkeit.

Zu seinen Eigenheiten gehört der wiederkehrende humoristische Raptus. So wie seine Kompositionen von *sforzati* und *sforzandi* wimmeln, bricht er oft in brüllendes Gelächter aus. »Jedermann, der ihn genauer kannte, wusste, dass er in dieser Kunst nicht minder Virtuose vom ersten Range war«, erinnert sich sein Freund Ignaz von Seyfried. »Nur schade, dass sogar seine nächste Umgebung selten die eigentliche Ursache einer solchen Explosion zu ergründen vermochte, da er zum öftern die eigenen geheimsten Gedanken und Einfälle zu belachen geruhte, ohne weitere Rechenschaft darüber zu geben« (KC, S. 894). Diese seltsamen Ausfälle irritieren sein Umfeld ebenso wie die wiederkehrenden Wutausbrüche; manchmal geht das eine mit dem anderen Hand in Hand.

Ein Gast berichtet von einem gemeinsamen Mahl im Hause Beethoven, bei dem der Hausherr mit zunehmendem Weingenuss »witzige und drollige Einfälle« zum Besten gibt. Als seine Haushälterin trotz ausdrücklichen Verbots die Unterhaltung stört, um eine Schüssel Nudeln zu servieren, versetzt Beethoven der Schüssel einen so kräftigen Hieb, dass sie quer über die Tischplatte rutscht. Die erschrockene Haushälterin kann das dampfende Geschoss gerade noch mit ihrer Schürze auffangen (KC, S. 972). Ein andermal wird Beethovens Freund Ignaz von Seyfried Zeuge, wie sein Gastgeber misstrauisch die aufgetischten rohen Eier beschnüffelt. Die Art und Weise, wie Seyfried die folgende Szene schildert, verrät allergrößtes Amüsement. »Ein Donnerwort citirte die Wirtschafterin vor Gericht, welche jedoch, wohl wissend, was die Glocke geschlagen, zwischen Thür und Angel dem Toben und Schelten nur ein halbes Ohr lieh und auf eine kluge Retraite bedacht war, wenn herkömmlicherweise die Kanonade beginnen und die decapitirten Maleficanten, gleich Bombenwürfen aus wohlbedienten Batterien, auf ihrem Rücken spielen und deren gelblich-weißes, kleberiges Eingeweide in Lavaströmen darüber sich ergießen sollte« (KC, S. 895).

Es ist der derbe Spaß von Hanswurstiaden, mit denen Beethoven die Tortenschlachten späterer Filmlustspiele vorwegnimmt. Er liebt den närrischen Tumult, so wie er es liebt, aus der Haut zu fahren. Vom »Humor eines Rumpelstilzchens« spricht Michael Gielen: »Da ist ein Ingrimm und eine zurückgedrängte und öfters ausbrechende Gewaltsamkeit.«[310] Robert Schumann betrachtet solche Anwandlungen im Nachhinein mit viel Empathie. Beethovens angriffslustige Eskapaden sind für den feinfühligen Komponisten eine Form des gesteigerten Selbstausdrucks, und dieses Selbst sei nun mal unbeherrscht: »›Heute bin ich einmal recht aufgeknöpft‹, hieß sein Lieblingsausdruck, wenn es lustig in ihm herging. Und dann lachte er wie ein Löwe und schlug um sich – denn er zeigte sich unbändig überall.«[311]

Nicht jeder Zuschauer zeigt sich angesichts solcher Szenen allerdings erheitert. Selbst enge Freunde sind zuweilen befremdet. »Beethoven machte gerne und oft Späße, die so ganz aus der Art des gesellschaftlichen Lebens hinausschlugen«, erzählt wiederum Franz Grillparzer. »Seine Launen arteten mitunter geradezu in Widerwärtigkeiten aus, und doch lag bei all diesen Extravaganzen etwas so unaussprechlich Rührendes und Erhebendes in ihm, dass man ihn hochschätzen musste und sich an ihn gezogen fühlte.«[312] Rührend? Das Wort erstaunt. Offenbar hatte Grillparzer den Hintergrund des bizarren Humors erforscht: Da überspielt einer seine Unsicherheit durch Überkompensation. Beethoven kennt kein Maß, er scherzt weniger zum Vergnügen denn aus Gründen der Selbstbehauptung. Verwunderlich ist es kaum. Das frühe Außenseitertum hat seinen Blick geschärft. Er ist verwundbarer als andere, sensibler für Zurücksetzungen. Dass Humor seine Waffe wird, um sich vor echten und eingebildeten Anfeindungen zu schützen, ist unter diesen Voraussetzungen nachvollziehbar.

Oft ist es Galgenhumor. Fast sein ganzes Leben lang muss sich Beethoven immer wieder mit seiner desolaten finanziellen Lage herumschlagen, und wenn er seinen Stolz wahren will, hilft nur noch die Flucht in den Witz. Louis Spohr gehört zu jenen Freunden, die diesen Zusammenhang explizit machen. Das »schroffe, selbst abstoßende Benehmen« wie auch den eigenwilligen Humor führt er auf Beethovens »zerrüttete Vermögensverhältnisse« zurück. Oft habe es am Nötigsten gefehlt. Nachdem Spohr den Komponistenfreund einmal längere Zeit im Wirtshaus vermisst hat, spricht er ihn wenig später darauf an: Ob er krank gewesen sei? »Mein Stiefel war's«, erwidert Beethoven, »und da ich nur das eine Paar besitze, hatte ich Hausarrest« (KC, S. 931). Ja, das ist rührender Humor.

Äußerst empfindlich reagiert er hingegen, wenn er sich persönlich angegriffen fühlt. Dann greift er auf die Fähigkeit zurück, sich und die Welt aus der Distanz des Außenseiters und Nonkonformisten zu betrachten. Was andere als normativen Rahmen vorgeben, stellt er einfach infrage. So ist eine Geschichte überliefert, in der er die Missbilligung, die ihm entgegenschlägt, mit schneidendem Sarkasmus pariert. Der kleine Zwischenfall ereignet sich, als man ihm während einer Einladung in der feinsten Wiener Gesellschaft eine Tasse Kaffee serviert. Beethoven, der ohnehin keinen Wert auf Umgangsformen legt, verschmäht die bereitliegende Zuckerzange und langt stattdessen mit bloßen Fingern in die Zuckerdose. Das augenrollende Stöhnen der Anwesenden kann man sich nur zu gut vorstellen. Doch niemand wagt, den großen Künstler offen zu kritisieren, nur die schockierte Dame des Hauses macht Beethoven auf seinen Fauxpas aufmerksam, indem sie kommentarlos eine neue Zuckerdose holen lässt. Sämtliche Gäste schauen nun zum ungehobelten Komponisten, gespannt, ob er seine Lektion gelernt hat. Und Beethoven? Spuckt in seine Tasse. Entsetztes Schweigen. In die Stille hinein erklärt er seelenruhig: Wenn man schon eine Zuckerdose entferne, die er berührt habe, so werde wohl niemand mehr aus der Tasse trinken, aus welcher er schon getrunken habe. Insofern könne er nach Belieben hineinspucken.[313]

Abgesehen davon, dass er hier seine Paraderolle als Enfant terrible gibt, ist es ein gewitztes Argument. Beethoven führt die Logik der Etikette mit seiner eigenen Logik ad absurdum: Nichts ist wirklich vernünftig, oder alles ist vernünftig – sogar, in seine Tasse zu spucken. Es ist eine philosophische Einlassung mit sophistischem Mehrwert. Der Komponist, der die Regeln beherrscht, sie aber ohne Wimpernzucken bricht, sofern es ihm sinnvoll erscheint, betrachtet auch die Gesellschaft mit ihrem Regelwerk als bloßes Konstrukt. Aus dem Außenseiter wird ein scharfer Beobachter, der seinen Kritikern einen Spiegel vorhält: Nicht ich bin hier der Exzentriker, sondern ihr.

Beethovens »Freiheitsliebe«, die zunächst eine künstlerische gewesen sei, urteilt der Schriftsteller und Journalist Friedrich Wähner, habe ihn oft in »wunderliche Collisionen« verwickelt: »Wie er denn für gut aufgelegte Augenzeugen überhaupt dasjenige besaß, was man den unfreiwilligen Humor nennen könnte« (KC, S. 1055). Umso erstaunlicher erscheint es, dass man ihm vieles verzeiht. Immerhin kann Beethoven ein höchst galliger Geselle sein, der selbst wohlgesinnte Zeitgenossen düpiert. Eine scharfsinnige Erklärung liefert der Militärbeamte und Biograf Louis Baron de Trémont, der im Gefolge Napoleons nach Wien kommt und dem bewunderten Beethoven seine Aufwartung macht: »Wenn ein

Hund, der uns nicht gehört und böse und bissig ist, uns dennoch liebkost, so sind wir ihm dankbarer als einem lieben Tier, das eilig zu unseren Füßen angekrochen kommt« (KC, S. 1011). Im Grunde beschreibt Trémont die Bipolarität Beethovens, seine extrem schwankenden Gemütsverfassungen. Man weiß nie, woran man an ihm sein könnte, und fühlt sich dann durch jede kleine Liebenswürdigkeit beschenkt.[314] Auch in seinem Humor kann Beethoven geradezu liebenswürdig sein. Das beweist seine Kritik an einem Arrangement seines *c-Moll-Trios op. 1*, die er mit eleganter Schalkhaftigkeit vorbringt. Nachdem er die dilettantische Quintettbearbeitung geprüft und verworfen hat, beschließt er, selber Hand anzulegen. Anschließend schickt er die neue Fassung seinem Verleger, macht jedoch nicht etwa seiner Verärgerung Luft, sondern verziert das Titelblatt mit wohlgesetzten Worten: »Bearbeitetes Terzett zu einem vierstimmigen Quintett von Herrn Gutwillen und aus dem Schein von fünf Stimmen ans Tageslicht gebracht, wie aus großer Miserabilität zu einigem Ansehen erhoben von Herrn Wohlwollen.« Es folgt ein Notabene: »Die ursprüngliche dreistimmige Quintettpartitur ist den Untergöttern als ein feierliches Brandopfer dargebracht worden« (BB, S. 208). Leichter, feiner hätte er kaum umschreiben können, dass er die missliebigen Noten kurzerhand verbrannt hat.

Humor als Selbstbehauptung

Angriffe auf seine Reputation als Komponist wehrt Beethoven weit heftiger ab. Die Rezensenten der *Allgemeinen Musikalischen Zeitung* sind für Beethoven die »Leipziger Rindviehe«. Seinem Verleger Gottfried Härtel schlägt er scherzhaft vor, man könne die Ergänzungen zur *Egmont*-Musik doch gleich von besserwisserischen Musikredakteuren komponieren lassen: »Wollen Sie zu den Entreactes noch hier oder da einen Schluss angepicht haben, kann auch sein, oder lassen Sie das einen Leipziger Korrektor der Musikzeitung besorgen, die verstehn das wie die Faust aufs Auge« (BB, S. 77). Negative Rezensionen wischt er schon mal mit einer lautmalenden Groteske beiseite: »Und nun rezensiert, solange ihr wollt, ich wünsch Euch viel Vergnügen; wenn's einen auch ein wenig wie ein Mückenstich packt, dann macht's einem einen ganz hübschen Spaß, re-re-re-re-re-zen-zen-sie-sie-sie-sie-siert. – Nicht bis in alle Ewigkeit, das könnt ihr nicht« (BB, S. 75). Wenn man seine Gegner nicht schlagen kann, gibt man sie eben der Lächerlichkeit preis.

Doch Beethovens Selbstbewusstsein leidet unter jedem Misserfolg, der seine ökonomische Situation bedroht und ihn zwingt, immer wieder Fürsprecher und Auftraggeber zu kontaktieren. Die Bittstellerrolle verbrämt er dann zuweilen mit einem munteren Scherzton. Im April 1815 schreibt Beethoven einem Bekannten aus Prag, der es anlässlich einer Wienreise versäumt hatte, ihn aufzusuchen: »Es ist sicher nicht erlaubt – so freundschaftlich zu sein, wie ich glaubte mit Ihnen, und so feindschaftlich nebeneinander zu wohnen, ohne sich zu sehn!!!!!!!! Tout à vous schrieben Sie. Ei du Windbeutel, sagte ich. – Nein, nein, es ist zu arg – ich möchte Ihnen immer gern 9000mal danken für Ihre Bemühungen um mich, und 20000mal ausschimpfen, dass Sie so fort sind, so gekommen. Also alles ist Wahn, Freundschaft, Königreich, Kaisertum, alles nur Nebel, den jeder Windhauch vertreibt und anders gestaltet.«

Was auf den ersten Blick wie eine Rüge daherkommt, entpuppt sich schnell als Kampf mit dem verbalen Florett. Spätestens, wenn sich Beethoven als serviler Lohnkomponist anbietet, weiß man, woran man ist. »Womit soll ich Ihnen in meiner Kunst dienen?«, fragt er kokett. »Sprechen Sie, wollen Sie das

Selbstgespräch eines geflüchteten Königs oder den Meineid eines Usurpators besungen haben – oder das Nebeneinanderwohnen zweier Freunde, welche sich nie sehen?« (BB, S. 96f.) Die Anspielung auf König und Usurpator ist politischer Natur und daher pure Satire. Beethoven meint den wortbrüchigen Napoleon und seinen Bruder Jerôme Bonaparte, der inzwischen aus Kassel geflohen ist.

Das Ende des oben zitierten Briefes ist daher auch kein ernst gemeintes Angebot, politische Figuren musikalisch zu porträtieren, sondern pure Selbstironie. Denn Beethoven kennt durchaus das Genre der »Brotarbeiten«, wie er sie nennt. Allein die etwas triviale Kantate *Der glorreiche Augenblick* anlässlich der Eröffnung des Wiener Kongresses zeugt von einer Kompromissbereitschaft, die dem Anspruch eines Geistesarbeiters mit höherer Mission keineswegs standhält. Zuweilen gibt er sich sogar für ungeniertes Selbstmarketing her, wie in dem Werk *Wellingtons Sieg:* ein martialisches Kriegsepos über die berühmte Schlacht gegen Napoleon, aus patriotischem Geiste geschrieben und durch das Zitat der *Rule-Britannia*-Hymne mit einer Hommage an die siegreichen Engländer versehen. Das geschieht mit Bedacht, wenn nicht mit Berechnung: Da London eine wesentlich weiter entwickelte bürgerliche Konzertkultur aufweisen kann als Wien und daher als Stätte künftiger Erfolge in Betracht kommt, möchte Beethoven durch diese Ehrbezeigung den englischen König für sich gewinnen.

Die entlastende Funktion der Selbstironie kann diesen Widerspruch von hochfliegenden Ambitionen und faulen Kompromissen zumindest notdürftig mildern. So gesteht Beethoven noch als arrivierter Komponist, er »schmiere manches um des Brots und des Geldes willen« (BB, S. 125), antwortet aber auf die Frage eines Besuchers, ob er denn fleißig arbeite: »Muss ich nicht? – Was würde mein Ruhm sagen?« (KC, S. 989) So sarkastisch Beethoven mit anderen abrechnet, so schonungslos verfährt er auch mit sich selbst.

Humoristische Pirouetten dreht Beethoven vorzugsweise auf dem dünnen Eis seiner Existenznöte. Geht es ums Geschäftliche, lebt er besonders seine große Leidenschaft für Kalauer aus. Neben Wortspielen über das Notenstechen und die fehlerhaften Andrucke ersinnt er immer neue kleine Sprachspielereien. So soll sein Verleger Steiner beweisen, dass er »kein Steinernes Herz hat«; dem bereits von den Scherzkanons gebeutelten Tobias Haslinger wünscht Beethoven, »dass Ihr dem Namen Verleger nie entsprecht und nie in Verlegenheit seid, sondern Verleger, welche nie verlegen sind, weder im Einnehmen noch im Ausgeben« (BB, S. 133). Zum Verleger Johann Traeg, der mit Beethovens Ungeduld selten Schritt halten kann, fällt ihm sinnigerweise ein: »Bei Herrn Traeg ist alles träg« (BB, S. 77), und Kopisten, die angesichts der wechselnden Notenschlüssel in den handgeschriebenen Partituren in Verwirrung geraten, schreibt er ins Stammbuch: »Jeder Mensch muss mehr als einen Schlüssel haben, wenn er auch nichts aufschließt« (BB, S. 75).

Wie sarkastisch er generell mit seinen Verlegern umgeht, wenn es etwas zu kritisieren gibt, wurde bereits deutlich. Deshalb ist Schindlers Titel »Die Wut über den verlorenen Groschen, ausgetobt in einer Kaprize« wahrlich gut gewählt: Wut, Geld und Humor sind bei Beethoven einander eigentümlich verschwistert.

Nur einmal findet Beethoven seinen Meister, und diese Geschichte ärgert ihn maßlos. Während seiner Berlinreise im Jahr 1796 verabredet er sich in einem Kaffeehaus Unter den Linden mit dem Hofkapellmeister Heinrich Himmel, der den Wiener Kollegen bittet, eine Klavierfantasie für ihn zu improvisieren. Beethoven tut es bereitwillig, fordert jedoch Revanche. Der aufgeregte Himmel gibt sich die allergrößte Mühe an den Tasten, anschließend erwartet er das Urteil. »Nun, wann fangen Sie denn einmal ordentlich an?«, fragt Beethoven gelangweilt. Himmel muss gestehen, er habe bereits geendigt. »Ach so!«, winkt Beethoven ab. »Ich habe geglaubt, Sie hätten nur ein bisschen präludiert.«

Das sitzt. Himmel ist ein hochgeachteter Kapellmeister, Beethoven ein gerade mal fünfundzwanzigjähriger Naseweis, der ihn auf arrogante Weise abgefertigt hat. Nach einem wütenden Wortgefecht verlässt Himmel das Kaffeehaus. Gleichwohl lässt er diese Episode nicht so einfach auf sich sitzen. Als sich Beethoven brieflich nach Neuigkeiten erkundigt, bindet Himmel ihm den Bären auf, das Allerneueste in Berlin sei die Erfindung einer Laterne für Blinde. Beethoven nimmt es für bare Münze. Er berichtet sogar seinen Wiener Freunden davon – bis Himmel das Ganze mit genüsslicher Bosheit aufklärt. Damit gehört der Berliner Kapellmeister vermutlich zu den ganz wenigen Zeitgenossen, die Beethovens grimmigen Humor jemals mit grimmigem Vergnügen pariert haben.[315]

Musikalischer Humor

Es wäre nachgerade verwunderlich, wenn Beethoven seinem Humor nicht auch in kompositorischer Hinsicht Ausdruck verliehen hätte. Am offenkundigsten gibt er diesem Wesenszug in musikalischen Scherzen Raum, die er häufig seinen Briefen beifügt. Manchmal ist es nur eine einzelne Liedzeile, manchmal ein Kanon oder eine mehrstimmige Miniatur, die er mit einem eigenen Text unterlegt. Als Carl Friedrich Peters das Oratorium anmahnt, für das Joseph Karl Bernhard bereits das Libretto geschrieben hat, sendet Beethoven in Ermangelung einer Partitur keine Noten, beglückt seinen Verleger jedoch mit den kecken Worten: »Erlauben Sie, dass ich Ihnen etwas singe.« Nun folgen zwei Kanons, in denen er seinen Ulk mit den Namen Peters und Bernhard treibt; Peters soll als Verleger gefälligst Langmut zeigen, Bernhard wird persiflierend heiliggesprochen. »Lebhaft« vorzutragen ist der Kanon: »Sankt Petrus war ein Fels!«, »gezogen und geschleppt« zu singen ist der Kanon: »Bernardus war ein Sankt?« (BB, S. 134.)

Es sind charmante Albernheiten, die den Adressaten erheitern und ihn darüber hinwegtäuschen sollen, dass sein Vertragspartner Beethoven bei Weitem nicht so zuverlässig ist, wie er sich gern gibt. Ein aus der Not geborener und nahezu tollkühner Scherz. Dem Abgesandten der »Gesellschaft der Musikfreunde in Wien« – der Beethoven das Oratorium genauso versprochen hat wie seinem Verleger Peters – versichert er musikalisch: »Ich bin bereit!« (BB, S. 126.) Die Silben verteilen sich im Oratorienstil auf eine komplizierte koloraturartige Melodie, und auch hier ist es ein vergnügtes Täuschungsmanöver, da das Oratorium nie fertig werden wird.

Frivol hingegen wirkt der Schluss eines Briefes an die Berliner Sängerin Anna Milder, verehelichte Hauptmann. Schon als unverheiratete junge Frau hatte sie Beethovens Avancen über sich ergehen lassen müssen, und selbstverständlich reizt ihn die Dame im vergebenen Zustand noch weit mehr. So komponiert und textet Beethoven ein Liedfragment: »Ich küsse Sie, drücke Sie an mein Herz! Ich, der Hauptmann, der Hauptmann.« In einem Zusatz frotzelt er: »Fort mit allen übrigen falschen Hauptmännern« (BB, S. 102). Unverblümter kann man kaum ältere Rechte einklagen. Wenn auch im Scherz, soll der lästige Gatte gefälligst dem einzig wahren, dem »Haupt-Mann« weichen. Diese gewagte Forderung unterstreicht Beethoven, indem er zwei Quintsprüngen eine fallende Oktave auf dem letzten »Haupt-mann« folgen lässt. Sogleich fühlt man sich an die Komturarie aus Mozarts *Don Giovanni* erinnert, in der die letzten beiden Silben des Namens Gio-van-ni ebenfalls von einer autoritätsgebietenden Oktave betont werden.[316]

Diese übermütigen Scherze bewegen sich in der Privatsphäre brieflicher Korrespondenz, ausgenommen jene, die die Biografie Tobias Haslingers im Journal *Cäcilia* schmückten. Aber auch im gedruckten Werk Beethovens lassen sich Beispiele musikalischer Späße finden. Ein großartiges Exempel ist das »Flohlied« aus den *Sechs Klavierliedern op. 75*. Unter dem Titel »Aus Goethes Faust« vertont Beethoven ein Scherzgedicht, das Mephisto vorträgt. Die Gesangspartie bewegt sich überwiegend in tieferen Lagen und auf nur wenigen Noten, sodass man von einem »basso caricato« sprechen kann.[317] Besungen wird ein König, der eine skurrile Tierliebe kultiviert: »Es war einmal ein König, / Der hatt' einen großen Floh, / Den liebt' er gar nicht wenig, Als wie seinen eig'nen Sohn.« Der gesamte Hofstaat leidet unter den Flohstichen, darf das Insekt aber nicht töten. Es ist die Parodie einer musikalischen Ballade – als ernsthafte Referenz könnte man an Zelters berühmten »König von Thule« denken, ebenfalls dem *Faust* entnommen. Hier brennt Beethoven ein wahres Feuerwerk witziger Einfälle ab, die dem Pianisten einige Geistesgegenwart abverlangen. Die keck springenden Töne der rechten Hand illustrieren den Floh, wiederkehrende Dissonanzen die geplagten Gestochenen. Zum grandiosen Spaß wird die refrainartige Wiederholung der Zeile: »Wir knicken und ersticken / Doch gleich, wenn einer sticht.« Das Wörtchen »sticht« gewinnt immer mehr Nachdruck. Beethoven verteilt es am Ende auf mehrere Silben, sodass ein gequält kicherndes »sti-hi-hi-hi-hicht« daraus wird. Und noch eine weitere Pointe baut er am Schluss ein: Die hüpfenden dissonanten Noten der rechten Hand sollen ausnahmslos mit dem Daumen angeschlagen werden, als dürfe der Pianist endlich persönlich den lästigen Floh auf den Tasten zerquetschen.

Ein weiteres Paradebeispiel musikalischen Humors sind die *33 Veränderungen über einen Walzer von Diabelli op. 120*. Sie gehen zurück auf eine Idee des cleveren Komponisten und Verlegers Anton Diabelli, der, um seinen Verlag bekannter zu machen, fünfzig Komponisten um Variationen zu einem von ihm vorgegebenen Thema bittet. Das Ganze soll unter dem Titel »Vaterländischer Künstlerverein« veröffentlicht werden. Beethoven stürzt sich so enthusiastisch auf das Thema, dass er gleich dreiunddreißig Variationen schreibt, die natürlich, darauf besteht er, separat erscheinen sollen. 1819 hatte Diabelli seinen Aufruf gestartet, vier Jahre später ist Beethoven immer noch nicht fertig und erhält Besuch von dem ungeduldigen Diabelli, den Beethoven gern den »Diabolo« nennt. »In drolligem Ärger über das Mahnen schrieb er sogleich die 22ste (Variation, Anm. d. V.) nieder mit der Überschrift: ›Keine Ruh bey Tag und Nacht‹, indem er Mozarts Melodie mit dem Walzer genial in Verbindung brachte«, berichtet Czerny. »Auch noch die 23ste Variante ist in dieser komischen Aufregung geschrieben.«[318]

Paul Bekker nennt den gesamten Zyklus »das monumentale Denkmal einer wahrhaft großsinnigen Heiterkeit«. Aus diesem Grunde hält er das Werk allerdings für unaufführbar. Beethoven zeige darin alle erdenklichen Stile und Formen, ironisiere sie jedoch gleichzeitig: mit einem »überlegenen Humor, der sich über alle Unzulänglichkeiten eines ewig unvollkommenen Mechanismus lachend hinwegsetzt«. Hans von Bülow hatte dagegen von einem »Mikrokosmos des Beethovenschen Genius« gesprochen. Was Bekker stört, ist vermutlich der Vorführcharakter, der auch im Rondo *Alla ingharese* spürbar wird: Beethoven stellt seine Möglichkeiten aus, mit einem Übermut, der die Komposition ins Komödiantische verschiebt.

Beethovens Affinität zu pointiert humoristischen Ideen zeigt sich allein schon an der Tatsache, dass er das übliche Menuett in vielen Kompositionen anfangs durch das noch wenig gebräuchliche Scherzo ersetzt. Erst im Laufe der Zeit verzichtet er auf diese Bezeichnung, offenbar deshalb, weil er nicht als Humorist missverstanden werden will. Die formale Freiheit des Scherzos jedoch, das sich vom eher braven Menuett vollkommen löst, führt er im *Streichquartett cis-Moll op. 131* zu legendär geisterhaftem Irrwitz. Auch der Presto-Satz in E-Dur ist zwar nicht ausdrücklich als Scherzo etikettiert, wird jedoch als solches eingeordnet und wirkt so überdreht, so extravagant und grotesk wie die imaginären Verfolgungsjagden des Rondo *Alla ingharese*. Wenn es jemals so etwas wie musikgewordene lustige Hast gegeben hat, hier ist sie präsent. Verstärkt wird dieser Eindruck durch verebbende Ritardandi und plötzliche Pausen. Es gehört sicherlich zu den originellsten Einfällen Beethovens, dass er sogar der Stille eine umwerfende Komik abgewinnt. So spricht Gerd Indorf von einem »vorwitzigen, überstürzten Violoncelloeinsatz, dem der ›eigentliche‹ Satzbeginn nach einer erschreckten Generalpause folgt«.[319] Gerade in einem extrem schnellen Satz erscheint plötzliches Schweigen ungeheuer absurd. Eine weitere Besonderheit ist die Spieltechnik des »sul ponticello«, eine bis dahin selten verwendete Bogentechnik, bei der ganz nah am Steg gespielt wird. Die obertonarme Klangfarbe, die dabei entsteht, erzeugt einen nasalen Effekt, der eine »parodistische Wirkung« nach sich zieht, wie Lewis Lockwood hervorhebt.[320]

Obwohl der Witz dieses Satzes auf der Hand liegt, ist die Wahrnehmung musikalischen Humors natürlich eine komplexe Angelegenheit. So wie beim verbalen Humor bedarf es eines Publikums, das das Spiel der durchkreuzten Erwartungen versteht, die überraschenden Wendungen, auch die musikalischen Anspielungen. Wer lediglich seine Erwartungen erfüllt hören möchte, wird enttäuscht sein. Zeitgenössische Kritiker lehnen das *Streichquartett cis-Moll* denn auch mehrheitlich ab. Wer aber auf der musikalischen Metaebene um die formalen Funktionen weiß, kann sich amüsieren, auf welch originelle Weise das Erwartbare einer ungewöhnlichen Alternative Platz macht. Beethoven erzählt gewissermaßen Insiderwitze – so wie im *Rondo G-Dur.*

Einen äußerst vergnüglichen Witz erlaubt er sich in der *Pastorale,* die Debussy zu der Bemerkung veranlasste, sie habe ein wenig nach Stall gerochen. Im dritten Satz, dem »Lustigen Zusammensein der Landleute«, persifliert Beethoven eine stümperhafte Dorfkapelle. Die Anmutung eines schlichten Tanzes wird musikalisch mit verschleppten Basstönen und taktwidrigen, also vermeintlich »falschen« Einsätzen der Oboe zur Farce. Solche eingebauten »Fehler« fallen natürlich nur einem Hörer auf, der die richtigen Einsätze im Ohr hat. So gerät diese Passage zum augenzwinkernden Aperçu für Kenner.

Mit wesentlich feinsinnigerer Ironie geht Beethoven im *Duo in Es-Dur für Viola und Violoncello WoO 32* vor, dem unvollendet gebliebenen »Duett mit zwei obligaten Augengläsern«. Offenbar ist es für zwei kurzsichtige Musikliebhaber geschrieben, und Beethoven gestaltet die beiden Sätze so krachend konservativ, dass man nichts weniger als einen kecken Spaß vermuten darf, den er sich auf Kosten der beiden Amateure macht.[321]

Der Jean Paul der Musik

Nähert man sich der Thematik elaborierter Anspielungen, so fällt rasch der Name eines Zeitgenossen, dessen »romantische« Ironie ihn zum Wahlverwandten Beethovens zu prädestinieren schien: Im neunzehnten Jahrhundert wurde es zu einem Gemeinplatz, Beethoven den »Jean Paul der Musik« zu nennen. Einer der Ersten, der diese Wahlverwandtschaft behauptete, war der Schriftsteller Ernst Wagner. Die vielfach befremdende, regelwidrige Tonsprache der *Eroica* wollte er als Pendant zu Jean Pauls Humor verstanden wissen. Wagner nimmt »ein unverkennbares Annähern zum Humoristischen« wahr, wenn er die Irritationen »seltsamer und romantischer« Momente in der *Eroica* schildert.[322] In diesem Kontext plädiert Wagner letztlich für eine Aufwertung des Begriffs Humor, der bis dahin meist pejorativ verwendet wurde. Wagner führt das Argument Jean Paul also ein, um Beethoven gegen seine Kritiker zu verteidigen. Und die mokieren sich ausführlich über den vermeintlich deplatzierten Humor, den man weithin für ein Symptom künstlerischen Unvermögens hält. Humor wird als Synonym für abwegige Einfälle verstanden. Typisch dafür ist eine Rezension der späten Streichquartette in der *Allgemeinen Musikalischen Zeitung*. Diese Werke würden »mehr Sensation durch das Bizarre, Humoristische und Gesuchte in der Ausführung, als durch das Angenehme und Ungezwungene erregen«,[323] befindet der Rezensent. Durch Jean Pauls Konzept der Ironie soll dem Humor eine literarische Nobilitierung zuteilwerden, von der auch die Einschätzung Beethovens profitiert.

Mancher Kritiker fühlte sich auch verschaukelt. So erscheint im Jahre 1805 ein Artikel in der *Allgemeinen Musikalischen Zeitung*, in dem Beethovens Lied »Das Blümchen Wunderhold« aus den *Acht Liedern op. 52* förmlich hingerichtet wird. »Begreif' es, wer es kann«, echauffiert sich der Rezensent, »dass von solch einem Manne etwas so durchaus Gemeines, Armes, Mattes, zum Theil sogar Lächerliches – nicht nur kommen kann, sondern sogar *ins Publikum* gebracht werden mag!«[324] Der Ärger entzündet sich an einem vertonten Gedicht Gottfried August Bürgers, das Beethoven als Strophenlied in geradezu minimalistischer Einfachheit gestaltet. Die Klavierbegleitung findet ganze Takte lang unisono zur Stimme statt, und sowohl Melodie als auch Klavierpart sind in einer skelettierten Simplizität gehalten, die wie ein ironischer Kommentar zum Text wirkt. Wer beim Stichwort »Wunderblume« die Magie raffinierter Harmonik oder extravaganter Melodieführung erwartet, muss sich vor den Kopf gestoßen fühlen.

Ist das freiwillige Selbstbeschränkung im Namen volksliedhafter Schlichtheit? Oder Beethovens Persiflage heiliger Einfalt? Einen Hinweis geben zwei gewitzte Sechzehnteltriolen am Ende jeder Strophe – ja, dieses Lied könnte ein höchst schalkhafter Kommentar zur prätentiösen Naivität des Textes sein, den immerhin ein gebildeter Schriftsteller verfasst hat. Sicher ist diese Deutung nicht, doch das Lied bringt den Rezensenten dazu, von Lächerlichkeit zu sprechen, wo Jean Paul, der Simplizität und sogar schlechten Geschmack als Ironie lobte, entzückt gewesen wäre.

Fruchtbar ist der Hinweis auf Jean Paul noch aus einem anderen Grund. In seiner *Vorschule der Ästhetik* liefert er eine Theorie des Humors, die sich auf Beethovens Schaffen übertragen lässt: Humor sei »das umgekehrt Erhabene«;[325] in der Musik hört er es vor allem bei Haydn. »Etwas der Keckheit des vernichtenden Humors Ähnliches«, schreibt Jean Paul, »gleichsam einen Ausdruck der Welt-Verachtung kann man bei mancher Musik, z. B. der Haydnschen, vernehmen, welche ganze Tonreihen durch eine fremde vernichtet und zwischen Pianissimo und Fortissimo, Presto und Andante wechselnd stürmt.«[326]

Interessant ist diese Sichtweise deshalb, weil Jean Paul etwas Destruktives auch im Hinblick auf den Komponisten wahrnimmt: Die ironische Geste wende sich weniger ins Außen als nach innen, und in diesem Sinne stelle Humor nicht zuletzt die Identität des Humoristen infrage. Mit anderen Worten: Er parodiere sich selbst, um die Uneigentlichkeit seines Tuns zu reflektieren. Aus der kohärenten Komposition wird ein Potpourri. Am augenfälligsten ist diese Art des selbstreflexiven Humors natürlich im Klavierstück *Alla ingharese*. Formal begegnet uns Verwandtes aus dem Rondo jedoch auch in anderen Klavierwerken Beethovens, wenngleich im »seriösen« Gewand.

Vergleicht man beispielsweise den Beginn des *Alla ingharese* mit dem Beginn der *Waldsteinsonate*, so sind es die gleichen stampfenden Akkordrepetitionen der linken und ähnlich hochstrebende wie abfallende Figuren der rechten Hand, die den Charakter einer kaum gebändigten motorischen Energie vermitteln. Vor allem die pochenden Achtelakkorde und das gesteigerte Tempo erzeugen ein körperlich spürbares Vorwärtsdrängen – wenn auch im ersten Satz der *Waldsteinsonate* harmonisch und motivisch ungleich komplexer angelegt. Stellt man diese beiden Anfänge einander gegenüber, so illustrieren sie die Janusköpfigkeit Beethovens: Beides, das Komische wie das Erhabene, stehen in seinem Werk auf eigentümliche Weise nebeneinander, konkurrieren miteinander, kommentieren einander.

William Kinderman hat Beethoven deshalb mit Laurence Sterne verglichen: Dessen Roman *Tristram Shandy* ironisiere in vergleichbarer Weise das Erzählen schlechthin, wie Beethoven das Komponieren ironisiere. Unbedeutende Nebensächlichkeiten würden zu Hauptsachen, was unter anderem im Prinzip der Motivabspaltung zum Tragen komme. Auch unverhohlenes Amüsement nimmt Kinderman wahr, etwa im Scherzo der *Klaviersonate C-Dur op. 2,3*. Die absteigenden Stakkatoviertel der Melodie imitierten ein Lachen, in das dann versetzt die linke Hand einfalle.[327] Joachim Kaiser fallen eher irritative Elemente auf. So fügt Beethoven im langsamen Satz der *Klaviersonate c-Moll op. 10,1*, eine Melodie ein, die wenig zu einem Adagio zu passen scheint – und Kaiser warnt davor, dass diese Melodie bei zu bewegtem Tempo etwas »albern Rossinihaftes« annehme.[328]

Aber dieser anspielungsreiche Effekt ist eben durchaus in dem Satz enthalten; ähnliche Einsprengsel eines hartnäckigen, zuweilen grotesken Humors lassen sich in vielen Klaviersonaten finden. Entsprechend obliegt es dem Pianisten, eine Entscheidung zu treffen. Alfred Brendel merkt denn auch an, komische Musik werde durch eine allzu ernsthafte Interpretation völlig ruiniert und bedeutungslos. Über die Spottlust und den Humor in Beethovens Klaviermusik schreibt Brendel ausführlich – etwa wenn er auf die Parodie der Fugentechnik im Finale der *Klaviersonate op. 10,2* hinweist; schon Adolf Bernhard Marx habe den Satz mit einem Kind verglichen, das einem alten Mann am Bart zupft. Doch wie lässt sich der Beethovensche Humor deuten? Kommt darin die destruktive Weltverachtung zum Ausdruck, von der Jean Paul spricht? Oder handelt es sich um puren Übermut? So wenig, wie Beethovens humorvolle Einlassungen gemütvoller Lustigkeit entspringen, sondern die Übersprungshandlungen eines disparaten wie desperaten Charakters sind, so wenig ist sein musikalischer Humor eine entspannte Angelegenheit. Wie schon im *Alla ingharese* hat der Humor vermutlich eine entlastende Funktion, und so spielt Beethoven mit der Vieldeutigkeit seiner musiksprachlichen Möglichkeiten. Nichts ist ihm heilig, im Gegenzug kann aller Spaß heiliger Ernst werden.

Ein gutes Beispiel ist der *Canon infinitus WoO 173*, den er 1819 seinem Wiener Verleger Steiner sendet. Der Text ist deftig: »Hol Euch der Teufel! B'hüt Euch Gott!« Nur ein Scherz? Nein, denn Beethoven verwendet ausgerechnet diese Melodie in der *Missa solemnis,* als Beginn des Sanctus, das »Adagio. Mit Andacht« überschrieben ist. Das Humorvolle und das Erhabene sind also zwei Seiten derselben Medaille. Auch für seine erste *Messe C-Dur* holt er sich ungewöhnliche Anregungen. Carl Czerny erzählt, dass Beethoven 1808 mit Gräfin Erdödy und einigen anderen Damen auf dem Lande spazieren gegangen und auf eine Dorfkapelle getroffen sei – vermutlich war es dieselbe, die Beethoven im dritten Satz der *Pastorale* karikierte. »Sie lachten über die falschen Töne besonders des Violincellisten, der, den C-Dur-Accord mühsam suchend, ungefähr Folgendes herausbrachte: G-H-C-G-E-C.« Erstaunlich genug, fährt Czerny fort: »Beethoven benutzte diese Figur für das Credo seiner ersten Messe.«[329] Ist also das Komische erhaben oder das Erhabene komisch? Wie kann es sein, dass Beethoven einen Scherzkanon und die missglückten Töne eines dilettantischen Cellisten in Sakralwerken verwendet?

»Nach jeder pathetischen Anspannung gelüstet der Mensch ordentlich nach humoristischer Abspannung«, stellt Jean Paul im § 33 seiner *Vorschule der Ästhetik* fest. »Aber da keine Empfindung ihr Widerspiel, sondern nur ihre Abstufung begehren kann: so muß in dem Scherze, den das Pathos aufsucht, noch ein herabführender Ernst vorhanden sein. Und dieser wohnt im Humor.« Mit Jean Paul könnte man sagen, dass der Humorist Beethoven immer »die tragische Maske« in der Hand hält.

Durchstreift man den Beethoven'schen Kosmos unter den Maßgaben dieser Idee, so trifft man diese Art des Humors in den verschiedensten Werken an. Da ist etwa das *Andante favori*, Josephine gewidmet. Schon in Takt dreißig tönt Beethoven das innig zärtliche Thema durch neckische Anmutungen eines Wiener Heurigenlieds ab. Stakkatierte Zweiunddreißigstel umspielen die Melodie, sodass man an die Zupfbretter von Heurigenkapellen denkt. Hier trägt der Humor fraglos eine tragische Maske, denn Beethoven ahnt bereits die Vergeblichkeit seines Liebeswerbens. Wenn ein Zeitgenosse über die widersprüchlichen Wirkungen von Musik schreibt: »Ein electrischer Hautkitzel, der allenfalls die Drüse im Augenwinkel einiger Tropfen entladet, oder prinkelnd das Zwerchfell überfährt«, so führt

Beethoven diese Wirkungen in einer nie gekannten Ambiguität zusammen, wie der Mediziner Aloys Weißenbach meinte (KC, S. 1081). Über Beethovens Musik ließe sich sagen, was Adorno zu Schubert einfällt: Er sei der Beweis dafür, dass es keine fröhliche Musik gebe. Mit demselben Recht kann man für Beethoven jedoch auch behaupten, dass noch in den ernstesten Momenten seiner Musik der Schalk lauert.

Eines der verblüffendsten Beispiele dafür ist sein *Streichquartett F-Dur, op. 135*. Sowohl in den Skizzen als auch in der Erstausgabe des letzten Quartetts steht im Finale über einer Melodiefigur der Bassstimme die Frage: »Muss es sein?« Sie wird von den Violinen zweimal mit einer Melodie beantwortet, der die Worte »Es muss sein!« unterlegt sind. Am oberen Rand der Partitur notierte Beethoven außerdem die Überschrift »Der schwer gefasste Entschluss«. Das wirkt erschütternd, stammt diese Zeile doch von einem schwer kranken, völlig ertaubten Mann, der sich gerade immer mehr in den kräftezehrenden Konflikt verstrickt hat, seinen Neffen Karl zu adoptieren Dennoch wurde diese Überschrift »abwechselnd als Witz, als salbungsvolle Alltagsphrase oder – ernsthafter – als Verweis auf Beethovens vermeintliche Schwierigkeit interpretiert, das Werk angesichts seiner Verzweiflung über den Selbstmordversuch seines Neffen Karl und seiner eigenen gesundheitlichen Schwäche fertigzustellen«, listet Beethoven-Biograf Lewis Lockwood die Deutungsoptionen auf.[330] Warum auch als Witz?

Hier schließt sich ein Kreis, denn die Worte »Es muss sein« bilden den Titel des gleichnamigen Scherzkanons, WoO 196. Beethoven komponierte ihn 1826, kurz bevor er mit seiner Arbeit an dem Streichquartett begann. Der Anlass dieses kuriosen Werks ist eine Auseinandersetzung mit einem Fan namens Ignaz Dembscher, der Beethoven für eine kammermusikalische Soiree in seinem Haus gewinnen möchte. An diesem Abend soll das *Streichquartett op. 130* erklingen. Dessen Premiere hat Dembscher allerdings versäumt, und so besteht Beethoven darauf, er solle Ignaz Schuppanzigh zunächst das entgangene Eintrittsgeld zahlen. Erst danach könne man über eine Aufführung im Hause Dembscher verhandeln. Der solcherart zur Kasse Gebetene antwortet mit einem resignierten »Wenn es sein muss –!«. Sogleich macht Beethoven einen vierstimmigen Kanon daraus: »Muss es sein? Ja, heraus mit dem Beutel!«

Kapitel 6

Hochamt des Humanums

Neunte Symphonie d-Moll op. 125, 1824 uraufgeführt

Es ist wieder so weit. Unten auf der Straße versperrt ein vierspänniges Fuhrwerk die Durchfahrt, es gibt Pfiffe, Geschrei, und im ganzen Haus herrscht hektische Betriebsamkeit. Treppauf, treppab laufen die Bediensteten, um all die Dinge aus der Wohnung zu schaffen, die der Herr Kompositeur in der Sommerfrische benötigt. Nun ja. Ob er das wirklich alles braucht? Notenblätter, Buchfolianten, Federn, Tintenfässer, zwei Hörrohre, eine Bratsche, sogar ein Flügel ohne Beine, all das türmt sich bereits auf dem Gefährt, und noch immer nimmt das Beladen und Verschnüren kein Ende. Dabei geht's doch nur ein, zwei Monate ins romantische Mödling; vielleicht auch nach Teplitz, Hetzendorf, Heiligenstadt – oder ins noble Baden, wo seine Majestät der Kaiser höchstselbst Erquickung in Hygieias Tempeln sucht. Auch der Herr van Beethoven hofft auf Besserung seiner Gesundheit durch die heilkräftigen Quellen. Und was macht er sonst noch in diesen Kurorten? Spazieren gehen? Der gnädige Herr und seine Grillen Er will ja nicht mal auf dem Kutschbock sitzen, sondern lieber zu Fuß gehen. Da verstehe einer die feine Herrschaft. Zu Fuß? Den ganzen langen Weg? (KC, S. 891)

In der Tat, Beethovens Entschluss steht fest: Er wird sich »per pedes apostolorum« ins sechzehn Kilometer entfernte Mödling begeben. Während er das Verladen der Musikalien überwacht, eilen ihm seine Gedanken schon weit voraus: »Fort, fort, ins Freie!« (KC, S. 898) Raus aus dem übel riechenden Moloch Wien, raus

aus den lärmenden dunklen Gassen, wo kein Windhauch, kein Sonnenstrahl das Herz weitet. Beethoven kann es kaum erwarten, endlich wieder dort zu sein, wo er sich am wohlsten fühlt: in der freien Natur, weit weg vom »Teufels-Menschen-Zeug« (BB, S. 117), wie er es in einem Brief an Gräfin Erdödy ausdrückt.

Wenig später marschiert er los, abseits der Straße, auf dem sich das Fuhrwerk schaukelnd in Bewegung setzt. Den Feldstecher wohlverwahrt in der Brusttasche seines schlichten blauen Rocks, geht es querfeldein durch wogende Kornfelder. Niemand kann das Land so lieben wie er – geben doch Wälder, Bäume, Felsen den Widerhall, den sich der Mensch wünscht (vgl. BB, S. 52). Beethoven schreitet kräftig aus, leicht nach vorn gebeugt, mit hin und her schlagenden Rockschößen, in denen Skizzenbuch und Konversationsheft verstaut sind. Wie oft schon ist er durch diese Landschaften gewandert, um in der Einsamkeit der Täler und Höhen allem zu entfliehen, was ihm das Herz beschwert. Wie oft schon hat er dann den Kelch des bitteren Leidens in seiner Musik ausgeleert (vgl. BB, S. 93).

Auch jetzt kommt ihm eine Melodie in den Sinn. Sosehr ihn sein versagendes Gehör peinigt, vor seinem inneren Ohr hört er schon die Instrumente spielen. Sogleich zückt er Bleistift und Skizzenbuch, um die Melodie zu notieren, dann singt er sie probeweise in verschiedenen Lagen und dirigiert ein imaginäres Orchester. Warum auch nicht? Keine Etikette engt ihn ein, und für ausreichende Bewegungsfreiheit ist gesorgt, gottlob. Er weiß ja selber, dass er ein Grobmotoriker ist. Neulich erst hat er einen Spiegel zerbrochen, und schon manches Glas, mancher Teller, manches Kaffeegeschirr lag in Scherben wegen seiner Ungeschicklichkeit.[331] Doch hier draußen steht ihm nichts im Wege, weder buchstäblich noch metaphorisch. Sollen sich die Bauersleute doch wundern, wie er so einherschreitet, singend, brummend, mit gestikulierend erhobenen Armen. Manche erkennen ihn sogar. Ehrerbietig machen sie Platz, wenn sie ihm auf dem staubigen Feldweg begegnen.

Nur ein Ochsengespann geht durch, als Beethoven wild fuchtelnd darauf zuschreitet. Die Flüche des Bauern, der seinen brüllenden Rindviechern hinterherrennen muss, kann er glücklicherweise nicht mehr hören. Während er einen bewaldeten Hügel hinaufsteigt, lauscht er unverwandt den Tönen, die aus ihm herausfließen in Gottes schöner Natur. Schindler, der geschwätzige »Papageno« (BB, S. 154), muss es natürlich gleich wieder übertreiben: »Gleichwie die Biene aus den Blumen des Feldes ihren Honig sammelt, so sammelt Beethoven, im freien Felde herumlaufend, seine erhabensten Ideen«, hat er doch tatsächlich neulich einem Besucher verkündet. Immer muss der mährische Schädel seine Wortklaubereien von sich geben,[332] fehlt nur noch, dass dieser »Lumpenkerl von Samothrazien«[333] selbst zu komponieren beginnt. Glücklicherweise ist Schindler in Wien geblieben, und so muss man nicht andauernd in die Leichenbittermiene des aufdringlichen »Appendix« (BB, S. 152) schauen.

Ach, Schindler. Es gibt Wichtigeres. Mit einem Lächeln erinnert sich Beethoven an den archaischen Hirtengesang, den er einst aufgeschnappt und sogleich für den Anfang der *Pastorale* verwendet hat.[334] Ein friedliches kleines Liedchen, das ihn damals anwehte und seine heiteren Empfindungen bei der Ankunft auf dem Lande abzubilden schien. Er schaut hoch zu den Blätterkronen der Bäume. Damals konnte er noch die Vogelrufe hören und in der Partitur kenntlich machen: Kuckuck, Wachtel, Nachtigall. Vorbei. Sein Gehör verschließt sich mittlerweile solch hohen Tönen, was bleibt, ist die Erinnerung daran.

Beethoven verlangsamt seinen Schritt. Die Wanderung durch unwegsames Gelände hat ihn erschöpft. Schwer atmend lässt er sich auf einem Felsblock nieder und beschattet mit der flachen Hand seine Augen. In der Ferne ahnt man schon Mödling, vor den sanft ansteigenden Hängen des Wienerwalds gelegen, den die Schwarzföhren in einen bläulichen Schimmer tauchen. »Auf dem Hügel sitz ich, spähend / In das blaue Nebelland, / Nach den fernen Triften sehend, / Wo ich dich, Geliebte, fand«, dichtete Aloys Isidor Jeitteles. In diesen sehnsuchtsvollen Zeilen hat sich Beethoven wiederfinden können, als er für Fürst Lobkowitz den Liederreigen *An die ferne Geliebte* komponierte. Ja, fern ist sie jetzt, die unsterbliche Geliebte, immer noch geliebt zwar, aber unerreichbar. Trost verspricht allein die Natur. Und wer könnte solche Empfindungen besser in Worte kleiden als Jeitteles? »Dort im ruhigen Tal / Schweigen Schmerzen und Qual …«

Beethovens Miene verdüstert sich. Die Natur ist sein Spiegel der Seele, aber manchmal zeigt sie auch ihre abweisende Seite – wenn sie ihm vor Augen führt, er allein sei keiner Liebe würdig. Als hätte Gottfried August Bürger geahnt, wie ihm dann zumute ist, schenkte er den Seufzern des unerwidert Liebenden die Worte: »Hast du nicht Liebe zugemessen / Dem Leben jeder Kreatur? / Warum bin ich allein vergessen, / Auch meine Mutter du! du Natur?« Dieses Gedicht hat Beethoven ebenfalls vertont, beklommen beim Gedanken an eine kalte Mutter Natur, die ihm jede Zuwendung verweigert: »Wo lebte wohl in Forst und Hürde, / Und wo in Luft und Meer, ein Tier, / Das nimmermehr geliebet würde? – Geliebt wird alles außer mir!«

Zeilen wie diese wollen mit Bedacht ausgewählt sein. Es ist nun einmal die Pflicht des Tonkünstlers, alle älteren und neueren Dichter zu kennen und in Rücksicht auf den Gesang das Beste und Passendste zur künstlerischen Absicht auszuwählen (vgl. BB, S. 123). Und manchmal bedarf es eben der Poesie, um zu sagen, was in der Musik nur undeutlich gesagt werden kann. Immer fragt das Publikum nach der Bedeutung seiner Symphonien, manchmal werden die abenteuerlichsten Programme hineingelesen. Liegt es da nicht nahe, auch der großen symphonischen Musik mit sprechenden Zeilen einen unmissverständlichen Sinn zu verleihen? Mit einem Dichterwort, dem die Menschen eine große, weltumspannende Botschaft ablauschen könnten?

Eine wahrhaft erhebende Botschaft schwebt Beethoven vor. Eine Jubelfeier des Seins, eine Hymne der Freude. Noch ist es eine Vision. Aber hat er nicht von Jugend an den Plan gehegt, Schillers *Ode an die Freude* in Töne zu setzen?

Eine kalte Bö streift seine Wangen, und Beethoven hebt den Blick. Jetzt erst wird ihm bewusst, dass die Sonne bereits untergeht. Die Dämmerung senkt sich über Felder und Wiesen. Wo ist er überhaupt? Hat er sich verirrt? Wie spät mag es sein? Er rafft sich auf, mit einigem Bedauern.

Es ist fast dunkel, als er Mödling erreicht. Sogleich lenkt er seine Schritte zum Hafnerhaus, einem Renaissancegebäude mit anmutigen Arkaden, wo er schon des Öfteren Logis genommen hat. Er freut sich auf ein deftiges Abendessen und einen kühlen Veltliner. Aber wo zum Teufel ist das Fuhrwerk? Im Hafnerhaus weiß man von nichts. Also läuft Beethoven durch die Straßen, auf der Suche nach seiner Habe, und findet sie schließlich auf dem Marktplatz. Das Fuhrwerk ist allerdings verschwunden, so wie der Nichtsnutz von Kutscher, der sein Geld schon im Voraus bekommen hat. Ein paar johlende Jungen begaffen das sperrige Gepäck. Sie erzählen Beethoven, der Kutscher habe einige Stunden vergebens gewartet und schließlich den Heimweg angetreten.

So eine Kanaille! Einen Augenblick später bricht Beethoven in schallendes Gelächter aus. Da hat er doch tatsächlich die Zeit vergessen auf seiner Wanderung! Ein paar kleine Münzen wechseln den Besitzer, dann tragen die feixenden Jungen alles ins Hafnerhaus, vom Flügel über die Buchfolianten bis zum Tintenfass.

Die Offenbarungen der Natur

Beethovens ausgedehnte Spaziergänge und Wanderungen sind Legende. Kein anderer Komponist vor ihm – und möglicherweise auch keiner nach ihm – verließ täglich viele Stunden lang das Haus, um unter freiem Himmel dem »Teufels-Menschen-Zeug« zu entgehen. Die Natur ist sein Tempel, sein Labsal, sein Refugium. Das Motto »Erwachen heiterer Empfindungen bei der Ankunft auf dem Lande«, dem ersten Satz der *Pastorale* beigegeben, ist daher mehr als bukolische Poesie. Wenn Beethoven vor den Toren der Stadt spazieren geht oder in den Sommermonaten ganz aufs Land zieht, so hat das eine existenzielle Bedeutung: Weltflucht und Sammlung, Selbstvergewisserung, Gotteserfahrung.

Eine große Rolle für seine kleinen Fluchten spielt der epochentypische antiurbane Reflex. Von einem »Kehrichthaufen der modernen Zivilisation, Stadt genannt« wird ein Jahrhundert später der Wiener Lebensreformer und Anarchist Pierre Ramus (bürgerlich Rudolf Großmann) sprechen, Beethoven findet ähnlich starke Worte, wenn er seine Empfindungen auf dem Land mit den Zumutungen der Stadt kontrastiert: »Hier, von diesen Naturprodukten umgeben, sitze ich oft Stunden lang, und meine Sinne schwelgen in dem Anblick der empfangenen und gebärenden Kinder der Natur; hier verhüllt mir die Sonne kein von Menschen gemachtes Dreck-Dach; der blaue Himmel ist hier mein sublimes Dach« (KC, S. 976), gesteht er dem Klavier- und Harfenfabrikanten Johann Andreas Stumpff.

Das »Dreck-Dach« Wien ist eine andauernde Reibungsfläche. Als Beethoven 1792 dorthin übersiedelt, ist die Donaumetropole nach heutigen Maßstäben eine Kleinstadt mit gerade mal einer Viertelmillion Einwohnern. Die teilen sich allerdings einen relativ kleinen Stadtkern, der mit dem raschen Bevölkerungszuwachs kaum Schritt halten konnte. Hohe Mietshäuser haben die engen Straßen in düstere Schluchten verwandelt, in denen es vor Menschen, Kutschen, Fuhrwerken nur so wimmelt. Der Geräuschpegel ist extrem hoch und in der Anfangszeit einer der Gründe für Beethovens ständige Umzüge.

In Wahrheit ist er jedoch emotional unbehaust, ganz gleich wo er wohnt. Er beschwert sich über die schlechte Luft, insinuiert, der Wiener Wein sei gepanscht oder sogar vergiftet (KC, S. 971), und äußert sich abfällig über die allgemeine »moralische Verderbtheit« (BB, S. 181). Ihn quält die Zwangsvorstellung, auch er selbst könne beschmutzt sein durch den amoralischen Sumpf, in den er geraten ist. Schließlich spielt er die Spiele mit, soweit erforderlich, lässt sich zu Zugeständnissen herab, taktiert und laviert, um sein Glück in diesem städtischen Environment zu machen. Einmal spricht er von Wien als einer »Kloake«, in der alles, was er leiste, »so gut wie verloren« sei (BB, S. 79). Umso stärker ist der Fluchtimpuls. Einem Freund gegenüber äußert er: »Ich muss mich in der unverdorbenen Natur wieder erholen und mein Gemüth reinwaschen« (KC, S. 975).

Als Gegenpol zur überfordernden Komplexität der Stadt beschwört Beethoven die einfachen Freuden des Landlebens. Es ist natürlich eine Projektion. Ihn bewegt eine tief verwurzelte Sehnsucht nach vormoderner Ursprünglichkeit und Unmittelbarkeit, wie er sie in Bonn erlebt zu haben glaubt. Zeitlebens träumt er von der »schönen Gegend, wo ich das Licht der Welt erblickte« (BB, S. 18). Die Landschaft seiner Kindheit und Jugend wird zu einem idealisierten Sehnsuchtsort, während ihn Wien zunehmend abstößt. Mehr noch, er ist überzeugt, dass die Stadt ihn krank macht. Falls es überhaupt Heilung gibt, so mutmaßt er, könne er sie nur in der Heimat finden. »Sollte mein Zustand fortdauern, so komme ich nächstes Frühjahr zu Dir«, schreibt er im Jahre 1800 unter dem Eindruck des beginnenden

Hörverlusts seinem Freund Wegeler in Bonn. »Du mietest mir irgendwo in einer schönen Gegend ein Haus auf dem Lande, und dann will ich ein halbes Jahr ein Bauer werden, vielleicht wird's dadurch geändert« (BB, S. 20f.). Nicht anders als zivilisationsmüde Aussteiger heutiger Tage erhofft sich Beethoven physische und seelische Gesundung, sofern er das städtische Getriebe hinter sich lässt. Auch das ist eine zeittypische Erscheinung. Der von Beethoven verehrte Schiller zog sich 1782 in ein kleines Bauerndorf nahe Meiningen zurück. Das hatte zwar vordergründig politische Gründe, doch in der Abgeschiedenheit des Dorfes, so Schiller, sei er nun »in der Verfassung, ganz meiner Seele zu leben, und ich werde sie benutzen«.[335] Vielleicht hegt Beethoven auch eine Aussteigerfantasie nach dem Vorbild Marie-Antoinettes. Die Gemahlin Ludwigs XVI. hatte sich unweit ihres Petit Trianon ein operettenhaftes Bauernreich in den Gärten von Versailles geschaffen, den *Hameau de la Reine*, wo sie sich zwischen Schafen und Hühnern vom steifen Hofzeremoniell erholte.

Beethoven als Bauer, eine aparte Vorstellung. Doch es bleibt eine eskapistische Fantasie, den Federkiel mit der Heugabel zu vertauschen und das Leben eines Landmanns zu führen. Genauso wenig wird Beethoven jemals wieder seinen »Vater Rhein begrüßen«, wie er anfangs noch hofft (BB, S. 18). Das Postwesen erlaubt ihm zwar, europaweit mit Verlegern zu korrespondieren, doch wenn es um Sponsoren geht, ist die persönliche Kommunikation unerlässlich. Also muss er sich dort zur Verfügung halten, wo seine wichtigsten adeligen Auftraggeber residieren: in der damaligen Musikhauptstadt Europas. Ein Entkommen gibt es nur im Sommer, wenn auch seine Gönner die stickige, überfüllte Stadt verlassen, um sich auf ihren Landsitzen zu erholen oder eine Kur anzutreten.

Es muss eine enorme Entlastung für Beethoven sein, Wien

dann den Rücken zu kehren. Gesellschaftliche Konventionen bleiben ihm ein Leben lang fremd, so wie die artifizielle Sphäre des Adels; in der Natur findet er einen Lebensraum, in dem man ihn nicht mit sozialen Regeln behelligt. Vor allem ist sie ein Schutzraum für seine verwundete Seele. Schon in einer frühen Liedkomposition, der äußerst erfolgreichen *Adelaide*, 1795 bis 1796 entstanden, heißt es: »Einsam wandelt dein Freund im Frühlingsgarten, / Mild vom lieblichen Zauberlicht umflossen, / Das durch wankende Blüthenzweige zittert, / Adelaide!« Die Nöte der Einsamkeit werden keineswegs geleugnet, von einer magisch ästhetisierten Natur jedoch gemildert. Dem Autor Friedrich von Matthisson dankte Beethoven für das »seelige Vergnügen«, das ihm dessen Poesie beschere.

Die Wanderlust hat aber noch andere Gründe, persönliche wie zeitgeistige. Beethoven, der unstete Mietnomade, zu dessen Lieblingslektüre nicht von ungefähr Homers *Odyssee* zählt, ist ein Suchender, einer, der immer unterwegs ist und nie ankommt. Dass er sich bei seinen Exkursionen mehrfach verirrt, zeigt diese Disposition sehr deutlich. Er möchte der Welt abhandenkommen. Gut möglich, dass er diese Denkfigur seiner Lektüre entnommen hat, denn mit dem Wandermotiv greift Beethoven einen zentralen Topos der Empfindsamkeit und der Frühromantik auf. Viele literarische Helden jener Zeit treibt es hinaus ins Freie, um Selbsterfahrungen jenseits zivilisatorischer Zwänge zu machen. Exemplarisch geschieht dies in Ludwig Tiecks *Franz Sternbalds Wanderungen, eine altdeutsche Geschichte*, 1798 erschienen. Darin begeistert sich der Protagonist an der musikhaften Schönheit der Landschaften, die alle Künste übertreffe: »O unmächtige Kunst! Wie lallend und kindisch sind deine Töne gegen den vollen harmonischen Orgelgesang, der aus den innersten Tiefen, aus Berg und Tal und Wald und Stromesglanz in schwellenden, steigenden Akkorden heraufquillt!«

Der Gedanke einer überwältigenden Musik der Natur bewegt auch Beethoven. Zumindest behauptet das sein Famulus Schindler: »Wir beide verstanden es, von irgendeinem Berg herabschauend, in der wundervollen Partitur der Natur zu lesen.«[336] Fakt oder Fiktion? In diesem Falle muss man Schindler in Schutz nehmen, denn was er aus dem Gedächtnis wiedergibt, entspricht jenen Thesen, die Beethoven in einer seiner wichtigsten Inspirationsquellen vorfindet, Christoph Christian Sturms *Betrachtungen über die Werke Gottes im Reiche der Natur*. In dem völlig zerlesenen Exemplar hat Beethoven eine Passage angestrichen: »Keine Beschäftigung, von welcher Art sie auch sein mag, ist mit so mannigfaltigen Vergnügen, mit so abwechselnden Reizen verbunden, als die sorgfältige Betrachtung der Naturwerke.« Die Pointe dieser Feststellung ist ein religiöser Offenbarungscharakter, den der Theologe und Kirchenlieddichter Sturm beschreibt: »Hier werde ich Gott kennen lernen und in seiner Erkenntnis einen Vorgeschmack des Himmels finden.« Jenseits theologischer Dogmen, auch jenseits einer personifizierten Gottheit, sucht Sturm seinen Gott dort, wo er sichtbar und spürbar präsent ist: in dessen Schöpfung.

Bereits bei Klopstock, Beethovens frühem literarischem Idol, finden sich Zeilen, die aus den Naturphänomenen eine Allgegenwart Gottes herauslesen. »Und die Gewitterwinde? Sie tragen den Donner! / Wie sie rauschen! Wie sie die Wälder durchrauschen!«, heißt es in Klopstocks Ode *Die Frühlingsfeier*. »Hört ihr, hoch in den Wolken, den Donner des Herrn?« Doch Tieck wie auch Sturm gehen noch einen Schritt weiter: Sie räumen der Natur einen höheren Stellenwert ein, wenn es um den Vergleich zwischen menschengeschaffenen Kunstwerken und göttlicher Schöpfung geht. Das Vergnügen der Naturbetrachtung, so Sturm, »wird nun viel größer werden, je sorgfältiger wir den Absichten Gottes bei den Werken der Natur nachdenken. Denn die

Seltenheiten der Natur sind von weit höherer Art, als alle Wunder der menschlichen Kunst.«

Wie tief Beethoven diese Wertung verinnerlicht hat, wird deutlich, wenn er an seinen kompositorischen Fähigkeiten zweifelt. So gesteht er einem Freund: »Wenn ich dann und wann versuche, meinen aufgeregten Gefühlen in Tönen eine Form zu geben – ach, dann finde ich mich schrecklich getäuscht: Ich werfe mein besudeltes Blatt voll Verdruss auf die Erde, und fühle mich fest überzeugt, dass kein Erdgeborener je die himmlischen Bilder, die seiner aufgeregten Fantasie in glücklicher Stunde vorschwebten, weder durch Töne, Worte, Farbe oder Meißel darzustellen imstande sein wird!« (KC, S. 976) Natürlich schwingt darin auch ein gewisses Understatement mit. Beethoven versucht durchaus, das Unmögliche möglich zu machen. Die »himmlischen Bilder« im dezidiert religiösen Sinne hat er unter anderem in der *C-Dur-Messe,* dem Oratorium *Christus am Ölberge* und der *Missa solemnis* in Töne umgesetzt. Doch es sind längst andere Bilder, die ihm während der Arbeit an der *Missa solemnis* vorschweben: Angeregt durch Christoph Christian Sturm, sucht Beethoven unter dem sublimen Dach des Himmels einen subjektiv empfundenen Glauben. Dafür braucht es keine Theologie, keine gelehrten Texte. Die Präsenz Gottes ist für ihn manifest in der Natur, sie offenbart sich in Baum und Strauch, in Sonne, Luft und Wolken.

Diese pantheistische Denkweise reicht bis in die Philosophie der Vorsokratiker zurück, hatte aber seit Anfang des 18. Jahrhunderts neue Aktualität gewonnen: durch den englischen Philosophen John Toland, dessen Werk *Das Pantheistikon* 1720 erschienen war. Darin rückte Toland von der Vorstellung eines personifizierten Gottes ab, was ihm prompt den Vorwurf des Atheismus eintrug. Auch in Deutschland entbrannten daraufhin Debatten, in denen sich unter anderem Kant und Moses Mendelssohn zu Wort meldeten. Ganz offen vertritt der von

Beethoven verehrte Goethe die Idee des Pantheismus. »Was kann der Mensch im Leben mehr gewinnen, / Als dass sich Gott-Natur ihm offenbare?«, fragt er in einem Gedicht anlässlich Schillers Tod. Was Goethes Haltung umso attraktiver für Beethoven erscheinen lässt, ist die Tatsache, dass der Weimarer Dichter die Idee des Göttlichen auf die Menschen überträgt. Denn, so Goethe: »Wär nicht das Auge sonnenhaft, / Wie könnt' die Sonne es erblicken? / Wär nicht in uns des Gottes eigne Kraft, / Wie könnt' uns Göttliches entzücken?«

Von dieser Beobachtung ist es nicht weit zur Annahme, im Künstler walteten göttliche Schöpferkräfte. Für Beethoven hat diese These einen großen Reiz. Das Christentum ist sein Religionshintergrund, spirituelle Impulse sucht der getaufte Katholik jedoch nicht nur in den Traditionen der allein seligmachenden Kirche. Der Offenbarungscharakter einer göttlich durchpulsten Natur weist ihm den Weg zu einer Erlösungsvision, die monotheistische Vorstellungen hinter sich lässt. Religion kann entzweien, das weiß Beethoven, der seinen Luther gelesen hat. So fragt sich, was die Menschheit einen könnte. Eine der Antworten wird der Schlusschor der *Neunten Symphonie* sein: »Freude, schöner Götterfunken, / Tochter aus Elysium, / Wir betreten feuertrunken / Himmlische, dein Heiligtum.«

Glaube, Tod und Teufel

Rekonstruiert man die Vorgeschichte der *Neunten Symphonie*, so kann man eine Entwicklung betrachten, in der Beethoven immer stärker von konfessionell geprägten Glaubensinhalten abrückt. Schon in der *C-Dur-Messe op. 86* von 1807 weicht er vom orthodoxen Weg ab. Das *Kyrie eleison* – Herr erbarme dich! –

wurde traditionell in flehendem Ernst gestaltet. Beethoven aber verleiht diesem wichtigen Abschnitt der Messe ein Fluidum entspannter Heiterkeit. Der Katholik, so seine Argumentation, solle des Sonntags festlich geschmückt und heiter in die Kirche gehen. Demut? Nein danke. Fürst Nikolaus Esterhazy, der ursprüngliche Widmungsträger der Messe, reagiert verstimmt. Seinem Empfinden nach ist Beethoven zu weit gegangen und hat die sakrale Botschaft ins Lächerliche gezogen. Statt des erwarteten Lobs bekommt der Komponist nur ein naserümpfendes »Aber, lieber Beethoven, was haben Sie denn da wieder gemacht?« zu hören.[337]

Aus Anlass der *Missa solemnis* beschäftigt sich Beethoven dann nochmals intensiv mit den Texten der katholischen Messe. Er stellt ausgedehnte Recherchen im Bereich der Sakralmusik an, unter anderem bei Bach und Händel, und erforscht die frühen kirchlichen Gesänge. Vor allem aber geht er den Fragen des Verhältnisses von Gott und Mensch nach, unbekümmert um päpstliche Dogmen. Während der Komposition der *Missa* tauscht er sich mehrfach mit dem unorthodoxen katholischen Pastoraltheologen Johann Michael Sailer aus, dessen Abhandlungen Jahrzehnte später auf dem Index landen werden: 1873 verdächtigt man ihn der Häresie; seine Schriften seien zu aufklärerisch und zu »protestantisch«. Sailer tritt für einen persönlich empfundenen Glauben ein, was Beethoven in seiner Suche nach einer individuellen Lesart des Messetexts bestärkt. So entsteht ein klanggewaltiges Opus von ungeheurer Komplexität, das jeden liturgischen Rahmen sprengt und die Textebene musikalisch anders interpretiert als gewohnt. Beispielsweise fügt Beethoven im *Agnus Dei* bei der Bitte um Frieden stark rhythmisierte Passagen ein, die an Kriegsgetümmel erinnern. Damit unterstreicht er die Dringlichkeit des Friedenswunsches, lässt aber auch eine gewisse Skepsis durchblicken, was die Verwirklichung dieses Wunsches betrifft.

Parallel arbeitet Beethoven – wenn auch zunächst sporadisch – an einem Werk, dessen weltanschauliche Aussagekraft und Wirkmacht jene der Messe bei Weitem überflügeln werden. Eigentümlicherweise erleben die *Neunte Symphonie* und Teile der *Missa Solemnis* ihre Wiener Premiere im selben Konzert: am 7. Mai 1824 im Kärntnertortheater. Es ist eine ähnlich seltsame Koinzidenz wie schon die gemeinsame Uraufführung der *Fünften* und *Sechsten Symphonie* am 22. Dezember 1808 im Theater an der Wien.

Wieder stehen sich zwei Werke gegenüber, deren ästhetische Gestalt und künstlerische Programmatik unterschiedlicher nicht sein könnten. Und doch korrespondieren sie miteinander. Denn weder ist die *Missa solemnis* ein unkritisches religiöses Bekenntnis noch die *Neunte Symphonie* ein rein profanes Werk. In der Messe sucht Beethoven nach einer subjektiv vertretbaren Wahrheit im formelhaften Text, im Schlusschor der Symphonie wiederum dokumentiert er seine Vision einer spirituellen Erlösung. Es gibt sogar musikalische Korrespondenzen. Sowohl in der *Missa* als auch in der Symphonie mündet ein Dominantnonenakkord an entscheidender Stelle in die D-Dur-Tonika: »Pleni sunt coeli« und »Seid umschlungen, Millionen« sind für Beethoven zwei Facetten derselben Sache, »das eine Mal liturgisch, das andere Mal humanistisch formuliert«.[338]

Ein praktizierender Katholik war Beethoven nie. Nicht zuletzt sein Hörleiden hat ihn dem Glauben an die Güte Gottes entfremdet. »Dein Beethoven lebt sehr unglücklich im Streit mit Natur und Schöpfer; schon mehrmals fluchte ich letzterem«, schreibt er ausgerechnet seinem Theologenfreund Carl Amenda, als er die ersten Symptome der Ertaubung registriert (BB, S. 16). Ein tiefgläubiger Christ hätte seinen Schöpfer um Heilung angefleht, statt ihn zu verfluchen. Doch in Beethovens Vorstellungswelt ist eher der Teufel am Werk, weshalb er im selben Jahr in einem Brief an Wegeler vom »neidischen Dämon, meiner schlimmen Gesundheit« spricht und später vom »Dämon« in seinen Ohren (BB, S. 19 und S. 66). Seinem Bonner Freund Wegeler gegenüber äußert er sich ähnlich wie im Brief an Amenda: »Ich habe schon oft den Schöpfer und mein Dasein verflucht« (BB, S. 20f.).

Beethoven hadert mit seinem Gott. Er klagt ihn an. Inneren Halt erwartet er nicht etwa vom christlichen Glauben, lieber hält er sich in dieser desolaten Verfassung an seine griechischen Klassiker: »Plutarch hat mich zu der Resignation geführt« (BB, S. 19). Man kann das als Glaubenskrise werten. Schließlich stellt sich die religiöse Sinnfrage immer dann, wenn ein vermeintlich gnädiger Gott sein Antlitz verhüllt und dem Glaubenden schwere Prüfungen auferlegt.

Allerdings ist die Krise, die durch die Ertaubung ausgelöst wird, fundamental. Selbst vor der größten Sünde eines Christenmenschen schreckt Beethoven nicht zurück: »Es fehlte wenig, und ich endigte selbst mein Leben – nur sie, die Kunst, sie hielt mich zurück«, heißt es im »Heiligenstädter Testament« von 1802 (BB, S. 33).

Es ist also keineswegs ein christliches Ethos, das ihn vom Selbstmord abhält, sondern ein humanistischer Lebensbefehl: Solange er der Menschheit noch mit seiner Kunst dienen kann, darf er nicht selbst Hand an sich legen.[339] Die Todessehnsucht begleitet ihn dennoch. 1815 schreibt er über seinen erkrankten Bruder Kaspar Karl: »Sein Leben ist ihm sehr lieb, so wie ich das meine gern verlöre«, und zwei Jahre später, an Nikolaus Zmeskall gerichtet: »Was mich angeht, so bin ich oft in Verzweiflung und möchte mein Leben endigen« (BB, S. 101 und S. 120).

Gut möglich, dass er sich auch Johann Michael Sailer anvertraut. Der hatte 1785 eine Abhandlung mit dem Titel *Über den Selbstmord. Für Menschen, die nicht fühlen den Werth, ein Mensch zu sein* veröffentlicht. Darin warnt Sailer unter anderem vor Büchern, die den Freitod schildern, da er einen Nachahmungseffekt befürchtet. Immerhin: Elf Jahre zuvor war Goethes *Werther* erschienen, der nicht nur die Werthermode auslöste – blauer Tuchfrack, gelbe Weste, gelbe Lederkniebundhose, grauer Filzhut –, sondern auch eine europaweite Selbstmordwelle. »Lerne Mäßigung in allem, was Freude oder Kummer, Begierde oder Furcht heißt«, rät Sailer. »Der Freund der Mäßigung kann unmöglich Selbstmörder werden. Denn die höchste Zerrüttung lässt sich nicht denken, wo die Empfindungen Ordnung und Maaß kennen.«[340] Ein guter Rat, fürwahr, doch wenig geeignet für Beethoven, dessen unbeherrscht aufbrausendes Temperament keinerlei Maß kennt. Wie kann er dennoch mit seinen wiederkehrenden Todesfantasien leben? Woher nimmt er die Kraft, trotz seiner Krankheiten und trotz seiner Rückschläge als freischaffender Komponist am Leben festzuhalten?

Was ihn durch die dunklen Phasen trägt, ist die Verantwortung, die er seit seiner Prägung durch das illuminatische Gedankengut in sich fühlt. In diesem Kontext spricht er auch nicht vom christlichen Gott, sondern von einer »Gottheit«, wenn er im »Heiligenstädter Testament« schreibt: »Gottheit, du siehst herab auf mein Inneres, du kennst es, du weißt, dass Menschenliebe und Neigung zum Wohltun darin hausen.« So wie bei vielen Verzweifelten enthält die Anrufung höherer Mächte ein Quidproquo: Gib mir meine Gesundheit zurück, dann werde ich mich im Gegenzug dieser Rettung würdig erweisen. Es ist ein ethischer Ablasshandel. Für seine Heilung will Beethoven mit Wohltaten für die Menschheit bezahlen. Und tatsächlich liebt er die Menschheit; die Menschen liebt er nicht. Im »Heiligenstädter Testament« beteuert er zwar, er wünsche sich nichts sehnlicher, als »einen reinen Tag der Freude im Tempel der Natur und der Menschen« (BB, S. 34f.) zu erleben, doch sein wahrer, sein einziger Tempel bleibt die Natur. Im Alltag bringt er mit fortschreitendem Alter und zunehmender Verbitterung eine kalte Menschenverachtung zum Ausdruck. Tobias Haslinger, den Mitarbeiter seines Verlegers Steiner, bezeichnet er gegenüber dem Verlag Schott's Söhne als »schwachen Menschen«, Steiner wiederum, der ihn mit Langmut und Darlehen unterstützt hat, als »hauptfilzigen schuftigen Kerl« (BB, S. 159); eines seiner Küchenmädchen nennt er »ein schreckliches Vieh – nicht durch Liebe, sondern durch Furcht müssen dergleichen Leute gehandhabt werden« (BB, S. 110).

Sosehr sich auch der real existierende Beethoven im Künstler Beethoven zeigt, kongruent sind diese beiden Existenzformen keineswegs. Beethovens Musik ist nicht ganz von dieser Welt, sein Charakter von irdischer Fehlbarkeit. Das empfindet er nicht etwa als Widerspruch, sondern als Ärgernis. »Wenn ich mich in glücklichen Augenblicken in meiner Kunstsphäre befinde, so ziehn mich die Erdengeister wieder herab«, beklagt er sich (BB, S. 93). Die Idee einer höheren Sphäre hat für ihn keinerlei elitären Ruch und verträgt sich problemlos sowohl mit seiner Begeisterung für das Gleichheitsgebot der Französischen Revolution als auch mit dem Demutsgebot des christlichen Glaubens. »Wer Gott liebet, der achtete die Welt nicht über Verdienst hoch«, exzerpiert Beethoven einen Vers aus Herders *Das Leben der Menschen* ins Tagebuch.[341] Es ist die perfekte Legitimation seiner Weltverachtung.

Angesichts dieser Polarität von realem Dasein und künstlerischem Selbstverständnis erhält seine enthusiastische Naturverehrung schärfere Konturen. »Gott ist immateriell«, notiert Beethoven 1810, »aber aus dem, was wir aus seinen Werken gewahr werden, können wir schließen, daß er ewig, allmächtig, allwissend, allgegenwärtig ist.«[342] Eine universale Feststellung, so universal, dass daraus keine praktischen Konsequenzen folgen.

Gott in der Natur zu lokalisieren ist weit angenehmer, als die Mühen der Nächstenliebe zu praktizieren. Beethoven befleißigt sich der Fernstenliebe. Dazu tragen kosmologische Theorien bei, die er teils aus der griechischen Naturphilosophie, teils von Kant übernimmt: »Das moralische Gesetz in unß u. der gestirnte Himmel über uns. Kant!!!«, notiert er ins Konversationsheft.[343]

Einen wachsenden Einfluss hat seine Beschäftigung mit dem indischen Hinduismus, in dem Brahma als eine überpersönliche Energie in allen irdischen Erscheinungen betrachtet wird. Diese Orientierung wurde bislang wenig thematisiert, ist für Beethovens spirituelle Ausrichtung jedoch von großer Bedeutung. Ab 1812 tauchen in seinem Tagebuch vermehrt Exzerpte aus dem *Rigveda* auf, einer der heiligen hinduistischen Schriften. Beethoven verdankt diese Lesefrüchte unter anderem einer synoptischen Darstellung Johann Friedrich Kleukers: *Das Brahmanische Religionssystem im Zusammenhange dargestellt,* 1797 erschienen. Daraus notiert er sich Verse einer Hymne auf Parabrahma, das höchste Prinzip alles Seienden, das noch über der Gottheit Brahma steht: »Was frey ist von aller Lust und Begier, das ist der Mächtige. Er allein. Kein Größerer ist, als Er, sein Geist ist verschlungen in sich selbst … der ganzen Welt gegenwärtig, trägst Du alle Dinge.«

Die Unterstreichungen stammen von Beethoven; ganz deutlich fasziniert ihn die Idee einer geistigen Macht, die sich im Irdischen zeigt, jedoch von irdischen Leidenschaften völlig frei ist. Im folgenden Auszug erschließt sich auch, was er in diesen Zeilen sucht: »O! Leite meinen Geist, o hebe ihn aus dieser schweren Tiefe durch Deine Kraft entzückt, damit er furchtlos streb aufwärts in feurigem Schwunge.«[344] Das ist eine Anrufung, die sich wesentlich von der christlichen Lesart einer Hinwendung zu Gott unterscheidet. Das Flehen um Erbarmen wie auch das überschwängliche Gotteslob der *Missa solemnis* basieren auf einer Haltung der Demut. Klein und unzulänglich steht der Mensch vor Gott, dem Allmächtigen. In der von Beethoven notierten Passage des *Rigveda* geht es jedoch um die Erhebung des Geistes zu gottähnlicher Höhe und Größe. Dann, so die Heilserwartung, schweigen Lust und Begier, Leiden und Nöte. Für Beethoven, der mit Gott, der Welt und den Menschen im Streit liegt, muss diese geistige Erlösung aus dem irdischen Jammertal eine verlockende Perspektive sein. Aus den erdverhafteten Verstrickungen herausgeführt, erwartet den Anhänger des Parabrahma eine transzendente, gottgleich erhöhte Existenzform.

Diese spirituelle Idee legt Beethoven nicht nur in seinem Tagebuch dar, er führt auch Gespräche darüber mit Johann Andreas Stumpff, und zwar im Sommer 1824 auf gemeinsamen Wanderungen rund um Baden, wo in den Jahren zuvor Teile der *Neunten Symphonie* entstanden sind. Stumpffs Bericht über diese Begegnung ist differenziert; er betreibt keinerlei unkritische Heldenverehrung, sondern zeichnet ein abwägendes Porträt seines Komponistenfreunds. Das lässt den protokollierten Wortlaut authentisch erscheinen, zumal er sich mit den Exzerpten und Überlegungen in Beethovens Tagebüchern deckt: »Wenn ich am Abend den Himmel staunend betrachte und das Heer der ewig in seinen Grenzen sich schwingenden Licht-Körper, Sonnen oder Erden genannt, dann schwingt sich mein Geist über diese so viel Millionen Meilen entfernten Gestirne hin, zur Urquelle, aus welcher alles Erschaffene entströmt und aus welcher ewig neue Schöpfungen entströmen werden« (KC, S. 976).

Diese Sätze rekurrieren ganz offensichtlich auf die Lektüre des *Rigveda.* Sie stehen aber auch im Echoraum einer sehr viel früheren Leseerfahrung: Schon 1793 erwähnt Beethoven Schillers *Ode an die Freude*. Es ist ein Wechselgesang zwischen Einzelstimme und Chor, der nach jeder Strophe einen jeweils variierten Refrain vorträgt. Im dritten Chorrefrain heißt es: »Ihr stürzt nieder, Millionen? / *Ahndest* du den Schöpfer, Welt? / Such ihn überm Sternenzelt, / Über Sternen muß er wohnen.« Die Verwandtschaft dieser Zeilen mit Beethovens kosmologischen Äußerungen ist kaum zu übersehen: Sein Blick verlässt die Niederungen des Irdischen und richtet sich ins Universum, dem Sitz des schöpferischen Prinzips, in dem die Verheißung auf Versöhnung und Erlösung darauf wartet, vom Menschen erkannt zu werden.

Götterdämmerung und Freiheitsfanal: Schillers *Ode an die Freude*

Dass Beethoven die *Ode an die Freude* nicht nur als Lied vertont, wie in den Neunzigerjahren des 18. Jahrhunderts angedacht, sondern sie zum strahlenden Finale eines symphonischen Werks erhebt, verleiht ihren Inhalten eine zentrale Bedeutung. Hinzu kommt, dass dieser Text offenbar ein substanzielles Problem Beethovens löst: die Frage nach der Aussagekraft von Musik und ihrer Publikumswirksamkeit. Symphonien nehmen ein großes Publikum in den Blick, und das kann nicht ohne ästhetische Folgen bleiben. Entsprechend wird in Thomas Manns *Doktor Faustus* eine Anekdote über Richard Wagner kolportiert, der über Beethovens *Hammerklaviersonate* gesagt habe: »So etwas ist aber auch nur für Klavier zu denken! Vor der Menge zu spielen – blanker Unsinn!«[345] Mit der *Neunten Symphonie* will sich Beethoven jedoch dezidiert an die Menge richten, und so gewinnt die Frage, ob er einen Text verwenden soll oder nicht, größere Dringlichkeit.

Zehn Jahre vergehen zwischen der öffentlichen Uraufführung der *Achten Symphonie* am 27. Februar 1814 im Wiener Redoutensaal und der Uraufführung der *Neunten Symphonie* am 7. Mai 1824 im Kärntnertortheater. Das ist ein auffallender zeitlicher Abstand, der auf einige Schwierigkeiten Beethovens hindeutet, dieses große symphonische Projekt zu verwirklichen. Erste Skizzen der *Neunten* sind bereits 1815 nachweisbar, 1817 dann, als ein Kompositionsauftrag der Londoner Philharmonischen Gesellschaft für gleich zwei Symphonien winkt, beschäftigt er sich erneut mit dem Projekt. Viele wichtige Teile konzipiert Beethoven in den Sommermonaten der Jahre 1821, 1822 und 1823, die er in Hetzendorf und Baden verbringt – dort also, wo er 1824 mit seinem Freund Johann Andreas Stumpff buchstäblich über Gott und die Welt plaudert. Die entscheidende Phase der Durcharbeitung liegt dann zwischen Mai 1823 und Februar 1824.

Das Gottesbild, das in Schillers Ode aufscheint, erzählt viel über Beethovens innere Motivation einer vokalen Ergänzung des Finalsatzes. Gleich der erste Refrain feiert die Versöhnung von Gott und Mensch: »Seid umschlungen, Millionen! / Diesen Kuß der ganzen Welt! / Brüder – überm Sternenzelt / Muß ein lieber Vater wohnen.« Ein »lieber Vater« war Beethoven weder familiär noch im religiösen Sinne beschieden, bei Schiller klingt das ganz anders. Es bedarf auch keines »Dona nobis pacem«, der Bitte um Frieden, mehr, wie es die sakrale Messe fordert. Die Menschen befinden sich bereits im Zustand des Friedens und der Erlösung, womit Schiller die Vorstellung eines strafenden Gotts – den Beethoven mehrfach verflucht hat – weit hinter sich lässt.

Schon Lessing hatte das negative Gottesbild im Namen der Aufklärung verworfen und dem mündigen, aufgeklärten Menschen einen liebenden Gott an die Seite gestellt. Goethe entwickelt diesen Gedanken weiter, wenn er vom »großen Gotte der Natur« spricht, »dem Schöpfer und Erhalter Himmels und der Erden, dessen frühere Zorn-Äußerungen schon lange über die Schönheit der Welt und das mannigfaltige Gute, das uns darin zu Teil wird, vergessen waren«.[346] Dabei bleibt es allerdings nicht. Goethe, der sich als »dezidierter Nicht-Christ« bezeichnet, misst seine Kräfte mit den Höchsten im Gedicht *Prometheus,* das Beethoven wegen seiner Affinität zum Prometheusmythos zweifellos kannte. Keck erhebt sich Goethe darin gegen Gott und Götter. »Bedecke deinen Himmel, Zeus, / Mit Wolkendunst«, beginnt das Gedicht, und es endet mit der Schöpfergeste des genialischen Künstlers: »Hier sitz' ich, forme Menschen / Nach meinem Bilde, / Ein Geschlecht, das mir gleich sei, / Zu leiden, zu weinen, / Zu genießen und zu freuen sich, / Und dein nicht zu achten, / Wie ich!«[347] Gott ist nicht tot, wie später Nietzsche beklagen wird, er ist aber auch keine oberste Instanz mehr, sondern ein Wesen auf Augenhöhe, weil der Mensch wie er zum Demiurgen werden kann.

Dieser provokative Gestus einer Gleichstellung von Gott und Mensch wiederholt sich in Schillers *Ode an die Freude,* und so ist es aufschlussreich, dass Beethoven gerade diesen Text aus dem Œuvre Schillers herausgreift. »Göttern kann man nicht vergelten, / Schön ists, ihnen gleich zu sein«, beginnt die sechste Strophe. Von christlichem Gehorsam oder demütiger Unterordnung kann nicht mehr die Rede sein. Der dazugehörige Refrain verkündet: »Unser Schuldbuch sei vernichtet! / Ausgesöhnt die ganze Welt! / Brüder – überm Sternenzelt / Richtet Gott, wie wir gerichtet.« Die Botschaft ist klar und kommt auch in anderen Strophen zum Ausdruck: Jegliche Knechtschaft ist überwunden, sei sie religiöser oder politischer Natur. Der Mensch ist frei, auch frei von der Erbsünde, er gleicht nun den Göttern, und das darf er im Heiligtum der Freude feiern.

Was für eine Erlösungsfantasie in einer Zeit faktischer kirchlicher Deutungsmacht. Und eine verblüffende Parallele zu dem *Rigveda*-Exzerpt: »O! Leite meinen Geist, o hebe ihn aus dieser schweren Tiefe durch Deine Kraft entzückt, damit er furchtlos streb aufwärts in feurigem Schwunge.« Mit anderen Worten: Der Mensch wird vom Göttlichen inspiriert und verwandelt; er muss nicht mehr im Staube kriechen, vielmehr darf er seine eigene Göttlichkeit im sprühenden Götterfunken der Freude erfahren. Damit überwindet Schiller die Subalternität des Christenmenschen, und Beethoven setzt diese Idee einer vom religiösen Joch befreiten Menschheit in eine musikalische Siegesfeier um.

Kennzeichnend für seine Symphonie ist daher die interreligiöse Grenzüberschreitung, die das Werk später international kompatibel machen wird. Schon Schiller unterscheidet nicht mehr streng zwischen Gott und Göttern. Es gibt nur noch Synonyme, die viele Deutungen zulassen: »Schöpfer«, »Gott«, »der Unbekannte« und schließlich der Plural »Götter«. Für Beethoven, der sowohl mit dem Katholizismus, der antiken Götterwelt als auch mit dem hinduistischen Brahmanismus auf vertrautem Fuße steht, fallen die Grenzziehungen ebenfalls weg. Durch die pantheistische Färbung seiner Naturerfahrung ist ein einziger personifizierter Gott obsolet geworden. Bei Schiller heißt es: »Freude trinken alle Wesen von den Brüsten der Natur.« Die Natur *ist* das Göttliche, und das reicht. Ein spezifischer Deismus oder gar ein theologisch definierter Gott wird nicht mehr gebraucht im Stadium der Erlösung. Auch für Beethoven geht es um eine universale Erhebung des Menschen zum Göttlichen, nicht mehr um theologische Spitzfindigkeiten.

Diese Grenzüberschreitung bildet sich im Kompositionsprozess der *Neunten Symphonie* ab. Um 1818 hatte Beethoven noch an zwei Symphonien gearbeitet. In den Skizzen findet sich die Idee eines »Adagio cantatique – Frommer Gesang in einer Sinfonie in den alten Tonarten – Herr Gott, dich loben wir«. Parallel erwägt Beethoven einen antikisierenden Inhalt: »Das Adagio auf gewisse Weise im letzten Stücke wobei alsdenn erst die

Singstimmen nach u. nach eintreten – im Adagio Text griechische Mithos (sic) Cantique Eclesiastique – im Allegro Feier des Bacchus.«[348] Am Ende verschmilzt Beethoven die beiden Projekte zu einem einzigen. Zwanglos stehen Glaube und Mythos, Gott und Götter nebeneinander. Als er wieder einmal mit Vinzenz Hauschka, einem der Gründer und Leiter der Gesellschaft der Musikfreunde, korrespondiert – es geht immer noch um das leidige Oratorium, das nie fertig werden wird –, beschließt er die Nachschrift mit den Worten: »Der eurige in Christo und apollo (sic).«[349] Es ist ein Scherz, allerdings ein sprechender. Beethoven sucht sich seine Hausgötter so zusammen, wie er sie braucht: Gott, Götter, Apoll, Brahma, die Unterschiede sind kaum noch existent. Das Göttliche wird zur offenen Kategorie, die nach Belieben mit Sinn gefüllt werden kann. Das ist ein derartig lauter Paukenschlag zu Anfang des 19. Jahrhunderts, dass sein Dröhnen zuweilen überhört wird.

Die Kernbotschaft, die sich daraus ergibt und auch den Hörern heutiger Tage am stärksten im Bewusstsein geblieben ist: »Alle Menschen werden Brüder«, entnimmt Beethoven der von Schiller selbst geänderten ersten Strophe. In der Fassung von 1785 dichtete Schiller noch über die Freude: »Deine Zauber binden wieder, / Was der Mode Schwert geteilt; / Bettler werden Fürstenbrüder, / Wo dein sanfter Flügel weilt.« In der revidierten Fassung, 1808, drei Jahre nach Schillers Tod posthum veröffentlicht, liest sich dieser Beginn weniger kämpferisch: »Deine Zauber binden wieder, / Was die Mode streng getheilt, / Alle Menschen werden Brüder, / Wo dein sanfter Flügel weilt.« Beethoven muss also zunächst eine Wahl treffen. Belegt ist, dass er anfangs mit der alten Fassung arbeitet, als er darüber räsoniert, wie man den recht langen Text auf ein sangbares Format kürzen könnte; mit ihren insgesamt neun Strophen nebst dazugehörigen Refrains ist die Ode entschieden zu lang. Am Beispiel der Worte »Bettler werden Fürstenbrüder« erwägt Beethoven deshalb, nur »abgerissene Sätze« zu verwenden.

Es gibt allerdings ein Problem mit der ersten Version. »Bettler werden Fürstenbrüder« könnte man als revolutionäre Parole verstehen, was im politischen Klima Wiens nicht ungefährlich wäre. Die Metternich-Ära, die noch bis 1848 währen wird, ist geprägt durch Repression und die Allgegenwart der Geheimpolizei. Im Konversationsheft vom Juni 1820 beklagt Beethoven die Unterdrückung und das Misstrauen der Regierung gegen das Volk. Mittlerweile ist ein stasihaftes Spitzelnetz entstanden, und sogar im Wirtshaus, wo Beethoven lautstark seine aufsässigen politischen Meinungen vertritt, lauern die Spione. Er habe sich in Gasthäusern unbefangen »über die Regierung, über die Polizey, über die Sitten der Großen kritisch oder satyrisch« ausgesprochen, erzählt der Musikschriftsteller Wilhelm Christian Müller (KC, S. 608). Die öffentlichen Audienzen des Kaisers, bei denen Bittsteller ihre Anliegen vortragen dürfen, nennt Beethoven »öffentliche Täuschungen«.[350] Doch selbst er wird vorsichtiger. »Ein anderes Mal«, unterbricht er schreibend ein Gespräch im Wirtshaus und notiert eine Warnung ins Konversationsheft: »Gegenwärtig ist der Spion Haensel hier.«[351] Wie engmaschig die Überwachung ist, zeigt sich auch daran, dass er vom Obersten Hofamt in Wien darauf hingewiesen wird, sein geplantes öffentliches Konzert müsse zunächst von der »Ober *Polizey* Direction« genehmigt werden.[352] Da ist Vorsicht geboten, wenn das groß angelegte Projekt nicht an der Zensur scheitern soll.

Zudem ist die Zeile »Bettler werden Fürstenbrüder« eine freimaurerische Formel. Schiller verwendete sie, weil er die Ode einem Freund, dem Freimaurer Christian Gottfried Körner, zueignete. Der komponierte denn auch gleich eine Melodie dazu und führte sie in seiner Dresdner Loge »Zu den drei Schwertern« als feierliches Trinklied ein, das bei den Tafellogen gesungen wurde. Von Dresden aus verbreitete sich die von Körner vertonte Ode weiter und stieg rasch zu einem der populärsten Lieder der Freimaurerszene auf. Alle Anspielungen auf solche Trinkrituale lässt Beethoven bei der Bearbeitung für seine Symphonie weg – auch wenn ihm die Verse »Brüder fliegt von euren Sitzen, / Wenn der volle Römer kraißt, / Laßt den Schaum zum Himmel spritzen: / Dieses Glas dem guten Geist« persönlich sicherlich gut gefallen. Und die erste Strophe? Beethoven trifft seine Wahl; für den Schlusssatz der *Neunten Symphonie* nimmt er die aktualisierte Fassung, die weniger politisch klingt. Bei der Gelegenheit tilgt er auch jene Passagen, die aufrührerisch wirken könnten, etwa die neunte Strophe, die mit den Worten »Rettung von Tirannenketten« einem politischen Signal gleichkommt. Die endgültige Gestalt seiner Textfassung kompiliert er nach einem eigenwilligen Collageverfahren aus den ersten vier Strophen und Refrains.

Als Geniestreich entpuppt sich die Verwendung der neuen ersten Strophe jedoch nicht nur im Hinblick auf die Zensur, es ist auch eine äußerst publikumswirksame Entscheidung. Gerade die Zeile »Alle Menschen werden Brüder« elektrisiert das Publikum. Sie trifft den Nerv einer kriegsgebeutelten Zeit, in der die Sehnsucht nach Frieden und Völkerverständigung weit größer ist als der Wunsch nach gesellschaftlicher Gleichheit, in der Bettler und Fürsten auf einer Stufe stehen. Zugleich erweisen sich die Konnotationen des Wortes »Brüder« als kompatibel für jede Gesinnung und Glaubensrichtung. Christen können das Gebot der Brüderlichkeit heraushören, humanistisch orientierte Zeitgenossen das Streben nach Menschlichkeit, politisch Engagierte das visionär beschworene Ende der Ständegesellschaft. Und wer keine spezifische Weltanschauung vertritt, kann sich einfach aufgehoben fühlen in einer Hymne, die ihn als Teil einer weltumspannenden Gemeinschaft umarmt.

So löst Beethoven drei Jahre vor seinem Tod einen Vorsatz ein, auf dessen Verwirklichung er aufgrund seiner Ertaubung nicht mehr gehofft hatte. Im Gedenken an seine Heimat seufzt er 1801: »Jene schönen vaterländischen Gegenden, was war mir in ihnen beschieden? Nichts als die Hoffnung in einen besseren Zustand; er wäre mir nun geworden – ohne dieses Übel. O die Welt wollte ich umspannen von diesem frei!« (BB, S. 23.) Sein Gesundheitszustand hat sich nicht gebessert, sondern, im Gegenteil, noch verschlimmert, doch musikalisch kann er die Welt umspannen. Mehr noch: Millionen umschlingen.

Späte Ernte

Das Jahr 1824 beginnt nicht gerade verheißungsvoll. Beethoven ist zermürbt von den Streitigkeiten mit seinem Neffen Karl, die Arbeit an der *Missa solemnis* und der *Neunten Symphonie* hat ihn erschöpft, und auch finanziell sieht es nicht gut aus. 1817 erwog er noch, samt seinen neuen, wenngleich noch gar nicht begonnenen Symphonien nach London zu gehen. Über Ferdinand Ries, der inzwischen in London lebt, hatte die dortige Philharmonische Gesellschaft zwei Symphonien bestellt, was Beethoven als Glücksfall betrachtete.

Seine Englandpläne werden in diesem Jahr sehr konkret – trotz des Verdikts, er dürfe seine jährliche Leibrente nur unter der Bedingung beziehen, dass er in Österreich bleibt. Über dieses brisante Detail macht sich Beethoven allerdings am wenigsten Sorgen. »Dich zu retten, ist kein anderes Mittel als von hier«, schreibt er 1817 ins Tagebuch. »Nur dadurch kannst du wieder so zu den Höhen deiner Kunst entschweben, wo du hier in Gemeinheit versinkst, nur eine Sinfonie – – – – – und dann fort fort –

fort – derweilen die Gehalte aufgenommen, welches selbst auf Jahre geschehen kann.«[353] Vermutlich täuschte er sich gewaltig in diesem Punkt. Doch er ist ohnehin in Wien geblieben, hat anstrengende Prozesse geführt, viel ausgegeben, wenig eingenommen und im Jahr zuvor sogar eine seiner streng gehüteten Aktien verkaufen müssen.

Eine Durststrecke liegt hinter Beethoven. 1818 waren seine finanziellen Zusatzforderungen, insbesondere die Erstattung seiner Reisekosten, seitens der Londoner Philharmonischen Gesellschaft abgeschmettert worden. Im Sommer 1822 nahm er nochmals Kontakt mit Ries auf. Für die nach wie vor unfertige Symphonie – inzwischen arbeitete er nur noch an einer – bot ihm die Philharmonische Gesellschaft nun fünfzig Pfund an; man vereinbarte einen Abgabetermin im Jahr 1823 und ein achtzehnmonatiges exklusives Aufführungsrecht.

Im Februar 1823 besteht Beethoven darauf, das Honorar im Voraus zu erhalten, danach werde er flugs die – freilich nichtexistente – Partitur senden. Als Beweis seiner Arbeitsmoral schickt er schon mal seine Ouvertüre *Die Weihe des Hauses op. 124* nach London, die allerdings bereits 1822 uraufgeführt worden ist, also ein recyceltes Werk darstellt, und von seinem Bruder Johann parallel auch schon dem Boosey Verlag angeboten wurde. Es sind die üblichen Spiele. Die Partitur der *Neunten Symphonie* schickt Beethoven im Februar 1824 auf die Reise nach London, erst im Dezember meldet man ihm den Erhalt. Im Mai 1825 kommt das Londoner Publikum in den Genuss der Symphonie, ein Jahr nach der Uraufführung, die – wie bei Beethoven kaum anders zu erwarten – bereits über die Bühne gegangen ist. Man muss es ja nicht so genau nehmen mit dem exklusiven Aufführungsrecht. London ist weit weg.

Zu Beethovens Entschuldigung sollte man betonen, dass er sich in einer desolaten Lage befindet. In den Briefen an Ferdinand Ries klagt er mehrfach über seine schwache Gesundheit und seine finanziellen Probleme. Er ist ein desillusionierter, fast völlig ertaubter Mann, der immer noch um Honorare kämpfen muss. Überdies fühlt er sich in Wien verkannt. Manche Mäzene haben sich zurückgezogen, offizielle Würden kann er kaum mehr erwarten, und seine letzten öffentlichen Konzerte hatten zwiespältige Eindrücke hinterlassen.

Im Januar 1819 hatte er ein Benefizkonzert mit seiner *Siebten Symphonie* im Saal der Wiener Universität dirigiert und war an dieser Aufgabe aufgrund seiner fortgeschrittenen Ertaubung für alle hör- und sichtbar gescheitert. Ähnliches wiederholte sich 1822 bei der Uraufführung seiner Ouvertüre *Die Weihe des Hauses* anlässlich der Neueröffnung des Josephstädter Theaters. Und als er im selben Jahr versucht, seinen *Fidelio* zu dirigieren, muss er sich bereits bei der Hauptprobe eingestehen, dass nichts mehr geht. Schindler erzählt, diese Schmach habe ihn in tiefe Schwermut gestürzt.

Wie wird man auf seine *Neunte Symphonie* reagieren? Die *Achte* war in Wien wenig enthusiastisch aufgenommen worden, was nichts Gutes verheißt. Enttäuscht und verbittert streut Beethoven deshalb das Gerücht, er werde sein neues symphonisches Werk in Berlin präsentieren. Tatsächlich korrespondiert er mit dem Intendanten der Berliner Oper, unter dessen Ägide bereits *Fidelio* aufgeführt worden war, und die Signale sind positiv. Es ist eine Trotzreaktion Beethovens, verbunden mit der Hoffnung, beim preußischen König Friedrich Wilhelm III. könne er sich Geld, Ruhm und womöglich einen Titel als Hofkomponisteur verdienen. Beethoven ist fertig mit Wien.

Doch Wien ist noch nicht fertig mit Beethoven. Die Nachricht, seine *Neunte Symphonie* werde erstmals in Berlin erklingen, rüttelt die verbliebenen Freunde und Unterstützer auf. Sowohl in der *Wiener Tageszeitung* als auch in der *Allgemeinen musikalischen*

Zeitung erscheint im Februar 1824 eine Anzeige in Form eines offenen Briefes, in dem Beethoven eindringlich gebeten wird, sein neues Werk doch bitte in Wien uraufzuführen. Zu den dreißig Unterzeichnern gehören Fürst Karl von Lichnowsky und sein Bruder Moritz von Lichnowsky, diverse Hofräte und Hofsekretäre, Anton Diabelli, Carl Czerny sowie die Verlage Artaria und Steiner. Neben allerlei Schmeichelhaftem in Beethovens Richtung enthält der Brief auch einen polemischen kulturpolitischen Akzent. Die selbst ernannten »vaterländischen Kunstverehrer« beklagen eine »fremde Gewalt«, die sich in die »Königsburg der Edelsten« dränge – und es ist klar, dass damit die Vorherrschaft der italienischen Oper in Wien gemeint ist. Beethoven sei letztlich eine Pflanze des »vaterländischen Bodens«, so das Argument, und es sei an der Zeit, durch ein Konzert des Meisters die Ära der ausländischen Komponisten und deren »unwürdiges Spiel mit dem Heiligen« zu beenden.[354]

Man sieht, patriotisches Tümeln und national orientierte Reinheitsgebote sind keine Erfindung des 20. Jahrhunderts. Vielleicht ist es aber auch nur ein geschickter Schachzug der Unterzeichner, um die Öffentlichkeit zu mobilisieren. Die Erwähnung vaterländischer Interessen macht sich einfach besser als das Plädoyer für einen verarmten Künstler, der nicht mehr recht in den Zeitgeist zu passen scheint. Seit dem Ende des Wiener Kongresses im Jahre 1815 ist die große Vergnügungssucht in der Kaiserstadt ausgebrochen; oder, wie Schindler es formuliert: »Das den Konzertsaal und die Theater füllende Publikum hatte sowohl die erforderliche Ruhe im Kunstgenuss wie auch den Anstand der äußeren Haltung verloren.«[355] Nach den Schrecken der napoleonischen Kriege giert alles nach Ablenkung und Unterhaltung, und es ist nicht Beethoven, sondern Gioachino Rossini, der den Soundtrack zum Lebensgefühl der Leichtigkeit liefern kann. Mit seinen spritzigen Opern versetzt er ganz Wien in einen Taumel, während das Interesse an vergleichsweise komplizierten Symphonien gegen null tendiert. Zum Abschluss einer mehrmonatigen Rossini-Saison 1822 im Kärntnertortheater schreibt die *Allgemeine musikalische Zeitung* von einer veritablen »Vergötterung« des Komponisten: »Das Lärmen, Jubeln, Jauchzen, viva- und fora-Brüllen nahm kein Ende.«[356]

Vor diesem Hintergrund ist die Anzeige der wohlgesinnten Fans Beethovens ein Aufruf, aus dem Rossinirausch zu erwachen. Und der offene Brief zeigt Wirkung. Beethoven, dem Spötter zu seinem größten Verdruss unterstellen, die Initiative für die Anzeige stamme in Wahrheit von ihm selbst – weiß man's? –, lässt sich umstimmen. Mit größter Energie widmet er sich nun den Vorbereitungen des Konzerts. Unter anderem lässt er hübsche Sopranistinnen vorsingen und schreibt einen Musikaliensammler an, um mit eigens ausgeliehenen kostbaren Instrumenten für den perfekten Klang zu sorgen.[357] Darüber hinaus richtet er in seiner Aufregung das erwartbare Chaos an, mit immer neuen Vorschlägen für Aufführungsorte, Besetzungen, Kopisten. Sämtliche Beteiligten tun ihr Bestes, um die Verwirrung zu vergrößern, allen voran Neffe Karl. Die Querelen wollen kein Ende nehmen. Nichts ist dem Meister recht, und dann springt auch noch ein fähiger Kopist ab, nachdem Beethoven ihn als »Schreib-Sudler« und »dummen Kerl« beschimpft hat. Sogar mit Schindler, Schuppanzigh und Moritz von Lichnowsky überwirft sich Beethoven zwischenzeitlich und droht, die Akademie ganz abzusagen. Seine Nerven liegen blank, weil so viel von diesem einen Konzert abhängt: Es ist seine vielleicht letzte Chance auf ein Comeback.

Am 1. Mai 1824 setzt er nun seinerseits eine Anzeige in die *Wiener Theaterzeitung*, in der er das bevorstehende Konzert vollmundig ankündigt. »Diese Akademie«, verlautbart Beethoven, »biethet für Freunde deutscher Musik und Anerkennung vaterländischer Meister eine der schönsten Feyerlichkeiten dar; gewiss werden uns Frankreich und England um den Genuß beneiden, dem auf der weiten Erde als genialsten Componisten gekannten Beethoven eine persönliche Huldigung darbringen zu können. Wem das Herz für das Große und Schöne warm schlägt, wird an jenem Abend nicht fehlen.«[358] An ostentativem Selbstbewusstsein mangelt es ihm offensichtlich nicht, und mit dem Hinweis auf die »Anerkennung vaterländischer Meister« bringt er im Einklang mit seinen Fürsprechern auch gleich noch einen Seitenhieb gegen das italophile Rossinifieber unter.

Anzumerken ist, dass es keine Privatfehde zwischen den beiden Komponisten gibt. Zwei Jahre zuvor, im Sommer 1822, hatte Rossini Johann van Beethoven in Wien getroffen und den Wunsch geäußert, er wolle den von ihm hoch verehrten Bruder Ludwig van Beethoven besuchen. Sogleich leitete Johann die Anfrage via Konversationsheft weiter.[359] Der Besuch fand statt, und man war freundlich zueinander. Rossini lobte Beethoven, Beethoven ließ seinen italienischen Kollegen wissen, er solle nur immer so weitermachen wie beim *Barbier von Sevilla.* Fürs seriöse Fach hätten die Italiener nun mal kein Talent, das sehe man ja schon bei Pergolesi. Rossini schweigt höflich, die Begegnung währt auch nur kurz, weil die schriftliche Konversation mühsam vonstattengeht. Allerdings zeigt sich Rossini bestürzt von dem »dunklen Loch«, in dem Beethoven haust, und versucht anlässlich eines offiziellen Galadiners, Fürst Metternich für eine staatliche Leibrente zu gewinnen, die dem armen Komponisten aufhilft. Vergeblich. Man gibt Rossini zu verstehen, Beethoven sei ein unverbesserlicher Misanthrop und wolle es nicht anders, als in elenden Verhältnissen zu leben. So erzählt es Rossini Jahre später Richard Wagner in Paris. (KC, S. 743ff.) Vermutlich ist Metternich aber im Bilde darüber, dass sich Beethovens politische Äußerungen weit über den Rand des Tolerablen hinaus bewegen, und denkt deswegen nicht daran, ihm eine Leibrente zu gewähren.

Es geht also nicht um eine persönliche Animosität, wenn Beethoven ins selbe Horn bläst wie seine dreißig Unterstützer und sich als »vaterländischer Meister« anpreist. Sehr wohl aber wurmt ihn die fehlende Anerkennung der Wiener, bei denen er so gut wie in Vergessenheit geraten ist. Deshalb verweist er auch auf seine Popularität jenseits der österreichischen Grenzen, getreu der Devise, der Prophet gelte nichts im eigenen Lande, was sich nun schleunigst ändern müsse.

Nach der Konzertankündigung schlagen die Wellen dann noch einmal hoch im Team Beethoven. Am Ende muss die Aufführung um einige Tage verschoben werden, weil Beethoven partout höhere Eintrittsgelder verlangen will. Vielleicht hat Karl für ihn ausgerechnet, dass die hohen Kosten für Saalmiete und Kopisten schwerlich durch den Verkauf von Konzerttickets gedeckt werden können. Doch Louis Duport, der stellvertretende Geschäftsführer des Kärntnertortheaters, bleibt hart, und Sänger wie Musiker freuen sich über ein paar dringend benötigte Probentage mehr. Vor allem die Sänger stöhnen über ihre schwierigen Partien. Besonders listige Vokalisten erwägen sogar Vereinfachungen auf eigene Faust, schließlich kann Beethoven kaum noch etwas hören.

Und dann ist er da, der 7. Mai. Nicht zuletzt wegen der klatschträchtigen Vorgeschichte um eine mögliche Berliner Uraufführung der *Neunten Symphonie* ist die Atmosphäre im Kärntnertortheater knisternd aufgeladen. Die Erwartungen sind so groß wie die vorauseilende Schadenfreude jener Besucher, die sich einen Skandal versprechen. Zweifler orakeln seit Langem, Beethovens Schaffenskraft sei womöglich versiegt, denn die *Allgemeine musikalische Zeitung* hatte schon 1821 gemutmaßt: »Für grössre Arbeiten scheint er gänzlich abgestumpft zu seyn.«[360]

Umso grimmiger besteht Beethoven darauf, selbst ans Dirigentenpult zu treten. Freunde raten ihm mit Engelszungen davon ab, doch er lässt sich nicht beirren: Für alle sichtbar will er sich als Schöpfer seiner Musik präsentieren. So stehen schließlich drei Dirigenten vor Orchester und Chor: Michael Umlauf, den der Komponist anlässlich einer *Fidelio*-Aufführung schätzen gelernt hat, Ignaz Schuppanzigh, der als Konzertmeister stehend das Orchester zusammenhält, und auf einem Extrapodest der ertaubte Beethoven.

Es wird eine denkwürdige Aufführung. Einen Eindruck der Ereignisse vermittelt der Geiger Joseph Michael Böhm: »Beethoven dirigierte selbst, d.h. er stand vor einem Dirigentenpulte und fuhr wie ein Wahnsinniger hin und her. Bald streckte er sich empor, bald kauerte er bis zur Erde, er schlug mit Händen und Füßen herum, als wollte er allein die sämmtlichen Instrumente spielen, den ganzen Chor singen.« Schon nach dem zweiten Satz brandet Applaus auf. Eine Sängerin muss den tauben Beethoven eigens darauf aufmerksam machen, und auch diese Komplikation schildert Böhm: »Beethoven war so aufgeregt, daß er nichts sah, was um ihn vorging, daß er auf den Beifallssturm, den er freilich bei seiner Gehörschwäche kaum hören konnte, auch nicht einmal achtete. – Man mußte es ihm immer sagen, wenn es an der Zeit war, dem Publikum für den gespendeten Beifall zu danken, was Beethoven in linkischer Weise that« (KC, S. 84).

Die Uraufführung der *Neunten Symphonie* wird für ihn zu einem beispiellosen Triumph. Zweitausendvierhundert Menschen sind im Kärntnertortheater versammelt, und nach dem Schlussakkord erhebt sich ein unbeschreiblicher Jubel. Das Publikum ist außer sich, es klatscht und schreit und trampelt. Dies ist nicht nur ein musikalischer Triumph, es ist auch eine künstlerische Rehabilitierung. Beethoven hat es allen noch einmal gezeigt: Er kann Großes erschaffen, und er kann sein Publikum mitreißen. Scheinbar ungerührt lässt er die Ovationen über sich ergehen. Er sieht nur eine wogende Menschenmasse, die Begeisterungsschreie, den Applaus, die Bravorufe hört er nicht. Das Publikum reagiert, indem es Hüte und Taschentücher schwenkt, eine rührende Geste, mit der es »seinem« Beethoven huldigt. Was mag ihm in diesem Moment durch den Kopf gehen? Verzeiht er den treulosen Wienern, die im Rossinirausch schwelgen und auch dessen Opern im Theater am Kärtnertor bejubelt haben?

Sofern Beethoven versöhnlich gestimmt ist oder sich gar freut, lässt er es sich nicht anmerken. Möglicherweise setzt er aber auch nur eine starre Maske auf, um seine innere Bewegung zu verbergen. Nach all den Krisen, Zweifeln und Nöten ist dieser fulminante Erfolg eine späte Ernte. Vielleicht eine zu späte. Auf Beobachter wirkt er benommen, wie erstarrt. Fünfmal wird er nach vorn gerufen. Zum Podium führt ihn der unvermeidliche Schindler, den man inzwischen fast lieb gewonnen hat als Woody-Allensche Zelig-Figur oder, auf gut Wienerisch: als Adabei (auch dabei). Beethoven verbeugt sich, verzieht aber keine Miene. Kann er nicht glauben, was ihm da widerfährt? Oder ist er restlos ausgelaugt von den Diskussionen, den Proben, der immensen inneren Anspannung? Eine ganz andere Erklärung wäre das Augenleiden, das ihm seit April 1823 zusetzt, wie Briefe aus dieser Zeit belegen. Ohnehin ist er kurzsichtig und benötigt eine Brille, doch nun sind seine Augen oft entzündet, sodass er manchmal Besucher abweisen muss. Es wäre also denkbar, dass er Schwierigkeiten hat, die visuellen Beifallsbezeigungen überhaupt wahrzunehmen.

Man möchte ihm in diesem Augenblick der späten Ehrenrettung wünschen, dass auch die Kritiken unlesbar für ihn bleiben. Denn nicht alle Profis sind zufrieden. Während das Publikum tobt und die Symphonie schon wenig später im Begriff ist, einen wahrhaft weltumspannenden Siegeszug anzutreten, melden sich einige Mäkler zu Wort. Aus heutiger Sicht am amüsantesten ist wohl der Satz eines Rezensenten, der Beethovens *Neunter* sehr von oben herab attestiert: »Noch in der Verirrung groß.«

Seid umschlungen, Millionen

Die Begeisterung des Publikums am 7. Mai gilt einem Ausnahmewerk. Niemals zuvor hatte eine Symphonie in einem gesungenen Finale gegipfelt, noch dazu mit einem Text, der höchste Euphorie hervorruft. Die musikalische Gestalt der *Neunten* folgt dementsprechend der Logik einer Steigerung, die erst im dritten Satz zurückgenommen wird. Wie schon in der *Fünften Symphonie* beginnt Beethoven im Kopfsatz in einer Molltonart, die sich stellenweise bereits im Scherzo und dann triumphal im Finalsatz zum Dur aufhellt. Hier ist es das von ihm selten verwendete d-Moll, das einem strahlenden D-Dur weicht.

Der erste Satz, *Allegro, ma non troppo, un poco maestoso,* bleibt in den ersten Takten verhalten, geheimnisvoll, mit Quarten und leeren Quinten der Streicher. Die suchenden, neblig verhangenen Streichermotive münden in ein kraftvoll absteigendes Dreiklangsthema, das mit energischen Synkopierungen über mehr als eine Oktave nach unten drängt und wie ein zuckender Blitz einschlägt. Das ist der heroische Gestus, den das Publikum liebt. Es wird aber schnell mit Konflikten statt Kantilenen konfrontiert, sodass der Eindruck eines dramatischen Kampfes entsteht. Allein der Seitensatz wartet mit drei Themen auf, die miteinander zu ringen scheinen. Obwohl der Satz insgesamt relativ kurz ist, wirkt er monumental. Orchestrierung und innere Dynamik überwältigen, ja überfallen den Hörer. Einmal mehr erzeugt Beethoven den »delightful horror« des Erhabenen und macht den Konzertsaal zum Schauplatz nahezu archaischer Kräfte. Erschließen können sich diese Ausbrüche über die Genese des *Allegro:* Hier hatte Beethoven einst die bacchantische Feier im Sinn. Da Bacchus der Beiname von Dionysos, dem Gott des Rausches und des Weines, ist, können die teils rohen, fast gewalttätigen Aspekte des Satzes mit der Zügellosigkeit dionysischer Ausschweifungen in Verbindung gebracht werden. Doch ganz gleich ob dies die Leitidee war: Beethoven inszeniert eine brodelnde Klangwelt mit teils martialischen Rhythmen und gezielt eingesetzten Dissonanzen, die freilich einen Berlioz später zu dem Bekenntnis veranlasste, er verstehe sie nicht.

Ähnlich entschlossen trumpft der zweite Satz auf. Er wird als Scherzo eingeordnet, obwohl Beethoven lediglich die Tempobezeichnung *Molto vivace* angibt.[361] Mit diesem rasanten Tempo durchkreuzt er die Erwartung eines langsamen Satzes, der gemeinhin dem Kopfsatz einer Symphonie folgt. Doch die Musik wirkt so wenig scherzhaft, dass man an Adornos kulturpessimistische Frage denken könnte, wer sich eigentlich in einem Amüsierlokal noch amüsiere. Ein grimmiger Ernst begleitet die beiden ersten punktierten Oktavsprünge der Streicher, die, von Paukenschlägen unterbrochen, eine weitere Oktave anfügen, bevor das zarte Gewebe eines Fugato einsetzt. Von nun an breitet sich die Atmosphäre nervöser Getriebenheit aus, der man sich kaum entziehen kann. »Die Bewegungsimpulse, die das Stück einleiten, sind Imperative«, stellt ein Musikwissenschaftler unserer Tage fest. »Was sie befehlen, macht das Scherzo unmissverständlich deutlich. Sie zwingen den Hörer in die Bewegung.«[362] So wird nachvollziehbar, warum es das Publikum bereits nach dem Scherzo von den Sitzen reißt. Obwohl Applaus zwischen den Sätzen zu Beethovens Zeit noch üblich ist – erst Mitte des 19. Jahrhunderts, als sich Konzerthallen in bürgerliche Tempel verwandeln, werden solche vorzeitigen Beifallsbezeigungen als Banausentum verpönt –, fällt das Echo ungewöhnlich stürmisch aus.

Der gesamte Satz wirkt wie ein Weckruf. Er vermittelt eine ansteckende Energie, die selbst in den wenigen ruhigeren Momenten pulsiert. Pastorale Holzbläserpassagen bleiben Episode und können den Energiefluss kaum bremsen. Immer wieder gemahnt die üppig eingesetzte Pauke an Marschbefehle. Selbst das Trio, das gewöhnlich einen leicht retardierenden Charakter hat, ist von dieser vibrierenden Anspannung infiziert. Beethoven frönt darin einer »Wiederholungsmanie«, so Dieter Rexroth, die »von einem Rauschdämon inspiriert scheint«.[363] Und in der Tat hat es etwas Manisches, wie Beethoven musikalisch insistiert, wie er alle Mittel entfesselt, um den Spannungsbogen aufrechtzuerhalten. Eine physisch spürbare Motorik beherrscht diesen Satz. Er könnte als Vorbereitung des Finales verstanden werden, weil es nach dieser glücklich überstandenen turbulenten Etappe scheinbar kein Zurück mehr gibt.

Mit dem dritten Satz bleibt Beethoven jedoch dem Motto *expect the unexpected* treu. Auf die straff gespannte Binnendramaturgie der ersten beiden Sätze folgt das große Ausatmen. Wie eine Insel des Friedens wirkt dieser Satz, den manche Zeitgenossen als Gebet deuteten. Diese Assoziation liegt nahe durch die choralhaften Anmutungen und die schlichten elegischen Melodiebögen. Es herrscht Eintracht zwischen den Instrumentengruppen, alles fließt in paradiesischem Einklang dahin. Fast zu schön, um wahr zu sein, weshalb gebildetere Zeitgenossen eine Jean Paulsche Ironie darin witterten. Wer sich dem ruhigen Dahingleiten überlässt, dem könnte fast entgehen, dass sich Beethoven erlaubt, Taktmaß und Tempo innerhalb des Satzes zu ändern: Das anfängliche *Adagio molto e cantabile* im Viervierteltakt alterniert mit einem *Andante moderato* im Dreivierteltakt. Parallel wechselt Beethoven von B-Dur zu D-Dur respektive G-Dur. Dennoch stellt sich ein Gefühl der Zeitlosigkeit, fast des Stillstands ein, woran auch ein neuerlicher Taktwechsel zum Zwölfachteltakt nichts ändert.

Aber Beethoven wartet dann doch noch mit einer Überraschung auf: in der Coda, mit einem wiederkehrenden Tuttimotiv, dem Pauken, Posaunen und Trompeten einen oratorienhaften Händel-Touch verleihen. Die barockisierende Ästhetik, die da kurz aufscheint, wirkt wie eine historisierende Anspielung: Unversehens ragt das dramatische Gestern ins Heute hinein. Die Wogen glätten sich jedoch bald, mit süßen Geigenklängen und hoffnungsvoll aufstrebenden Figuren der Holzbläser. Sogar die allgegenwärtige Pauke scheint gebändigt. Mit dem Schluss lässt sich Beethoven dann viel Zeit. Es ist ein sanftes Verklingen ohne sonderlich effektvolle Schlussakkorde; wie ein Traum von besseren Zeiten zieht die Vision prästabilisierter Harmonie vorüber und verblasst. Diese Musik ist die Erinnerung an etwas, das so nie stattgefunden hat. Sie ist Vorschein, Utopie und damit eine Antizipation der großen Vision des Finales.

Spätestens an dieser Stelle erheben sich Chor und Solisten von ihren Stühlen. Wer die *Neunte Symphonie* jemals im Konzertsaal erlebt hat, kennt die freudige Erwartung, die in diesem Moment körperlich spürbar durch die Reihen läuft. Das Wiener Publikum konnte natürlich noch nicht erraten, was kommen würde. Es sah nur den Chor und die Sänger. Allerdings beginnt der Satz instrumental, was die Spannung bei der Uraufführung unendlich vergrößert haben muss. Beethoven gibt diesem Satz viel Raum, sich zu entfalten, auch zeitlich: Je nach Dirigent dauert er etwa eine knappe halbe Stunde und damit so lange wie eine ganze Haydnsymphonie. Fünfundzwanzigmal ändert Beethoven die Tempoangabe; er entwickelt eine so abwechslungsreiche

Dramaturgie, dass der Finalsatz als ein Werk für sich stehen könnte. Dann würde man ihn allerdings nicht als Konsequenz des Vorhergehenden begreifen können. Denn nach dem opernhaft tumultösen Beginn mit seinem Wechsel aus scharf dissonanten Schreckensfanfaren und rezitativartigen Figuren der tiefen Streicher zitiert Beethoven noch einmal in transformierter Weise die Themen der ersten drei Sätze.

Doch warum bricht ein musikalisches Inferno zu Anfang des Finales los? Dies ist der Architektur der Symphonie geschuldet. Durch die Verschiebung des idyllischen langsamen Satzes an die dritte Position scheinen alle Konflikte bereits gelöst. Um die Dringlichkeit einer Erlösung zu demonstrieren, muss Beethoven daher noch einmal an das aggressive Weltgetümmel erinnern, das den Menschen bedroht. Dieses Narrativ – es ähnelt dem *per aspera ad astra*, das E.T.A. Hoffmann aus der *Fünften Symphonie* heraushörte – erfordert starke Effekte, und so erschüttern zunächst nie gehörte, geradezu furchterregende Dissonanzen den Konzertsaal. Wie ein guter Rhetoriker führt Beethoven dem Publikum danach die Essenz des bereits Gehörten vor, jeweils kommentiert durch tiefe Streicher. Erst dann tastet er sich in nahezu zeitlupenhafter Langsamkeit an Schillers *Ode an die Freude* heran.

Zitathaft, unvollständig taucht die Melodie zuerst in den Holzbläsern auf, wird jedoch von den tiefen Streichern »überstimmt.« Und nun wird Beethoven sogar selbst dichterisch tätig. Denn es bedarf einer Überleitung, die in den chorischen Teil führt. Es hätte eine einfache Lösung gegeben. Wenn Celli und Kontrabässe unisono die vollständige Melodie des »Freude schöner Götterfunken« spielen und sich bei den variierten Wiederholungen nach und nach die anderen Instrumente hinzugesellen, böte sich ein zwangloser Übergang zum Gesang an. Stattdessen blitzt noch einmal Beethovens schalkhafter Humor auf. Wieder erklingen kakofonisch gegeneinandergestellte Dissonanzen mit Pauken und Trompeten, sodass eine stärkere Intervention nötig zu werden scheint. An dieser Stelle singt der Bariton einen von Beethoven ersonnenen Text: »O Freunde, nicht diese Töne! Sondern lasst uns angenehmere anstimmen und freudenvollere!« Es ist ein dramaturgischer Coup. Jedes Licht strahlt heller, wenn es aus dem Schatten hervorleuchtet.

Schindler berichtet, Beethoven habe lange an der Überleitung gebosselt und zunächst den etwas lahmen Satz »Lasst uns das Lied des unsterblichen Schiller singen!« in Betracht gezogen.[364] Wie viel suggestiver wirkt da doch das appellative »O Freunde« und die Ankündigung eines Freudengesangs! Nun muss es auch der Begriffsstutzigste verstehen: Dem Getöse einer in Kämpfen und Disharmonie verstrickten Welt folgt das Happy End der Freude. Im Gegensatz zu den unzähligen Bearbeitungen, die zumeist einen homogenen Chorgesang aus dem Finale fabrizieren, geht Beethoven allerdings ungleich feinsinniger vor. Auf kunstvolle Weise verzahnt er nun Sologesang, Chorstimmen und orchestrale Metamorphosen der Themen zu einem vieldimensionalen Gebilde, das den Text in verschiedenen Besetzungen und musikalischen Kommentaren ausleuchtet.

Die erste Strophe bestreitet der Bariton, angefeuert von »Freude«-Rufen der tiefen Chorstimmen. Danach wiederholt der gesamte Chor den Refrain: »Deine Zauber binden wieder / was die Mode streng geteilt.« Das anschließende Wechselspiel, bei dem die Solisten mal allein, mal im Quartett singen und der Chor wohldosiert dazutritt, dazu die Orchesterpassagen, die mit unerwarteten Wendungen wie einem *Alla marcia* oder einer Doppelfuge über die beiden Hauptthemen immer neue Aspekte des musikalischen Materials ausformen – diese Raffinesse muss überwältigen. Nichts ist erwartbar in diesem

Finale. Auch nicht die kantatenhafte Überhöhung des »Seid umschlungen, Millionen«.

Es ist, als ob Beethoven die gesamte Quintessenz seines säkularen und sakralen Schaffens zöge, um Schillers Ode ebenso differenziert wie publikumswirksam in Musik umzusetzen. Durch den Text öffnet sich das Ideenkunstwerk dem Hörer, und diese Geste hat etwas wahrhaft Generöses. Beethoven will sein Publikum erreichen, er streckt ihm symbolisch die Hand entgegen: mit einer Hinwendung zum Wort, die ein neues Genre kreiert, zugleich aber auch die Grenzen autonomer Musik eingesteht. Noch relativ kurz vor der Uraufführung hatte er gezögert, diesen Schritt zu wagen, und als Alternative über ein rein instrumentales Finale nachgedacht. Dann siegte der Text und damit das Primat der Botschaft.

Nicht zuletzt siegt Beethovens Sendungsbewusstsein. Sein Lehrer Haydn hätte über solche Gedankengänge vermutlich nur gespottet – er betitelte seinen selbstbewussten, von seiner metaphysischen Mission beflügelten Schüler ironisch »Großmogul« (KC, S. 898). Doch Beethoven bleibt seiner Mission treu und hebt den Schleier der interpretationsbedürftigen Musik. Er lässt den Hörer wissen, was er verkünden möchte: eine humanistische Utopie, die so freudestrahlend ins Werk gesetzt ist, dass jede Anstrengung gerechtfertigt scheint, sie zu verwirklichen. Das gilt buchstäblich für Millionen. Gemeinsam mit Schiller umarmt Beethoven Menschen jeder Herkunft, jeder politischen, religiösen oder weltanschaulichen Gesinnung. Aus der Kakofonie der individuellen Gegensätze tritt ein Wir der gemeinsamen Werte hervor. Das ist eine bahnbrechende Vision, die nichts von ihrer Aktualität verloren hat.

Die *Neunte Symphonie* ist Beethovens Hochamt des Humanums. Ganz wesentlich ist sie aber auch seine Proklamation der Freiheit. Hatte er Plutarch einst seinen Lehrmeister der Resignation genannt, so zieht er mit dem Finale eine andere Lesart Plutarchs heran. »Also gesungen auch vortreffliche Worte ausdrücken«, heißt es im Tagebuch. »Bey den Nemeischen Spielern sang der Sänger Pilades die Worte aus dem Stücke – titulirt die Perser ›Ich gebe Griechenlands Söhnen den herrlichen Schmuck der Freyheit.‹«[365] Die Sätze stammen aus Plutarchs *Pilopoemen.* In der Übersetzung, die Beethoven konsultiert, endet die Passage: »So richteten alle Zuhörer auf dem ganzen Schauplatze ihre Augen auf den Philopömen und erhoben ein frohes Händeklatschen.« Mit der *Neunten Symphonie* ist Beethoven zu solch einem Künder geworden, der die Freiheit überbringt und dafür mit frenetischem Applaus belohnt wird.

Nach- und Nebenwirkungen der *Neunten*

Unmittelbar auf den überwältigenden Abend des 7. Mai folgt der Absturz. Als die engsten Getreuen den Komponisten nach Hause geleitet haben, eröffnen sie ihm den finanziellen Ertrag des rauschenden Erfolges: Nach Abzug aller Kosten – allein die Miete des Theaters hat tausend Gulden verschlungen – bleiben gerade mal vierhundertzwanzig Gulden übrig. Ein Taschengeld angesichts der jahrelangen Anstrengungen, die hinter Beethoven liegen. Er ist am Boden zerstört. Was nützt all der Jubel, wenn er weiterhin Schulden machen und um Aufträge buhlen muss? So entsteht die Idee eines Wiederholungskonzerts, für das Beethoven ein Garantiehonorar von fünfhundert Gulden erhalten soll. Es findet am 23. Mai im Redoutensaal statt, zur Mittagszeit, während draußen die Sonne vom Himmel strahlt. Das Auditorium des wesentlich kleineren Saals ist nur halb gefüllt, der Beifall mager, Beethovens Demoralisierung komplett.

Wien und Beethoven, das ist eine problematische Beziehung geworden, und selbst die kurze Genugtuung des Triumphs wird nun überschattet von niederschmetternden Nebenwirkungen.

Auch fällt im Nachhinein auf, dass die Kaiserliche Loge beim Konzert im Kärntnertortheater leer geblieben war; nicht einmal Erzherzog Rudolph hat die Aufführung mit seiner Anwesenheit beehrt. Eine andere Hoheit glänzt ebenfalls durch Nichtachtung. Beethoven dediziert die Symphonie Friedrich Wilhelm III. von Preußen und sendet ihm das signierte Autograph. 1826 wird die Symphonie in Berlin aufgeführt. Statt einer üppigen Donation oder eines klingenden Titels schickt der König ein brieflich als Brillantring angekündigtes Schmuckstück. Nun ja. Der Wiener Hofjuwelier schätzt den Wert auf bescheidene dreihundert Gulden. Ein königliches Präsent ist das nicht gerade. Beethoven verkauft es wenig später, nachdem ihn seine Freunde gerade noch davon abhalten konnten, den Ring seinem wenig spendablen Spender zurückzusenden.

Und dann kommen die Kritiken. Ignorieren können die Rezensenten den fraglosen Erfolg des ersten Konzerts nicht, dennoch finden sie an vielem etwas auszusetzen. Die *Allgemeine musikalische Zeitung* erkennt an, Beethovens Genie habe eine neue Welt erschlossen und »nie geahnte Wundergeheimnisse der heiligen Kunst entschleiert«; allerdings findet der Rezensent das Finale nicht »imponierend« genug und schildert Chor und Orchester als heillos überfordert von den Schwierigkeiten der Komposition.[366] Auch jenseits der professionellen Kritik meldet sich Widerspruch. Der eigentlich gutwillige Christian Wilhelm Müller bekundet spitz: »In der Symphonie mit Schillers Freudenlied« habe Beethoven »die ästhetische Grenze überschritten« (KC, S. 610). Ludwig Spohr nennt den vierten Satz »monströs und geschmacklos«. Die Musik sei »in ihrer Auffassung der Schiller'schen Ode so trivial«, dass er »nicht begreifen kann, wie ihn ein Genius wie der Beethoven'sche niederschreiben konnte« (KC, S. 933). Spohrs Fazit: Es fehle Beethoven an Schönheitssinn.

Genug der Schmähungen. Solche Einwände sind längst verweht, schon Mitte des 19. Jahrhunderts steigt die *Neunte Symphonie* zur Ikone des aufblühenden bürgerlichen Musiklebens auf. Heute ist sie der Inbegriff feierlicher Musik für erhebende Momente. Noch immer elektrisiert die Botschaft einer alle Grenzen überwindenden Brüderlichkeit, noch immer überwältigt das sakral Hymnische im weltlichen Gewand, wenn auch oft in der komprimierten Version eines durchgängigen Chorgesangs; denn so eingängig wie die Melodie des »Freude schöner Götterfunken« ist der Finalsatz keineswegs, geschweige denn die anderen drei Sätze der Symphonie.

Schillers Ode verheißt neben Freude und Freiheit vor allem das große Wir. Und die Sehnsucht, sich einer ideellen Gemeinschaft zugehörig zu fühlen, hat sich seit 1824 keineswegs verflüchtigt. Heute erklingt dieses Finale immer dann, wenn ein Wir beschworen wird, das den Realitäten zum Trotz zumindest musikalisch behauptet werden soll. Als instrumentale Variante stieg die *Ode an die Freude* 1985 zur Hymne eines keineswegs immer so einigen Europas auf, und auch international sucht man in ihr das Band, das die Welt im Innersten zusammenhält. Anlässlich der Eröffnung der Olympischen Winterspiele in Japan 1998 dirigierte Seiji Ozawa die *Neunte* mit einem Chor in Nagano, dem Austragungsort der Spiele, hinzugeschaltet waren Chöre in Berlin, New York, Kapstadt, Sydney und Peking. Es wurde ein buchstäblich weltumspannendes Konzert über Kontinente hinweg, eine Demonstration globaler Verbrüderung vor Millionenpublikum, das die Aufführung daheim am Fernseher verfolgte. Sport und Beethoven, ersieht man daraus, sind der kleinste gemeinsame Nenner, auf den sich eine von Konflikten gebeutelte Weltgemeinschaft einigen kann.

Die positiven politischen Implikationen des Finales gelangten besonders eindringlich im Deutschland des Mauerfalls ins Bewusstsein. Zwei deutsche Staaten, im Kalten Krieg gegeneinander in Stellung gebracht, standen sich in zweifelnder Freude gegenüber. So fremd, so überraschend nah. Doch es gab eine einende Kultur, deren Wurzeln wesentlich weiter zurückreichten als zur Hegemonialpolitik der Ost- und Westmächte nach dem Zweiten Weltkrieg. So musste ein aussagekräftiges Symbol dieser gemeinsamen Kultur her, und in musikalischer Hinsicht schien es schlicht keine Alternative zu Beethovens *Neunter* zu geben. Man hätte Brahms spielen können, Mendelssohn, Schumann – allein, wo wäre die Botschaft gewesen? Das Sendungsbewusstsein Beethovens erwies sich einmal mehr als Überhöhungsangebot in einer Situation, die zwar Freude, aber auch Skepsis hervorrief: Was würde nach dem Mauerfall kommen? Wie mit den grundverschiedenen politischen Prägungen der vergangenen Jahrzehnte, wie mit den auseinanderklaffenden kulturellen und wirtschaftlichen Verhältnissen umgehen?

Die Antwort lautete Brüderlichkeit. Auf diese Weise brachte Beethoven den aufgewühlten Deutschen ein besonderes Weihnachtsgeschenk dar: Am Heiligen Abend des Jahres 1989 stand Leonard Bernstein am Dirigentenpult der – West-Berliner – Philharmonie und brachte die *Neunte Symphonie* zur Aufführung. Einen Tag später, am ersten Weihnachtstag, dirigierte er sie im Konzerthaus am Gendarmenmarkt – damals sprach man noch von Ost-Berlin, nicht von Mitte. Auf öffentlichen Plätzen wurden die Aufführungen auf eigens installierten Monitoren übertragen, und so schlug Bernstein weithin sichtbar den Bogen zwischen Ost und West. Doch er hatte noch zwei weitere Ideen. Zum einen erweiterte er das Symphonieorchester des Bayerischen Rundfunks um Musiker aus Ländern, die einst als Kriegsmächte Deutschland besiegt hatten; daher saßen auch Franzosen, Engländer, Amerikaner und Musikerkollegen aus der Sowjetunion auf dem Podium. Es war eine bewegende Geste, die der Aufführung eine historisch bedeutsame, auch emotional erschütternde Tiefe verlieh. Der Begriff der Versöhnung erweiterte sich um die Dimension der Vergebung, und vielen Zuhörern standen Tränen in den Augen – als sei Deutschland erst jetzt wieder offiziell in die Staatengemeinschaft aufgenommen worden.

Bernsteins zweite Idee war plakativer, aber angemessen: Er tauschte das Wort Freude durch den Begriff Freiheit aus. Das wäre in Beethovens Sinne gewesen, wenn man an seine Tagebucheintragung über die Verkündung der »Freyheit« denkt. In einem Brief an Erzherzog Rudolph schreibt er 1819: »Allein Freyheit, weiter gehen ist in der Kunstwelt, wie in der ganzen großen schöpfung, zweck« (Kleinschreibung im Original).[367] Für das Berliner Publikum war diese Aktualisierung durch Bernstein ein weiteres bewegendes Detail, enthielt doch die Betonung der Freiheit ein Zukunftsversprechen. Ganz gleich wie man die weitere politische Entwicklung danach bewerten mag, in diesem Schicksalsmoment war der Begriff ein Synonym für Hoffnung. Freiheit und Brüderlichkeit, das hätte auch Beethoven gefallen. Nur die Gleichheit hätte noch gefehlt, und die drei Schlagworte der Französischen Revolution wären vollständig gewesen.

Ein Vierteljahrhundert später wurde die *Neunte* zum Gedenken des Mauerfalls erneut aufgeführt, im Rahmen eines Open-Air-Konzerts am Brandenburger Tor. Diesmal dirigierte Daniel Barenboim, und entlang der einstigen Grenze, die Berlin geteilt hatte, schwebten große weiße Luftballons in den Nachthimmel. Die meisten Zuhörer gaben sich dem Freudentaumel der Musik und der symbolträchtigen Inszenierung hin, mancher dachte in diesen Momenten aber auch an die dunklen geschichtlichen Ereignisse, die sich an die Symphonie knüpften. Denn es gab eine weitere historische Dimension der beiden Konzerte von 1989 und 2014: Mit Leonard Bernstein und Daniel Barenboim zeichneten zwei Künstler für die musikalische Leitung verantwortlich, die nur wenige Jahrzehnte zuvor in diesem Land um ihr Leben hätten fürchten müssen.

Die *Neunte Symphonie,* das wurde offenbar, ist die eigentliche Schicksalssymphonie der Deutschen. Ein Werk, das gespeicherte Geschichte in sich trägt, die positiv identitätsstiftenden wie die unheilvollen Aspekte dieser Geschichte. Man hatte 1989 noch nicht vergessen, dass die Symphonie im Dritten Reich zum festen Bestandteil des propagandistischen Instrumentariums gehört hatte. Das war einerseits Beethovens euphorisierender Musiksprache geschuldet, andererseits dem nationalistisch eingefärbten Mythos Beethoven. Zum deutschen Heros war er bereits im 19. Jahrhundert stilisiert worden. Im nationalkonservativen Milieu galt er als Beweis für die geistige Überlegenheit des Deutschtums, was mit dem Anspruch auf die politische Vormachtstellung in Europa einherging. Im Zuge dieser Entstellung wurde Beethovens Neunte als tönendes kriegerisches Pathos gehört, und ganz im Ungeiste der mentalen Aufrüstung bemächtigte sich schließlich Reichskanzler Otto von Bismarck der *Neunten Symphonie*. Allenthalben hörte er kriegsertüchtigende Signale und benannte sie kurzerhand in »Bismarck-Symfonie« um. Schon zu Studienzeiten hatte er sich von einem Stubengenossen Beethovensonaten vorspielen lassen und allen Ernstes behauptet, immer wenn er die *Appassionata* höre, werde er zu einem tapferen Menschen.

An solch martialische Assoziationen, verbunden mit nationalistischem Gedankengut, konnte Hitler anknüpfen. Zwar schätzte er Beethoven nicht sonderlich – in *Mein Kampf* wird er im Gegensatz zu Wagner gar nicht erwähnt –, stellte ihn jedoch als Paradebeispiel für die Notwendigkeit des Führerprinzips heraus.

»Wenn hundert Menschen in Not sind, springt nur einer hervor und rettet die anderen«, argumentiert Hitler 1927 in einer Rede in München. »Millionen sind erschüttert von der 9. Symphonie – aber gemacht hat sie nur einer. Millionen werden beglückt, allein der Schöpfer ist immer nur einer.«[368] Er instrumentalisierte Beethoven noch weit perfider. Fortan stand der Komponist für den Helden, der aufgrund seiner Einzigartigkeit Autorität beanspruchen durfte. Ein Jahr nach der erwähnten Münchner Rede kam Hitler anlässlich eines Auftritts vor NSDAP-Parteigenossen auf seinen Grundgedanken zurück, spielte jetzt aber ganz offen das Elitäre gegen das Plebiszitäre aus: »Glaubt mir, ganz Wien hätte abstimmen können, um einen Ausschuß zu wählen, der die Neunte Symphonie hätte machen sollen: wir hätten die Neunte Symphonie heute noch nicht.«[369] Schon Jahre vor der Machtergreifung war es eine Proklamation der Diktatur: Große Taten erfordern große Männer, die eigenmächtige Entscheidungen treffen dürfen und müssen.

Darüber hinaus blieb dem Wagnerianer Hitler die symphonische Musik Beethovens fremd; offensichtlich hatte er kein Sensorium für reine Instrumentalmusik. Die weitere ideologische Einordnung besorgte deshalb die Reichsmusikkammer, die sich insbesondere um die Indoktrination der Jugend kümmerte, mit Beethovenveranstaltungen für die Hitlerjugend und den Bund Deutscher Mädel. Auch qua Volksempfänger versuchte man, Beethoven zu popularisieren, und die *Neunte* war immer dabei. Schillers inkludierende Formel »Alle Menschen werden Brüder« wurde unter den Vorzeichen des Rassenwahns neu interpretiert: Es gab kein »Alle« mehr, nur das Wir einer hypostasierten Volksgemeinschaft, die ganze Bevölkerungsgruppen ausschloss und zum Tode verurteilte.

Kulturpolitisch schmiedete man Beethoven zur Speerspitze der »wahren« deutschen Musik um, die sich gegen die musikalische

Moderne eines Schönberg oder Strawinsky richten ließ. Während der Reichsmusiktage 1938 in Düsseldorf, bei der die Ausstellung »Entartete Musik« eröffnet wurde, erklingt selbstverständlich auch die *Neunte Symphonie*. Was aber genau macht ihren Reiz für die Nationalsozialisten aus? Wie schon bei Bismarck erscheint die Denkfigur von Kampf und Sieg attraktiv, und das kann sowohl auf den Komponisten als auch auf seine Musik bezogen werden. Das Bild des mit Widerständen ringenden Künstlers hat Verweischarakter in einem von Kriegstreiberei aufgeheizten politischen Klima. Mit Beginn des Zweiten Weltkriegs verschärft sich deshalb der Ton. Nun ist Beethovens Werk die Schlachtmusik für jene Deutschen, »die tapfer genug sind, Tod und Verderben ins Auge zu sehen«.[370] Auf der Symbolebene wird die *Neunte Symphonie* zum Fanal des deutschen Siegeswillens, und es ist unter anderem die Pianistin Elly Ney, die als NSDAP-Mitglied und glühende Verehrerin Hitlers die ideologisch korrekte Musiktheorie dazu liefert. »Heroisch ist das Wesen nordischer Musik«, stellt sie fest, bei Beethoven sei kein Wanken vernehmbar, nur Stärke und Entschlossenheit, daher eigne er sich zur Stärkung der »Seelenkräfte unseres Volkes«. Zu welchem Behufe, stellt Ney ebenfalls klar: »Möge daraus unsere Tat im Dienste des Führers groß und licht erstehen!«[371]

Spätestens jetzt war die *Neunte Symphonie* zum Passepartoutwerk verkommen, ausgenutzt, instrumentalisiert, missbraucht. Als Kehrseite des weltanschaulich neutralen Inhalts erwies sich, dass sich zwar jeder gemeint fühlen konnte, dass sich die Symphonie aber auch jedweder Vereinnahmung anzubieten schien. Zwanglos fügte sich Schillers Ode mit ihrem vieldeutigen Gottesbegriff in den antikirchlichen, von nordischen Göttern bevölkerten Ideologienebel der nationalsozialistischen Vordenker ein. Schwerlich hätte ein Sakralwerk für die Durchhaltekonzerte Furtwänglers oder als Geburtstagsständchen für Hitler herhalten können. Was die demagogische Funktion betrifft, spielte eine entscheidende Rolle der Chorgesang des Finales: Er war das weihevolle Pendant zum Marschgesang. Das Individuum sollte sich ins Kollektiv einreihen, sich mit etwas Größerem, Höherem identifizieren.

Diese Idee entwickelte eine umso größere Wirkmacht, je stärker das Bedürfnis war, im Dienste einer politischen Bewegung die Reihen zu schließen. Der Missbrauch im Dritten Reich ist daher nur eine von vielen Facetten politischer Aufladung. Es gab auch ganz andere Deutungen, und einige folgten Beethovens rebellischem Impuls, mit dem er als Künstler die Regeln und als Homo politicus das österreichische Herrschaftssystem infrage gestellt hatte. Parallel zu den nationalistischen Tendenzen entstand früh eine revolutionäre Lesart, die von Sozialisten, Kommunisten und den Vorkämpfern der Arbeiterbewegung aufgegriffen wurde. So erkennt der Musikkritiker Franz Brendel, der ab 1844 die von Schumann gegründete *Neue Zeitschrift für Musik* herausgibt, in der *Neunten Symphonie* den Leitstern einer humanistisch-sozialistisch geprägten Gesellschaft: »Das Ideal der Zukunft ist diese rückhaltlose, unbedingte Hingebung an die Menschheit, dieser ächte Socialismus, wie ihn Beethoven zuerst ausgesprochen hat.«[372] 1905 erklingt die *Neunte* weitab der bürgerlichen Kulturtempel in einer Brauerei des Berliner Bezirks Friedrichshain, wo sich ausschließlich Arbeiter versammelt haben. Vor der Aufführung hält Kurt Eisner eine flammende Rede. Als einer der Anführer der Novemberrevolution wird er 1918 von den Arbeiter- und Soldatenräten zum Ministerpräsidenten Bayerns gewählt werden. Für Eisner hat die Symphonie geradezu Erweckungscharakter: »In dem gewaltigen Klassenkampf des Proletariats glüht der Götterfunke der Freude, der aus der Gesellschaft des Elends und des Zufalls zu dem Kunstwerk der neuen Gesellschaft leuchtet.«[373]

Weit öffentlicher kommt diese Umdeutung als Vorschein der siegreichen Arbeiterklasse in der Silvesternacht 1918 zum Tragen. Im Rahmen einer »Friedens- und Freiheitsfeier« des Leipziger Allgemeinen Arbeiter-Bildungsinstituts dirigiert Gewandhauskapellmeister Arthur Nikisch die *Neunte*. Dreitausend Choristen singen im Leipziger Krystallpallast Schillers *Ode an die Freude*. »Diejenigen, die in der Novemberrevolution die Erlösung erblicken, werden in ihrer Seele beim Lied an die Freude die Resonanz empfinden«, urteilt danach das *Leipziger Tageblatt*.[374] In dieser Traditionslinie betrachtet auch Hanns Eisler die *Neunte Symphonie* als ein Versprechen auf den Sieg der Arbeiterbewegung. »Diese Töne, die schon jetzt uns, den noch kämpfenden Arbeitern, Energien zuführen«, schreibt er 1927 in der *Roten Fahne*, »werden erst recht uns gehören, wenn wir über die jetzt herrschende Klasse gesiegt haben werden und den Millionenmassen der bis dahin Unterdrückten mit dem Triumphgesang Beethovens zujauchzen werden: Seid umschlungen, Millionen!«[375] 1949 erklingt die Symphonie dann anlässlich der Staatsgründung der DDR, und es gibt Experten, die aus Eislers Melodie zur Nationalhymne »Auferstanden aus Ruinen« eine Neubearbeitung des »Freude schöner Götterfunken« heraushören wollen.

Die *Neunte Symphonie* Beethovens ist ein Vexierspiel. Berücksichtigt man, dass auch Stalin sie schätzte und einsetzte, weil er überzeugt war, mit dieser Musik die Massen zu erreichen, steht man vor dem Phänomen eines Werks, dessen Interpretationsspielraum nahezu unendlich zu sein scheint. »Was ins Auge fällt, ist die universale Adaptierbarkeit dieser berühmten Melodie, die sowohl von Hitler, Stalin als auch Mao benutzt wurde«, resümiert der slowenische Philosoph Slavoj Žižek. »Man könnte sich eine perverse universale Verbrüderung vorstellen, bei der Osama bin Laden Präsident Bush umarmt, weiße Rassisten umarmen

Mao Zedong, und alle singen sie die Ode an die Freude. Das würde funktionieren.«[376] Radikaler verfährt die Komponistenfigur Adrian Leverkühn im *Doktor Faustus*, als er sich mit seinem Eckermann Serenus Zeitblom über Beethoven unterhält:

»Ich habe gefunden«, sagte er, »*es soll nicht sein*.« »Was, Adrian, soll nicht sein?« »Das Gute und Edle«, antwortete er mir, »was man das Menschliche nennt, obwohl es gut ist und edel. Um was die Menschen gekämpft, wofür sie Zwingburgen gestürmt, und was die Erfüllten jubelnd verkündigt haben, das soll nicht sein. Es wird zurückgenommen. Ich will es zurücknehmen.« »Ich verstehe dich, Lieber, nicht ganz. Was willst du zurücknehmen?« »Die Neunte Symphonie«, erwiderte er.[377]

Balanceakte an den Grenzen des musikalisch Sagbaren

Von jeher hatte Beethoven zugunsten des musikalischen Ausdrucks die kompositorischen Regeln gebrochen. Auf einem Skizzenblatt notiert er einmal: »sobald das Gefühl unß – einen weg eröffnet, fort mit allen Regeln.«[378] Zur Zeit der Komposition der *Neunten Symphonie* kreisen seine Überlegungen allerdings um die Frage, ob seine Gefühle und Botschaften auch ohne Text verstanden werden. Das ist ein neues Thema. 1812 hatte er noch geschrieben: »Könnte ich meine Gedanken über meine Krankheit durch ebenso bestimmte Zeichen als meine Gedanken in der Musik ausdrücken, so wollte ich mir alsbald selbst helfen.«[379] Für ihn war es lange selbstverständlich, »bestimmte Zeichen« für bestimmte Gedanken zu verwenden, so wie es sich für ihn von selbst verstand, dass seine Hörer diese subtile Art der Verständigung beherrschten. In der Sphäre adeliger Musikzirkel konnte er auf ein Publikum setzen, das verschwiegene Bedeutungen mühelos erkannte oder zumindest erahnte. Es existierte ein ungeschriebener musiksprachlicher Code, in dem die feinsten Verästelungen von Empfindungen thematisiert werden konnten. Nirgends ist das deutlicher als im *Andante favori.* Josephine wird jede Anspielung dieser textlosen Klaviermusik verstanden haben, jede Nuance, jede Zuckung eines wunden Herzens.

Doch der Typus des hochkultivierten, hochsensiblen Musikkenners wurde zusehends rarer, und die Symphonien richteten sich ohnehin an ein weniger feinsinniges Publikum. Möglicherweise argwöhnte Beethoven, er komponiere an seinem Publikum vorbei, falls er auf Schillers Text verzichte. Die Symphonie hatte die Grenze des musikalisch Sagbaren erreicht, also überschritt Beethoven diese Grenze. »Vielleicht«, so Adorno, »ist der Drang, die Musik zum Sprechen zu bringen der wahre Grund fürs Chorfinale der IX. Sinfonie.«

Eine nicht weniger klarsichtige Erläuterung dieses Vorgangs findet sich bei Richard Wagner. Er ist nahe zu besessen von der *Neunten Symphonie*, schreibt in jungen Jahren die gesamte Partitur ab und erstellt einen Klavierauszug. Angeregt durch Beethovens Grenzüberschreitung von der Symphonie zum Text, schlägt Wagner die umgekehrte Richtung ein: die Musikalisierung von Texten in symphonischen Dimensionen.

Sein neuartiges Konzept des Musikdramas legt Wagner nicht nur in theoretischen Schriften dar, er kleidet es auch in die erzählende Form. Als er völlig mittellos in Paris lebt und sein Dasein mit kleineren literarischen Arbeiten fristet, verfasst er 1840/41 die Novelle *Eine Pilgerfahrt zu Beethoven.* Es ist eine Fantasie; der Nachgeborene hat den Meister nie getroffen. Anlässlich der fiktiven Begegnung legt Wagner seinem fiktionalisierten Beethoven Worte in den Mund, die wie eine nachträgliche Verteidigung des gesanglich ergänzten Finalsatzes wirken.

»Man stelle den wilden, in das Unendliche hinausschweifenden Urgefühlen, repräsentirt von den Instrumenten, die klare, bestimmte Empfindung des menschlichen Herzens entgegen, repräsentirt von der Menschenstimme«, erklärt Beethoven respektive Wagner die Unzulänglichkeit reiner Instrumentalmusik. »Das Hinzutreten dieses zweiten Elementes wird wohlthuend und schlichtend auf den Kampf der Urgefühle wirken, wird ihrem Strome einen bestimmten, vereinigten Lauf geben.«

Das Plädoyer für die Stimme im symphonischen Kontext schließt an Beethovens Haltung an, Kunst solle eine transzendente Botschaft vermitteln. Erst in der Vereinigung von Stimme und Instrument öffne sich für den Hörer die Chance, »die frühere unbestimmte Ahnung des Höchsten, zum göttlichen Bewußtsein umgewandelt, klar in sich zu fühlen.«[380] Die Schlüsse, die Wagner aus der *Neunten Symphonie* zieht, stimmen mit den Beweggründen Beethovens durchaus überein. Das Finale weist jedoch auf einen neuralgischen Punkt zurück, der im Werk Beethovens da und dort Spuren hinterlässt: Wie lassen sich außermusikalische Gehalte rein musikalisch gestalten? Und wie kann man kompositorisch leisten, dass sich die tieferen Bedeutungsschichten dem Hörer auch wirklich erschließen?

»Sie sind Dichter, Sie können Alles ausdrücken, ich beneide Sie«, sagt Beethoven einmal zu Franz Grillparzer (KC, S. 408). Die Frage nach der Ausdrucksfähigkeit von Musik beschäftigt ihn ein Leben lang. Eine probate Lösung sind Vokalkompositionen; allein die Texte, die Beethoven während der Josephine-Liaison vertont, lassen an Eindeutigkeit nichts vermissen. Neben *Ich denke dein* und *An die Hoffnung* sind es Lieder wie *Als die Geliebte sich trennen wollte WoO 132*, die klare Inhalte übermitteln. So wird die Poesie zum Botschafter.

Das Lied *Als die Geliebte sich trennen wollte* entsteht zwischen 1806 und 1809, als sich Josephine ihm mehr und mehr entzieht.

Stephan von Breuning übersetzt eigens für Beethoven einen Text aus dem französischen Einakter *Le secret* – »Das Geheimnis« von François Benoît Hoffmann, was darauf hindeutet, dass Beethoven diese Zeilen sehr bewusst auswählte: »Der Hoffnung letzter Schimmer sinkt dahin, / Sie brach die Schwüre all' mit flücht'gem Sinn; / So schwinde mir zum Trost auch immerdar / Bewußtsein, Bewußtsein, daß ich zu glücklich war!«

Es sind Worte, die mit Bedacht gewählt sind und ihre Adressatin sicherlich erreicht haben. Andere Gedankengänge und Assoziationen bleiben den Skizzenbüchern vorbehalten. Im *Streichquartett F-Dur op. 18,1,* das im Jahr 1800 in Gegenwart Josephines und ihres Ehemanns erklingt, notiert Beethoven zum *Adagio affettuoso ed appassionato* Stichworte aus Shakespeares *Romeo und Julia* ins Skizzenbuch: »und so im Kusse sterb ich.« »Verzweiflung. Er tötet sich. Die letzten Seufzer.« Der Künstler behält diese erschütternden Gedanken für sich. Sein Medium ist die Musik, und den Gastgebern ein »Romeo-und-Julia-Quartett« darzubringen, ist aus naheliegenden Gründen undenkbar.

Wer sich in das musikalisch-emotionale Erleben Beethovens hineinversetzen möchte, findet jedoch auch in einigen Überschriften und Spielanweisungen Fingerzeige, durch die sich Themen und Gefühlswelten erschließen. Im *Streichquartett B-Dur op. 18,6,* das im selben Jahr entsteht wie das *op. 18,1,* überschreitet Beethoven bereits eine Grenze. Dem vierten Satz gibt er einen Titel: *La malinconia* – die Melancholie. Das ist eine Charakterisierung, die weder üblich noch für die Interpretation streng genommen nötig ist, da die beiden Tempoangaben für diesen Satz, *Adagio* und *Allegretto quasi Allegro,* zugleich Stimmungskategorien vorgeben. Doch offenbar will Beethoven sichergehen, dass die Interpretation in seinem Sinne geschieht, und das betrifft insbesondere die *Allegretto*-Passage. Unter dem Aspekt der Schwermut darf sie keinesfalls als heiterer Gegenpart zum schwerblütigen *Adagio* aufgefasst werden.

Es ist ein unglaublicher Satz. Das *Adagio* offenbart Leiden, Trauer, Verzagen; hört man das *Allegretto* unter den Vorzeichen der Melancholie, so wirkt es wie ein hysterisch verzweifelter Versuch, sich lustig zu geben. Nicht immer gelingt das, folgt man Beethovens musikalischer Logik, denn auch in diesem zweiten Teil kommt es unvermittelt zu kurzen Rückfällen in die *Adagio*-Trauer. Beethoven verlangt, der Satz solle mit größtem Feingefühl gespielt werden – »questo pezzo si deve trattare colla più gran delicatezza«. Hier bedarf es erklärender Worte, um den intendierten Ausdruck zu vermitteln. Allein aus den Noten ließe er sich nicht herauslesen. Genauso wenig, wie wahrscheinlich ein unbefangener Hörer, der den Titel nicht kennt, die herzzerreißenden Abgründe des *Allegretto* heraushören würde.

Mit solchen zusätzlichen Hinweisen steht Beethoven an der Schwelle der musikalischen Romantik. Schumann beispielsweise scheut sich nicht, seinen Klavierstücken Titel wie *Glückes genug* oder *Fast zu ernst* zu geben. In die *Davidsbündlertänze* fügt er erzählende Sätze ein, die das Geschehen zwischen den beiden musikalischen Protagonisten Florestan und Eusebius skizzieren. Doch auch Beethoven tastet sich auf dieses Terrain vor. Etwa wenn er den ersten Satz der *Klaviersonate Nr. 27 op. 90* von 1814 überschreibt: »Mit Lebhaftigkeit und durchaus mit Empfindung und Ausdruck« – als sei er besorgt, der Dreivierteltakt verleite zum allzu munteren, tänzerischen Drauflosspielen. »Nicht zu geschwind und sehr singbar vorzutragen« notiert er über dem zweiten Satz. Es scheint, dass Beethovens Offenbarungsbedürfnis mit fortschreitendem Alter zunimmt. Heute würde man sagen: sein Mitteilungsbedürfnis. Den dritten Satz der *Klaviersonate Nr. 31 op. 110* von 1821 konzipiert er als emotionales Narrativ von melancholischer Erschöpfung bis zur Erschließung neuer

Kräfte. Bei den ersten sieben Takten begnügt er sich mit einem *Adagio, ma non troppo,* danach streut er immer wieder weitergehende Verweise ein. Über dem zweiten Abschnitt notiert er: *Arioso dolente* – Klagender Gesang, über dem vierten *Perdendo le forze, dolente* – Ermattet, klagend, über dem fünften *poi a poi di nuovo vivente* – nach und nach wieder auflebend. Damit formuliert er ein musikdramaturgisches Konzept, das an einen szenischen Ablauf denken lässt. Die Einzigartigkeit des Gefühls, so scheint er zu glauben, erfordert eine poetische Umschreibung, um sie in ihrer ganzen Tiefe wahrnehmen zu können. Der Titan zeigt seine empfindsame Seite, musikalisch wie sprachlich. »Was wie Kammermusik begann«, urteilt Joachim Kaiser über die Sonate, »wird zur Seelen-Oper großen Stils.«[381]

Ungeachtet dessen, ob der biografische Hintergrund dieser Klaviersonate tatsächlich eine glücklich überstandene Gelbsucht mit rheumatischem Fieber war – aufschlussreich ist, dass Beethoven die Musik expressis verbis mit Gefühlsqualitäten verknüpft. Und zwar, das ist neu, ohne musikalisch die üblichen Formeln der Gefühlsästhetik mit ihren rhetorischen Standards zu verwenden. Das unterscheidet sein emotionales Vokabular von den standardisierten »Manieren« der Mannheimer Schule, deren berühmteste der »Mannheimer Seufzer« ist, ein charakteristischer Sekundvorhalt vor der Auflösungsnote. Hatten die aufklärerischen Affekt-Theorien eines Batteux oder Mattheson noch behauptet, es gebe allgemeingültige Regeln, nach denen sich Emotionen wie Freude und Trauer darstellen ließen, verändert Beethoven die kompositorische Perspektive. Statt um die floskelhafte Simulation von Gefühlen geht es um den individuell entwickelten Gefühlsausdruck. Ganz so, wie er es auf dem Skizzenblatt notierte: »sobald das Gefühl unß – einen weg eröffnet, fort mit allen Regeln.«[382]

Noch weit persönlicher, was die emotionale Dimension betrifft, wird Beethoven 1825 beim dritten Satz des *Streichquartetts a-Moll op. 132:* »Heiliger Dankgesang eines Genesenen an die Gottheit, in der lydischen Tonart – Neue Kraft fühlend«. So dezidiert, so bekenntnishaft hatte sich nie zuvor ein Komponist über sein Innenleben geäußert; denn als neutrale poetische Erfindung ohne jeden Bezug zum eigenen Erleben wird man diese Zeilen kaum lesen können. Hier klingt schon Schumannsche Subjektivität an. Die Empfindung folgt keiner klischierten Form wie Freude oder Trauer mehr, sie ist gleichsam privat. Auf diese Weise stellt Beethoven eine ungekannte Intimität mit dem Publikum her. Was als Spielanweisung für die Instrumentalisten gedacht ist, zielt auf ein empathisches Mit-Fühlen des Zuhörers. Musik wird emotionale Kommunikation.

Es muss ein Gedankenspiel bleiben, wie wir Beethovens Musik heute wahrnehmen würden, wenn er des Öfteren solche Hinweise gegeben hätte. Schindlers naive Frage, ob er nicht allen seinen Kompositionen poetische Titel geben wolle – was Beethoven vehement ablehnt –, ist vielleicht gar nicht so naiv. Gut möglich, dass es tatsächlich zuweilen verborgene Ideen und Programme gab, die er nie preisgegeben hat. Jedoch nicht im Namen absoluter Musik, sondern im Vertrauen darauf, dass seine Hörer die Sinnzusammenhänge und emotionalen Programme decodieren würden. Für die *Dritte Symphonie* hielt er den Titel *Eroica* und den Zusatz »Komponiert, um das Andenken eines großen Mannes zu feiern« für sprechend genug. Bei der *Sechsten Symphonie,* der Pastorale, entfernt er sich von der inhaltlichen Askese und versieht jeden Satz mit einer Erklärung. In der *Neunten* gesteht er sich ein, dass seine metaphysische Mission einen gesungenen Text braucht, um verstanden zu werden – und wird gerade mit diesem Werk zur Projektionsfläche. Das ist eine ebenso bittere wie amüsante Pointe.

Aber vielleicht gehören Missverständnisse zu den größten Komplimenten, die Nachgeborene einem Komponisten verehren können. Denn sie bedeuten, dass es immer wieder Menschen gibt, die sich mit seiner Musik auseinandersetzen, sie interpretieren und verstehen wollen, sich ihr hingeben und sich ihr ausliefern. Wenn dann Reibungsflächen entstehen, spricht das für die Substanz des Werks. In jedem Falle hätte es Beethoven unterhaltsam gefunden, welche teils abstrusen Reaktionen seine Musik hervorrief. So wie die *Kreutzersonate,* deren vermeintliche Erotik den eifersüchtigen Ehemann in der gleichnamigen Erzählung Tolstois erbost. »Es heißt, die Musik erhebe die Seele – Unsinn, Lüge! Sie wirkt auf die Seele weder erhebend noch niederdrückend, sondern – erregend.«

Anhang

Epilog

Wie enden, wenn es über diesen Ausnahmekomponisten noch so vieles zu sagen gäbe? Vielleicht mit einem Brief Beethovens an die Sängerin Amalie Sebald, der nur aus einem einzigen Satz besteht: »Ludwig van Beethoven, den Sie, wenn Sie auch wollten, doch nicht vergessen sollten« (BB, S. 72).

Anmerkungen

1 Die Ablehnung, bei Fürst Lichnowsky zu speisen, erzählt Franz Gerhard Wegeler in: Ferdinand Ries und Franz Gerhard Wegeler, *Biographische Notizen über Ludwig van Beethoven*, Koblenz 1838, S. 33 (Die Seitenzahlen beziehen sich auf die Originalausgabe) Digitale Version der Originalausgabe: https://reader.digitale-sammlungen.de/de/fs2/object/display/bsb10600021_00001.html

2 Die Geschichte des Klavierduells mit Abbé Gelinek findet sich samt der wörtlichen Zitate in: Carl Czerny, Über den richtigen Vortrag der sämtlichen *Beethoven'schen Klavierwerke nebst Czernys »Erinnerungen an Beethoven«*, herausgegeben und kommentiert von Paul Badura-Skoda, Universal Edition 1963, S. 10

3 Paul Bekker, *Beethoven*, Berlin 1911, 2. Auflage 1912, S. 66

4 Brief an Josef Varena, 1811, zitiert nach Martin Geck, *Ludwig van Beethoven*. Reinbek bei Hamburg 2001, S. 13

5 Theodor W. Adorno, *Beethoven. Philosophie der Musik*. Frankfurt a.M. 2004, S. 51

6 Alfred Brendel, Über Musik. Sämtliche Essays und Reden, München 2005, 6. Auflage 2018, S. 138

7 Herrmann J. Busch und Werner Klüppelholz, *Musik, gedeutet und gewertet*, München 1983, S. 56

8 Zitiert nach: ebd., S. 55

9 Rainer Cadenbach, *Mythos Beethoven*, Laaber 1986, S. 71

10 Zitiert nach: Programmheft des NDR-Sinfonieorchesters , Link:https://www.ndr.de/orchester_chor/elbphilharmonieorchester/konzerte/programmheft373.pdf

11 Zitiert nach: Jeremy Siepmann, *Beethoven: Sein Leben, seine Musik*, Darmstadt 2018, S. 175

12 *Berliner allgemeine Musikalische Zeitung*, redigirt (sic) von A.B. Marx, Erster Jahrgang 1824, Verlag der Schlesingerschen Buch- und Musikhandlung, 1824, S. 271
Link: https://de.wikisource.org/wiki/Berliner_allgemeine_musikalische_Zeitung

13 Ernst Wurm, *Beethoven als Schicksalskünder*, in: *Allgemeine Musikzeitung* 1939, zitiert nach: Moritz Hoffmann, Beethoven im Dritten

Reich, S. 28; Link: https://www.moritz-hoffmann.de/wp-content/uploads/2015/10/moritz_hoffmann-beethoven_im_dritten_reich.pdf).

14 Martin Geck, *Beethoven. Der Schöpfer und sein Universum*, München 2017, S. 22

15 zitiert nach: Österreichische Musikzeitschrift, 06/2014

16 Rainer Cadenbach in: *Mythos Beethoven*, a.a.o., S. 9

17 Zitiert nach: Moritz Hoffmann, *Beethoven im Dritten Reich*, a.a.o., S. 28

18 Rainer Cadenbach, *Mythos Beethoven*, a.a.o., S. 102

19 Ebd., S. 100

20 Das Gespräch führte Katrin Brigl 1986 für den RIAS, zu hören auf https://www.deutschlandfunkkultur.de/erinnerung-an-fritz-rau-jazz-war-entnazifizierung-an-leib.1261.de.html?dram:article_id=443108

21 Georg Hensel und Volker Hage (Hrsg.), *Indiskrete Antworten. Prominente Zeitgenossen – was sie denken, was sie fühlen*. Der Fragebogen des F.A.Z.-Magazins, Reinbek 1987

22 E.T.A. Hoffmann, *Beethovens Instrumentalmusik*, 1814, Link: https://gutenberg.spiegel.de/buch/beethovens-instrumentalmusik-3078/1

23 Peter Handke, *Zurüstungen für die Unsterblichkeit. Ein Königsdrama*, Frankfurt/Main, Suhrkamp 1997

24 Theodor W. Adorno, *Dissonanzen. Musik in der verwalteten Welt*, Göttingen 1982, 6. Aufl., S. 14.

25 Jahrespressekonferenz der Deutschen Orchestervereinigung 2019, Link: https://www.dov.org/sites/default/files/2019-03/2019_JMK_digitale%20DOV-Pressemappe.pdf

26 Aus einem Brief vom 27.4.1712 an Christian Goldbach; »*Musica est exercitium arithmeticae occultum nescientis se numerare animi – Musik ist* eine versteckte arithmetische Tätigkeit der Seele, die sich nicht dessen bewusst ist, dass sie rechne«

27 Hans Ulrich Gumbrecht, *Diesseits der Hermeneutik. Über die Produktion von Präsenz*, Frankfurt am Main 2004

28 Zitiert nach: *Ludwig van Beethoven, Ausstellungskatalog der Bayerischen Staatsbibliothek*, Tutzing 1977, S. 11

29 Zitiert nach: Rainer Cadenbach, *Mythos Beethoven*, a.a.o., S. 39

30 *Berliner allgemeine Musikalische Zeitung*, a.a.o., S. 248ff.

31 Diese stimmungsvolle Schilderung, die sich mit anderen dieser Art deckt, stammt von Louis Baron de Trémont, in: Klaus Martin Kopitz und Rainer Cadenbach, Beethoven aus der Sicht seiner Zeitgenossen, München 2009, S. 1012

32 Walter Werbeck, *Die Klaviersonaten, in: Beethoven Handbuch*, Kassel 2009, S. 363

33 Franz Gerhard Wegeler in: Ferdinand Ries und Franz Gerhard Wegeler, *Biographische Notizen über Ludwig van Beethoven*, a.a.o., S. 81

34 *Berliner allgemeine Musikalische Zeitung*, a.a.o., S. 248

35 Joachim Kaiser, *Beethovens 32 Klaviersonaten und ihre Interpreten*, Frankfurt a.M. 1979, S. 264

36 Carl Czerny, *Erinnerungen an Beethoven*, a.a.o., S. 22

37 Eleonore Büning, *Sprechen wir über Beethoven. Ein Musikverführer*, München 2018, S. 22

38 Ludwig Nohl, Die Beethovens in Bonn. Eine biographische Skizze, erschienen 1879; Link: https://de.wikisource.org/wiki/Die_Beethovens_in_Bonn

39 Franz Gerhard Wegeler in: Ferdinand Ries und Franz Gerhard Wegeler, *Biographische Notizen über Ludwig van Beethoven*, a.a.o., S. 8

40 Zitiert nach: Alexander Wheelock Thayer, *Ludwig van Beethovens Leben*, Leipzig 1917, Link: http://www.zeno.org/Musik/M/Thayer,+Alexander+Wheelock/Ludwig+van+Beethovens+Leben/1.+Band/2.+Kapitel.+Klemens+August+(1723-1761)+und+seine+Kapelle.+Ludwig+van+Beethoven

41 Gottfried und Cäcilie Fischer: *Familie Beethoven im kurfürstlichen Bonn. Die Aufzeichnungen des Bonner Bäckermeisters Gottfried Fischer*. Eine Übersetzung aus Fischers rheinischem Dialekt von Anna Fischer nach der Ausgabe von Margot Wetzstein. Beethoven-Haus Bonn, S. 10; Link: https://da.beethoven.de/sixcms/media.php/75/Fischer_Fischer.pdf

42 Ebd., S. 3

43 Ebd., S. 12

44 Ebd.
45 Alexander Wheelock Thayer, *Ludwig van Beethovens Leben*, a.a.o., Kapitel 8
46 Franz Gerhard Wegeler in: Ferdinand Ries und Franz Gerhard Wegeler, *Biographische Notizen über Ludwig van Beethoven*, a.a.o., S. 8
47 Ebd., S. 7
48 Gottfried und Cäcilie Fischer: *Familie Beethoven im kurfürstlichen Bonn*, a.a.o., S. 20
49 Carl Czerny, *Erinnerungen an Beethoven*, a.a.o., S. 8
50 Zitiert nach: Carl Czerny, *Erinnerungen an Beethoven*, a.a.o., S. 13
51 Franz Gerhard Wegeler in: Ferdinand Ries und Franz Gerhard Wegeler, *Biographische Notizen über Ludwig van Beethoven*, a.a.o., S. 94f.
52 Carl Czerny, *Erinnerungen an Beethoven*, a.a.o., S. 22
53 So schreibt der Musikwissenschaftler Heinz von Loesch, es bewege zutiefst, »wenn es in der großen Oktavenpassage aus Liszts h-Moll-Sonate in Horowitz' berühmter Aufnahme von 1932 von falschen Tönen nur so wimmelt«. Und er fragt: »Glauben wir nicht, in Horowitz' falschen Oktaven einen Helden straucheln zu sehen?« Loesch meint, es sei womöglich »gerade das technische Versagen, das diese Dimensionen offenbart, Dimensionen, die einer makellosen Wiedergabe verschlossen bleiben müssen.« Zitiert nach: Hannah Schmidt, Lieber unperfekt, https://www.niusic..de/artikel/fehler-konzert-perfektion-in-der-musik
54 Karl-Heinz Köhler und Grita Herre (Hrsg.), *Ludwig van Beethovens Konversationshefte*, Leipzig 1972, Band 1, S. 48; Beethoven notiert sich »Zellers Vorteile zur Kopfrechnung für Schulen der 2ten Klasse« und »Mein Verfahren bey dem Kopfrechnen für Schüler der 2ten Klasse« in der Grund'schen Buchdruckerey, außerdem S. 56 ebd.: »Deutliche anleitung zur rechenkunst 3 theile, brosch.«
55 Franz Gerhard Wegeler in: Ferdinand Ries und Franz Gerhard Wegeler, *Biographische Notizen über Ludwig van Beethoven*, a.a.o., S. 11
56 Gottfried und Cäcilie Fischer: *Familie Beethoven im kurfürstlichen Bonn*, a.a.o., S. 11

57 Alexander Wheelock Thayer, *Ludwig van Beethovens Leben*, a.a.o., Kapitel 8
58 Zitiert nach: Martin Geck, *Ludwig van Beethoven*, a.a.o., S. 12
59 Ebd.
60 Dies erwähnt Carl Czerny: Es sei zu seiner Zeit noch das »gehackte und kurz abgestoßene Spiel Mode« gewesen; »Auch hat mir in späteren Jahren Beethoven erzählt, daß er Mozart mehrmal spielen gehört und daß dieser, da zu seiner Zeit die Erfindung des Fortepiano noch in ihrer Kindheit war, sich auf den damals mehr gebräuchlichen Flügeln ein Spiel angewöhnt hatte, welches keineswegs für das Fortepiano paßte. Auch hatte ich in der Folge die Bekanntschaft von mehreren Personen gemacht, welche bey Mozart Unterricht genommen, und fand in ihrer Spielweise diese Bemerkung bestättigt.« In: Carl Czerny, Erinnerungen an Beethoven, a.a.o., S. 11
61 Klaus Martin Kopitz und Rainer Cadenbach, *Beethoven aus der Sicht seiner Zeitgenossen*, a.a.o., S. 58
62 Gottfried und Cäcilie Fischer: *Familie Beethoven im kurfürstlichen Bonn,* a.a.o., S. 44
63 Alexander Wheelock Thayer, *Ludwig van Beethovens Leben*, a.a.o., Kapitel 8
64 Theodor W. Adorno, *Beethoven. Philosophie der Musik*, a.a.o., S. 56f.
65 Sieghard Brandenburg, Maynard Solomon (Hrsg.): *Beethovens Tagebuch*, Mainz 1990, S. 75f.
66 Carl Czerny, *Erinnerungen an Beethoven*, a.a.o., S. 22
67 Anton Schindler, *Biographie von Ludwig van Beethoven*, Leipzig 1988, 4. Auflage, S. 354
68 Sieghard Brandenburg, Maynard Solomon (Hrsg.): *Beethovens Tagebuch*, a.a.o., S. 63
69 Ferdinand Ries und Franz Gerhard Wegeler, *Biographische Notizen über Ludwig van Beethoven*, a.a.o., S. 95
70 Zitiert nach: Carl Czerny, *Erinnerungen an Beethoven*, a.a.o., S. 19
71 Zitiert nach: Paul Bekker, *Beethoven*, a.a.o., S. 66
72 Sieghard Brandenburg (Hrsg.), *Ludwig van Beethoven. Briefwechsel.* München 1996–1998, Bd 5, S. 11

73 Hugo Riemann, Vorwort zur zweiten Auflage von: Alexander Wheelock Thayer, *Ludwig van Beethovens Leben*, a.a.o.
74 Carl Czerny, *Erinnerungen an Beethoven*, a.a.o., S. 22
75 Ferdinand Ries und Franz Gerhard Wegeler, *Biographische Notizen über Ludwig van Beethoven*, a.a.o., S. 100
76 Alfred Brendel, Über Musik, a.a.o., S. 140
77 Zitiert nach: Laurenz Lüttken, *Mozart. Leben und Musik im Zeitalter der Aufklärung*, München 2017, S. 49
78 Zitiert nach: Carl Dahlhaus und Michael Zimmermann, *Musik zur Sprache gebracht*, München und Kassel 1984, S. 369f.
79 Joachim Kaiser, Beethovens 32 Klaviersonaten und ihre Interpreten, a.a.o., S. 253
80 Paul Bekker, *Beethoven*, a.a.o., S. 196
81 Zitiert nach: Jean und Brigitte Massin, *Beethoven. Materialbiographie*. München 1970, S.50
82 Ferdinand Ries und Franz Gerhard Wegeler, *Biographische Notizen über Ludwig van Beethoven*, a.a.o., S. 12
83 Gottfried und Cäcilie Fischer: *Familie Beethoven im kurfürstlichen Bonn*, a.a.o., S. 45
84 Ferdinand Ries und Franz Gerhard Wegeler, *Biographische Notizen über Ludwig van Beethoven*, a.a.o., S. 20
85 Zitiert nach: Thomas G. Schmidt und Andreas Vogeler, *Die DNA der deutschen Romantik. Entschlüsselt 200 Jahre nach Waterloo*, Norderstedt, BoD 2014, S. 149
86 Ferdinand Ries und Franz Gerhard Wegeler, *Biographische Notizen über Ludwig van Beethoven*, a.a.o., S. 11
87 Jan Caeyers, *Beethoven. Der einsame Revolutionär*, München 2012, S. 104
88 Ferdinand Ries und Franz Gerhard Wegeler, *Biographische Notizen über Ludwig van Beethoven*, a.a.o., S. 13
89 Paul Bekker, *Beethoven*, a.a.o., S. 195
90 *Berliner allgemeine Musikalische Zeitung*, a.a.o., S. 274
91 Hochmögend ist im Vokabular jener Zeit ein Ausdruck für »angesehen und einflussreich«
92 Vgl. die Schilderungen von Th.Frimmel nach den Erinnerungen von Lichnowskys Hausarzt Dr.Weiser, in: Jean und Brigitte

Massin, a.a.o., S. 137 »Bin ich denn gar nichts als dein Musikus oder der anderen«, fragt Beethoven 1808 in einem Brief an Ignaz von Gleichenstein (BB, S. 54)

93 Zitiert nach: Joseph August Lux, Ludwig van Beethoven, 1927, Kapitel 4, Link: https://gutenberg.spiegel.de/buch/ludwig-van-Beethoven-10199/4

94 So Ferdinand Ries in einem Brief an Franz Gerhard Wegeler vom 28. Dezember 1837, siehe Brigitte und Jean Massin; *Beethoven*, a.a.o., S. 137

95 Diese Anekdote wird unter anderem von Franz Xaver Boch überliefert, siehe Klaus Martin Kopitz und Rainer Cadenbach, *Beethoven aus der Sicht seiner Zeitgenossen*, a.a.o., S. 1074f.

96 Zitiert nach: Martin Geck, *Beethoven. Der Schöpfer und sein Universum*, a.a.o., S. 15

97 Ferdinand Ries und Franz Gerhard Wegeler, *Biographische Notizen über Ludwig van Beethoven*, a.a.o., S. 33

98 Zitiert nach: Joseph August Lux, *Ludwig van Beethoven*, a.a.o., Kapitel 4

99 Ebd., siehe auch: Klaus Martin Kopitz und Rainer Cadenbach, *Beethoven aus der Sicht seiner Zeitgenossen*, a.a.o., S. 1076

100 Zitiert nach: Jan Caeyers, Beethoven. *Der einsame Revolutionär*, a.a.o., S. 143

101 *Beethovens Konversationshefte*, a.a.o., Band 7, S. 33

102 Zitiert nach: Joseph August Lux, *Ludwig van Beethoven*, a.a.o., Kapitel 4

103 In: Vladimir Karbusicky (Hrsg), *Ludwig van Beethoven. Briefe über Kunst, Liebe und Freundschaft*, Freiburg i.B., S. 1992, S. 46

104 Ebd.

105 Sieghard Brandenburg (Hrsg.), *Ludwig van Beethoven. Briefwechsel*, a.a.o., Band 4, S. 20

106 *Beethovens Konversationshefte*, a.a.o., Band 1, S. 56

107 Robert Minder, *Goethe und Beethoven*, Frankfurt a.M. und Leipzig 1999, S. 10

108 Ebd., S. 8

109 Ebd., S. 26

110 Zitiert nach: Jeremy Siepmann, *Beethoven: Sein Leben, seine Musik*, a.a.o., S. 26f.

111 Zitiert nach: Richard van Dülmen (Hrsg.), *Der Geheimbund der Illuminaten* , Stuttgart 1977, S. 183

112 Zitiert nach: Joseph August Lux, *Ludwig van Beethoven*, a.a.o., Kapitel 3

113 Jan Caeyers, *Beethoven. Der einsame Revolutionär*, a.a.o., S. 65

114 Zitiert nach: Jeremy Siepmann, *Beethoven: Sein Leben, seine Musik*, a.a.o., S. 16

115 Ferdinand Ries und Franz Gerhard Wegeler, *Biographische Notizen über Ludwig van Beethoven*, a.a.o., S. 92

116 Ebd., S. 19

117 Zitiert nach: Dieter Rexroth, *Beethovens Symphonien. Ein musikalischer Werkführer*, München 2005, S. 17

118 Niederrheinische Musik-Zeitung, 14. Jahrgang, Nr. 33, 18. August 1866, Link: http://bluemountain.princeton.edu/bluemtn/?a=d&d=bmtnabi18660818-01.2.5&

119 Zitiert nach: Joseph August Lux, *Ludwig van Beethoven*, a.a.o., Kapitel 4

120 Immerhin steuert Paisiello noch eine Messe und ein *Te deum* zu den Krönungsfeierlichkeiten im Jahr 1804 bei und sendet dem selbsternannten französischen Kaiser fortan alljährlich ein Sakralwerk zum Geburtstag.

121 Das teilt Ferdinand Ries im Dezember 1803 dem überraschten Nikolaus Simrock mit

122 Paul Bekker, *Beethoven*, a.a.o., S. 217

123 Albrecht Riethmüller, Carl Dahlhaus, Alexander Ringer, *Beethoven. Interpretation seiner Werke*, Laaber 2017, S. 391

124 Sieghard Brandenburg (Hrsg.), *Ludwig van Beethoven. Briefwechsel*, a.a.o., Band 1, S. 190

125 Theodor W. Adorno, *Einleitung in die Musiksozioologie*, Frankfurt a.M. 1973, 1. Auflage 1997, S. 281

126 Herrmann J. Busch und Werner Klüppelholz, *Musik, gedeutet und gewertet*, a.a.o., S. 55

127 Ebd.

128 Ebd. S. 56

129 Harry Goldschmidt: *Beethoven. Werkeinführungen*, Leipzig 1975, S. 50
130 Paul Bekker, *Beethoven*, a.a.o., S. 225
131 Alexander Wheelock Thayer, *Ludwig van Beethovens Leben*, a.a.o., Band 2, Kapitel 12
132 Ebd., Kapitel 10
133 Ebd., Kapitel 12
134 Ebd., Kapitel 6
135 Eine eingehende Analyse der Korrespondenzen hat unter anderem Constantin Floros vorgenommen, in: *Beethovens Eroica und die Prometheus-Musik*, 2. Auflage Wilhelmshaven 2008
136 Albrecht Riethmüller, Carl Dahlhaus, Alexander Ringer, *Beethoven. Interpretation seiner Werke*, a.a.o., S. 391f.
137 Zitiert nach: Alexander Wheelock Thayer, *Ludwig van Beethovens Leben*, a.a.o., Band 2, Kapitel 6
138 Paul Bekker, *Beethoven*, a.a.o., S. 69
139 BB, S. 143
140 Zitiert nach: Jeremy Siepmann, *Beethoven: Sein Leben, seine Musik*, a.a.o., S. 16
141 Zitiert nach: Peter Gülke, Freiheit als Ordnung – Ordnung als Freiheit, in: *Wege zu Beethoven. Sieben Bonner Reden zum Internationalen Beethovenfest 1999 bis 2003*, Bonn 2004, S. 32
142 Zitiert nach: *Ludwig van Beethoven, Ausstellungskatalog der Bayerischen Staatsbibliothek*, Tutzing 1977, S. 11
143 Sieghard Brandenburg, Maynard Solomon (Hrsg.), *Beethovens Tagebuch*, a.a.o., S. 53f.
144 Vladimir Karbusicky (Hrsg), *Ludwig van Beethoven. Briefe über Kunst, Liebe und Freundschaft*, a.a.o., S. 49
145 Sieghard Brandenburg (Hrsg.): *Ludwig van Beethoven. Briefwechsel*, a.a.o., Band 6, S. 79
146 Herrmann J. Busch und Werner Klüppelholz, *Musik, gedeutet und gewertet*, a.a.o., S. 36
147 Ebd. S. 55
148 Ebd., S. 56ff.
149 Ebd.

150 Vladimir Karbusicky (Hrsg), *Ludwig van Beethoven. Briefe über Kunst, Liebe und Freundschaft*, a.a.o., S. 23

151 Anton Schindler, *Biographie von Ludwig van Beethoven*, a.a.o., S. 191 (Kursivierung im Original)

152 Ferdinand Ries und Franz Gerhard Wegeler, *Biographische Notizen über Ludwig van Beethoven*, a.a.o., S. 30

153 Zitiert nach: Laurenz Lüttken, *Mozart. Leben und Musik im Zeitalter der Aufklärung*, a.a.o.

154 Platon, *Sokrates im Gespräch. Vier Dialoge*, Frankfurt am Main und Hamburg 1957, S. 91

155 Zitiert nach: Klaus Martin Kopitz, *Elisabeth Röckel und das Albumblatt ‚Für Elise‘*; Köln 2010, S. 18

156 Ebd., S. 22ff.

157 Ebd.

158 Albrecht Riethmüller, Carl Dahlhaus, Alexander Ringer, *Beethoven. Interpretation seiner Werke*, a.a.o., S. 439

159 Zitiert nach: Beethovenhaus Bonn, Link: https://da.beethoven.de/sixcms/detail.php?id=15112&template=werkseite_digitales_archiv_de&_eid=1502&_ug=zweih%c3%a4ndig&_werkid=120&_mid=Werke&suchparameter=&_seite=1

160 Zitiert nach: Sven Hiemke, B*eethovenhandbuch*, Stuttgart 2009, S. 434

161 Zitiert nach: Beethovenhaus Bonn, Link: https://da.beethoven.de/sixcms/detail.php?id=15112&template=werkseite_digitales_archiv_de&_eid=1502&_ug=zweih%c3%a4ndig&_werkid=120&_mid=Werke&suchparameter=&_seite=1

162 Siehe Sven Hiemke, *Beethovenhandbuch*, a.a.o., S. 433

163 Jürgen Uhde, *Beethovens Klaviermusik 1, Klavierstücke und Variationen*, Stuttgart 1980, S. 177

164 Ebd., S. 21

165 Albrecht Riethmüller, Carl Dahlhaus, Alexander Ringer, *Beethoven. Interpretation seiner Werke*, a.a.o., Band 1, S. 371

166 Vladimir Karbusicky (Hrsg), *Ludwig van Beethoven. Briefe über Kunst, Liebe und Freundschaft*, a.a.o., S. 84f.

167 Ebd., S. 86

168 Ebd., S. 87

169 Albert Leitzmann, *Beethoven und Therese Malfatti. Eine kritische Studie*, in: *Deutsche Rundschau*, Jg. 38 (1911), Heft 2, S. 278

170 Ebd., S. 279

171 Vladimir Karbusicky (Hrsg), *Ludwig van Beethoven. Briefe über Kunst, Liebe und Freundschaft*, a.a.o., S. 88f.

172 Ders., S. 89

173 Ders., S. 90

174 Ferdinand Ries und Franz Gerhard Wegeler, *Biographische Notizen über Ludwig van Beethoven*, a.a.o., S. 3

175 Vladimir Karbusicky (Hrsg), *Ludwig van Beethoven. Briefe über Kunst, Liebe und Freundschaft*, a.a.o., S. 93

176 Ebd.

177 Ders., S. 236

178 So das Zeugnis von Gräfin Henriette von Mengersen geb. Gräfin zu Stolberg-Stolberg, in: Klaus Martin Kopitz und Rainer Cadenbach, Beethoven aus der Sicht seiner Zeitgenossen, a.a.o., S. 412

179 Zitiert nach: Alfred Christlieb Kalischer, *»Die Unsterbliche Geliebte« Beethovens*, Nachdruck des Originals von 1891, Nikosia 2017, S. 28

180 Vladimir Karbusicky (Hrsg), *Ludwig van Beethoven. Briefe über Kunst, Liebe und Freundschaft*, a.a.o., S. 68

181 Ebd.

182 Ebd.

183 Ebd.

184 Ebd.

185 Ders. S. 69f.

186 Ders. S. 72

187 Zitiert nach: Albrecht Riethmüller, Carl Dahlhaus, Alexander Ringer, *Beethoven. Interpretation seiner Werke*, a.a.o., Band 2, S. 411

188 Joachim Kaiser, *Beethovens 32 Klaviersonaten und ihre Interpreten*, a.a.o., S. 393

189 Theodor W. Adorno, *Beethoven. Philosophie der Musik*, a.a.o., S. 25

190 Zitiert nach: Marie-Elisabeth Tellenbach, *Beethoven und seine »Unsterbliche Geliebte« Josephine Brunswick. Ihr Schicksal und der Einfluß auf Beethovens Werk*. Zürich 1983, S. 67

191 Sieghard Brandenburg (Hrsg.), *Ludwig van Beethoven. Briefwechsel.* S. 71

192 Ebd.

193 Sieghard Brandenburg (Hrsg.), *Ludwig van Beethoven. Briefwechsel*, a.a.o., Band 1, Brief 215

194 Vladimir Karbusicky (Hrsg), *Ludwig van Beethoven. Briefe über Kunst, Liebe und Freundschaft*, a.a.o., S. 73

195 Ders., S. 74

196 Ders., S. 75

197 Ders., S. 76

198 Ders., S. 77

199 Sämtliche folgenden Zitate in: ders., S. 36ff.

200 Zitiert nach: Rita Steblin, *»Auf diese Art mit A geht alles zu Grunde.« A New Look at Beethoven's Diary Entry and the »Immortal Beloved«*, in: Bernhard R. Appel (Hrsg.), *Bonner Beethoven Studien*, Band 6, Bonn 2007, S. 163

201 Zitiert nach: dies., S. 162

202 Dies., S. 159

203 Siehe dies., S. 173

204 Klaus Martin Kopitz und Rainer Cadenbach, *Beethoven aus der Sicht seiner Zeitgenossen*, a.a.o., S. 185

205 Sieghard Brandenburg, Maynard Solomon (Hrsg.): *Beethovens Tagebuch*, a.a.o., S. 39 (Unterstreichung im Original)

206 Hans-Josef Irmen, *Beethoven in seiner Zeit*, Zürich 1998, S. 85

207 Gottfried und Cäcilie Fischer, *Familie Beethoven im kurfürstlichen Bonn*, a.a.o., S. 12

208 Dies., S. 15

209 Dies., S. 17

210 Wawruch berichtet vom »Missbrauch« der Anweisung, medizinisch verträgliche Dosen des Punsches zu sich zu nehmen, und listet eine Vielzahl ernsthaftester Beschwerden wie Brechdurchfall, Darmentzündung, Lungenentzündung, Wassersucht auf. Siehe KC, S. 1064ff.

211 Carl Czerny, *Erinnerungen an Beethoven*, a.a.o., S. 10

212 Zitiert nach: Alexander Wheelock Thayer, *Ludwig van Beethovens Leben*, a.a.o.

213 Robert Minder, *Goethe und Beethoven*, a.a.O., S. 18f.
214 Vladimir Karbusicky (Hrsg), *Ludwig van Beethoven. Briefe über Kunst, Liebe und Freundschaft*, a.a.O., S. 82
215 Ferdinand Ries und Franz Gerhard Wegeler, *Biographische Notizen über Ludwig van Beethoven*, a.a.O., S. 42
216 Dies., S. 43
217 Dies., S. 44
218 Sieghard Brandenburg, Maynard Solomon (Hrsg.), *Beethovens Tagebuch*, a.a.O., S. 171
219 *Ludwig van Beethovens Konversationshefte*, a.a.o. Band 1, S. 55
220 Sieghard Brandenburg, Maynard Solomon (Hrsg.), *Beethovens Tagebuch*, a.a.O., S. 105
221 BB S. 36
222 *Ludwig van Beethovens Konversationshefte*, a.a.o. Band 7, S. 139
223 Ebd., S. 133
224 Diese Szene überliefert Gerhard von Breuning in seinem Buch »Aus dem Schwarzspanierhaus«, zit.n. Joseph August Lux, *Ludwig van Beethoven*, a.a.O., Kapitel 9
225 Ebd.
226 Stephan von Breuning skizziert die Angelegenheit im Oktober 1804 mit den dürren Worten: »Seit dem May bis zu Anfang dieses Monats haben wir in dem Nämlichen Hause gewohnt, und gleich in den ersten Tagen nahm ich ihn in mein Zimmer. – Kaum bey mir, verfiel er in eine heftige an den Rand der Gefahr vorübergehende Krankheit, die zuletzt in ein anhaltendes Wechselfieber überging. – Besorgniß und Pflege haben mich da ziemlich mitgenommen. – Jetzt ist er wieder ganz wohl. – Er wohnt auf der Bastey.« In: KC, S. 121
227 Joseph August Lux, *Ludwig van Beethoven*, a.a.O., Kapitel 9
228 Wolfgang Burgdorf, *Friedrich der Große. Ein biografisches Portrait*, Freiburg 2011
229 Zitiert nach: Jeremy Siepmann, *Beethoven: Sein Leben, seine Musik*, a.a.O., S. 178
230 Zitiert nach: Albrecht Riethmüller, Carl Dahlhaus, Alexander Ringer, *Beethoven. Interpretation seiner Werke*, a.a.O., S. 493
231 Peter Gülke, *Freiheit als Ordnung – Ordnung als Freiheit*, a.a.O., S. 33

232 BB, S. 131

233 Arnold Schering, Zur Sinndeutung der 4. Und 5. Symphonie von Beethoven, in: Zeitschrift für Musikwissenschaft, Heft 2, Februar 1934, Link: https://archive.org/details/ZeitschriftFuerMusikwissenschaft16jg1934/page/n105, S.66ff.

234 Paul Bekker, *Beethoven*, a.a.o., S. 201

235 Theodor W. Adorno, *Einleitung in die Musiksoziologie*, a.a.o., S. 281

236 Paul Bekker, *Beethoven*, a.a.o., S. 191

237 Martin Geck, *Beethoven. Der Schöpfer und sein Universum*, a.a.o. S. 36ff.

238 Anton Schindler, *Biographie von Ludwig van Beethoven*, a.a.o., S. 188

239 Zitiert nach: Albrecht Riethmüller, Carl Dahlhaus, Alexander Ringer, *Beethoven. Interpretation seiner Werke*, a.a.o., S. 67

240 Vladimir Karbusicky (Hrsg), *Ludwig van Beethoven. Briefe über Kunst, Liebe und Freundschaft*, a.a.o., S. 56

241 Ebd.

242 Ebd.

243 Sieghard Brandenburg, Maynard Solomon (Hrsg.), *Beethovens Tagebuch*, a.a.o. S. 83

244 *Ludwig van Beethovens Konversationshefte*, a.a.o., Band 1, S. 32 und S. 50

245 Vladimir Karbusicky (Hrsg), Ludwig van Beethoven. Briefe über Kunst, Liebe und Freundschaft, a.a.o., S. 68

246 Harry Goldschmidt, *Beethoven. Werkeinführungen*. Leipzig 1975, S. 41

247 Hector Berlioz, *Literarische Werke: Musikalische Streifzüge, Studien, Vergötterungen, Ausfälle und Kritiken*. Leipzig 1912, S. 25

248 Zitiert nach: Jeremy Siepmann, *Beethoven: Sein Leben, seine Musik*, a.a.o., S. 32

249 Ferdinand Ries und Franz Gerhard Wegeler, *Biographische Notizen über Ludwig van Beethoven*, a.a.o., S. 87

250 Anton Schindler, *Biographie von Ludwig van Beethoven*, a.a.o., S. 193

251 Ders., S. 192

252 Albrecht Riethmüller, Carl Dahlhaus, Alexander Ringer, *Beethoven. Interpretation seiner Werke*, a.a.o., S. 486
253 Dies., S. 487
254 Dieter Rexroth, *Beethovens Symphonien. Ein musikalischer Werkführer*, a.a.o., S. 98
255 Egon Friedell, *Abschaffung des Genies*, Wien, München 1982, S. 183
256 Zitiert nach: Deutsche Welle, Beethovens Fünfte: Die Wahrheit über die »Schicksalssinfonie«; Link: https://www.dw.com/de/beethovens-f%C3%BCnfte-die-wahrheit-%C3%BCber-die-schicksalssinfonie/a-45386830-0)
257 Zitiert nach: Jeremy Siepmann, *Beethoven: Sein Leben, seine Musik*, a.a.o., S. 26
258 Karl Heinz Bohrer, Ästhetik der Plötzlichkeit. Zum Augenblick des ästhetischen Scheins, Frankfurt a.M. 1981; , vgl. Martin Geck, *Beethoven: Der Schöpfer und sein Universum*; a.a.o., S. 41
259 *Berliner allgemeine Musikalische Zeitung*, a.a.o., S. 248f.
260 Anton Schindler, *Biographie von Ludwig van Beethoven*, a.a.o., S. 25
261 Zitiert nach: ders. S. 27
262 Carl Czerny, *Erinnerungen an Beethoven*, a.a.o., S. 21
263 Ders., S. 22
264 Adolph Bernhard Marx, *Ludwig van Beethoven. Leben und Schaffen*. 2 Bände in 1 Band, Berlin 1859
265 *Ludwig van Beethovens Konversationshefte*, a.a.o., Band 1, S. 104
266 Ferdinand Ries und Franz Gerhard Wegeler, *Biographische Notizen über Ludwig van Beethoven*, a.a.o., S. 99
267 Dies., S. 22
268 Zitiert nach: Carl Dahlhaus und Michael Zimmermann, *Musik zur Sprache gebracht*, a.a.o, S. 198f.
269 Immanuel Kant, *Kritik der Urteilskraft*, hrsg. Von Karl Vorländer, Hamburg 1974, § 54, S. 189
270 G.W.F. Hegel, *Vorlesungen über die Ästhetik*, Band III, Theorie Werkausgabe Frankfurt/Main 1970, S. 117 und S. 22
271 Arthur Schopenhauer, *Die Welt als Wille und Vorstellung*, in: Zürcher Ausgabe, Werke in zehn Bänden, Zürich 1977, Zweiter Band, zweiter Teilband, Zur Metaphysik der Musik, S. 527

272 Ders., Band eins, S. 331
273 Albrecht Riethmüller, Carl Dahlhaus, Alexander Ringer, *Beethoven. Interpretation seiner Werke*, a.a.o., S. 67
274 Ferdinand Ries und Franz Gerhard Wegeler, *Biographische Notizen über Ludwig van Beethoven*, a.a.o., S. 73
275 Anton Schindler, *Biographie von Ludwig van Beethoven*, a.a.o., S. 184
276 Carl Czerny, *Erinnerungen an Beethoven*, a.a.o., S. 18
277 Anton Schindler, *Biographie von Ludwig van Beethoven*, a.a.o., S. 187
278 Konrad Küster: *Sinfonisches Oeuvre*, in: *Beethoven Handbuch*, a.a.o., S. 62
279 Zitiert nach: Hans-Joachim Hinrichsen, *Musikalische Interpretation.* In: Hans von Bülow, *Beihefte zum Archiv der Musikwissenschaft*, Band XLVI, S. 360
280 Zitiert nach: Jens Heise, *Traumdiskurse. Die Träume der Philosophie und die Psychologie des Traums*, Frankfurt a.M. 1989, S. 195
281 Ders., S. 10
282 Aaron Green, A List of Beethoven's Music That Has Appeared in the Movies, Link: https://www.liveabout.com/beethoven-music-used-in-the-movies-724193
283 Beethovens Vermögensverhältnisse. Die Aktien, Beethovenhaus Bonn, https://da.beethoven.de/sixcms/list.php?page=museum_internetausstellung_seiten_de&sv%5binternetausstellung.id%5d=31559&skip=15
284 Alle Zahlen aus: Vom Hofmusiker zum freischaffenden Künstler, Beethovenhaus Bonn, Link: https://da.beethoven.de/sixcms/list.php?page=museum_internetausstellung_seiten_en&sv%5binter netausstellung.id%5d=&skip=21)
285 Zitiert nach: Beethovenhaus Bonn, Link: https://da.beethoven.de/sixcms/detail.php?id=&template=opac_bibliothek_de&_opac=hans_de.pl&_t_show=x&_reccheck=209,306,1327,1490,2150,2289,2292,2415,4449&_wert=lichnowsky,+karl&_wertreg=SSW&_x=u
286 Zitiert nach: Der Standard, 25.1. 2006: Mozart, der Spitzenverdiener: »Mozart hat immer gut verdient«. https://derstandard.

at/2260893/Mozart-der-Spitzenverdiener-Mozart-hat-immer-gut-verdient

287 Ferdinand Ries und Franz Gerhard Wegeler, *Biographische Notizen über Ludwig van Beethoven*, a.a.o., S. 36

288 Dies., S. 33

289 Birgit Lodes: *Das Gloria in Beethovens Missa solemnis*, in: *Münchner Veröffentlichungen zur Musikgeschichte*, Band 54, S. 17, Link: https://epub.ub.uni-muenchen.de/28370/1/Birgit_Lodes_Das_Gloria_in_Beethovens_Missa_solemnis.pdf

290 Carl Czerny, *Erinnerungen an Beethoven*, a.a.o., S. 14

291 Joseph August Lux, *Ludwig van Beethoven*, a.a.o., Kapitel 4

292 Zitiert nach: Jeremy Siepmann, *Beethoven: Sein Leben, seine Musik*, a.a.o., S. 14

293 Zitiert nach Beethovenhaus Bonn, Link: https://da.beethoven.de/sixcms/detail.php/35396

294 Zitiert nach: Alexander Wheelock Thayer, *Ludwig van Beethovens Leben*, a.a.o., Kapitel 10

295 Ferdinand Ries und Franz Gerhard Wegeler, *Biographische Notizen über Ludwig van Beethoven*, a.a.o., S. 87f.

296 Zitiert nach: Alexander Wheelock Thayer, *Ludwig van Beethovens Leben*, a.a.o., Kapitel 10

297 Sieghard Brandenburg (Hrsg.): Ludwig van Beethoven. Briefwechsel, a.a.o., Band 6, S. 13

298 Alexander Wheelock Thayer, Ludwig van Beethovens Leben, a.a.o., Kapitel 10: »Dem Ludwig van Beethoven sind statt dem von dem verstorbenen Herrn Ferdinand Fürsten Kinsky im Monate Mai, 1809 schriftlich zugesicherten 1800 fl. nominal, und auf 726 fl. in Wiener Währung reducirten Unterhaltungsbeitrag vermöge K. K. landrechtlicher Verständigung *ddto* Prag den 18ten Jänner 1815 jährlich und am 3ten November 1812 anfangend 1200 fl. in Wiener Währung aus der Ferdinand fürstlich Kinskyschen Verlassenschaftsmasse auszuzahlen bewilligt worden.« – »Von diesem landrechtlich bewilligten Unterhaltungsbeitrage *pr.* 1200 fl. gebührt dem Herrn Ludwig van Beethoven für die Zeit vom 3ten November 1812 bis Ende März 1815 *pr.* 2 Jahre 4 Monate 27 Tage ein Betrag *pr* 2890 fl..« – »In Gemäßheit des hierüber von

der fürstl. Kinskyschen Vormundschaft unterm 6ten Januar l. J. eingebrachten Gesuches wird der Obervormundschaftliche Consens ertheilt: daß die fürstliche Vormundschaft dem Lud. v. B. statt demselben von dem verstorbenen H. Ferd. Fürsten Kinsky im Monat März 1809 schriftlich zugesicherten Unterhaltungsbeitrag *p.* 1800 fl. nominal – einen Beitrag von 1200 Gld. W. W. aus der Ferdinand fürstlich Kinsky'schen Verlassenschaftsmasse vom 3. Nov. 1812 anfangend unter nachstehenden Bedingnissen ausbezahle«: (folgen die Bedingnisse der Urkunde), wovon hiermit die Verständigung geschieht von dem K. K. Landrecht.Prag, den 18. Jänner 1815.«

299 Ebd.: »Der Beitrag des F. Lobkowitz von 700 fl. wurde am 1. Sept. 1811 sistirt und nach mehrjährigen Proceßverhandlungen durch den gerichtlichen Vergleich vom 19. April 1815 dahin ›erledigt, daß die Pension Beethovens künftig voll in Einlösungsscheinen mit 700 fl. (= 280 fl. Conv. M. Silber), der Rückstand von 2508 fl. Einlös. – Sch. aber binnen 2 Monaten bezahlt werden soll.«

300 Ebd.: »vom Erzherzog Rudolph = 1500 fl., vom Fürsten Kinsky = 1200 fl., vom Fürsten Lobkowitz = 700 fl., zusammen 3400 fl. Einlös. = Sch. – 1360 fl. Conv. M. Silber, das 352 Thalern preuß. Cour. gleichkommt.«

301 Ebd.

302 Robert Schumann, *Schriften*, Band 1, Die Wut über den verlorenen Groschen, Link: http://www.koelnklavier.de/quellen/schumann/kr017.html

303 Paul Bekker, *Beethoven*, a.a.o., S. 193

304 Albrecht Riethmüller, Carl Dahlhaus, Alexander Ringer, *Beethoven. Interpretation seiner Werke*, a.a.o., Band 2, S. 296

305 Robert Schumann, *Schriften*, Band 1, Die Wut über den verlorenen Groschen, Link: http://www.koelnklavier.de/quellen/schumann/kr017.html

306 Sigmund Freud,l *Der Witz und seine Beziehung zum Unbewussten*, Leipzig und Wien, 1905, S. 83

307 Albrecht Riethmüller, Carl Dahlhaus, Alexander Ringer, *Beethoven. Interpretation seiner Werke*, a.a.o., Band 2, S. 297

308 Paul Bekker, *Beethoven*, a.a.o., S. 184

309 Theodor W. Adorno, *Philosophie der neuen Musik*, Frankfurt a. Main 1978, S. 132

310 Martin Geck, *Beethoven. Der Schöpfer und sein Universum*, a.a.o., S. 224

311 Robert Schumann, *Schriften*, Band 1, Die Wut über den verlorenen Groschen, Link: http://www.koelnklavier.de/quellen/schumann/kr017.html

312 Zitiert nach: Karl-Heinz Ott, *Rausch und Stille. Beethovens Sinfonien*, Hamburg 2019, S. 13

313 So überliefert es der Pianist und Komponist Joseph von Szalay, der Enkel eines Schneiders, bei dem Ferdinand Ries zeitweise wohnte; in: KC, S. 982

314 Carl Maria von Weber gehört zu den Beschenkten. »Fröhlich und vergnügt«, verläuft ein Mittagessen mit dem großen Meister. »Dieser raue rückstoßende Mensch machte mir ordentlich die *Cour*, bediente mich bei Tische mit einer Sorgfalt wie seine Dame, etc. Kurz, dieser Tag wird mir immer höchst merkwürdig bleiben, so wie allen, die dabei waren.« In: KC, S. 1071f.

315 Joseph August Lux, *Ludwig van Beethoven*, a.a.o., Kapitel 4

316 Die Liste dieser spaßigen Petitessen ließe sich beliebig verlängern, an dieser Stelle seien nur noch zwei erwähnt. Eine entsteht nach einer feuchtfröhlichen Begegnung mit Friedrich Kuhlau (Klavierschüler kennen vor allem seine Sonatinen). Beethoven revanchiert sich bei dem Komponisten, der einen Stegreifkanon über den Namen B-A-C-H improvisiert hatte, mit den Worten »Kühl, nicht lau« und gestaltet die dazugehörige Melodie mit kühnen Intervallen. Auch tiefschwarzer Humor findet sich in Beethovens Briefbeigaben. In einem Schreiben an seinen Arzt Doktor Braunhofer schildert er zunächst dialogisch die Symptome eines Katarrhs, wobei er nicht mit Details wie Nasenbluten, Aufstoßen und blutigem Husten spart. Der Brief schließt mit einem vierstimmigen Kanon im Stil eines Chorals: »Doktor sperrt das Tor dem Tod / Note hilft auch aus der Not.« (BBS, S. 162) Da ist es wieder, das ironisierte Rettungsmotiv: Noten können natürlich nicht aus Nöten befreien, und schon gar nicht aus der Not körperlicher Gebresten.

317 Albrecht Riethmüller, Carl Dahlhaus, Alexander Ringer, *Beethoven. Interpretation seiner Werke*, a.a.o., S. 596
318 Carl Czerny, *Erinnerungen an Beethoven*, a.a.o., S. 17
319 Gerd Indorf, Beethovens Streichquartette, Freiburg i.Br., Wien, Berlin 2007, S. 467; Indorf zitiert hier Joseph Kerman: Dieser Satz sei »Beethoven's most childlike scherzo in his most mature an complex work of art«.
320 Lewis Lockwood, *Beethoven. Seine Musik. Sein Leben*, Kassel 2009, Zweite Auflage 2012, S. 272
321 Ein gleichermaßen ironischer Gestus findet sich in dem *Klavierstück C-Dur/c-Moll »Lustig – traurig« WoO 54*. Zunächst scheinen diese Stimmungskategorien eingelöst zu werden. Der Hauptsatz beginnt in C-Dur, das gemeinhin als fröhlich bezeichnet wird, der Seitensatz, ein Trio, steht in dunklem c-Moll. Und doch amüsiert sich Beethoven offenbar über solch simple Zuschreibungen. Denn der C-Dur-Teil wirkt eher elegisch durch die sanften Melodiebögen und das geforderte Legatospiel, während das Trio einen »toccatischen, capricenhaften Charakter« aufweist. (Albrecht Riethmüller, Carl Dahlhaus, Alexander Ringer, Beethoven. Interpretation seiner Werke, a.a.o., S. 430) Daher ist es mehr als wahrscheinlich, dass Beethoven diesen Widerspruch bewusst inszeniert, um die Absurdität flacher Zuschreibungen wie »lustig« und »traurig« vorzuführen.
322 Zitiert nach: Martin Geck, *Von Beethoven bis Mahler: Die Musik des deutschen Idealismus*, Stuttgart, Weimar 1993, S. 30
323 Zitiert nach: Vladimir Karbusicky (Hrsg), *Ludwig van Beethoven. Briefe über Kunst, Liebe und Freundschaft*, a.a.o., S. 21
324 Albrecht Riethmüller, Carl Dahlhaus, Alexander Ringer, *Beethoven. Interpretation seiner Werke*, a.a.o., S. 362
325 Jean Paul, *Sämtliche Werke*. Hrsg. von Norbert Miller. Abteilung I: Bd. 1–6. Abteilung II: Bd. 1–4. Frankfurt am Main: Zweitausendeins 1996, Abt. I, Bd. 5, Vorschule der Ästhetik, S. 125
326 Ders., S. 352
327 William Kinderman, Beethoven's High Comic Style in Piano Sonatas of the 1790s, in: Beethoven Forum 5, University of Nebraska, Lincoln & London 1996, S. 123, Link: https://books.google.de/

books?id=lWQItfIOSDgC&pg=PA120&lpg=PA120&dq=cassandra+carr+beethoven&source=bl&ots=5FNLwTouCi&sig=ACfU3U3kxc_OHJ_ccx1StF93-wmRcxp_Kw&hl=de&sa=X&ved=2ahUKEwjnv6G8t77jAhWOPOwKHTh2DocQ6AEwBHoECAkQAQ#v=onepage&q=cassandra%20carr%20beethoven&f=false

328 Joachim Kaiser, *Beethovens 32 Klaviersonaten und ihre Interpreten*, a.a.o., S. 120

329 Carl Czerny, *Erinnerungen an Beethoven*, a.a.o., S. 19

330 Lewis Lockwood, *Beethoven. Seine Musik. Sein Leben*, a.a.o., S. 376

331 Anton Schindler, *Biographie von Ludwig van Beethoven*, a.a.o., S. 152

332 »Mährischer Schädel« nennt Beethoven Anton Schindler in einem Brief vom Frühjahr 1825, BB, S. 160; das Bild der Biene verwendet Schindler unter anderem im zweiten Teil seiner Biografie, S. 286 und s. 328

333 BB, S. 147; Samothrazien war nach der Deutung der Freimaurer einer der Orte, wo der Mysterienkult der Isis ausgeübt wurde. Schindler hat übrigens tatsächlich komponiert; er hinterließ zwei Messen ein Streichquartett, eine Klaviersonate sowie einige Lieder und Chöre

334 Auf diesen Zusammenhang hat der kroatische Volksliedforscher Franjo Kuhac bereits Ende des 19. Jahrhunderts hingewiesen.

335 Zitiert nach Rüdiger Safranski, *Schiller oder Die Erfindung des deutschen Idealismus*, München und Wien 2004, S. 162

336 Anton Schindler, Biographie von Ludwig van Beethoven, a.a.o., S. 12

337 Ders., S. 215

338 Albrecht Riethmüller, Carl Dahlhaus, Alexander Ringer, *Beethoven. Interpretation seiner Werke*, a.a.o., Band 2, S. 244

339 Die Formulierung »humanistischer Lebensbefehl« taucht in Thomas Manns *Zauberberg* auf, den Hinweis verdanke ich Florian Eichel

340 Michael Sailer, Über den Selbstmord. *Für Menschen, die nicht fühlen den Werth, ein Mensch zu sein*, 1785, Link: http://www.deutschestextarchiv.de/book/view/sailer_selbstmord_1785?p=161

341 Sieghard Brandenburg, Maynard Solomon (Hrsg.), *Beethovens Tagebuch*, a.a.o., S. 63

342 Eleonore Büning, *Sprechen wir über Beethoven. Ein Musikverführer*, a.a.o., S. 210

343 *Ludwig van Beethovens Konversationshefte*, a.a.o., Band 1, S. 235

344 Sieghard Brandenburg, Maynard Solomon (Hrsg.): *Beethovens Tagebuch*, a.a.o., S. 71ff.

345 Thomas Mann, *Doktor Faustus. Das Leben des deutschen Tonsetzers Adrian Leverkühn, erzählt von einem Freunde.* Frankfurt am Main 1990, 39. Auflage 2013, S. 86

346 Johann Wolfgang von Goethe, *Dichtung und Wahrheit I*, Frankfurter Ausgabe I, 14, S.50f

347 Johann Wolfgang von Goethe, Prometheus, Link: https://www.textlog.de/18833.html

348 Zitiert nach: Lewis Lockwood, *Beethoven. Seine Musik. Sein Leben*, a.a.o., S. 332

349 Sieghard Brandenburg (Hrsg.), *Ludwig van Beethoven. Briefwechsel*, a.a.o., Band 5, S. 370

350 Zitiert nach: Anton Schindler, *Biographie von Ludwig van Beethoven*, a.a.o., S. 306

351 *Ludwig van Beethovens Konversationshefte*, a.a.o., Band 1, S. 333

352 Siehe das Schreiben des k.k. Obersten Hofamts an Beethoven vom 16. März 1824 in: Sieghard Brandenburg (Hrsg.), *Ludwig van Beethoven. Briefwechsel*, a.a.o., Band 5, S. 287

353 Sieghard Brandenburg, Maynard Solomon (Hrsg.), *Beethovens Tagebuch*, a.a.o., S. 103

354 Sieghard Brandenburg (Hrsg.), *Ludwig van Beethoven. Briefwechsel*, a.a.o., Band 5, S. 273ff.

355 Anton Schindler, *Biographie von Ludwig van Beethoven*, a.a.o., S. 265

356 Zitiert nach: ders., S. 337

357 Sieghard Brandenburg (Hrsg.): *Ludwig van Beethoven. Briefwechsel*, a.a.o., Band 5, S. 310

358 Ebd., S. 314

359 *Ludwig van Beethovens Konversationshefte*, a.a.o., Band 2, S. 279f.

360 Albrecht Riethmüller, Carl Dahlhaus, Alexander Ringer, Beethoven. Interpretation seiner Werke, a.a.o., Band 2, S. 252

361 Man vermutet, dass Beethoven die Bezeichnung »Scherzo« ab der Vierten Symphonie aufgibt, weil er verhindern möchte, dass seine Musik als Scherz aufgefasst wird; vergl. dazu: Lewis Lockwood, *Beethoven. Seine Musik. Sein Leben*, a.a.o., S. 337

362 Albrecht Riethmüller, Carl Dahlhaus, Alexander Ringer, *Beethoven. Interpretation seiner Werke*, a.a.o., Band 2, S. 263

363 Dieter Rexroth, *Beethovens Symphonien. Ein musikalischer Werkführer*, a.a.o., S. 127

364 Anton Schindler, *Biographie von Ludwig van Beethoven*, a.a.o., S. 331

365 Sieghard Brandenburg, Maynard Solomon (Hrsg.), *Beethovens Tagebuch*, a.a.o., S. 162

366 Anton Schindler, *Biographie von Ludwig van Beethoven*, a.a.o., S. 350

367 Sieghard Brandenburg (Hrsg.), *Ludwig van Beethoven. Briefwechsel*, a.a.o., Band 4, S. 298

368 Zitiert nach: Moritz Hoffmann, *Beethoven im Dritten Reich*, a.a.o., S.10

369 Ebd.

370 Ernst Wurm, *Beethoven als Schicksalskünder*,in: *Allgemeine Musikzeitung*, 1939, zitiert nach Moritz Hoffmann, *Beethoven im Dritten Reich*, a.a.o., S. 28

371 Zitiert nach: Moritz Hoffmann, *Beethoven im Dritten Reich*, a.a.o., S. 14

372 Zitiert nach: Wolfgang Stähr, Beethoven hätte seinen Segen gegeben, Link: https://www.mphil.de/fileadmin/redaktion/Saisonordner/Saisonordner_1516/Diverses/Programmheft_9._Beethoven.pdf

373 Hartmut Schade, Warum wir in der Silvesternacht Beethovens Neunte hören, Link: https://www.mdr.de/kultur/beethovens-neunte-silvestertradition-100.html

374 Zitiert nach: Wolfgang Stähr, *Beethoven hätte seinen Segen gegeben*, a.a.o.

375 Ders.

376 In dem Film »A pervert's Guide to Ideology«, Timecode 19:00 bis 22:09: »What strikes the eye here [Ode to joy] is the universal adabtabilty of this well known melody. [...](Used by opposed politcal sides – Hitler, Stalin, Mao); Timecode 21:48 bis 22:09 »Here we can imagine some kind of perverse universal fraternity where Osama Bin Laden is embracing Bush [...], White racist is embracing Mao Zedong – all singing together Ode to Joy. It works.« Übersetzung von der Autorin

377 Thomas Mann, *Doktor Faustus. Das Leben des deutschen Tonsetzers Adrian Leverkühn, erzählt von einem Freunde*, a.a.o., S. 631

378 Zitiert nach: Gerd Indorf, *Beethovens Streichquartette*, a.a.o., S. 50 (Kleinschreibung im Original)

379 Vladimir Karbusicky (Hrsg), *Ludwig van Beethoven. Briefe über Kunst, Liebe* und Freundschaft, a.a.o., S. 134

380 Richard Wagner, *Eine Pilgerfahrt zu Beethoven*, 1840/41, Zweite Abteilung, Link: https://gutenberg.spiegel.de/buch/auswahl-seiner-schriften-840/6

381 Joachim Kaiser, *Beethovens 32 Klaviersonaten und ihre Interpreten*, a.a.o., S. 596

382 Zitiert nach: Gerd Indorf, *Beethovens Streichquartette*, a.a.o., S. 50 (Kleinschreibung im Original)

Bildnachweise

15 akg-images/Fine Art Images/Heritage Images
44 Interfoto/Austrian National Library
57 mauritius images/The Picture Art Collection/Alamy
120 akg-images
150 mauritius images/Historic Collection/Alamy
164 mauritius images/Historic Collection/Alamy
172 Beethoven-Haus, Bonn
195 mauritius images/The Picture Art Collection/Alamy
208 akg-images
247 akg-images/Erich Lessing
260 Beethoven-Haus, Bonn
288 akg-images/Nimatallah
297 mauritius images/SuperStock/Fine Art Images

Werkregister

Kammermusik

Orchestermusik

Personenregister

31